国家出版基金项目
NATIONAL PUBLICATION FOUNDATION

张凯 著

桑兵 关晓红 主编

近代中国国学编年史

第十二卷

◎

1944
—
1952

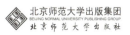
北京师范大学出版集团
BEIJING NORMAL UNIVERSITY PUBLISHING GROUP
北京师范大学出版社

目 录

总序、凡例、总目、索引、参考文献
请扫二维码查看

1944年（民国三十三年　甲申）

1月2日　无锡国学专修学校（简称无锡国专）召开本校迁桂第二次校董会议。

会议出席者有李济深、梁漱溟、李任仁、雷沛鸿、黄维、黎民任、蒋庭曜、冯振。主席李济深，记录蒋庭曜。会议报告事项："（一）校长报告学校概况及经费预算决算"。会议议决事项："一、校董高践四先生逝世，公请梁漱溟先生为本校校董。二、教育部颁发校董会钤记，议决本日为启用日期。三、本校基金及设备费如何筹集，议决：（一）拟具办法，用本会名义函请省政府通饬各县捐助。（二）请教育厅以造就各县中等学校国文师资理由予以补助。四、校董离桂如在三个月以上，议决应指定出席校董代表参加会议。"（陈国安、钱万里、王国平编：《无锡国专史料选辑》，苏州大学出版社，2012年，第49页[①]）

1月18日　"国立山西大学学生，为响应阎校长号召，永远纪念赵故主席次陇先生，发扬明德，培养内力，研究国学，特发起组织明明德学会。"敦聘阎锡山为名誉会长，徐士瑚代校长为名誉副

[①]　本书史料于引用时重新校订，后不一一标注。

会长，常委七人为裴淑贤、王维珏、倪育章、李浩、朱照生、张喜登、王涛，主任委员由裴淑贤兼任，副主任委员二人，由倪育章、王维珏兼任。(《山西大学明明德学会已成立——以发扬明德培养内力研究国学，永远纪念赵故主席次陇先生》，太原《阵中日报》，1944年1月22日，第2版)

1月　陕西省政府熊式辉拨款20万元，为中华国学社兴修明伦堂地址，扩大办理，公推教育厅厅长王捷三为国学讲习所所长，宋品三为总务主任，景梅九、李亮工、范紫东等人为编审讲学。(《中华国学社公推负责人》，《国风日报》，1944年1月6日，第1版)

刘逊斋在明伦堂新基落成典礼时讲述国学与国体、教育、吏治的关系，三民主义以民族主义为体，民权民生为用，若要恢复民族优越地位，"先须恢复民族忠孝、仁爱、信义、和平之固有美德"。"提倡国学，为切实奉行三民主义之惟一要务者一也"，"提倡国学，为今日中国普及教育之惟一要务者二也"，"提倡国学，为澄清吏治之惟一要务者三也"：

> 陕西省政府熊主席，拨款二十万元，为中华国学社兴修之明伦堂旧址，行将落成。该社拟明年重新整顿，扩大办理，并推定今教育厅长王捷三先生为国学讲习所所长，猗欤休哉。熊公可谓得为治之要，知所当务之急也。今将其关系于国家社会世道人心抗建之重要意义，分述于左：
>
> （一）国学与国体之关系
>
> 中华民国以三民主义为立国之标准，三民主义以民族主义为体，民权民生主义为用。欲恢复民族优越地位，先须恢复

民族忠孝、仁爱、信义、和平之固有美德，格致诚正，修齐治平之固有智能，以作为成己成人之基础。而发挥固有道德、固有智能，最切最详者，莫善于《大学》《中庸》《论语》《孟子》等书。盖国民之道德培养充足，自治能力，训练完成，然后行使选举、罢免、创制、复决之政权，立法、司法、行政、监察、考试之治权，方能游刃有余，运用得当，尊贤使能，政平人和矣。然后平均地权，节制资本，解决其衣食住行之问题，自易达到博爱民享之目的。孟子曰："人人亲其亲，长其长，而天下平。"尚何阶级斗争之不消乎？此提倡国学，为切实奉行三民主义之惟一要务者一也。

（二）国学与教育之关系

《中华民国宪法草案》第七章第一百三十一条有云，中华民国教育之宗旨，在发扬民族精神，培养国民道德，训练自治能力，增进生活智能，以造成健全国民。寥寥数语，已将立国精神，智仁勇三达德之精义，包括无余矣。益忠孝节义为中华民族之真精神，亦吾中华民国之真国魂也。孔子所谓"勇者不惧，见义勇为，见危授命"，孟子所谓"志士不忘在沟壑，勇士不忘丧其元"，《孝经》所谓"战阵无勇非孝也"，皆此义也，实今日中国鼓励抗战之惟一要道也。四维八德，吾国人民固有之美德也，亦孔子"入孝出弟，谨信爱众，仁者爱人"，孟子"入以事其父兄，出以事其长上，可使制梃以挞秦楚之坚甲利兵""仁者无敌""尧舜之道，孝弟而已矣""老吾老以及人之老，幼吾幼以及人之幼，天下可运于掌上""以不忍之心，行不忍之政，治天下其如示诸掌乎"，皆此义也，实今日中国道德建国之要道也。孟子曰："居天下之广居，立天下之正位，行天下之大道；得志，与民由之，不得志，则独行其德〔道〕。富贵不能淫，贫贱不能移，威武不能屈。"此实训练自治能力之无上规范也。《大学》曰："生财有大道，生之者众，食之者寡，为之者疾，用之者舒。"孔子曰："足食足兵，则民信之矣。"孟子曰："不违农时，谷不可胜食也。"又曰："五亩之宅，树之以桑，五十者可以衣帛矣。鸡豚狗彘之畜，无失其时，七十者可以食肉矣。"又曰："仰足以事父母，俯足以畜妻子，乐岁终身饱，凶年免于死亡。"此实增进生活智能之最高原则也。智仁勇三者毕具，以之抗战则胜利，以之建国则国强，造成健全国民人格之能事毕矣，中华民族复兴之日至矣。此提倡国学，为今日中国普及教育之惟一要务者二也。

（三）国学与吏治之关系

孔子曰："政者正也。"所以正人之不正也。又曰："子率以正，孰敢不正？"又曰："为政以德。"又曰："其身正，不令而行；其身不正，虽令不从。"孟子曰："文王发政施仁。"又曰："上无道揆也，下无法守也。"《大学》曰："尧舜率天下以仁，而民从之。"又曰："上老老而民兴孝，上长长而民兴弟，上恤孤而民不倍。"《中庸》曰："为政在人，取人以身，修身以道，修道以仁。"《诗》曰："乐只君子，民之父母。"此言为政者必先正己，行政者必须施仁。老老长长恤孤，皆施仁之次第也，亦《大学》明德亲民，体用一贯之大旨也，亦《中庸》喜怒哀乐未发之中，中节之和也。《论语》又曰："道千乘之国，敬事而信，节用而爱人，使民以时。"又曰："使民如承大祭，己所不欲，勿施于人。"孟子曰："先天下之忧而忧，后天下之乐而乐。"又曰："民为贵，社稷次之。"《书》曰："民为邦本，本固邦宁。"又曰："敬授民时。"此言人民为国家构成之要素。曰使民以时，曰敬授民时，曰使民如承大祭，皆临政以爱民为先之义也。至爱民之表现，不外"己所不欲，勿施于人"数语而已。由此以知，欲今日中国政治之清明，首在为民上者，整躬率物，次在任贤勿贰。而任贤之标准，不外孔子"视其所以，观其所由，察其所安"而已。至如何正己，如何率物，如何爱民，如何储才，则非熟读孔孟遗书，与夫历代圣哲言行，循良之从政遗规，口诵心维，身体而力行之不可。此提倡国学，为澄清吏治之惟一要务者三也。

纵此数者（观）之，国学之关系中国国运前途者，如此其重且大也。熊公倡导于前，各界名宿赞助于后，由陕西推及邻省，更由邻省推及全国各地。他日者，淳风於穆，化行俗美，消弭战祸，促进和平，皆将于斯觇之。熊公继往开来之功，军政党学商各界，热烈赞助之德，当与日月争光，山河同永也，是为颂！（刘逊斋：《中华国学社新基落成纪念颂》，《国风日报》，1944 年 1 月 15 日，第 2 版）

△　江西省党部指派对国学及外国语素有研究者，筹备国学及英语研究班。（《党部学校化，省党部工作同志集体读书并组织国学及英语研究班》，《江西民国日报》，1944 年 1 月 17 日，第 3 版）

2 月 20 日　闻一多发表《复古的空气》，分析近来复古的心理，区别民族主义与闭关主义。

闻一多认为近来在思想和文学艺术等方面，复古的空气颇为活跃。不过，这所谓复古空气是专指知识和领导阶级。复古的原因与动机，可以分作四个类型：心理上的自卫机能，带有报复意味的自尊心理，"与其说是自尊，无宁说是自卑"，"如果第三种人是完全没有自己，第四种人便是完全为自己打算的"，要么"掩饰自己不懂近代知识"，要么"掩饰自己不大懂线装书的内容"。事实上，"我们的民族和文化所以能存在到今天，自然有其生存的道理在。这道理并不像你所想的，在能保存古的，而是正相反，在能吸收新的"。闻一多强调：

> 民族主义我们是要的，而且深信是我们复兴的根本。但民族主义不该是文化的闭关主义。我甚至相信正因我们要民族主义，才不应该复古。老实说，民族主义是西洋的产物，我们的所谓"古"里，并没有这东西。谈谈孔学，做做歪诗，结果只有把今天这点民族主义的萌芽整个毁掉完事。其实一个民族的"古"是在他们的血液里，像中国这样一个有悠久历史的民族，要取销它的"古"的成分，并不太容易。难的倒是怎样学习新的，因为我们在上文已经提过，文化是有惰性的，而愈老的文化，惰性也愈大。克服惰性是一件难事啊！

> 有人说，你太傻了，你忘了"儒表佛里"的理学家的道统是从文武周公算起的，而不从释迦牟尼算起，接受西洋科学精神的朴学，仍旧称为汉学，而不称西学。内容无妨接受人家，外表还是得自己的。这是面子问题，而面子也不能不顾。今天的复古，也可以作如是观。我但愿自己太傻，然而，我又担心

拥护复古的人们和我一样的傻，傻到真正言行一致。（闻一多：《复古的空气》，《云南日报》，1944年2月20日，第2版）

2月 孟载南编著的《国学丛谈》，由四川内江仁义永书局出版。

该书由冯玉祥题名，孟载南在自序中指出：

我国典籍，浩如渊海，虽上智穷毕生之力，亦难寻坠绪以旁搜。故纪学提要，纂言钩玄，其事不易，况未能张皇幽眇，而欲上规姚姒哉，乃欧风东渐，学者喜新厌旧，眩目醉心，以为科学至高无上，天下之美，萃于此焉。夫科学尚矣，亦何能忘其国内故有之瑰宝，使数千年文献，一蹶不振，盖亦不揣其本，而齐其末者矣。夫自有书契以来，群圣群贤，发微远绍，绵延至五千余年，建国基，立人极，灿烂辉煌，昭如日星，然宫墙万仞，不得其门，即能返本求源，亦难究厥妙旨。矧力不足，学不逮，徒震新奇，以探奥赜，使金精玉美，弃如敝屣，无怪贤传圣经，不复过问，大道达德，荡然无存，而孔孟之言，未闻有口诵者矣，夷齐之行，不见有身履者矣。噫，人心世教如此，不亦至可痛哉。

居今日而谈国学，盖亦难矣，上焉者无精进之心，次焉者无专攻之志，下焉者无问津之途，求其浅近而弗得，语之高深而不知，长此因循，衣冠交物，恐扫地尽矣，无已乃有兹编之述。夫国学项目，广矣、杂矣，然殊途同归，其旨则一，圣贤授受，要不外十六字之心传，苟能循序渐进，未始不足以贯穿而期致用，惟提纲逐目，可供学校研讨之用者，凤毛麟角。近世虽章炳麟为之提倡，钱穆为之继承，然章氏嗜奇，综贯有余，而武断失实。钱氏自信，工于修辞，而事多漏略，皆有所偏，难启后进。其余蒋竹庄《小学以上教授国文》，胡适《中国的国文教授》，王森然《中学国文教学概要》，阮真《中学国文教学法》，蒋祖怡《文章学纂要》，虽各以经验，而发抒所见，逻辑宏富，兼收并蓄，然均重在文艺，不足以概国学，而详略去取，较为简切，可供学者研究途径，其惟刘麟生《中国文学ABC》与蒋梅笙《国学入门》，但又失之简略，难窥全豹。余自退居，怅风雨之飘摇，感河山之破碎，以为学校乃造就人才之地，今之学子，将来栋梁，国家有治法，而无治人，又奚贵乎有此学校，乃倡言复古救国者众矣。然古于何复，国于何救，未闻有于学者身心之修养，材能之培植，而注念及之，以故学者不知微言大义，未离学校，而有社会恶习皆具者。既出学校，而有奔掺愤辕者，此又其大为缺憾也。

以余教学所得经验，中等学校，无论初级高级，学子成绩，不逮昔之小学远甚，而所订之教本，仅数册文章，所收之教材，亦不过无系统，无伦次之选择。高则群经诸子，低则小说杂记，断简残编，拾零摘碎，全然精读，无补实际，况有多数略读之白话哉！是以有高中而不能文言者，有初中而不知文言者，甚且文白夹杂，每况愈下，所得既属皮毛，遑问其典章文物，内容空虚，经纶自乏，立己达己之不足，安求其立人达人之术。此编之达，于小学，则重文字构造与衍变；于训诂，则重考证与翔实；于经学，则示意义与源流；于史学，则明体例与纯驳；支于诸子，则标渊源与特劣；于哲学，则求思潮孕育与起伏；于文学，则溯体例诞生与代谢。无论支分派衍，一概归于实用，补偏救弊，或可为学者入门梯范，则他日圣贤，亦足以转移风气矣。知我罪我，则在贤达。（孟载南编著：《国学丛谈》自序，仁义永书局，1944 年）

3 月 26 日　中华国学社聘黎锦熙在府学巷该社大讲堂讲演"现代之国学"。（《国学社公开讲学，青年团今举行青年讲座》，《西北文化日报》，1944 年 3 月 25 日，第 2 版）

4 月 1 日　陕北一区专署为响应机关学校实施职员进修起见，规定学术、体育、娱乐三组分别进行，学术组有国学讲习会及法令讲习会、时事座谈会，国学讲习会聘请崔焕九夵事演讲国学固有之伟大精神。（《专署成立国学讲习会，崔焕九讲大学之道》，《陕北日报》，1944 年 4 月 2 日，第 2 版）

4 月 3 日　沈桂清发表《发扬国粹与实现民族主义》，期望以国粹实现民族主义，建设新中国。

中国在四千余年中，能够达到极强盛的地位而保持到悠久的原因，固然是由于武力之强盛与文化之发达，但是道德的高尚，可谓是最基本的原因，这个道德就是我国国粹，忠孝仁爱信义和平，八德是我们自古立国的宝典。总理说过"要维护民族和国家的长久地位，还有道德问题，有了很好的道德，国家才能长治久安"，历史告诉我们，罗马、埃及、希腊、巴比伦同时世界上文化发达最早而武力强盛的国家，其所以早被别的国家瓜分，进而被别的民族同化者，就是他们的国家由于社会中没有这种道德的联系，民族文化中没有这种道德作基础进一步。中国在过去历史，虽经几次的颠仆结果终能得以恢复者，正是由于我们民族的道德高尚，国家虽亡，民族仍能够存在，所以道德之有无厚薄，可为其一个国家民族兴衰存亡之分水岭。

不幸百年来外来民族的侵略压迫随着西洋文化之乘风而输入以后，一般自命为新学的□，一味醉心洋化，进而鄙弃我国一□固有文化道德，他们未曾顾及到这种新文化，是否皆可以适合于中国，更未曾顾及到我国旧文化旧道德是否值得予以保留。因之新旧文化的潮流，遂起了强烈的冲突，一般国人无所适从，致造成新学未立，旧学全废的混乱现象，社会风气逐渐变坏，立国元气，因之大伤，遂造成我国家民族衰弱之一大因素。

总理说过："我们要恢复民族的地位，除了大家联合起来，做成一个国族团体以外，就要把固有的道德恢复起来，然后固有的民族地位才可以图恢复。"我们恢复了固有的道德，才能恢复民族固有的精神，恢复了民族固有的精神，才能恢复民族固有的地位，恢复了民族固有的地位，才能恢复民族主义。换句话说，民族主义也才能得以实现。故恢复固有的道德，仍为我国抗战建国刻不容缓之要图，亦为救国独一无二之药石，民族主义实现，民权民生才能得以保障，我们要发扬国粹实现民族主义，建设三民主义的新中国。（沈桂清：《发扬国粹与实现民族主义》，《青海民国日报》，1944年4月3日，第2版）

4月15日 李叔坚在民众教育馆讲演"国学之研究"。(《李叔坚先生昨晚在民众教育馆讲演国学之研究》,《宁夏民国日报》,1944年4月16日,第2版）

4月16日 中华国学社约请河南国学名宿陈尧初讲演国学。(《中华国学社明上午十一时请陈尧初讲演》,《国风日报》,1944年4月15日,第1版）

5月4日 昆明西南联大同学举行"五四"文艺晚会,约请闻一多、朱自清、杨振声、沈从文、冯至、李广田和罗常培讲演,探讨"五四"以来文学遗产的议题。后因故未开成,改为8日晚,添邀卞之琳、闻家驷和孙毓棠。

5月5日 郑天挺听取罗常培反馈文艺晚会的纠纷。

莘田告以昨晚文艺壁报座谈会发生事故。莘田言,昨晚与一多应《云南日报》之约,到会已晚,见南区十号教室座位已满,有学生二三迎前来,言教室座位不足,有听者多人已拥讲者五人往图书馆去。教室中人以坐候已久,不肯往,两下相持恐成僵局,请罗先生一为调停。莘田乃入,述蔡先生在北大音乐演奏会命无票学生退出会场,无票者立即退出故事,并言此系北大精神,望大家效法。或言今日情形不同,我辈有票,彼辈无票,乃要求莘田先讲,莘田允讲十分钟,而学生更要求别位先生亦来讲。时一多在门外,乃入教室,言清华精神亦即北大精神,总要自己牺牲,我决不在此讲,欲听讲者随我至图书馆。于是有离教室者,诸人随之至图书馆,至门,莘田以人拥不得入。其后馆内开讲,一多先讲,馆外鼓噪,有捶门板者,馆内遂宣布停讲而散。散后一多与今甫、佩弦来舍，向莘田道歉，莘田表示绝不介意。又言其初傅乐淑曾往图书馆劝驾，为今甫所骂云云。余随入校，见满墙均是声明及其他文告，多不署名，大要以主持人应向教授道歉，定期另行举行，赔偿学校损失为言。有一文告最奇，谓在馆外鼓噪者不过二三十人，高呼打者其声尖锐，同学不难推知其为何人。又言同学以罗先生"面子"为言。吾意开明，以蔡先生为法之罗先生，必不以面子介意云云。（郑天挺：《郑天挺西南联大日记》，中华书局，2018年，第828页）

是日，"中日文化协会"湖北分会国学教育会第一次联席，于午后六时在武汉市立一女中大礼堂举行，全体委员出席，第二组主任干事及干事列席会议，"讨论拟由本会翻印国学教育书及商讨教部选出该书为教材等"要案。（涂文学主编：《沦陷时期武汉的社会与文化》，武汉出版社，2005年，第383页）

5月6日　无锡国专在桂林市社会服务处召开迁桂第三次校董会议。

出席者：李济深、黄侣竑、刘侯武、黄维、李任仁、梁漱溟、冯振、蒋庭曜、雷沛鸿（冯振代）。主席李济深，记录蒋庭曜。会议报告事项：冯代校长报告学校近况。讨论事项：扩充校址，应如何通行案。议决：由学校当局相机进行。冯代校长报告本学期学生人数242人、上学期284人。教职员人数33人。毕业生人数：三年制21人，五年制9人，文书科13人。经费："本学期发到去年特别补助费40000元、前年20000元。核定本年文书科补助费120000元、

去年45000元。其他补助费尚未核定。"（陈国安、钱万里、王国平编：《无锡国专史料选辑》，第50页）

5月8日 "五四"文艺晚会举行。由罗常培开场，并讲"'五四'前后新旧文体的辩争"；冯至讲"新文艺中诗歌的收获"；朱自清讲"新文艺中散文的收获"；孙毓棠讲"谈中国的戏剧"；沈从文讲"'五四'以来小说的发展及其与社会的关系"；卞之琳讲"新文艺与西洋文学的关系"；闻家驷讲"中国新诗与法国文学"；李广田讲"新文艺中杂文的收获"；闻一多讲"新文艺与文学遗产"；最后杨振声讲"新文艺的前途"。闻一多在文艺晚会上发言如下：

　　今天晚上在场发言的，建设新文艺的人物有八位教授（记者按：八教授为冯至，朱自清，孙毓棠，沈从文，卞之琳，闻家驷，李广田，杨振声）。而我和罗先生（常培）是干破坏的，破坏旧的东西……月亮出来了（闻先生指着初从云中钻出的满月说），乌云还等在旁边，随时就会给月亮盖住。我们要特别注意……要记住我们这个"五四"文艺晚会是这样被人阴谋破坏的；但是我们不用害怕，破坏了，我们还要来！"五四"的任务没有完成，我们还要干！我们还要科学，要民主，要打倒孔家店和封建势力！……文学遗产在"五四"以前是叫做国粹，"五四"时代叫做死文学，现在是借了文学遗产的幌子来复古，来反对新文艺，现在我就是要来审判它：中国在君主政治底下，"君"是治人的，但不是"君"自己去治，而实际治人的是手下的许多人，治人就是吃人！……中国的政治由封建而帝制，再由帝制而民治……中国的封建社会里面有四种家臣：第一种是绝对效忠主子的；是儒家；第二种次之，是法家；第三种更次之，是墨家；而庄子是第四种，是拒小惠而要彻底的拆台的。但是因为有前三种人的支持，所以没有效果。后来，由反抗现实而逃到象牙塔中。辛亥以后，治人吃人的观念并没有打倒。管家人吃人，借了君子的名字。在"五四"，第四种人出塔了，他们要自己管理自己，管家的无立足余地了。但是他们仍旧可以存的，不过不再是替君子管而是替人民管了。可惜第四种人在塔外住不惯，又回到塔里面去了！那么前三种人又活跃了！但他们觉得新主子不如旧主子好，所以才有"献九鼎"啊！新主子一出来首先要打击五四运动，要打击提倡民治精神的祸因。后来他们发现民主是从外国来的，于是义和团精神又出现了，跟外国人绝交。现在谈第四种人，他们拼命搬旧塔的砖瓦来造新塔，就如有人在提倡晚明小品，表面上是新文艺，其实是旧的。新文学同时是新文化运动，新思想运动，新政治运动，新文学之所以新就是因为它是与思想，政治不分的，假使脱节了就不是新的。文学的新旧不是甚么文言白话之分，因为古文所代表的君主旧意识要不得，所以要提倡新的。第四种人中的道家则劣处较少。新文学是要和政治打通的。至于文学遗产，就是国粹，就是桐城妖孽，就是骸骨，就是山林文学。中国文学当然是中国生的，但不必嚷嚷遗产遗产的，那就是走回头路，回去了！现在感到破坏的工作不能停止，讲到破坏，第一当然仍旧要打倒孔家店，第二要摧毁山林文学。从"五四"到现在，因为小说是最合乎民主的，所以小说的成绩最好，而成绩最坏的还是诗。这是因为旧文学中最好的是诗，而现在做诗的人渐渐地有意无意地复古了。现在卞先生（之琳）已经不做诗了，这是他的高见，做新诗的人往往被旧诗蒙蔽了渐渐走向象牙塔。（闻一多著，凡尼、郁苇编：《闻一多作品集》，现代出版社，2016年，第248—249页）

5月21日　罗常培在《云南日报》发表《从文艺晚会说起》，提出了三个口号："（一）'中西合流，文语分系'；（二）'文艺离不开生活，要想把握住当前的大时代，有远大抱负的作家应该踊跃地下乡或入伍'；（三）'要拿历史的眼光重新估定中国文学的价值，还它一个在当时当地应有的地位'。"（罗常培：《第一个"五四"文艺晚会的回忆并怀一多、佩弦》，《罗常培文集》编委会编：《罗常培文集》第10卷，山东教育出版社，2008年，第344页）罗常培再三强调，"我对于新文艺的前途仍然想到从前那两句老话：'我们不必夸耀过去的光荣，应该努力将来的创造！'"（罗常培：《从文艺晚会说起》，《罗常培文集》编委会编：《罗常培文集》第5卷，山东教育出版社，2008年，第37页）

6月2日　国立桂林师范学院国文系教授颜虚心因国学衰落，心情低落而有自杀之举。

国立桂林师范学院国文系教授颜虚心，于昨（二）日上午七时许，在该院国文系讲授国学理论，□调颇为消极，措词亦多悲观。略谓"近日社会趋向日坏，对中国固有国粹，不加保存，尽量唾弃，以洋化为荣，是诚可哀，本人研究国学，凡三十余年，过去亦曾有著述，虽未有大成就，然亦足发扬国学之精神，而社会不予重视，个人甚觉失望，殊为社会惜。而个人不能负责改造社会，亦堪痛惜"。末对本人之凄凉之身世，表示感喟，并不满现实环境，谓："环境不了解我，我亦憎恨环境。"（《师范学院教授颜虚心自杀，刀伤颈部生命可无虞》，桂林《大公报》，1944年6月3日，第3版）

6月19日　中国国学会在重庆中印学会召开成立会，到会会员百余人。

6月　南方大学国学专修科编《南方大学复校国学专修科首届毕业纪念刊》，由编者刊行，有校史、论著、文艺作品、教职员学生一览等。

校董一览

姓名	性别	年龄	籍贯	经历	备考
梅思平	男	48	浙江永嘉	北大毕业，曾任浙江省主席，现任内政部部长	董事长
江亢虎	男	61	安徽旌德	曾任美洲加省大学教授，现任考试院院长	兼校长
丁默邨	男	45	湖南长沙	现任中国国民党中央委员及社会部福利部部长	
高冠吾	男	52	江苏崇明	曾任南京市市长，江苏省主席，现任安徽省省长	

续表

姓名	性别	年龄	籍贯	经历	备考
狄侃	男	48	江苏溧阳	曾任大总统府秘书，现任监察委员及国立中央大学法学院法律系主任	
蔡鼎成	男	48	江苏泗阳	曾任上海法政大学校董及教授、金华苏州南昌上海地方法院首席检察官，现任考试院参事	兼法学院长
史霈	男	59	江苏江阴	北大毕业，曾任教育部参事、北大教务长、铨叙部登记司司长，现任江苏省政府参事	
江镇三	男	50	湖南新宁	日本明治大学毕业，曾任上海复旦、暨南法政、大夏大学教授，现任监察委员兼县政训练所所长	
何嘉	男	34	江苏宜兴	日本法政大学研究员，曾任中央大学、大夏大学教授，中国公学大学部教务长；现任行政院参事兼秘书处组长	
杨尊暄	男	39	湖南长沙	曾任考试院简任秘书、铨叙部总务司司长，现任考试院参事	兼总务长
杨中芳	男	39	安徽和县	曾任铨叙部简任秘书，现任考试院简任秘书	兼训育长
胡正刚	男	49	安徽和县	曾任安徽和县公安局局长，现任巢县县长	

教授一览

姓名	性别	年龄	籍贯	经历
江亢虎	男	61	安徽旌德	见前
陈彦通	男	53	江西义宁	曾任江西督军公署秘书长、国立武汉大学教务长及教授，现任国民政府简任秘书
孙若声	男	41	河北蠡县	见前
陈寥士	男	46	浙江镇海	曾任行政院简任秘书，现任监察院参事、中国公学大学部教授
邵澄波	男	47	河北大兴	国立北平师范大学毕业，曾任山西大学教授、农矿部简任秘书，现任铨叙部育才司司长
杨为桢	男	43	河北大兴	英国爱丁堡大学毕业，曾任国立中央大学文学院外语系主任、教育部次长，现任国立北平师范大学校长
张见庵	男	51	河北武邑	美国哥伦比亚大学硕士、国立北京师范大学总务长、河北大学文学院院长、河北省政府委员兼教育厅厅长，现任国立中央大学兼任教授
马景行	男	52	江苏江都	留美法学博士，现任国立中央大学教授
史萧	男	59	江苏江阴	见前
姚抚屏	男	55	江苏常熟	部试举人，己未高等文官存记简任职，曾任外交部俄文法政专门学校教务长、中华北京中国朝阳大学教授，现任国立中央大学教授

续表

姓名	性别	年龄	籍贯	经历
李仲纲	男	53	北平市	日本大学法科修业，曾任国民革命军第三十三军第十旅旅长、军事委员会少将参议，现任参赞武官公署少将参赞武官

注：文学院法学院及会计专修科教授不及详查故从略。

同学一览

姓名	性别	年龄	籍贯	通讯处
刘异凡	男	26	江苏棠湖	南京水巷十九号
王嘉存	男	24	南京市	南京泰昌巷三十二号
黄觉非	男	33	广东中山	广东中山八区大濠涌
张润德	男	25	江苏镇江	镇江新河边五号
鲁福隆	男	23	南京市	南京珠江路三二五号
马济先	男	26	江苏镇江	南京复兴路一五七号
吕登荣	男	25	江苏泗阳	泗阳众兴镇
问德洪	男	24	江苏宝应	宝应姜家巷一号
李之浚	男	24	江苏江宁	南京中华门外元山镇
王继尚	男	23	安徽巢县	淮南路林头镇
田丰	男	24	河南开封	南京大方巷十二号

（《南方大学复校国学专修科首届毕业纪念刊》，1944年，引用时有删减）

7月4日　厉星槎作《对于国学应有之认识》，辨析国学在形式与内容方面的特质。

一、卷头语——答客难

客或难厉子："国难瞬逾十载，抗战已历七年，时局日趋严重，存亡决在目前。吾人纵不能运筹帷幄，决胜千里；亦当努力造产，换取外汇，或讲求科学，制造兵器，何暇埋首芸窗，钻研国学？窃观吾子束发受书，历经岁月，非不知东洋西土之言文，声光电化之理趣，何乃哎哎学老生语，令人疑子为科学之孑遗，非出身国立大学之壮士也？"厉子对曰："唯唯，否否，不然。国难日深，斯倡导国学之举亦愈亟。诚以倡导国学，可以唤起民族意识，殊死抗战，以求必胜，而图永存。盖倡导国学，非咬文嚼字，搬演骨董之谓也；乃所谓接受前人遗产，用古人而不为古人所奴，使载籍为我调查，多多益善者也。即就军事论，则《孙子》十三篇，拿破仑威廉第二皆至重视之，以为临阵鸿宝，乃至倭人阿多俊介、平田之流，亦称其为万古不易，因近代科学之勃兴，而更增其光辉，可使用航空战队、机械兵团之助。若就经济论，则蒋委员长近著《中国经济学说》一书，所采管仲、王安石、张居正辈之理论，亦属利用国学之宝藏，肆应万变之时局。则所谓三分军事、七分经济之今日战争，固大有资于国学之钻研也。况世界言文，不下六千七百六十种，存者二千七百九十六，无种白色人种英俄西葡意法德之流，有色人种印度波斯、阿剌伯、日本之属，其所用文字，未有能及吾华文之精简者，吾人方将推广此表情达意传至久远之工具，普及全球。而寄托于此文字之典籍，有吾先圣后圣同趋一揆之大同思想，实乃国学之明灯，正当及时讲求，以为战后先事之备。若夫声光电化之新知，所以应用于飞机重炮、潜艇、毒气一切新兵器与生活工具者，吾人正欲化之为国学范围中物，非仅故步自封，不进求吸收者也。然则吾人之倡导国学，实为当务之急。"客闻而喜，请罄吾说，乃茹毫伸纸，记其言于卷首，而衍为斯文。

　　二、对于国学外表应有之认识——国学之优美工具

　　吾华国学所寄托之汉字，中外学者颇有认识不明，估价错误之人。胡以鲁氏尝列举各邦人士之意见，而归结于以耶斯披善（Otto Jesperson）之说，比较上能得其平。耶氏为丹麦博言学泰斗，著书满家，而《文法哲学》（*The Philosophy of Grammar*）及《语言学》（*Language*）二书尤称精博，书中称许汉文之处，不一而足。此外短文，专论汉文之优长者，周铭三君尝译其一种载于金陵大学出版之《金陵光》。而瑞典高本汉（Bernhard Karlgren）所著《博言学与古中华》（*Philolophy and Ancient China*）及《中国语与中国文》（*Chinese is Sounds and Symbols*）尤盛称汉文之美妙。林语堂君编辑开明英文法颇采诸家之说，取中英文字，两相比较。诸君子皆尝三折肱于言文之科，故能道其甘苦。而一般皮相之士，或妄诋汉文艰深、繁复不及英文，乃至俄德等西洋拼音文字之简便，摇唇鼓舌，颠倒是非，令人悯叹。今试略述汉文之优长，以释纷纭。

　　厉星槎认为中华语言优美体现在汉字之精、句法之简、无语尾变化之繁、无冠词等赘旒。若综观国学内容的特色，有七盏明灯，"七灯者何？曰公平，曰诚正，曰中和，曰文雅，曰实用，曰圆通，

曰仁义"，"国学以汉字为发肤，矫然有以超群而出众，又以公平为神理，诚正为精髓，中和为魂魄，文雅为筋肉，实用为骨骼，圆通为经络，仁义为气血，故能卓立于天地间，历久而不敝。若得科学为衣食，则尤可抗外侮而健躯体，此又吾人所当知勉者也"。（厉星槎：《对于国学应有之认识》，《黎明之前》，《中央日报》安徽版创刊二周年纪念刊，1945年1月）

7月5日　王睿设流碧精舍暑期国学讲塾，学程分为"散骈文选及义法""诗词曲选及义法""板本目录及古器物碑刻考据""文字声部及训诂校勘概要"。（《流碧精舍举办暑期国学讲塾》，《申报》，1944年7月4日，第4版）

是日，朱希祖病逝，享年66岁。

7月6日　汪辟疆撰《修订部颁中国文学系科目表意见书》，提议必修科目增加"国学概论"。

汪辟疆认为中国文学系宜增设必修科目："读书指导""国学概论""群经大义"。读书指导，第一学年，六学分；国学概论，第二学年，四学分；群经大义，第三学年，四学分。"按以上三科目，为研治中国文学初步指导，亦即通诠科目中最切实用者也。原表漏略，殊为缺憾。"一年级增设读书指导，教授读书方法及要籍解题，"俾先引起阅读兴趣，借窥门径。盖以近年高中国文课程，益趋简陋，骤入本系，触处茫然，升入二年级，教学两方俱感困难也。二年级增设国学概论，授以经史诸子文翰源流派别家法及要义，俾窥四部厓略。此科目初名中国学术论文集要，本人主心远大学文系时，乃易今名，后各大学皆采用之，中大且定为公共必修矣"。"三年级增加群经大义，授以群经要旨，非唯文学根本所系，即立身制行之方，经世垂远之业，亦奠基于此。近年中小学不读经，且讳言读经，思想既易动摇，性行尤多乖戾，若于此科目抽择经旨，参证史事及总理、总裁言论，极阐做人治事之法，则宏纲毕具，体会不难，其效可逆睹也。"上述三科目，"可以修身，可以治学，可以为文，有物有则，体用兼该，即推本述旨而以此贯澈之。至其先后次第，不可移易"。（汪辟疆：《修订部颁中国文学系科目表意见书》，重庆《中国文学》，第 1 卷第 3 期，1944 年 8 月）

7 月 10 日　中国孔圣学会开设暑期国学进修班，聘请国学家孙翔仲、冯明权、吴季鸣、杨中一、孙德余先生担任教授。（《孔圣学会近讯（国学进修班）》，《申报》，1944 年 7 月 6 日，第 4 版）

△　教育部高等教育司司长吴俊升邀请西南联大、西南大学、中法大学文法学院系主任以上教授开会，讨论《部颁课目表》修订事宜。

吴俊升视察昆明各高校与北平研究院，征求西南联大、云南大学、中法大学三校对改订高等教育课程标准的意见，为此文法科、理科、工科分别召开了一天会议。7 月 10 日，文法科会议首先在清华大学办事处召开，讨论文史各系课程标准，出席者十余人。（黄延复、王小宁整理：《梅贻琦日记（1941—1946）》，清华大学出版社，2001 年，第 155 页）

闻一多批评了一些学校的中文教学内容，还批评西南大学聘请刘文典。吴宓说："闻一多发言，痛斥各大学之国学教法，为风花雪月、作诗作赋等恶劣不堪之情形，独联大翘然特异，已由革新求合时代云云。又盛夸其功，谓幸得将恶劣之某教授（典）排挤出校，而专收烂货、藏垢纳污之云大则反视为奇珍而聘请之。"（吴宓著，吴学昭整理：《吴宓日记　第 9 册：1943—1945》，生活·读书·新知三联

书店，1999年，第291页）

7月　《国学丛刊》第十四期登载国学书院第一院研究班二年期满发给证书后的合影。

附记："本院研究班于民国三十年八月十七日成立，内分经、史、子、词章、佛学五班，共收各机关保送人员及本院选拔者共一百七十余人，聘俞巨溟、俞静安、高淞荃、郭啸麓、周叔迦诸导师担任教授。至民国三十二年八月十七日二年修业期满，二院亦有毕业生十余人参加于七月卅日举行典礼，由王院长周副院长亲自发给证书，勉励有加，济济一堂，极一时之盛，因摄影以资纪念。"（《国学书院第一院研究班二年期满发给证书摄影》，《国学丛刊》，第14期，1944年7月）

△　中华国学社国学讲习所决定继续举办夜班课程。

中华国学社为发扬我国故有文化，决定于最近期间，继续举办国学讲习所夜班，讲授时限定二年，时间为每晚七至九时，讲授课目为经史及文学，经学以四书为主课，并续撰五经，史学以我国历史为主课，并酌受地理，文学则讲授韵文及《说文》，讲师为景梅九、赵冠青、侯佩苍先生等，凡十五岁以上之男女，有志研究国学者，皆可报名听讲，书籍由学生自备，学费每月八十元，闻该馆将于最近期间，在三学街府学巷内，该馆馆址，报名招生。（《中华国学社国学讲习所将举办夜班》，《国风日报》，1944年7月10日，第4版）

△　南京学海月刊社主办《学海》杂志创刊。

李释戡撰《学海月刊发刊辞》：

伊川有言，不农而足食，不工而足用，不躬坚锐守土而安居，晏然为天地间一蠹。惟缀缉［辑］圣人遗书，庶几有补尔。然即如其说，亦岂俗儒所可企及哉。苟能宗顾亭林文不关六经之旨，当世之务者，不作亦已难矣。第人成一书，讵易语皆精当。白首穷研往往不竟其功。即博洽有成矣，丧乱困乏湮灭不传者何可胜道。使各摅心得，汇刊流布，则事易集而无虞散佚。岂不善欤。此《学海》月刊所由作也。夫海望之不见其涯，测之莫得其深，乌能免望洋之叹。不过冀读者尝一滴而知大海味耳。故凡经、史、诸子、文字、音均［韵］、舆地、历算、金石、书画、谱录之学，有考订阐明者，不偏门户，不囿中外，片辞只义，悉所收罗。幸博雅君子有以教焉。（李释戡：《学海月刊发刊辞》，《学海》，第 1 期，1944 年 7 月 15 日）

《学海》月刊发布征稿简则如下：

一、凡关于经、史、诸子、舆地、历算、训故、音均［韵］、辞赋之论著、笔记，有考订笺释而非剿袭者；二、名人传记、年谱及金石、书画、目录、板本之专著；三、先哲遗著有关学术而未经刊布者；四、欢迎海内外专家投稿，以短篇为主，长篇务在万字以内，须直行正楷缮写，并加句读；五、来稿本刊得以删改，如不愿者请先声明；六、来稿非附足邮资概不退还，一经揭载，版权即归本刊所有；七、稿酬每千字百元至三百元，遗著另议；八、诗词歌曲以及文章之非关考订者，只附载一二，不酬费；九、校勘或批评旧籍之文字只就校语评语酬费，本文不得阑入计算；十、来稿须注明真实姓名及详细通讯地址以便通信汇款，发表时署名任便；十一、应征者须购本社特制之稿纸（每页十一行，行二十五字）缮写，收费特廉；十二、来稿请寄南京三步两桥四之四号本社编辑部。（《学海月刊征稿简则》，《学海》，第1期，1944年7月15日）

8月1日　王恩洋公布《东方文教研究院简章》《东方文教研究院院董会章程》。

《东方文教研究院简章》：

第一条　本院定名为东方文教研究院。

第二条　本院以研究儒学佛学发扬东方固有文化促进国家及世界之治平为宗旨。（本院开办旨趣，详东方文教研究院缘起文中。）

第三条　本院院址暂设内江圣水寺，于相当时得择地修建院宇，并得增设分院。

第四条　本院院长由院董会礼聘德学兼备之人士充任，总理院务，聘任教职员，任期无定，于不愿任职时，得推荐继任人，由院董会礼聘继任。

第五条　本院设事务处以理事务。主任一人。事务员若干人。分任会计文牍图书庶务等职。

第六条　本院设教务处以主教务。主任一人，教授导师若干人，分任教学训导诸事。

第七条 本院设出版部，以刊印文教丛书，流通文教。主任一人，编辑校对发行若干人，分任编辑校对发行诸事。

第八条 本院附设文教丛刊社，以刊印文教丛刊，宣传文教。社长一人，主编一人，发行一人，编辑若干人，分任编辑发行诸事。

第九条 本院教学，共设四部。

（一）研究部：以造就宏扬正学之人才。研究生食宿等费由院供给，人数不定。

（二）修学部：以造就预备研究之人才。学宿全免，食费自给，人数不定。

（三）问学部：以待年高学邃及参学访道之士。食费自给，学宿全免。

（四）函授部：以待有志研究修学问学而力不能至者，其章程另订。

第十条 本院每年暑假前后定开常年大会一次，由院长召集院董及院内教职员商讨决定院务之进行。本院如有特别事故发生时得开临时会议，由院长召集院董及教职员商讨之。

第十一条 本院于必要时得于年暑假期，特开讲学会，以商讨研究专门之学说，并宣布本院研究之心得与成绩。

第十二条 本章程经大会通过实行之。其有未尽善处得由常年大会商讨修正。（《王恩洋先生论著集》第10卷，四川人民出版社，2001年，第294—295页）

《东方文教研究院院董会章程》：

第一条　本会定名东方文教研究院院董会。

第二条　本会以护持东方文教研究院，并期其发扬光大，以宏扬东方文教，促进国家及世界之治平为宗旨。

第三条　本会由热心护持文教院事业之同志自动组织之。

第四条　本会暂定董事十七人，推选董事长一人。常务董事五人。以推进本会会务。

第五条　董事长总理会务，常务董事分任总务、财务、会计、人事各职，以协助董事长对会务之进行。

第六条　本会以筹集文院基金，保管基金，礼聘院长。并经理支付院费会费为常职。

第七条　文院基金之筹集共分二类：

甲、由本会董事自由捐认。

乙、由本会董事向外劝募。

第八条　文院基金之保管经理共分二类：

甲、存放生息。

乙、置产。

第九条　本会对院费之支付，由文教院事务处通告其费用多少，按月支付之。

第十条　本会年开常年大会一次。于年假前后由董事长召集全体董事，并请院长莅会，商讨决定次年会务院务之进行，预算决算一年之经费，并报告一年之会务状况。

第十一条　本会月开常会一次，以商决一月会务，由董事长召集常务董事举行之。设有特别事务得由董事长召开临时会议处理之。

第十二条　本会会址暂设自流井后山坡净心斋。于必要时得专设会址。

第十三条　本章程有未尽事宜得由常年大会提议修正之。

（《王恩洋先生论著集》第 10 卷，第 296—297 页）

8月2日　张铸生等人邀约吴宓创办云南国学研究院，后未果。

吴宓记载："如约至乐宅午饭。典、炜、乐、张友铭（铸生）共议创设云南国学研究院事。典、炜谓可募款千万元。典欲宓为筹备主任，如昔清华故事。宓雅不欲为此。典评宓为'忠信笃敬'，但仍多不能了解同情宓处。"次日，"访乐，乐亦谓宓宜自隐身著作，任云南国学研究院事，恐有不利于宓者"。（吴宓著，吴学昭整理：《吴宓日记　第 9 册：1943—1945》，第 305 页）8月26日，吴宓"至乐宅午饭，与典、炜等谈至下午四时。昨典访马崇六，允为游说大理、腾冲三富商捐款。典坚欲宓任云南国学研究院院长。宓力辞，主以典兼任。而炜、乐并劝宓任之。宓先言种种顾虑，末谓倘事诚可为，则蜀游亦可止……宁劝宓仍出游，勿任云南国学院事"。（吴宓著，吴学昭整理：《吴宓日记　第 9 册：1943—1945》，第 321 页）8月27日，"德锡极主张宓任云南国学院事。……宓访墀，不遇。遇虞唐、俞铭传等。回舍，林同珠来，借去 Shakespeare 书一册，又《斐冷翠山庄》一册"，"虞唐来，宓细述情形，求教。唐力劝宓出游。谓晤友讲学，厥益甚大。而云南国学院事，决不可参与。盖典品行不修，名誉不好。炜亦素薄义理之学。而捐款人多为情不可却，敷衍一时，院中经费恐难持久。宓若任院长，必与俗人周旋，既日夕繁忙，且应付人事为难，精神必大感痛苦。尤以宓多年之清节令誉，必缘此

而败坏，甚属不值云云。宓深感唐忠告之意"。（吴宓著，吴学昭整理：《吴宓日记　第9册：1943—1945》，第322页）

8月10日　私立昆仑中学初中国学一班开始报名。（《私立昆仑中学今秋开始招生》，《南宁民国日报》，1944年8月11日，第3版）

8月15日　《申报》报道中国孔圣学会国学进修班事宜。

> 中国孔圣学会自林康侯氏接任会长后，对于国学，积极提倡。本届暑期所办国学补习班，成绩卓著，兹以结束在即，决定继续办理长期国学进修班。闻已延聘硕学之士，担任各科教授，准于九月一日开学，每日下午五时起，授课二小时，学费全免，以资抢救失学青年及职业青年，并予学生课余专修国学之一助，有志者可向该会办事（大上海路九五四号）索取简章，即日起报名。（《孔圣会国学进修班》，《申报》，1944年8月15日，第3版）

8月21日　张纯一撰《国学简择》，指出国学研究应当创造更高的文化，唤醒国魂。

文章称：

> 鄙人研究国学觉浅识著作家，外行赏鉴家，出版物太多。大都滥造妄作。其为有识不愿读，青年不可读者过半。足令国学固有水准，日形低落，益增性道之锢蔽［弊］，惑世甚矣。罕见真读书人，标孤芳于名山，一辨黑白，良堪浩叹。窃以著述之事在能灼见谛理，穷真断惑，发先民所未发。开纯正之风气之先，教人抗贤希圣，福利永世。非以追逐污世之浊流，投

时好而沽名干禄也。至于教育，非异人任。必具真知学者，妙觉圆明，与世无争。环顾宇宙万有，皆我清净庄严无边法身中所现物。公天下人之身为一身，即不得不尽除天下人横私天下之身幻有之身患。使一一皆以身公之天下，在在率真而无患，而天下始真无患。本此旨趣，磊磊焉，落落焉，开拓学子万古胸襟，使知心包大虚，物我一如，莲世虚荣，而济世心长。无论司法、行政、理财、治兵、为农、为工、为商、为医皆可赞天地之化育，与天地参。惟率自性，□净之□而尽其分，无欺而已。故敷教者不能尽性以寿世，则道德不透宗，安有优秀人才。从政者不能尽性以寿世，则治平无定准，安有大同景运。性道不明，终古长夜，举世诡随，则人尽不人，贪瞋痴暗，毒焰炽然，延烧大地。势必以强劫弱，以诈欺愚，咸召飞机大炮，战争残杀。地狱剧苦，活现世间。欲国不亡、家不破，乌乎能！然则欲创造高度的文化，非提高国学水准、唤醒国魂不可。鄙著《墨子集解》《孝经通释》《老子通释》《阴符经真解》《读庄子札记》《列子抉择谈》等等，皆据内典圆诠，发挥人生福则世间胜义。期以圆满道墨儒三家学理。俾来学穷理尽性以至于命，会归有极。取法欧美特长，坚固立国根本，圆成真民主化，化天下为一家也。今欲解除学术教育低度束缚，阐明救世真实原理。（张纯一：《国学简择》，《文教丛刊》，第3—4期合刊，1945年12月）

8月29日　高亨、丁山、孔德等人呈请教育部立案，因书院制度同现行教育制度不合，将草堂书院改名草堂国学专科学校（简称草堂国专），并将简章、科目表等稍加更正。

1943年秋，东北大学文学院诸教授，为蜀中学子未能升入大学者继续就读之便，倡办"草堂书院"。说文社为主办方，以东北大学教授丁山、高亨、孔德为创建人，敦请说文社理监事吴稚晖、于右任、戴传贤、张继、吴忠信、卫聚贤为校董，并在蒙文通的襄助下，分别于成都、三台两地设置考区，公开招收高中毕业，或具有同等学力之学生入学，其中成都考点即设在四川省立图书馆，主考人为蒙文通。"考试内容是一般文史知识，分提问、解释、填充几类：如经学题有'风、雅二字何解'，史学题有'何谓编年体，纪传体'，哲学题有'何谓诸子，有无百家'，文学题有'《诗经》《离骚》《史记》《三国志》都是什么样的书'，'唐宋八大家都是谁'，'《逍遥篇》《水经注》何人所著'等等。还有作文题'试论"文以载道"'。成都考区参加考试者近200人，原订计划收50人。"由于东大文学院内部的矛盾，孔德"鼓动非三台籍的近半数学生"，去重庆北碚，将校名更为"勉仁国学专修［科］学校"（简称勉仁国专），后改为"重庆勉仁文学院"，在全省范围内招生。此时，教育部也批示"现时创办书院无此体制；准照原无锡国专、四川国专之例，可办三台草堂国学专科学校"。自此，草堂书院正式更名为"三台草堂国学专科学校"，该校"以发扬中华文化、培植国学专门人材为宗旨"，科目"以精读国学基本经籍为主，定为三年修业，以养成国学专门人材为目的，并开夜班，特重词章，以资应世"。起初，以杨向奎代理校长，赵纪彬任教务长。（袁海余：《从三台草堂国专到成都尊经国专》，四川省政协文史资料研究委员会编：《四川文史资料选辑》第40辑，四川人民出版社，1992年，第42—50页；《说

文社主办三台草堂国学专科学校缘起·简章》,《说文月刊》,第 5 卷第 1—2
期，1944 年 11 月）

是日，高亨、丁山、孔德代表三台草堂书院向教育部部长陈立
夫呈文立案，并附缘起、简章、科目表：

　　窃孔德同丁山、高亨等筹办三台草堂书院，业经呈请钧
部备案在卷，兹因书院制度同现行教育制度不合，曾于本月
二十五日晋谒钧座时，奉面谕应改为国文专科学校，后又同吴
司长俊升协商，将草堂书院改名草堂国学专科学校，并将简
章、科目表等略事更订检呈钧座，仰祈鉴核，准予备案。并即
遵照部颁专科以上学校立案规程，成立董事会，筹募基金，再
行完成立案手续，不胜迫切待命之至。

草堂国学专科学校教授履历表

姓名	年岁	籍贯	学历	经历	
丁山	四十五	安徽和县	北京大学研究所毕业	曾任中山大学、中央大学、东北大学教授	教育部审查合格
高亨	四十二	吉林双阳	清华大学研究院毕业	曾任南开、武汉、河南、东北、齐鲁各大学教授	同上
孔德	四十七	浙江温州	清华大学研究院毕业	曾任中山、中央、暨南、安徽、河南、东北各大学教授	教授证书1255号

草堂国学专科学校第一学年课程经部开设《春秋》三传、
《论语》《说文》，史部开设《史记》，子部开设《孟子》《荀子》
《管子》《商君书》，集部开设《古文辞类纂》《古今诗选》。第

二学年经部开设《诗经》《三礼》《尔雅》《广韵》。史部开设
《两汉书》《资治通鉴》《续资治通鉴》；子部开设《老子》《庄
子》《韩非子》《吕氏春秋》《淮南子》；集部开设《昭明文选》
《词综》《文法研究》。第三学年经部开设《易经》、《书经》、卜
辞金文学；史部开设《三国志》《三通》；子部开设《墨子》
《论衡》《宋元明学案》《学蔀通辨》《汉学师承记》；集部开设
《楚词［辞］》、历代名家专集、《太平乐府》、《朝野新声》、《四
库总目提要》、《国文教学法》。本校所定科目表内，经部全部
必修；史部以《史记》《两汉书》《资治通鉴》为必修，余为选
修；子部以《孟》《荀》《老》《庄》《管》《韩》《吕览》为必修，
余为选修。集部以《楚词［辞］》、文选、古文词、诗选、《词
综》、《四库总目提要》为必修，余为选修。本校教学以指导自
修为主，教授讲演专书精要之点，指示青年治学方法。考核从严，
以能养成其独立研究学术为目的。具体科目学年学时如下表：

部别	科目	选修年限	每周授课时数
经部	易经	第三学年	二小时
	书经	第三学年	二小时
	诗经	第二学年	三小时
	三礼	第二学年	四小时
	春秋三传	第一学年	四小时
	论语	第一学年	二小时
	尔雅	第二学年上学期	三小时
	说文	第一学年	四小时
	卜辞金文学	第三学年	三小时
	广韵	第二学年下学期	三小时

续表

部别	科目	选修年限	每周授课时数
史部	史记	第一学年	三小时
	两汉书	第二学年	三小时
	三国志	第二学年	二小时
	资治通鉴	第二学年	三小时
	三通	第三学年	三小时
子集	孟子	第一学年上学期	二小时
	荀子	第一学年下学期	二小时
	老子	第二学年上学期	二小时
	庄子	第二学年下学期	二小时
	管子	第一学年上学期	三小时
	商君书	第一学年下学期	三小时
	韩非子	第二学年	二小时
	墨子	第三学年	三小时
	吕氏春秋	第二学年上学期	二小时
	淮南子	第二学年下学期	二小时
	论衡	第三学年上学期	二小时
	宋元明学案	第三学年	四小时
	学蔀通辨	第三学年上学期	二小时
	汉学师承记	第三学年下学期	二小时

续表

部别	科目	选修年限	每周授课时数
集部	楚词［辞］	第三学年	二小时
	昭明文选	第二学年	三小时
	古文辞类纂	第一学年	三小时
	古今诗选	第一学年	三小时
	词综	第二学年	三小时
	历代名家专集	第三学年	三小时
	太平乐府、朝野新声	第三学年	二小时
	四库总目提要	第三学年	二小时

呈为创办书院，请准予备案事：

窃以书院之兴，昉于赵宋。辅翼太学，作育英才。名儒接席，宗风丕振。声光递被，永世弗替。历代递嬗，著为典要。降及有清，宇内林立。鸿规远绍，绝学重光。

三百年中，经学昌明，大师蔚起，归功书院，信非虚誉。虽以西学东渐，强邻交侵。朝野图强，期挽颓运。而康南海戊戌变法，导源万木草堂。张文襄提倡新学，创设两湖书院。近代史乘，均应特书，彰其伟绩。

自神州光复，民国肇造。政体共和，教育维新。推行十余年后，功罪参半。末流所趋，以黉舍为利薮，稗贩居奇货。哗世取宠，通人诟病。遗大投艰，数典忘祖。士习狷偷，国本撼摇，匪朝夕矣！

我总裁领导北伐，奠都金陵，党国复兴。八德丕显，四维恢张。承国父道统之传；倡宣圣力行之教；海内翕然，世风骤变。忧时之士，亲聆训示，惩前毖后，每于曩日书院制度，兴仰止之恩。本位文化，求彰明之道。盖非此不足以淬发民族精神，完成抗建大业也。军兴之际，钧座出长教育部。师表群伦，尊崇儒术，设立复性书院，拟印十三经新疏，国立礼乐馆等。诚同日月经天，江河行地，功绩粲然，国人共仰！

山等布衣讲学，遭逢国难，既随大学以转徙，哀人生之多艰，病时学之谬悠，慨后生之彷徨。上无以副钧座期待之殷，下无以绍先贤之绪。汲古醉心，传经有待。三台羁栖，自甘原宪之贫，草堂说经，缅怀杜公之迹。因就地方魁宿，筹议重新潼川草堂书院。用以俎豆先贤，激扬名教。经术是修，绝学是董。汉宋兼采，惟求其真。文质并重，学期致用。绍述圣哲，启迪青年。将为三千年之经学，斩伐草莱，拓彼新土。使我先民文化，弘扬世界。山等驽钝，愿贡一得之愚。奖掖扶持，是有望于钧座指示方略，俾有遵循也。兹检呈本院缘起、简章、科目表等件。仰祈鉴核准予备案，不胜屏营待命之至！

《三台草堂书院缘起》：

山川间阻，民异其类。因类设教，言遂异声，车遂异轨，郊祀异典，文物异形。我中华民族，立国圣身之州，东临沧溟，西限昆仑，南暨建木，北穷瀚海。积岁万千，计口数亿，贤圣相禅，礼乐为宗，声教所播，四裔慕化。徒以近百年来，

政治不臧，科学不竞，人危道丧，国威陵替。忧时之彦，众口
嚣嚣，归罪线装书籍，将举而焚坑之者有人焉。用夷变夏，科
学之利百倍，居游学为洋货者有人焉。学无精窳，镀金为贵，
师无贤愚，朱紫为尊。加之宿儒荐殁，后学泄泄，通论概要，
大学厘为常科，六艺百家，通人始达章句，国学毁弃，匪伊朝
夕矣。夫学，国之本也。伐本刈根，国焉雄立。昔光武中兴，
先访儒雅，明祖平成，立举茂异。稽诸列国，亦莫不张皇太
学，以弘扬民族文化为亟。未有舍己耘人，制裳毁冠，如吾人
之尊夷攘王，弊［敝］屣家珍者也。同人荷大师提命，诵先圣
微言，驽马十驾，学无足称，滥竽学府，殆将廿载。感多难于
兴邦，愍斯文之废坠，立己立人，有志未逮，抱残守义，避冠
三台。三台，诗圣杜公所尝寄止也。东山高顶，兜率重云，春
色鹤林，江声官阁，风景流连，苦咏之迹宛在。故老传言，省
立高中，清为草堂书院，即诗圣旧宅。江河万古，诛茅日新，
春诵夏弦，余韵洋溢，宜乎彬彬郁郁，东川多质之士矣。同人
履哲人之路，接名士之席，签以俎豆先贤，必先重新书院。激
扬名教，经艺为根，探赜索隐，绝学是董。课程专攻四部，务
窥豹全，学业则义理辞章，量材而教。居空谷者，闻蹴心喜，
况以弘道立本，声气相求者哉。惟是国步犹艰，人趋利末，或
诬夸以沽名，或曲说而取宠，治下者车多，调亢者和寡。根柢
之业，谁许究心，固本之心，惧与时左。庸书本院宗旨，求其
友声，所望海内鸿硕，假以益我。

《三台草堂国学专科学校简章》:

第一条　本校为纪念诗圣杜甫三台草堂古迹，定名为草堂国学专科学校，以发扬中华文化、培植国学专门人才为宗旨。

第二条　本校教育力主教训合一、术德兼修，保持古代书院讲学之精神，以为转移社会风气、培养品德优良之青年，完成抗建大业。

第三条　本校科目（另详科目表）以精读国学基本经籍为主，定为三年修业，以养成国学专门人才为目的，并开夜班，特重词章，以资应世。

第四条　本校学生修业期限定为三年，每年做一结束发给修业证书，三年期满发给毕业证书，有志深造者可续在校研究，其年限由教授酌定之。

第五条　本校招收高中毕业生及有同等学力者，不限年龄，男女兼收，经本院考试合格后，缴纳志愿书一份、本院规定之学费宿费杂费等项，始准入校肄业。

第六条　凡在本校肄业学生，应恪守本校一切规章，尊师重道，努力潜修，不得违犯。肄业一年，经本校考试名列前三名者免缴学费。

第七条　本校依据教育部公布私立专科以上学校董事会组织规程，成立本校董事会，其组织与职掌另行规定之。

第八条　本校简章如有未尽事宜，得随时更订之。[《说文社主办三台草堂国学专科学校缘起·简章》，《说文月刊》，第5卷第1—2期，1944年11月；《中国保险专科学校四联总处银行人员训练所专科学校三台草堂书院等呈请筹设的文书》，中国第二历史档案馆藏教育部档案，五—2366（1）]

8月　教育部召集专家在川东师范学校讨论各院系课程，中央大学代表汪辟疆提议在部颁课程标准必修科目中增加"国学概论""目录学"。

增加"国学概论"理由："（1）近年文系既不习经史本书，学生对于整个国学观念，毫无认识。（2）可介绍应阅之专书专集。本人向主废除此科目，但鉴于近年本系科目太空洞，认为有增设之必要。"陈立夫主张："目录学可于读书指导包括之。国学概论可于专书选读附及之。今专书选读一科目，既分为经典、诸子、史传、文翰、文史评五类，则每类选读时，即应详论其源流、派别、涵义与前后有关系诸家。结果：大会通过，目录学、国学概论二科目列入选修。"（社员：《修订中国文学系科目表旁纪》，重庆《中国文学》，第1卷第4期，1944年11月）

△　中国国学会总会理事王婆楞奉命来陕组织分会，景梅九先主持中华国学社，全体社员将一律参加，中国国学会拟编纂陕西抗敌战史。（《陕国学分会进展颇顺利》，《国风日报》，1944年8月11日，第4版）

9月5日　上野太忠发表《前工部局华童学校之教育性格》，探讨华童中学国文与国学问题。

文章称：

在这种情况下，对提高中文程度，自属不易。学生们的国文程度，若不是在家庭中自修，只有归功于幼年时代的根基。只有聂公丞华童公学副校长黄仲苏氏，独具只眼，曾拟有改进国文教学计划书而见之实行。虽偏重古文如韩愈文桐城文等，但其计划，确传誉一时。可惜因为环境关系，其他各校都不能切实奉行。但至少在华童中学中，对于国学前途，已放一线曙光。至于小学课程，虽云依照课程标准，但独于国语一科，实际上应用文和文言文均增鲜加指导。学生于小学毕业后，应感到国文程度的未达标准。而小学中学的衔接，更发生不易连贯的困难。（上野太忠：《前工部局华童学校之教育性格》，《申报》，1944年9月5日，第4版）

《申报》刊登中国孔圣学会国学进修班请王骧陆先生照常主讲《论语》。（《圣学讲座（国学进修班）》，《申报》，1944年9月5日，第4版）

9月10日　徐英等人发起成立中国国学研究会。

《中国国学研究会章程》：

第一条　本会定名为中国国学研究会（简称中国国学会）。

第二条　本会以阐扬及整理国学为宗旨。

第三条　本会设于国民政府所在地。

第四条　本会得设立各省市县分支会。

第五条　本会之任务如左：

一、关于阐扬国学事项。

二、关于整理国学事项。

三、关于编印刊物事项。

四、关于介绍及审议本会会员著作事项。

五、关于会员之联系及互助事项。

第六条　对本国学术研究有得或有深厚之研究与兴趣者，

由本会会员二人以上之介绍，经本会理事会之通过，得为本会会员。

第七条　本会以会员大会为最高权力机关，在会员大会毕会期间，理事会代行其职权。

第八条　本会设理事十五人，候补理事五人，监事五人，候补监事二人组织理事监事会。理事会得互推常务理事五人，组织常务理事务会，监事会得互推常务监事一人。

第九条　本会理监事任期均为二年，连选得连任。

第十条　本会得设名誉理事若干人，由理事会聘请之。

第十一条　本会得设立各种委员会。

第十二条　本会会员大会一年举行一次，必要时经会员三分之一以上或经监事会之提议，得召集临时大会。

第十三条　本会理事会、监事会每半年举行一次，常务理事会每两个月举行一次，必要时得召集临时会议。

第十四条　本会会员应纳入会费十元，常年会五元，必要时得临时筹集专款。

第十五条　本章程经会员大会之通过。呈请社会部批准备案。

理监事名单（以得票多少为次）

理事：敖士英、徐英、伍俶、金毓黻、吴英荃、王婆楞、孙世扬、张世禄、傅筑夫、林尹、傅振伦、王易、刘赜、罗根泽、丁山

候补理事：苏渊雷、王玉章、李希泌、夏承焘、吴世昌

监事：陈立夫、汪东、汪国垣、黎锦熙、张默生

候补监事：骆鸿凯、李笠

常务理事：敖士英、徐英、伍俶、吴英荃、张世禄

常务监事：陈立夫

徐澄宇自重庆致函金毓黻，"言欲组国学会，欲余与丁山父列名发起"。金毓黻复函允之，函云："澄宇先生：别来无恙，辱书知倡办国学会，得读缘起，益佩语重心长。弟自以附骥为幸，山父先生亦愿加入，谨以奉达。抑有进者，缘起第二节，语似伤时，应以更正为当，否则将贻人之指摘。若以文字细故获咎，亦国学会前途之不利也。还质高明，想邀听采。"（金毓黻：《静晤室日记》第 7 册，辽沈书店，1993 年，第 5474 页）夏承焘接张世禄中央大学函，嘱列名中华国学会发起人。发起人另有丁山、汪东、余謇、伍俶等二十余人。（夏承焘：《夏承焘集·天风阁学词日记（二）》，浙江古籍出版社，浙江教育出版社，1997 年，第 554 页。）

是年秋　成都基督教四大学联合创办《中国文化研究汇刊》。

燕京大学复校于成都，与成都基督教三大学（华西、金陵、齐鲁）联合创办《中国文化研究汇刊》（*Bulletin of Chinese Studies*），年出一册，汇刊由三大学改为四大学合编，亦自此年起，自第四卷始，为印刷便利起见，每卷分两册装订，第 1—4 卷要目如下：

第一卷（一九四一年），（1）史岩：秦代钟镶金人之艺术学的考察，（2）商承祚：栖柱，（3）孙次舟：嵩县唐墓所出铁剪铜尺及墓志之考释，（4）刘铭恕：契丹民族丧葬制度之变迁及其特点，（5）刘国钧：建安时代之政治思想，（6）顾颉刚：

古代巴蜀与中原之关系说及其批判，（7）韩儒林：读蒙古世系谱，（8）张蓉初：元史氏族表蒙古部族分类质疑，（9）闻宥：论印支语中 m＞lé 之演化，（10）吕湘：评爱德华唐代散文史。

第二卷（一九四二年），（1）胡厚宣：殷代年岁称谓考，（2）张维华：汉河西四郡建置年代考疑，（3）严耕望：两汉郡县属吏考，（4）孔玉芳：两汉诏举考，（5）王伊同：隋黎阳河阳常平广通与洛回洛六仓考，（6）钱穆：论宋代相权，（7）沈鉴：四十余年前之联俄外交，（8）孙次舟：说文所称古文释例，（9）甄尚灵：说文谐声字之分析，（10）傅懋勣：现代汉语动词形容词介词为一类说，（11）吕湘："相"字偏指释例，（12）闻宥：论汉藏语族中若干 T＞M 之现象，（13）蒋大沂：古玉兵杂考，（14）刘铭恕：汉武梁祠画象中黄帝蚩尤古战图考，（15）史岩：书画评三种总考，（16）徐益棠：广西象平间徭民之占卜符咒与禁忌，（17）杨汉先：大花苗移入乌撒传说考。

第三卷（一九四三年），（1）张维华：汉武帝伐大宛与方士思想，（2）严耕望：两汉郡县属吏考补正，（3）孔玉芳：东汉诏举制度考，（4）王伊同：五胡通考，（5）许毓峰：周濂溪年谱，（6）刘铭恕：郑和航海事迹之再探，（7）甄尚灵：论汉字意符之范围，（8）张维思：歌戈麻古音新考，（9）吕湘：论"底""地"之辨及"底"字的由来，（10）吕湘："见"字之指代作用，（11）傅懋勣：维西么些语汇，（12）闻宥：汶川瓦寺组羌语音系，（13）蒋大沂：论戈柲之形式，（14）史岩：宋季翰林图画院暨画学史实系年，（15）韩儒林：八思巴字大元通宝跋，（16）徐益棠：凉山倮民之类政治的组织，（17）杨汉先：大花苗的氏族。

第四卷（上）（一九四四年），（1）胡厚宣：气候变迁与殷代气候之检讨，（2）刘朝阳：殷末周初日月蚀初考，（3）徐中舒：井田制度探源，（4）陈寅恪：连昌宫词笺证，（5）刘铭恕：苏莱曼东游记证闻，（6）徐益棠：南宋杭州之都市的发展。

第四卷（下）（一九四四年），（1）张维思：先秦语音之发声，（2）甄尚灵：论形声字意符之部位，（3）吕湘：与动词后"得"与"不"有关之词序问题，（4）李方桂：古台语喉塞音及带侯塞［赛］音声母对于剥隘声调系统之影响，（5）刘念和：成都儿童间的秘密语，（6）闻宥：论嘉戎语动词之人称尾词，（7）唐文播：巴黎所藏敦煌老子写本综考，（8）杨明照：枹［抱］朴子外篇举正。（王钟翰：《成都基督教四大学联合创办中国文化研究汇刊》，《燕京学报》，第30期，1946年6月）

《中国文化研究汇刊》第五卷（上）目录如下：

（1）刘朝阳：夏书日食考。

（2）徐益棠：宋代平时的社会救济行政。

（3）刘铭恕：宋代海上通商史杂考。

（4）束世澂：中国古代医药卫生考。

（5）刘铭恕：宋代出版法及对辽金之书禁。

《中国文化研究汇刊》第五卷（下）目录如下：

（1）张维思：语源蠡测。

（2）闻宥：论唐蕃会盟碑中所见之藏语前置子音与添首子音。

（3）吕湘："个"字的应用范围，附论单位词前"一"的脱落。

（4）甄尚灵：汉字俗解小考。

（5）唐文播：巴黎所藏敦煌老子写卷斠记。

（6）杨明照：汉书颜注发覆。

（7）王钟翰：三国志裴注考证。（《中国文化研究汇刊》，第5卷，1945年9月）

《中国文化研究汇刊》第六卷目录如下：

（1）缪钺：吕氏春秋撰著考。

（2）葛毅卿：释判涣。

（3）刘铭恕：崖墓稽古录。

（4）刘铭恕：辽代帝后之再生仪。

（5）徐益棠：南京之人文区域。

（6）唐文播：敦煌老子写卷"系师定河上真人章句"考。

（7）刘铭恕：宋代辽金文化之南渐。

（8）缪钺：吕氏春秋中之音乐理论。

（9）徐益棠：南京紫竹林与古代分科大学。

（10）闻宥：论摩些文写本之形式。

（11）傅吾康：中日战争期中后方之汉学研究。

（12）吕湘：诸家英译中国诗杂论。（《中国文化研究汇刊》，第6卷，1946年，出版月份不详）

《中国文化研究汇刊》第七卷目录如下：

（1）斯维至：两周金文所见职官考。

（2）徐益棠：中国南北之人口升降。

（3）缪钺：文选赋笺。

（4）刘铭恕：宋代陷北之美术考古家毕少董。

（5）刘铭恕：辽代之头鹅宴与头鱼宴。

（6）刘铭恕：金元之南家与宋代之口语文学。

（7）刘铭恕：元代之户口青册。

（8）傅吾康：明史要目解题初稿（英文）。

（9）吕湘：丹阳话里的联词变调。

（10）葛毅卿：大理情歌。

（11）闻宥：川滇黔倮文之比较。

（12）吕湘：赵元任杨联升合编（汉英）"国语字典"评介。

（《中国文化研究汇刊》，第7卷，1947年9月）

《中国文化研究汇刊》第八卷目录如下：

（1）斯维至：殷代风之神话。

（2）缪钺：清谈与魏晋政治。

（3）缪钺：颜延之年谱。

（4）徐益棠：襄阳与寿春在南北战争中之地位。

（5）徐益棠：唐代之仓储制度及其他。

（6）刘铭恕：唐代归化之何国僧伽大师。

（7）刘铭恕：元代安南进贡之代身金人。

（8）刘铭恕：元代之只孙校尉。

（9）刘铭恕：元西域曲家阿里耀卿父子。

（10）吕湘："把"字用法的研究。

（11）闻宥：记西昌夷语的元音。

（12）王钟麟：南宋说话人四家的分法。（《中国文化研究汇刊》，第8卷，1948年9月）

《中国文化研究汇刊》第九卷目录如下：

（1）徐中舒：黄河流域穴居遗迹考。

（2）赵卫邦：秦祠白帝解。

（3）缪钺：南北朝之物价。

（4）缪钺：北魏立三长制年月考。

（5）王文才：僚族杂考。

（6）孙望：莺莺传事迹考。

（7）徐复：歹字形声义及其制作年代。

（8）徐益棠：元代之救济行政与法制。

（9）徐益棠：补元史仓官表。

（10）徐益棠：明代救济行政之衰退。

（11）胡光炜：南京在中国文学史上的地位。(《中国文化研究汇刊》，第9卷，1950年，出版月份不详）

《中国文化研究汇刊》第十卷目录如下：

（1）缪钺：北朝之鲜卑语。

（2）A. A.Dragunov作，张永吉译：古藏语中的浊破裂音与浊塞擦音。

（3）党华：中国人肱骨之研究。

（4）赵卫邦：西康会理的僰人。

（5）任二北：教坊记笺订。

（6）颜间：彝族体质测量之绝对值。

（7）闻宥：汶川羌语词汇简编（附拉丁化文字初稿)。(《中国文化研究汇刊》，第10卷，1951年，出版月份不详）

10月25日　张苏撰《"洋货"与"国粹"》，批评政府发国难财。文章称：

> 法临时政府宣布：凡在战时发国难财之一切非法利得，全部没收。其负责执行之机关，权力甚为广泛。所没收之财产，将全部充作公库之用。
>
> 在以前，我以为会发国难财的只是我们的"国粹"，读了上面一条新闻之后，才知道也有"洋货"。"外国也有臭虫"这

正是"天下乌鸦一般黑"，原不足奇。

我又老早听到一句流行的术语："人类的渣滓。"那么，不管洋货也好，国粹也好，既然同是像乌鸦的"黑"。而又同是肚子里灌饱人血的"臭虫"，也就无所谓"优劣"之分，而应该一股脑儿扫进"渣滓"堆里去。

一向被人家瞧不起的"劣等民族"里有渣滓，而自认为"优等民族"的也有渣滓这一点就值得骄傲。何况我们现在已经变成了强国呢？可是，人家有"法兰西精神"，捣毁了维琪伪组织，光复了他们的失地，把一批一批的法奸送上了断头台，□在，他们又要雷厉风行地来□□发国难的财非法利得，一□□□锄除人类的渣滓。

抵御外侮要紧，赶走敌人要紧，而民族的血清工作却更要紧！没收非法利得，自然是天经地义；但澈底的办法，还是在根绝那些闪闪躲躲混淆不清，常是以几种姿态几副面孔出现的，专门掠夺非法利得的"人"。

据说这种"人"，常是衣冠楚楚，道貌岸然，凭那一付气派，谁不恭维他是第一流的高等华人，正直无私的君子？提起抗战，他是第一个；骂起国贼汉奸来，他会痛哭流泪，装得像煞有介事；向后生小子演说，听他那一套理论哪，又是多么冠冕堂皇，天花乱坠。可是，他那皮囊里包藏着的一颗乌鸦般的心哪，天才知道他是专门喝血的臭虫！这种人，有钱就有势，有势更有钱，名利双收，气焰万丈，真成了"时代骗子"。不但小民望而生畏，就是什么有司衙门也莫奈他何，而且钱可通神，睁只眼不如闭只眼，彼此省得麻烦，彼此落得消受。而这些混水摸鱼趁火打劫的，又唯恐天下不乱，战事越吃紧，就越有办法。而这种人越多，社会上的一切就越没有办法。据说：有些挂着合作社的招牌的，实际上却成了附属主官的"合私社"。既可以免除种种捐税，又可以买进廉价货品，于是，非法利得源源而入"私"库，这种巧妙的神通，怕"洋货"也自叹弗如吧！至于"就地取材"的囤积家之流，更是司空见惯，多半是取得了正式或非正式的"合法地位"而存在，而活动；混迹在熙攘的人群里，就像难民身上的富贵虫，叫你想捕捉也无从下手，只好眼睁睁让它们毫不顾忌地吸吮着自己的血！

我们不是也有我们的革命精神吗？我们现在还不应该做点血清工作吗？当局正在想"改善士兵待遇"而苦思焦虑。筹不出钱来，为什么我们就不会在这些隐藏在黑角里钱上面想办法呢？（张苏：《"洋货"与"国粹"》，贵阳《中央日报》，1944年10月25日，第4版）

10月28日 陈志川作《国粹三年记》，追述《国粹邮刊》的办刊历程与宗旨。

1942年3月1日，陈志川创办《国粹邮刊》，旨在研究邮学，为初集者指示门径。此时，陈志川指出《国粹》是在生活心境不安定的时期出版的，"在这兵荒马乱之秋，极力的在挽救这微弱的一部份文献，做提高国人集邮水准，为邮学上之研究，期待求光扬国邮的工作"。陈志川个人的旨趣是注重在国邮，"合于国粹二字的罗辑，当然仅是国邮"。《国粹》的编辑方针不与人同：

　　"国粹"一般文字的旨趣，都是集中在孤芳自赏的文献研究史料上面，尤其注重含有这种意义特殊价值的文稿。所以征稿的时候，就时常将这一类性质的稿题选出来恳请经验学识适合的作家来著述，当然不会有所大谬了。在代作家选择理想题材以外，并且极愿尽力帮助搜罗可以供给学者研究上的一切资料。所以本刊出版的机构中，同时设立了两个基本工作，一就是"国粹邮学藏书库"。尽量搜藏古今中外各种邮学攸关的刊物书籍，提供学者不时参考之用。二就是"国粹邮学资料室"。随时剪辑各种攸关邮政的档案，摄制珍品的图照，纪录各种珍品变体的历史，探求来踪去迹。保留一部分可供研究的票品，或尽先予研究的学者作最优先购藏研究品的权利，随时注意邮学有关票品，尽力罗致。我们自认凡是有利于中国邮学研究上的需要，我们靡不欢迎，虔诚接受。因此除了搜藏宏富的著名邮人之外，任何邮人有邮学研究的兴趣，我们都愿诚意合作，俾中国邮学事业不至于仅有几位前辈而足，发掘新人，真吾辈应负之责任亦邮人之义务。所以这一点在读惯了"国粹"的读者，就能从"国粹"独有的风格上，参透到国粹工作艰苦认真之一斑。真所谓十年树木百年树人，今日惨淡的经营我们视为正是将来千万邮人众望所归的生命之火，思念及此，一腔热血就不惜为之挥泪矣。（陈志川：《国粹三年记》，《国粹邮刊》，第3卷第12期，1945年2月20日）

11月19日 《国风日报》刊登老梅《国学论集续编序言》，序言指出书中内容最重要者为救时要务长篇，分"学说""抗战""建国""绪论"四部分，以及战后世界和平问题专论。（老梅：《国学论集续编序言》，《国风日报》，1944 年 11 月 19 日，第 4 版）

刘逊斋著《国学论集初编》，出版年份不详，暂附于此。该书收录《国学与三民主义之关系》《纪念先师孔子宜尊师重道》《尧舜禹汤文武孔孟正统学说之标准》《大学总论》《阐明大学明亲真谛为救时要务》《崇正学以正人心厚风俗端治本》《纠正人心之实施标准》《纠正人心之实施方法》《导民化俗之实施标（准）及其方法》《鼓励抗战之实施标（准）及其方法》《国学讲习所专修班开幕感言》《三十三年元旦辞献——全国人民应有之觉悟》《中华国学社新基落成纪念》。

老梅《国学论集初编续印弁言》：

昔者王子山先生著《葵书》，发挥天下兴亡，匹夫有责之义，分襄文、供武两大纲。其《襄文·正德》篇中，图书条有云，积金积书，德外此乎，借窘乏，恩在闾左，公格言，泽留吾徒。社友刘逊斋君，所著《国学论集初编》中，文字，皆大有关于世道人心，可供学人窘乏之资，可作警世格言之用。幸遇好义之士，助行刊印，公诸社会，其恩泽可传流于永久，此固匹夫优为之事也。兹有廉君益三，为人忠厚诚悫，慷慨好义。历年以来，屡捐大宗药品，救疗关中各地贫病，全活无数。前闻循吏童曙明先生贫困，至不能自给，馈送三千元，助之薪米。近复倾囊慨捐万元，增印《国学初编》，籍广宣传。此等见善如不及之精神，实属罕见，且因其有合于《葵书》"积金积书借窘乏，公格言，恩泽及众"之旨，因为文以赞扬之，而弁于简端。

刘逊斋撰《国学与三民主义之关系》：

三民主义者，救亡图存，拯民水火，弭兵息战，奠定世界和平，促进世界大同之唯一途径，不二法门也。《大学》者，有体有用，本末兼赅，天人一贯，精神物质合而为一，大中至正，万古不易之常经也。二书虽有表里之分，古今之异，其会极归极，止于至善则一也。《大学》一书，开宗明义之首章曰："大学之道，在明明德，在亲民，在止于至善。"三句总冒，全书之总纲领也，亦即吾国尧舜禹汤、文武成康，端拱无为，治臻上理之大法也。在明明德者，明体也，亦一本也，亦所以正己也。在亲民者，达用也，亦万殊也，亦所以成人也。在止于至善者，则体用兼赅，澈始澈终，贯澈目的，无以复加者也。质言之，即宗旨方法目的，各臻其极者也。窃尝反复论之。三民主义之民族主义，即全书之大体也，亦即《大学》在明明德之义也。民权、民生主义，即全书之大用也，亦即《大学》在亲民之义也。《礼运·大同》一章，三民主义之总结晶也，亦即《大学》止于至善者也。纲举目张，条理分明，无流弊之可言，无偏倚之可指。行之一身，则为才德兼美之完人。行之天下，则为长治久安之盛世。胜残去杀，弭兵息战，可坐而致也。或曰：三民主义，与《大学》全书之关系如此，其详可得闻欤。予应之曰："《易》曰：'立天之道，曰阴与阳；立地之道，曰柔与刚；立人之道，曰仁与义。'"盖柔也，阴也，仁也，均含有泛爱之义，有存诚之义，有万物之一体之义者也，实即恭己以正，终日乾乾，忠孝仁爱，信义和平，四维八德，无不诚中形外者也。刚也，阳也，义也，均含有制裁之义，有条理之义，有不可得易之义者也，实即成人成物，经纬万端。政治法令，军事教育，森罗万象，无不在其中者也。是故居今日而欲中国政治修明，物阜民康，舍全国四万五千万父老昆第〔弟〕一致服从三民主义，其道莫由也。然欲实行三民主义，非推崇孔孟，阐明《大学》明德亲民之真谛，恢复吾国固有之道德文化、固有之政治哲学，发扬民族之真精神，实现民权之真自由，达到民生之真幸福，为当务之急，不可也。何以言之？治水者必浚其源，树木者必培其本，情也亦理也。

就三民主义全部言之，民族主义为本，民权、民生主义为用。就民族主义一部言之，诚意正心修身，为立己之本，齐家治国平天下，为立人之本，曰忠，曰孝，曰仁爱，曰信义，曰和平，为立己立人之总标准，亦即国内外各民族一律平等之总基础也。然教忠，教孝，教仁爱，教信义，教和平，最详备最完密之书，莫过于六经四书。六经四书中之最精要最切当者，莫善于《大学》一书也。更就民权主义言之，五权宪法，属于政府官吏者也，选举、复决、创制、罢免等权，属于地方人民者也。但其间能否行使职责，能否至公无私，全视其道德心之厚薄为消长也。试参阅《中庸·哀公问政》章，证之古今中外，盛衰兴亡之原，即可知其底蕴也。然欲增进民德，则非积极提倡国学，确定读经为学校专科，使人人明礼义，知廉耻，不为功也。再就民生主义言之，孔子曰："不患寡而患不均。"

孟子对使毕战问井地之言曰："子之君，将行仁政，选择而使子，子必勉之。夫仁政必自经界始，经界不正，井地不均，谷禄不平，是故暴君污吏，必慢其经界。经界既正，分田制禄，可坐而定也。"实即节制资本，平均地权之嚆矢也。然欲其田者让畔，行者让路，老安少怀，远柔迩怀，出作入息，休休有容，春台共登，化雨均沾，既非讲求科学，注重生产，达到家给人足不可，尤非教民自知守望相助，疾病相扶，孝友睦姻任恤六行之道不可。然欲其明任恤六行之道，则非提倡国学，发扬吾国历代先圣先贤之嘉言遗训，载诸简编，垂乎经传者，从而介绍之，光大之，不为效也。

抑更有进者，抗战开始，迄今六年矣，全国志士仁人，披坚执锐，躬冒矢石，草宿露息，再接再厉，精忠贯日，义薄霄汉。既由于总裁暨全国各将领之身先士卒，有勇知方使然，亦由于吾国固有之忠孝节义各美德，深入人心，维系其间，有以致之也。然奋发忠孝节义，则非积极提倡国学，表彰英烈先贤之实行，使人知所遵循，实效莫收也。更就今日中国，以及世界各国现状言之，学说之纷歧，达于极点矣；思想之复杂，无以复加矣。致战云弥漫，天愁地暗，瞻屋爰止，伊于胡底，蒿目时艰，隐忧无已。昔孟子答梁襄王天下乌乎定之问曰："定于一。"又曰："不嗜杀人者能一之。"又曰："仁者无敌。"汉魏相云："救乱诛暴，谓之义兵，兵义者王。敌加于己，不得已而起者，谓之应兵，兵应者胜。"以此言之，则吾国与同盟国最后之胜利，不待蓍卜可断言也。胜利之后，而欲奠定世界永久和平，更非采用吾国固有之道德文化，以促进世界大同不可也。故欲中华民族、世界民族意志集中，自应以《礼运·大同》，为共同遵守之极则。以《大学》明德亲民，为政治教化之标准，以三民主义为长治久安之良轨。是则提倡国学，推崇孔孟，更为刻不容缓之要图也。嗟乎！暴日侵凌中国，已至最后强弩之末矣。轴心国之败象，日以昭且著明矣，吾全国父老同胞，应及时淬厉，及时兴起，各尽所长，各输所有，供献国家，以尽天下安危、匹夫有责之义。与其永沦异域，曷若暂屈同胞，忍一朝之小忿，完成抗建之大业，庙食在斯，芳型在斯，幸勿箕［其］豆相煎，自贻伊戚，违倍初衷，后悔莫追，是所朝夕焚香祷祝于无已者也。

雅颂副刊露布中，曾申明提提《国学专刊》，以立厚人伦、美教化、移风俗之本。逊斋社友兹篇，阐明国学与三民主义关极为透辟，即以此为《国学专刊》首倡亦可。—梅附白—（刘逊斋：《国学论集初编》，克兴印书馆代印，出版年份不详，第1—3页）

11月 三台草堂国专发生学生风潮，学生自治会发起"驱逐孔德宣言"，丁山与孔德发生内讧。

11月14日，三台草堂国专学生自治会印发驱逐孔德宣言：

查本校系和县丁山、辽宁高亨暨怀宁孔德所发起创办，而能得教育部许可开设招生，则丁公学行醇然，高公文采炳蔚之力焉。两公盖鉴于国学日就陵夷，而三台为川北重镇，人口繁殷，负笈之士侁侁济济，为奖矫一般学子之根基薄弱。为专重历代相沿之国故，谠论乃与地方耆旧偕立专校，惟丁公以自身多病，未能赝任校长，高公以赴约联大行旌迁向西北，孔德际此乃毛遂自荐，其时狐尾未露丑态未萌，丁公及地方人士暂允其承乏校长。是孔来承受有任何，务请于理不得为合法校长。孔德苟能洁身自爱，以校为重，功成名就宁非善善，乃孔私心自用，利令智昏，不守章制，把持校务，见财即迷，恣意贪污，核由收学费本托银行，而孔自收宿学杂费达十七名，综计十五万余元，高利贷出□□□□十万余元，暗备原属总务，而孔德越权把持，两月开支竟浮报数十万元。单据账目均系伪造，计其中饱侵蚀当不下廿万元，交□部派中等教育视察，孔自谓是□门人与校无涉，孔既优于招待，复赠舆马费万元，迹其用心，无非驾名于人，自得其利耳，更以其妻为出纳主任，以便自由开支。近其侄掯为训导主任，而空中怨□，迄今并未到潼。更有甚者，迫令同学每人为其募捐两万元，以达其□学敛财之目的。类此种种，殆难尽述，且亦不忍尽述。孔尝谓伊服务教育有四十年之成绩，呜呼，其四十年之成绩，无非贪污无耻而已，可不悲哉！同学等为本校前途、自身学业计，一致反对孔德为本校校长，一面呈请正副董事长另聘贤能继任，一面恭请发起人丁山先生暂时维持校务（教育部批示：此三台人驱孔兼驱山之表示，孔德糊涂，诬陷及山，真是□利令智昏）除恶务尽蔓延□已。谨将其罪行揭穿一二，恳我父老暨各界垂鉴。□本校堕地□□两月，迁遭此变，能不痛心，尚望□方声援。若而人者不驱逐于三台教育界之外，贻害青年，宁堪该想□。

11月25日，三台县教育会为草堂国专学潮发布启事：

（衔略）公鉴，敬启者，草堂国专此次全体同学发出宣言以意为示，承认该校校长请出发起人丁山先生暂主校务，查该校发起人本为丁山高亨孔德三先生，而能间学上髁，则地方耆旧及该校校董多方□助出力，初不意，甫经两遍有此巨潮也，复查三台近来学风已□安静，担簦负笈者类能刻苦向学，此固缘于政府遭际非常不□□令频繁详为昭示，而青年亦业已早知惟读书始能救国故，孜孜勤奋之士到处可见，而数□为□之教师亦大有人也。今草堂国专谓道于北郭□严论诗于东津渔浦，探讨国故由乡序而知天下服膺儒书执简册而识淹中地方之士，莫不欣欣色喜，乃竟遭此奇变，同人等服务教育分属同里，虽事若旁观隔岸而不应，守口如瓶，谨贡一得之愚，用献该校：宣言所称果属事实，孔先生应立即引咎解职，□避贤路，勿用□□致使事态扩大影响学业，否则应安为解决，勿使妨害上课，失学校所以悟养士气，国专初创，士气未能浩然充沛，若不予以固本复劝若何，恐后见者将以兹学为卜占也。同人等□忧国专之教育目标为治本良药，为桑梓承学南计，间尝风夜祝望其光明发扬，而于此次巨变，故不得不掬诚为国专全体告光，希以为惜镜西不以为河□□，尤望御党贤达洞察隐微，予以助焉。

12月12日，孔德致函朱家骅，认为风潮因丁山夺权所至，"丁山思攘夺（三台）草堂国学专科学校，雇用流氓，张贴标语，污蔑本人贪污。后又参加东北大学风潮，假借部长名义，招摇生事"，要求朱家骅警告丁山，并宣称"无意再回三台，请在部内派以工作"：

> 骝公仁长钧鉴：此次东北大学在前方紧急之时发生学潮，固属不幸，而德同高晋生、丁山所发起之草堂国学专科学校亦发生内讧，此诚疾心者。丁山于今春不能在中大容身，由臧校长聘之往三台教书，旧友多劝丁安心教书，勿再多生事端。不料，在东北未满二月，又同文学院长金静庵先生发生冲突，金、丁二人原是好友，丁喜怒无常，人多厌之。德在三台感觉国学不振，文字通顺者日少，乃同高亨先生发起草堂书院弘扬国学。当时丁山力请加入，因系旧友，未尝拒绝。九月间德来渝，向教部备案，奉立夫先生面谕改为专科学校，批准备案，先行开办。因在三台、成都两区招生，在渝成立董事会，敦请张溥泉先生为董事长，吴稚晖、戴季陶、于右任、许世英、吴忠信诸元老为校董。此校于十月成立正式上课，学生共百人，精神甚好，均由德一人经营而成。丁山多病，不能问事，仅教书六小时，支薪壹万元而已。两月来，丁山受地方张彪方派挑播时，思攘夺此校，先要挟借支拾万元，不遂即鼓动教员李千雄罢教，始终学生均不为动，照常由德一人上课。丁山更进一步，捣乱，乃雇用流氓冒用全体名义张贴标语，散发宣言，污蔑本人贪污，以校中未能多用职员，经济均由德个人保管，此学期共收学费陆拾余万元，修理校舍十万元，开办费九万余元，发薪三月共廿万元，现银行尚封存廿六万元，不

知丁山作乱性成，颠倒是非，桀犬吠尧，不堪一笑。见报载仁长出长教育部，即宣言由其做校长，可改为国立，以与仁长交谊厚也。后又参加东北风潮，仍以此为言，鼓动学生打倒金静庵，拥之做院长，实有假借仁长名义招摇生事。读书人行为如此，可为痛心。昨东大白教务长来渝，言丁山仍以此呈招学生，活动甚剧，请仁长警告丁山勿使滋事，幸甚幸甚！德此次来渝，除向校董会报告呈报，钧部派员查办，以安青年学业。德亦无意再回三台，请于部中派以工作，以维战时文化人生活，不胜盼祷之至，专肃，敬请，崇安。（"中研院"近史所档案馆藏朱家骅档案，301-01-09-160）

12月24日　东方文教研究院创办《文教丛刊》，王恩洋撰文追溯东方文教研究院的来龙去脉及其宗旨、愿望。

富顺人余次青支持王恩洋发展东方文化，与李仲权、廖泽周、刘厚生、张绍甫、张介眉、陈戒于等人协商研究成立东方文教研究院董事会，推余次青为董事会董事长，王恩洋主持院务。黄肃方、余次青、张绍甫等人鼎力资助，筹资300万元，落实出版经费与研究生的补贴经费。自流井盐商罗筱园表示每年捐72石黄谷给研究院。在内江出版发行由东方文教研究院编辑《文教丛刊》。东方文教研究院以内江圣水寺大悲殿为课堂，设置研究部、修学部、问学部、函授部，由东方文教研究院院长王恩洋主讲国学、古典文学、佛学概论；何行健任教务主任兼教师；何敦厚任事务主任；李仲权讲文学；刘厚生讲佛所行赞经。东方文教研究院于1944年秋季招生，收到70名学生。学生来自四川、江苏、浙江、湖南、甘肃等省。王恩洋撰《东方文教研究院与〈文教丛刊〉》，"谨抒素怀，就正明哲"。王恩洋认为当今之世，东方固有文化不足以御侮立国。西方新起文化流于"以侵略而杀人"。人生趋向与世界前途，徘徊不定，"此非一人一国之忧，而天下人类之患"。所谓东西方文化，各有短长，"东方文化既腐旧而不适于用。西方文化又杂毒而难得其功"。为中国与人类的前途考虑，均有另创文教的必需，欲开创新文教，"唯当研究整理旧文教而与之以洗涤磨砻，发挥滋养而已"：

> 当今东方文教既陈腐而不适于用。故近年国人多恶其迷信而不科学，专治［制］而不民主，贫弱而不富强，遂判断其为已陈之刍狗，唾弃之无所顾惜。不知垢衣之中有宝珠焉。今人惊骛于西洋文明之光怪陆离，发明众多，威力强大，遂以为至高无上，当尽量接受，迎头赶上。而不知美食之中有杂毒焉。此吾国人之误也。然若谓我国之文化为已足，不淘泸其渣滓，不磨涤其尘垢，更不汲收西洋文化之长，以资磨砺而收滋补之效。则新机无由发生，而精华无由显发，有沉沦萎顿以消亡而已矣。此为我国文化前途虑者所不可不知者也。
>
> 再就西洋文化言，则科学之功，工业之用，及其所发生之器物，皆仅足为人类生养之资具，而人生之价值意义全不在此。且此工具善用之固足以为生养之资，不善用之反足以为生养之害，故如无崇高之思想，宏大之襟怀，深邃之修养，以内定心志，外辑人群，则无以驾驭此物质文明而反自焚毁。此为西洋文化前途虑者所不可不知者也。
>
> 是故欲为人类前途计而谋创建新文教耶？其始当为东西旧

有文化之研究，研究得其真相短长之所在而与之以选择去取。去取选择之权，有资于两者之比较与攻错。最后则双方之弱点尽去而精美毕现，然后转趋于溶化而合为一体。以观心之道观心，以观物之道观物，反省挈情以治人，客观实验以驭物，以东方文教控制物质文明，使之利用厚生而不为害。以西方工业滋养东方文教，使之富庶发皇而不贫脊。则身心交养，人己两得，人类之新文教成而宇宙宁平矣。

王恩洋指出上述是同人创办东方文教研究院及《文教丛刊》的宗旨与愿望，"研究院所以聚集友朋，丛刊所以发表思想"。所谓"君子以文会友，以友辅仁"，在空前浩劫人类生死绝续之际，"苟不改正文化以入于正轨，则长此斗争同归于尽而已。苟能穷变通久善能创造，则当此五洲交通天下一家之时代，取精多用物宏，亦足以树立空前未有之宏业。此之谓伟大时代，必有伟大之人物，悲智两宏大雄无畏者，以担荷如斯重任而成斯大业"。东方文教研究院志在"负槁矢以前趋而导夫其先路"。（王恩洋：《东方文教研究院与〈文教丛刊〉》，《文教丛刊》，第 1 期，1945 年 2 月）

12 月　钱大成先生讲怎样研究"国学"，黄麟庆、庞振远记录。

钱大成在演讲中称国学的定义，就是"凡思想、历史、地理、文学和艺术能十足表现出中国的民族性和国民性的，才叫'国学'"。研究国学，"古来都不出乎三种法则：一是汉学家治学的方法，二是宋学家治学的方法，三是史学家治学的方法"。"汉学长于考据，其学近于实际；但是却失于零碎不齐了。宋学则长于义理，虽能完整而失于空虚；从研究史学入手，比较最合理切实些，不过也需要实际考据的帮助才行。"新的研究法则，即所谓"科学方法"也，分三类：大纲式、专题式、比较式，"初学者的研究'国学'最好是先由浏览梁启超、胡适的作品作开端，因为他们的研究态度，法则是紧严的，那怕只是极小的问题；也用全副精神去讨论。梁启超的笔下带有情感，更易引导入门；而且一定不致流于陈腐"。最后，钱大成强调：

> 刚刚上面好像把汉学评价得太高了，而把宋学责斥得太苛刻了；诚然，汉学家治学的方法，到现在经过章炳麟、王国维、梁启超、胡适，再经郭沫若的再三引用，差不多已到达了登峰造极的地步，不会也不能有多大的发展了。而今后所走的路线，恐怕倒要回到义理之学；况且经过这次事变，一般人或许感到只讲考据对于国家的成败兴亡和个人的出处进退，未必有什么较好的影响，或许更有不良的后果。所以时代的反应，该是必然的趋向到这条路。不过更可以断定的说：以后新的义理之学，并不是用已往宋学家专靠直觉的臆测；而是根据史实或事实，以另一种面目出现。那是适合潮流的。所以说，义理之学，以后不至于就废弃；考据之学也仍是不失其重要性的。大家且拭目以待吧！那末我们治学所应走的途径，也就此可以决定了。（钱大成讲，黄麟庆、庞振远记录：《怎样研究"国学"》，《上海震旦大学附属苏州有原中学校年刊》，第2期，1944年12月）

△　汤吉禾代理校长时，曾屡邀在重庆的顾颉刚回成都任国学所所长。

汤吉禾担任齐鲁大学校长后，同意顾颉刚在齐鲁大学完成标点二十四史的要求后，于 11 月回齐鲁大学再任国学所所长。顾颉刚打算把国学所分为两部分：语言文字部门留在成都，由胡福林主持；史学部门移到重庆，由顾颉刚自己负责。顾颉刚编定《齐鲁大学国学研究所组织纲要》：

（一）本所工作人员分研究员、副研究员、助理员三级：研究员相当于教授或副教授，副研究员相当于副教授或讲师，助理员相当于助教。指导研究生之工作，由研究员或副研究员任之。

（二）为邀致校外专家共同致力计，设立名誉研究员，辅助各种专门工作，其酬金视工作所费之时间与精力个别决定之。在本所不需要该项工作时，得随时停聘。

（三）本所招收研究生，以十人为限，先尽本校文、史两系毕业生收录；不足额时，其他大学毕业生亦得参加。

（四）本所以前曾向教育部请求立案，当以开设未久，成绩不彰，未蒙照准。现在开办已历五年，一切渐上轨道，应再向教部请求准予设立文学院文史学部研究所，研究生毕业时给予学位。

（五）本所人员所撰论文应发表于《中国文化研究汇刊》，与金陵等四大学联合办理；其专门著作则编为齐鲁大学国学研究所专著汇编，委托书肆出版或自行印出之。

（六）抗战以来，高级研究机关集中北碚，为取得研究便利计，本所得分设一部于北碚。

除了个人专门研究，还注重集体编辑工作：

（一）古籍之整理：周秦经书子籍，一字千金，学者探索不尽。今日从事整理，当以编辑索引为手段，而以纂成辞典为目的。盖一为索引，名词之内涵即因材料之凑集而得确定，其同名异义与异名同义者亦易加以辨析也。索引一事，燕京大学引得编纂处已启其端，但因战事影响，多时停止工作；且该处注重机械式之排列，不计其内涵之同异，于辅助研究之功殊为未尽。本所拟请专家为之，俾不但得其字，亦且得其义。现已从事者有颉刚之《春秋经通检》一种。

（二）史书之整理：二十四史为中国及亚洲东部各国之基本史料，其学术地位实与日月光明同其久远。惟卷帙过繁，诵习不易，学人望洋兴叹，莫可奈何。本所着手标点，已历四年，毕其大半。今后除完成标点工作，须聘若干专家共同勘定外，即当编排索引，分类成书。《史记》卡片前已钞就，拟分为人名、地名、官名、器物名四编，预定半年中先成人名一种。

一九四四年度主要工作有：

一、胡福林君《甲骨学商史论丛》第二、三集出版

二、严耕望君《两汉地方制度》出版

三、颉刚《春秋经通检》成书（以印刷不易，战后出版）

四、《史记人名索引》成书（战后出版）

五、二十四史初步标点工作完成

六、二十四史标点本请专家覆勘（八百卷至千二百卷）

七、单篇论文五篇刊入《中国文化研究汇刊》

八、辅导史社系《学史丛刊》之编辑与印行

本年度人员工作分配如下：

一、指导研究：顾颉刚　胡福林　张维思

二、撰写论文：顾颉刚　胡福林　严耕望　杜光简　杨贻

三、《甲骨学商史编》编写工作：胡福林　桂琼英　斯维至　杨贻

四、《春秋经通检》编写工作：顾颉刚　陈茂贤

五、二十四史标点工作：严耕望　杜光简　程维巧　李崧龄　其他所外受酬者（如张蓉初）

六、二十四史复审工作：韩儒林　贺昌群　邓广铭　史念海

七、《史记索引》编写工作：胡福林　佟志祥　朱俊英　李青

八、本所事务工作：朱俊英

九、本所图书保管：李青（顾颉刚：《齐鲁大学国学研究所计划、预算草稿》，《宝树园文存》卷二，中华书局，2011年，第315—319页）

1945年1月，齐鲁大学发生学潮，顾颉刚离开成都赴重庆，计划就此搁浅。

△　华中大学中文系编辑《华中大学国学研究论文专刊》出版。

该专刊包括以下论文：一、阴法鲁《先汉乐律初探》，二、包鹭宾《从古代微识论〈易〉之名义》，三、包鹭宾《韩退之籍贯考》，四、包鹭宾《韩退之生月考》《韩退之子女考》，五、王玉哲《鬼方考》（该论文获1945年度全国学术奖金），六、傅懋勣《大凉山俿俿语研究》，七、阴法鲁《词之起源》，八、包鹭宾《古易国钩沉》。"华中大学中国文学系接受美国哈物［佛］燕京社文史研究补助费，业已数年。该系同人曾于去年分别撰述研究论文，邮寄美国，闻论文中有包鹭资［宾］之释棘，游国恩之云南土族文化述略，古夷语考释，傅懋勣之昆明附近一种俿俿语的研究……等。该社于接到论文后已将补助费增至美金四千元。所有论著亦将于最近在国内刊布云。"（《华中大学中国文学系文史研究工作近况》，《图书季刊》，新第2卷第3期，1940年9月）

△ 《新学生》刊登《各科答问》，解释"国粹"。

其中潘仁宗问："'国粹'二字作何解释？"赵俊（主答）答："'国粹'二字可用广义和狭义二方面解释，广义的即指一国精神上、物质上所有的特长，此由于国民的特性和土地的情形，历史等所养成的。狭义的是专指国故，意即本国固有的掌故和学术，是对外来科学而言，故又有中学、国学的称呼。"（《各科答问》，《新学生》，第4卷第6期，1944年8月）

△ 文学研究社编《升学考试必备国学常识问答》，大新书局，1944年初版。分经学、史学、诸子、文学、书画金石5章，共182个问题。

1945年（民国三十四年　乙酉）

1月1日　国学书院主办《国学月刊》创刊，尚节之题名。

傅岳棻题词称："国学荒落盖已久矣，夫一国之学术皆圣哲所留贻，士庶所轨范也。可与民变革者，宜弃短以求长，不可与民变革者，宜专己而弗失。学之弗讲，国本危矣。"（傅岳棻：《国学月刊题词》，《国学月刊》，第1期，1945年1月1日）

1月10日　许世瑛发表《研究国学应走的途径》，提出研究国学有"语文学作专门的研究""古文学作有系统的研究""研究中国思想问题"三条道路。张之洞的《书目答问》和《四库全书总目提要》是研究国学的指南针。

许世瑛认为梁启超、胡适开过的国学必读书目，太过简单，"初学的人容易看了它感到不知从何处下手好"，所以写这篇文章，"希冀能于黑暗中点着一盏油灯，让爱好国学的少年志士借它做个小小向导"。国学范围非常广，以经史子集四部区分无以应付。国学不仅仅限于纯文学，语文学、史学、哲学都包括在内。目前大学文学院设有国文系、史学系、哲学系，"这三系实在有着密切的关系（研究外国历史、外国哲学的当然要除外），几乎是须臾不可离的"。因为创作不是别人所能一教就成，所以一个人"能成为文人、诗家、词客、骚士不是从师学习就能一举成名的"。现代文学家，比如"鲁迅先生、知堂先生、平伯师、佩弦师，以及志摩、地山、冰心、矛［茅］盾诸氏，真有几人是地道的科班生（中国文学系毕业），更可以晓得创作家不是任何机关所能培养成的"。正因如此，"我现在所要谈的不是讲如何成为文学家，而是提醒爱好国学，研究国学的青年们，你们如果想对国学的已经成绩打算重加拣［检］讨，重新认识，那就不妨看下去，否则很可以弃置一旁，以免耽误你们的宝贵光阴"。许氏指出研究国学有以下三条大路可走：

　　一条是对于语文学作专门的研究，其中又可分为三支，也就是形、音、义三方面。从前治小学的各抱一支，互不侵犯，现在却应该三者并重。……我认为有志于研究语文学的青年学子，最好先读王箓友的《文字蒙求》《说文释例》《说文句读》，然后再读段氏《说文注》、桂氏的《说文义证》和朱氏的《说文通训定声》。此外，甲金文方面为了要和《说文》参证，丁福保的《说文诂林》和朱芳圃的《甲骨学》是最好而又最方便的材料。形这方面有了根底，然后读王了一师的《中国音韵学》、赵憩之先生的《等韵源流》、张世禄先生的《声韵学史》和《古音学》，另外如果还有余暇，最好细读顾亭林、江晋三两先生的两部伟著——《音学五书》和《音学十书》——对于读古书有莫大的帮助。训诂方面也要致力，《尔雅》《广雅》《方言》《释名》四部重要典籍必须细加点读，而王引之先生的《经义述闻》《经传释词》与俞曲园先生的《古书疑义举例》也同样重要，值得研读。又从前的小学家不通经学，文字的训诂有时赖经籍以发明，而经籍的疑难问题有时又借声训得以解惑析疑。因此经籍异文和汉儒读若也是治语文学的不可忽视的。《皇清经解》里收着很多这类资料，像陈乔枞《诗四家异文考》、徐养原《仪礼古今文疏证》等都很有价值。研究语文学的对于《皇清经解》《续皇清经解》《通志堂经解》也要不时翻阅，要知道那里面是一座宝库须要后人去发掘啊。

另一条是对于古文学（包括诗词、戏曲、小说、散文、韵文等）作有系统的研究，对于他们的价值重新估定。从事于研究这方面的第一应该对于文学史有正确认识，推寻各种文体，各类文学的源流变迁和支派影响。同时还须要有历史的知识，无论那一代的文学家，他的著作都和那时代的社会背景有着密切关系，在什么环境下产生什么文学，是可以归纳出一定的规则。这个线索并不难寻，只要你对于每个朝代的典章制度，以及那时候的民情土风，治乱兴衰，丝毫不放松，尽量地探寻搜拣，自然对于某一位文人有某一种文学作品了如指掌，而不觉其离奇可怪了。唯其如是，文学家的小传最是研究文学的人所应注意。我以为打算从事于纯文艺的青年，一方面固然要大胆地写，不怕旁人笑话，努力作诗文词赋，同时另一方面要充实自己的食粮，肚皮里总要学富五车，宁可嫌其过多，万勿临时拉夫，因为拉不着而搁笔。可是古书太多，尤其是集部更有点像前人所说的汗牛充栋，大有吃不完，吞不尽之势，又将如之何呢？唯一的方法只有分类研读，打算对于某一种文学特别专心致力，那就对这种文学的所有前辈名家的集子，按时代先后一一披读，至于别种文学也不是全不读，那就要挑选与自己所专研的有关系的才读，否则八面兼顾，自以为得计，说不定竟一无成就，那就冤枉了。譬如说想研究文章，从汉代起到清末止，文章经过多次的改变，由散而骈，由骈而又变为散，不知转了几个回旋，如果想研究它，自然按着时代择其可以为代表的做主干，逐一阅读他们的文章，看他们所以变的痕迹和原由。最初须不存成见，一体同仁的对每位作家作品翻阅，等到明了各体的优劣得失，然后再选出自己特别爱好的精读琢磨。文章固须如是，诗词曲赋也何独不然。……

第三条路是研究中国思想问题，这似乎是哲学系同学应负的责任。我却以为国文系同学也义不庸［容］辞的，因为文学在他的创作里总有他的哲学理论，可是他的思想见解绝对不能凭空从天上掉下来的，社会背景固然可以影响它，前人的思想统系也可以左右它，要明了这一点，学术思想的研究更觉得重要了。……有志于这方面的青年应该首先读胡适之先生的《中国哲学史大纲》上卷、冯芝生先生的《中国哲学史》、梁任公先生的《近三百年学术史》和《清代学术概论》。如果想研究晚清及民国以来的思想，材料都还零星散在各杂志和报章里，必须设法把它们搜集在一起，然后再作进一步的研究，看看康有为、梁任公、章太炎、宋平子、蔡孑民、胡适之诸先生的哲学理论究竟如何，实在也是我们后生小子的责任。如果现在不设法搜集，年代久远，散在各杂志报章的资料恐怕就有亡佚的可能性，把可宝贵的不可多得的材料轻轻放过，岂不太可惜了吗？我们应该当仁不让赶快起来做这个伟大事业，切勿因循自误，错过机会，而贻后悔无穷。

　　许世瑛点出研究国学的三条大路之后，奉劝今后研究国学无论研究哪一方面，步入哪一条康庄大道，张之洞的《书目答问》和《四库全书总目提要》应当是必读的书籍，"虽然这两部书也有它的缺点，可是它们是治国学的南针，有了它们，我们才不致像迷路之羔羊，看了那浩如烟海的国学而望洋兴叹，不知道如何才会有登彼岸的时日，而额手称庆啊"。（许世瑛：《研究国学应走的途径》，《读书青年》，第2卷第1期，1945年1月10日）

　　1月18日　《申报》报道第一中华职校开设会计科与国文专修科，注重国学、公牍应用文等科，请复旦大学国学教授陈仲达主持教务。（《第一中华职校设会计科》，《申报》，1945年1月18日，第3版）

　　1月25日　《申报》报道成民文商学院设国学免费额。
成民文商学院院长室函云：

　　　　近年来贵报为救济失学青年，举办助学金，嘉惠清寒，功在教育，至为钦佩。敝院为赞助义举起见，特规定凡敝院学生曾受贵报助金者，自本学期起，概归敝院直接办理。再敝院今届招生，凡经贵报保送者，规定中国文学系及国学专修科免费生、半费生各十名，商学系商学专修科免费生、半费生各五名，相应函请查照，并烦连同附告，予以披露，至为盼荷。（《文商学院设免费额》，《申报》，1945年1月25日，第2版）

是日，以齐鲁大学起风潮，顾颉刚畏陷旋涡，离成都。26日，抵重庆。"研究所之事遂未商得具体结果"，"整理廿四史之事如悬磬然"。此年春间，顾颉刚"作《齐鲁大学国学研究所一九四四年秋季至一九四五年春季全体工作报告及顾颉刚工作报告》"。（顾潮编著：《顾颉刚年谱》，中华书局，2011年，第370页）

顾颉刚撰《齐鲁大学国学研究所一九四四年秋季至一九四五年春季全体工作报告》，全所工作因学校风潮，所务不免停顿，工作未多开展，主要有：

1. 顾颉刚主任除任课外，并编辑《春秋经通检》。

2. 丁山教授除任课及担任国文系主任外，研究商周史。

3. 胡福林教授除任课及担任历史社会系主任外，并编撰《甲骨学商史论丛》第二集，行将出版。

4. 张维思教授除任课外，研究中国古代音韵学。

本年与金陵、华西、燕京三大学合同出版《中国文化汇刊》第四期一册。

顾颉刚个人工作报告如下：

（一）教课：在文学院历史社会系中担任春秋史及中国地理沿革史两门功课。

（二）研究：本人愿以一生之力研究《春秋》《左传》《国语》《史记》诸书，本年督同书记佟志祥君编辑《春秋经通检》一书，计分下列各类：经文、经文异文表（附说明）、经文分年字数表、三传异义表（附批评）、经文分类录、经文分国录、索引、人名地名通检、世系表、年表、日月表、地图。务期因本人之努力，使《春秋经》一书得有一彻底之整理，并将前人整理之工作作一结束。此项工作估计于一九四六年春季作完，此后再整理《左传》及《国语》。（顾颉刚:《宝树园文存》卷二，第324—325页）

△　东方文教研究院院长王恩洋撰《东方文教研究院启事》《东方文教研究院招生启事》。

《东方文教研究院启事》:

本院原定每年春季招收新生，唯现因院舍不能容住多人，三十五年春季仅能招收插班生十余人，仍分研究、修学两部。研究部膳宿费全免。修学部只收膳费（比丘入修学部者可酌免膳费）。两部入学手续：先函试，函试及格，通知到院面试，面试及格，填具志愿书、保证书正式入学。研究部试题：一志行自述（必做），二儒学大义，三佛学旨趣，四近代学说评述（三题任做二题），五文艺。（诗文，旧作新作均可，题自拟。）修学部试题：一志行自述，二国学略述，三文艺（题自拟）。试题准于国历三月十五日前直交四川内江本院。本院内一律素食，无一切非法嗜好。来学之士，应本己立立人超越流俗之精神、以挽救此人世为志，其他年龄、资格、在家、出家一切无限制。（王恩洋:《东方文教研究院启事》,《文教丛刊》,第3—4期合刊，1945年12月）

《东方文教研究院招生启事》：

本院本年三月，开办研究部、修学部、问学部、函授部。

研究部以造就专研儒学、佛学及中西哲学、文艺之专门人才，并期速能负荷发扬文教学说之事业，食宿院供。修学部为研究之预科，食费自备，学费宿费全免。问学部以待访道问法之士，伙食按月预缴，住时长短不限。函授部为便有志研究修学问学而力不能至者。年缴邮费四百元，学费六百元，邮费年终结算。

研究生暂定二十人，先函试，函试及格通知到院面试。面试及格填具志愿书、保证书，正式入学。修学生入学手续同，人数不定。问学生得人介绍，经本院许可，即入院。函授生通函报名缴费即注学籍。

研究部试题：（一）志行自述（必做）；（二）对儒学之认识；（三）对佛学之认识；（四）对近代学说思想之认识及批评（以上三题任做两题）；（五）文艺（诗、文、旧作新作均可，题自拟）。

修学部：（一）志行自述；（二）国学略述；（三）文艺（题自拟）。

试文准于本年三月十五日前交本院。（通信处内江南街信立转）。

本院内一律素食，无一切非法嗜好，来学之士，应本己立立人，超越流俗之精神，以挽救此人世为志。其他年龄、资格、在家出家，一切无限制。（王恩洋：《东方文教研究院招生启

事》,《文教丛刊》, 第1期封二, 1945年2月）

1月 傅芸子撰《近年来国学研究在北京》, 全面介绍沦陷时期北平国学研究机构与成果。

傅芸子在"总说"中称"北京为吾国文化之中心, 学术机关甲于全国, 国学研究向即著称世界"。各大学在文学院之外, 附设研究院,"对于国学方面之专门的研究, 均有完善之组织, 聘请海内专家担任指导"。研究员都潜心学术, 努力钻研,"以致成绩斐然, 积久犹传其名不坠"。之前如北京大学国学门研究所, 指导教师为王国维、罗振玉、陈垣、胡适、朱希祖、马衡等海内有名的学者。研究员济济多士,"如顾颉刚、容庚、董作宾、魏建功等, 今均成为中型的有名学者, 对于国学之研究有伟大之贡献"。北大国学门研究所"对于近代学风实影响甚巨", 清华大学继之设立研究院, 导师有王国维、梁启超、陈寅恪等,"从之研究者, 均有特殊之造诣, 今多执教于各大学中, 学风影响亦不下于北大国学门。厥后师大、燕大、辅大继之, 纷纷设立研究院, 近年国学之发展, 诚有莫大之关系焉"。傅芸子继而总结北平沦陷后, 国学研究的状况如下:

自事变以还, 北大、清华、师大、燕大, 或陷于停顿, 或至于解散, 惟余辅大、中大, 仍维持原状, 弦歌未辍。一般专门学者多散而之四方, 亦有隐居都门者, 当时北京之学术界颇呈落寞之势, 而国学之研究亦稍现静止之状态。幸经当局之努力振兴文化, 恢复教育, 自二十七年三月, 师大首先复兴, 改为国立北京师范学院, 四月又增设国立北京女子学院, 由王谟、张恺分任院长。后复合并为今之师范大学，校长为黎世蘅，校务益臻发达。而北京大学文学院则于二十八年，由周作人氏苦心擘划亦恢复原状，并附设文史研究所整理处，整理旧北大国学门研究所残存资料。北大、师大两校文学院，对于国学方面之课目，或敦请耆宿名家，或网罗少壮学者，以蓬勃之精神，恳切之指导，使莘莘学子无不孜孜研求学问，已呈落寞的文化中心之北京复现欣欣向荣之势。至于辅大，或为外款兴办，或由私费设立，苦心维持，绝不以经济的关系而阻滞教育事业之发展，而国学方面研究之业绩，尤多可称述者。

往昔吾国书院，制度完善，造就人材极众，惜久已停废。近年王揖唐、周肇祥诸氏为振兴国学起见，创办国学书院，除聘请专家讲学之外，并有课艺征文之举，纯仿旧日书院规制，对于国学方面寖衰之经史词章，尤有振导复兴之功。此为事变后华北惟一国学专门研究之机关，研究方法，虽有新旧之殊，然而振兴国学，初无二致，其所负使命盖亦重大焉。

近代外人研究汉籍，盛极一时，在京设立机关，中外合作者，前有哈佛燕京社及中印研究所、中德学会。近年又有中法汉学研究所继起，设立虽仅三年，而业绩灿然尤为迈进，有后来居上之势。至于东方文化事业总委员会主办北京人文科学研究所之《续修四库全书》，将来对于汉学之贡献当更伟大矣。

傅芸子旨在叙述近年来华北方面，特别是"北京各大学文学院及其他国学研究机关"之现状及其研究之业绩，以见近年国学研究之状况。具体如下：

（一）北大文学院

院长钱稻孙，教授及讲师：国文学系，周作人、赵荫棠、陈介白、容庚、朱肇洛、许世瑛、郑骞、沈国华、齐佩瑢、华粹深、傅芸子、傅惜华、韩文佑、霍世休、黄公渚、徐审义、商鸿逵、李九魁；史学系，吴祥麒（主任）、冯承钧、谢国桢、瞿益锴、杨仙洲、姚鉴等；哲学系，温公颐（主任）、江绍原、李戏鱼、汪迪晨等。

文史研究所整理处为继承旧北大国学门研究所之整理研究机关，计分考古、史料、语音、编辑四组。研究员有李光璧、吴丰培、李曼茵、李今繁等。

（二）师大文学院

院长罗庸，教授及讲师：国文系，傅岳棻（主任）、姜忠奎、张鸿来、柯昌泗、夏枝巢、张弓、俞静安、彭主毕、唐玉书、寿昀；史学系，李泰棻（主任）、陈同燮、陆鼎吉、梁绳祎、王森然。

附设研究所，所长李泰棻，内分国学、史学两部。导师有李泰棻、傅岳棻、姜忠奎、江绍原等。

（三）辅大文学院

院长□□，教授及讲师：国文系，余嘉锡（主任）、孙人和、顾随、梁启雄、孙楷第、赵万里、刘盼遂、周祖谟；史学系，张星［烺］（主任）、陈垣、朱师辙、余逊、张鸿翔。

（四）中大文学院

院长邓以蛰，教授及讲师：国文学系，俞平伯（主任）、孙人和、王静如、赵万里、刘树滋、商鸿逵、华粹深；史学系，齐思和（主任）、翁独健、孔繁霱。

（五）北京古学院

创始于民国二十七年，初为江朝宗、周肇祥、吴廷燮等多人发起，初设筹备处于团城，以保存固有文化为宗旨，阐扬古代学艺……院长为江朝宗，内设经学、史学、诸子学、文学、金石学、目录校勘学、艺术七组，研究员各任一组，并得兼他组，各将研究报告提出审议会，成绩优良者，予以酬金，并招生考课，发行《古学（丛）刊》，一时声绩伟然。惟经费由于捐集，至二十九年，渐形支绌，诸务停顿，洎年江朝宗辞院长，改推王揖唐继任，先筹集基金，根本渐臻巩固。惟诸务需费甚巨，仍难发展，遂改刊行先哲遗书，流通古籍为事业，今仍设于团城内。

（六）国学书院

民国二十九年冬成立，分第一、第二两院，院长初由"华北政委会"委员长兼领，第一院副院长为周肇祥，第二院副院长为瞿益锴。第一院院址借用团城古学院一部分，其事业为办理每月考课，轮请名流耆宿评阅，每年甄录一次，合之津保录取三百人。研究班分经、史、诸子、词章、佛学五门，每周星期日，由导师讲授，研究员二百余人，大多数为各机关委任以上职员及考课生之年壮者。二年期满，第一次毕业式于三十二年八月举行，成绩最佳，惜期满之后未继续进行也。至今之研究班则第一、第二两院合组，招收大学毕业者为研究生，讲授无定期，所交成绩亦不似旧时之严整矣。第一院又利用古学院藏书，及年来购备之书千余种，各办国学图书馆，任人入览，研究国学者得所参考，俾益颇大。经费据闻甚少，事业乃有四种，若扩而充之，而于国学之倡导必多贡献也。第二院……组织略同学校，于国学较为注重，自瞿氏辞职后，改聘郭则沄为副院长，第一班学生已毕业，第二班正继之。

（七）中法汉学研究所

民国三十年冬，由驻华法国大使戈思默氏主持之下，正式成立。以沟通中法文化为主旨，所址借用前中法大学礼堂，屋宇狭隘，仅设民俗学组。次年九月，语言历史组及通检组先后成立，工作较前扩大，各组乃移于中法大学大楼中，礼堂院旧址只供图书馆之用。该所现分民俗学、语言历史、通检三组，民俗学组工作计分：（一）五祀研究；（二）风土全志之编纂；（三）民俗学分类之编制；（四）神祃之搜集整理与研究；（五）年画资料之搜集与研究；（六）照像资料之搜集整理与研究；（七）杂志论文通检；（八）日报论文通检。语言历史组，目的在研究中国文字语音及考订史学上之诸问题，编撰已就者有《甲骨文字之发现及其贡献》（法文）及《汉语语法论》等书。通检组，《中国典籍之通检》（或称引得及索引），近十年来相继出版，对于国学之研究，贡献至大。此组于民国三十一年九月成立，因与民俗学组有密切联络关系，故选书方面，多偏重有关民俗学研究之古籍。已出版者有《论衡通检》等四种。该所为引起社会人士对于汉学研究注意起见，规定每年举行公开学术讲演会若干次，又为外界明了该所汉学研究工作有所认识起见，并拟定每年公开展览会若干次。现所长为法国汉学家铎尔孟氏，主持所务者为常务理事杜让氏，研究员有中国少壮学者多人。

之后，傅芸子叙述了国学研究机关的刊物。北大文学院有《北大文学》一种，创办于1943年，仅出版一册。师范大学有《师大学刊》一种，"系综合性质，前有关于国学研究文字数篇，亦仅刊行两册，近又复刊之说"。辅大的《辅仁学志》，"自民国二十一年创刊，年刊两期（或合刊一期），至今已十三卷矣，犹保持其在学术界之地位不变"。另有中国文学系之《辅仁文苑》。古学院之前曾发行《古学丛刊》一种，停刊后改刊行先哲遗著与流传罕见的故籍，1943年出版有《敬跻堂经解》四种，计《四书拾义》《诗经广诂》《仪礼今文疏证》《周礼故书疏证》；1944年出版有《敬跻堂丛刻》六种，计《东塾杂俎》《经学博采录》《周官证古》《韩诗外传校议》《毛诗注疏考异》《大戴礼记斠补》；等等。国学书院第一院有《国学丛刊》一种，至今已出十四册，"此刊之特色乃在附载考课生之佳作"。"中法汉学研究所除刊行《通检》外，尚有期刊数种，有关国学者为《汉学》，系不定期刊物，专载有关汉学之论文……有中国《通报》之称，可见其在学术界之位置矣。"

再者，傅芸子以经学、史学、文学、小学、金石五类总结国学研究综合的成绩。具体如下：

（一）经学

群经方面则以程树德所辑《论语集释》……最称巨著……《论语》为群经钤键，而是书尤为治《论语》之集大成者，盖可传之作也。《周易》近年则以江绍原致力最勤，创获亦多……近作《归藏周易卦名同异考》……全稿之丰富详赡，而以新方法释经，尤为治国学者示一新范。俞平伯近年诗文著述之余，兼治经学，在中大讲授《论语》，贯串群经，多阐新义，听者满室，久而不倦……至于洽［治］经不囿于旧说而发新解者，尚有赵贞信之《论未［语］尧曰章作于墨者考》，乃赵氏《论语尧曰篇探源》之一部分，其说虽近新奇，然未尽妄诞。盖儒墨古本并称，救世济民之心，初无二致，此文亦可示近年国人治经一新趋势。

（二）史学

史学方面近年较为发达，仍推陈援庵新著最多。陈氏以数十年之力，专治史学，博通淹贯，一时无俦。近年所撰《明季滇黔佛教考》《南宋初河北新道教考》二书，博大精微，与前撰《旧五代史辑本发覆》《元西域人华化考》诸书，均为同一不朽之业。……西域史方面，近年则以冯承钧著述最富，冯氏近介绍近代西方学者关于西域南洋研究成绩之第一人，厥功甚伟。其著或独阐研究所得，或订正西人研究之误，不下数十种。……中日文化交流史方面，近年梁盛志，著有《汉学东渐丛考》，计收论文十三篇……其他史学方面之重要论著，如全［余］嘉锡之《寒食散考》，又《汉武伐大宛为改良马政考》，又《疑年录稽疑》，朱师辙之《北魏六镇考辨》，张星烺之《道家仙境之演变及其所受之地理影响》，谢刚主之《河套民族变迁考》，赵万里之《魏宗室东阳王荣与敦煌写经》，王斐烈之《新莽革政与失败之原理》，刘厚滋之《宋金以来之钞币》，孙海波之《西汉今古文之争与政法暗潮》，孙楷第之《傀儡戏考源》，杨堃之《灶神考》，张芝联之《资治通鉴纂修始末》，聂崇岐之《赵忠简公画像跋》，何达之《殷商经济史》，瞿兑之之

《传说证误举隅》，郑骞之《洛阳伽蓝记丛考》，傅惜华之《李卓吾著作考》，傅芸子之《沈榜宛署杂记之发见》等不备载，皆各有创见，以供于史实之考据者也。

（三）文学

关于文学方面论著不及史学方面之多，单行刊本如周知堂《药堂杂文》……又如夏仁虎之《枝巢四述》……期刊中论文之可称述者，如故储皖峰之《陶渊明述酒诗补注》……孙楷第之《吴昌龄与杂剧西游记》……李戏鱼之《司空图诗品与道家思想》，许世瑛之《长门赋真伪辨》，孙作云之《九歌东君考》，寿普暄之《选学境原发疑》，俞平伯之《谈西厢记哭宴》，傅惜华之《汉魏六朝小说之存佚》，傅芸子之《内阁文库读曲续记》等，皆可注意者也。

（四）小学

关于音韵学方面，近年以周祖谟氏致力最深，著述亦多。前有《广韵校勘记》一书行世……继之发表者，有《颜氏家训音辞篇注补》……又有《宋代汴洛语音考》……他如戴君仁之《古音无邪纽补证》……至于等韵研究方面，以赵荫棠之《等韵源流》一书，推为巨著……自民国以来，音韵学已形科学化，最为进步，其研究成绩驾乎清儒之上，齐佩瑢有《中国近三十年之声韵学》一文……语言学方面，可推王斐烈之《论吐火罗及吐火罗语》一文……其他如高名凯之《汉语规定词的》……

（五）金石

近年国学研究，以金石学方面著述最少，以视日本原田（淑人）、梅原（末治）、水野（清一）、长广（敏雄）诸氏之作则有逊色矣。然唐兰之《智君子鉴考》……刘厚滋之《原始鼎铉之推测》……柯昌济之《散氏盘为氏羌族器考》……以及姚鉴之《唐镜文中之西方意匠》，王森然之《汉裴岑纪功颂碑考》等作，虽非长篇论文，然于金石学上，或订旧说，或阐新义，考释精审，均有足述者。

总之，傅芸子认为近来"北京各学人发表之国学研究论文，其业绩较前未有大开展，然似乎尚能保持过去在世界学术上之位置。今后倘能获得新的资料，益以充分时间的研究，则其将来之业绩，当更必有可观，此为吾人所欣望者矣"。（傅芸子：《近年来国学研究在北京》，《文化年刊》，第2卷，1945年1月）

2月19日　张尔田病逝，葬于香山万安公墓。

王伯祥称："张孟劬（尔田）病逝，北平学术界又弱一个矣。"郭绍虞挽联云，"词宗逝矣溯彊村而还首屈一指人间非其匹也，史学微哉自实斋以后独有千秋新会犹或近之"，"盖所著《史微》直追章氏以上溯班郑，而平日论词又右朱夷王也，殊为贴切"。（张廷银、刘应梅整理：《王伯祥日记》第8册，中华书局，2020年，第3634页）

2月　唐津梁编的《国学问答汇编》由成都文光书局出版。

该书目分四部，按经史子集分类法编辑而成，因子、集名称范围较狭，故改用哲学、文学。顾颉刚、谢无量题名，叶圣陶作序，指出：

坊间一些投考指南各科问答的书，往往为关心教育的人们所排斥，认为那是与教育本旨相妨的。他们以为各科教材各种书籍只是材料，把这些材料装进受教育者的头脑里去，并不是教育的本旨。教育的本旨在使受教育者吞下这些材料，靠自己的智慧的机能消化他，把他化为精神上的血肉，像吞下食物，消化他，把他化为体魄上的血肉一样。于是知能渐渐长进起来，生活渐渐充实起来，教育这才算收了效果。倘若单把一些材料装进受教育者的头脑里去，不管他消化不消化，这就是记诵之学。记诵之学只能在谈说的当儿装场面，充内行，实际并无用处。要求实际有用，必须求其消化。讲消化必须把材料反复咀嚼，吸收他的精华，淘汰他的渣滓。单把材料的名目听一听，外表看一看，决不能达到消化的地步。而投考指南各科问答一类的书，正就是使受教育者把材料的名目听一听，外表看一看的东西。关心教育的人们要加以排斥，的确有道理。

　　唐津梁先生这本《国学问答汇编》似乎也属于这一类东西，可是我约略翻过一遍之后，赞同他拿来出版。第一，因为这本书搜罗得很详备，叙说得很清楚。第二，同一样东西，看你怎么去用他，他的价值就从而不同。如果读者捧着这本书，以为已经得了个宝库，把他朝夕诵读，记得烂熟，再不想与书中所提及的那些作者那些书籍接触，而居然自命懂得了什么国学，那就是错认了这本书，这本书也不免贻误了读者。但是，如果把这本书认作辞书，关于国学常识的辞书，在需要翻查某一个条目的时候取来翻查一下，从而解决当面的疑难，或者进一步与那些作者那些书籍接触，反复咀嚼，吸收他的精华，淘汰他的渣滓，那就用得其当了，而这本书也就显出了他的价值。我希望读者认清了这一点来利用这本书。（唐津梁编：《国学

问答汇编》序，文光书局，1945年，第1—2页）

3月7日　叶圣陶撰《书院和国学专修科之类》，指出现行教育必须赶紧改革，开设为书院和专修科之类绝不是一条正路。

叶圣陶注意到近来私人设立的书院与国学专修科之类的机构逐渐增多，书院和专修科的主持人与教师，"品类不一，造诣有殊，但是大都戴着个国学专家的头衔"。所收学生程度不一，学费与私立中学不相上下。课程大多是诵习旧籍，"大凡正式学校里所不读的，少读的，正是那里的教材。教师或者连续的讲解一两种书，或者随便讲解，今儿是《孟子》，明儿是《礼记》"。这些机构的情形大概如此，这些机构能够生存且陆续有新的机构开办，自然是因为有学生加入。"无论加入的动机出于学生本人或是学生的父兄，总之表示了对于正式学校的不信任……多数的人已在那里不信任正式学校，如今的教育还不该打算改革吗？"叶圣陶认为改革教育的原则与方案，人言言殊，"但是像书院和专修科决不是个办法"：

> 国学成不成个学科且不管他，专弄国学，把一切现代学科都置之不理，这就是个大毛病。而且，工夫是讲解与记诵，充其量只能造成些活书橱而已。要求食古而化，谈何容易？即使真个化了，也只是化了古的东西，未必与现代生活息息相关。在如今这个时代，一个人最要紧的是明白自己与现社会的关系，做一个与人人平等的人，有甲项乙项的生活技能，参加某一种生产事业或是创造工作。专弄国学能够达到这些目标吗？如果谁说能够，我是一百个不相信。在十几年前，有人因

为不满意现行的教育制度，很赞扬我国从前的书院。我国从前的书院，有些是私立的，往往读书与修养并重，而读书也为的修养，俨然是个生活团体。有些是公立官立的，弄得不好也只是利禄之途，如果有明师指导，又有丰富的藏书，那就可以出几个通经明史的硕学通才。就现在看起来，生活团体的办法是可取的，但是那种修养目标毫不足取。希圣希贤哩，经世济民哩，得君行道哩，一派的士大夫的观念。固然，我们不该厚诬古人，古人处于他的时代只能作他的想法。然而现在是民主的时代，在民主的时代，谁抱着古来士大夫的观念就是自绝于群众。你要作圣贤，你要讲经济，群众说，"我们是能够自己管理又能够共同管理的凡人，不劳你的驾"。你要得君行道，群众说，"你弄错了时代了，如今我们都是主人翁，可没有你所期待的'君'，你莫非想做个'张勋第二'吗？"我不知道现在办书院的是不是想摹仿古来读书与修养并重的那种书院。如果是的，从他们戴着个国学专家的头衔看来，一定是一派的士大夫的观念。他们既已自绝于群众，还要招一班学生来，使他们也自绝于群众，他们的罪过是不可恕的。再就专研旧籍的那种书院来说，钩稽，考订，作札记，写论文，这些工作相当于现在大学研究所里所做的，大都属于整理的范围。整理固然要紧，但尤其紧要的是扬弃，惟有扬弃，才能使现代人接受古代的遗产，蒙其利而不蒙其害。现在大学研究所里对于这一层尚少贡献，是不能教人满意的。我不知道现在办书院的是不是想摹仿古来专研旧籍的那种书院。如果是的，当然也不能教人满意。并且，把初中、高中、大学程度的学生聚在一块儿，单教他们作讲解和记诵的工夫，即使不谈什么扬弃，但求他们整理出一丝一毫的成绩来，这有可能的把握吗？我觉得这也是一种不可恕的罪过，把青年人关在变相的监牢里，使他们隔离了现代的生活，每天每天，只是念诵些符咒似的古书，食古既不得化，处今又毫无本领，简直成个形体并不残废的残废人。

现行教育有毛病，必须赶紧改革，这是千真万确的。可是改革成那些书院和专修科之类决不是一条路。这一句话，我要向不信任正式学校的学生和父兄以及主持那些书院和专修科之类的人们，郑重地诉说。（叶圣陶：《书院和国学专修科之类》，《中学生》，第85期，1945年3月）

初春　草堂国专校董事会聘请蒙文通担任校长。

草堂国专招聘新生，学生人数剧增一倍，学制分三年与五年两种，三年制招收高中毕业或具有同等学力的学生。五年制招收具有初中毕业或同等学力的学生入学。学校开设文、史、哲三类课程，根据教学计划的要求，各个不同年级和不同学系的学生，按要求与兴趣实行必修与选修。蒙文通增聘陆侃如讲《中国文学史》，董每戡讲《词曲》，丁易讲《目录学》《说文解字》，孙道升讲《当代哲学史》，姚雪垠讲《中国现代文学史》，蒙季甫讲《三礼》，之前已有杨向奎讲《中国通史》，赵纪彬讲《哲学概论》《论语》《孟子》《逻辑学》，丁山讲《左传》，高亨讲《尚书》。（袁海余：《从三台草堂国专到成都尊经国专》，四川省政协文史资料研究委员会编：《四川文史资料选辑》第40辑，第42—50页）

3月19日　顾颉刚致信齐鲁大学校务委员会，商议是否继续承担国学研究所主任事宜。

顾颉刚汇报了国学研究所近年进展，并提出后续计划：

一、颉刚数年前在齐大研究所之中心工作为标点《二十四史》，及编制索引。离蓉之后，该项工作仍未停止，由颉刚在渝主持。计现在已点二十史，其《史记索引》一种，亦粗有成稿。惟每年校中只给国币八千元，物价沸腾，无济于事。去年汤前校长见邀，颉刚所以肯接任者，实为完成此项工作之故。查《二十四史》为中国基本历史材料，而标点工作为初步整理所必须经历之阶段，惟标点一事，欲求完全正确，实不容易。颉刚甚拟结合若干史学专家分工合作，俾每史悉经专家校定，将来刊出，便成定本。故现在所已标点者，仅为初稿，审查订正，尚须经历三五年功夫。

二、颉刚去年到蓉与汤前校长接洽数次，其决议系将研究所语言文字学部留置成都，由胡福林、张维思诸先生主持之。史学部移置北碚，一则迁就颉刚居处，二则北碚有复旦大学、国立编译馆、北泉图书馆、中山文化教育馆等机关，其藏书足以供参考也。经费美金八千九百元，两方均分。北碚方面工作人员除颉刚处，得用编辑员二人，给以本校史社系讲师名义。又收研究生四名，每名每年给以奖学金，俾资膳食，同时由刚向教育部请求立案，俾毕业之后给以硕士学位。此外又有书记一二人、事务员一人、工役一人。

三、颉刚返碚之时，本校风潮已起，以不知将来演变至何阶段，故未敢照计划进行。现在惟有书记佟志祥君（本所旧职员）在此编写《春秋经通检》（此项工作系前年在崇义桥时所未完成者），所有月支钞写费及文具费，均由颉刚代垫。颉刚境况清贫，实未能长期垫付。

四、本所系由哈佛燕京社出资设立，向例每年夏间向哈佛大学报告一次。本所本年工作不多，难成报告，恐将影响下年经费。如贵会认为此事必须加紧进行，及此所仍应依照汤前校长计画办理者，拟请速将经费寄下，以便开展工作。编辑员拟聘严耕望、许毓峰二人，渠等皆为本所前数年之研究生，成绩卓著者。研究生亦有中央大学、中山大学等毕业生愿来。

五、本所两年来之工作未停顿者，惟有胡福林教授之甲骨文字，其《甲骨学商史论丛》出版后，博得甚高之声誉，去年已与汤前校长商定，自去年十二月至本年七月，每月由所中津贴研究费三千元，请即将此款付与，以鼓励其工作精神。（顾颉刚：《致齐鲁大学校务委员会》，《顾颉刚书信集》卷三，中华书局，2011年，第230—231页）

6月26日，顾颉刚再度致信马尔济与校务委员会，解释国学研究所工作进展，并极力推荐丁山为国学研究所主任，并建议文科研究所历史学部向教育部立案后，设于北碚，招收研究生，由顾颉刚亲自指导。国学研究所仍设成都，由丁山主持。"本所对政府方面接洽事务，由刚商同校中办理之，对哈佛燕京社接洽事务，由校中办理之"，"俟抗战结束，交通方便，两研究所并合为一"。（顾颉刚：《致齐鲁大学校务委员会》，《顾颉刚书信集》卷三，第233页）

3月26日　《申报》报道中国孔圣学会开设义务国学进修班，该班主任教师为杨中一、孙德余、任经伯、张孟昭等人。（《国学进修班》,《申报》, 1945年3月26日，第2版）

4月2日　银行总管理处进修会国学讲习班举行开学仪式。

　　到黄墨涵、古裕如、张子光三讲师暨本行、麦丰、永利、和成、省行五行，参加学生共约四十余人。先由黄讲师报告筹设该班之主旨及经过，继由古讲师讲至圣之教义及其伟大之点，张讲师概述公文及书翰种种，最后由永利卢总经理出席代表致答词。继即规定以及每周一三五午后六至八时在本行上课，由三讲师依次分别讲授论孟、书法、公文书翰，务盼参加同人全始全终努力学习云。（《进修会动态》,《总管理处周报》, 第151期，1945年4月20日）

4月6日　中华文艺研究所开设国学讲座。

中华文艺研究所"为增进青年国学研究兴趣起见，特主办国学讲座，完全免费，聘请专家轮流讲述，凡愿听讲者可往亚尔培路三十号三楼报名"。（《讲座·国学讲座》,《申报》, 1945年4月6日，第2版）

4月7日　李源澄发表《释书院》，提出新式教育"不适于国学，于是遂有书院之建立"。

文章称：

　　教育本待人而兴之事，书院为尤甚。以姚姬传为之师，则言古文，以卢文弨为之师，则言校勘，以己之所学教人，往者不追，来者不拒，孔子私人讲学之态度则然矣。故论书院不当论制度，而当于主持者之学识气度征之。吾所谓书院不能代替学校者，书院兴起之时，为考试取士之时，书院之所教，足以应政府之所求，考学于私家，而可用于朝廷。今则不然，国家用人既十九不出于考试，而私人讲学，又往往偏于专精，亦不足以应考试之所求，此昔日遍于各地之书院，将来必寥如晨星也。吾以为书院宜与学校并行者，制度之改革不易，往往其弊已见，而革之无由，与其使普遍学制变革于未效，何如使私人讲学以为之前驱乎？以国史先烈〔例〕言之，东汉之古文学，宋明之理学，清代之考证学，何一非民间之学术？然而今日治学术史者所称道则在此而不在彼，其故何哉？程朱与姚江之学，非不见抑于当世，乃异世而后，皆放异彩，岂不以学术文化自有真赏耶？且自今以往，私人讲学既无利禄可言，学者自必极少，然亦以其无利禄之诱，反可得笃信好学之士，而学术之成功，则不系于人数之众寡明矣。又以今日学制而论，于奇形发展之士，恒病不能兼容，书院于此，正可以补其所缺。此吾所以谓书院不能代替学校而为与学校并行之事也。今世誉书院制者，所举书院制度之美，皆对当前学校之弊而言，不知此乃学校人事使然，书院之当存在，并不乘学校之衰而起。而毁书院者，则视书院为过去村学，不知书院惟是私人讲学，一切私人讲学团体皆可以书院视之，来者难诬，庸可量乎？故吾以为论书院者当视为社会文化之一端，私人讲学之所在，为功为过，皆不在书院，其兴其废，当视其内容，学者或讲（学于）学校，或退而私人讲学，亦各行其志而已。（李源澄：

《释书院》,《新中国日报》, 1945年4月7日, 第2版）

4月 钱基博应黄萍荪邀约, 撰写《章氏国学讲习会》, 回顾与章太炎的初见情形与讲学因缘, 评述章太炎之国学。

钱基博回忆了1935年三子钱锺英订婚时, 章太炎与李印泉“以不介而至, 此诚不速之重客”。这是钱基博初见章太炎先生,“致二十年钦迟之意”! 章太炎面约钱氏赴章氏国学讲习会演讲, 且问演讲什么题目。钱氏回答:“腐儒曲学, 寻章摘句, 无不讲国学! 然先生博学通人, 不囿经师: 章氏国学, 别有义谛, 所以章氏国学讲习, 亦不可不别出手眼! 余读先生之书, 自谓粗有阔见; 请即以章氏国学讲习会为题, 可乎? ”章太炎大喜称善,“因揭示生平论学之义谛; 证之鄙见, 殆无不合”。11月9日, 钱基博抵达苏州, 汪柏年在站迎候,“柏年从余学文章, 而受经学于太炎先生, 佐先生写成《古文尚书拾遗》, 而著有《尔雅补释》, 先生任之以授《尚书》《尔雅》者也”。随后, 钱基博赴章氏国学讲习会, 以“章氏国学讲习会”为题而抒所欲言:

　　国学讲习会与普通大学国文系不同; 盖彼之所重者文, 而此之所讲者学: 文尽可以载道, 文不能以尽学也。我国自古以来, 讲学者何限! 汉唐之训诂名物, 宋儒之义理经制, 清学之考据词章, 皆国学讲习也。今国学讲习而冠之曰章氏, 顾名思义, 已明揭所讲习者为章氏之国学: 欲以轶清迈宋, 驾唐追汉, 观其会通以成一家之言, 而直接孔氏之心传; 更何清学休宁戴氏, 高邮王氏之足云! 章氏之学, 欲推而大之, 至于无垠;

而为章氏之学者，乃椓而小之以囿于休宁、高邮！章氏之学，内圣而外王，务正学以言；而为章氏之学者，则曲学阿世，烦辞称说，不出训诂文字之末！鹓鹏已翔寥廓，罗者犹视薮泽，害道破碎，恶足以为章氏之学哉！

　　章氏以淹雅闳通之才，而擅文理密察之智，词工析理，志在经国，文质相扶，本末条贯，以孔子六经为根柢，以宋儒浙东经制为血脉（此点尤人所忽，先生颇赏余有真识），而以近儒章学诚《文史通义》扩门户，以休宁、高邮名物训诂启径途。人皆诵其小学之精审，文章之粹和；而余尤服其诸子之辨章，史识之宏通，观之上古，验之当世，参以人事，察盛衰之理，审权势之宜，辞义纷纶！魏文帝言："文章，经国之大业，不朽之盛事。"近世惟章氏足以当之！章氏质有其文；而为章氏之学者，多不能文！章氏之文，孚尹旁达，有伦有脊，尤善持论；而为章氏之学者，笔舌冗曼，罕能持论！余撰《中国文学史》，尝要删其论，以谓"世儒徒赞其经子诂训之劬，而罕会体国经远之言；知赏窈眇密栗之文，未有能体伤心刻骨之意"；亦有概［慨］乎其言之也！昔昆山顾炎武慨明之亡，由于士之不学，亦以六经为根柢，以经制为泛滥，作《日知录》，经经纬史，欲以匡世扶衰。而清儒曲学，乃以为考据家之祖；亭林之名大彰，而志则荒矣！今章先生囊括古今，通人博学，经术治事，一致百虑；而民国曲学，乃囿之于经师之域；先生之传虽宏，而道已狭矣！枝之腊而干则削！流之泛而源则湮，昔人谓"人固不易知，知人亦未易"；余则叹学固不易论，论学亦罕真识也！

　　诸君之于章先生也，造膝奉手，微言妙道，耳提面命，必知所以会而为讲为习，异于寻常曲学者！然愚以为欲明章氏国学之所以异于人，不如反复讲习《章氏丛书》，以匡请业请益之所不及！盖学以讲而后明，学必习而后熟。闻顾亭林先生少时，每年以春夏温经，请文学中声音宏畅者四人设左右座，置注疏本于前，先生居中，其前亦置经本，使一人诵而己听之，遇其中字句音读不同，详问而辨论之；凡读二十纸，再易一人，四人周而复始，计一日温二百纸。十三经毕，接温四史或南北史，故亭林之学，如此习熟而纤悉不遗也！语见王昶《春融堂与汪容甫书》。此古人所以为习也。钱泰吉《曝书杂记》载：梅会里李敬堂先生诏学徒读书，欲举读《困学纪闻》会，课十人为朋，人出朱提十铢，各置一部，丹黄手粜，墨守如心，编为卷二十，日览卷之半，约十五叶，四十日而毕功；每五日一会，持钱治餐具如文课，人出五条问对，似射覆，似帖经，疾书格纸。俟甲乙既毕，互勘诘难以征得失，一会得五十余条，十会得五百条，其书简而愈精，其功约而愈博；不出数寸，不逾百日，而得学问之总龟，古今之元鉴！此古人所以为讲也。讲则慎思而明辨，习尤深入以心通，诸君济济一堂，如取《章氏丛书》，以李氏发问互对之法为讲，以亭林温经温史之法为习，呻其占毕，多其讯，好学深思，心知其意；而后听先生议论之宏辩，相说以解：尊闻行知，斯足以光大先生之学，而不为休宁、高邮所限也！

　　盖余之所以论章氏国学者如此，中引先生之书以为敷佐，历一小时二十分；先生不以余言为刺［剌］谬，颇动容也！退席，复邀入书斋，谈次，感喟时事。余言："早年读先生《革命道德论》，意思深长，验之今日，知几其神！然革命与道德，本非同物；非反道败德，不能革命成功！几见秀才，而成造反！自古英雄，多起草泽：以非反道败德之人，不克摧社会之纲纪，而扰人心于久定也！汤武革命，应天顺人；然圣人之象《革》曰：'革，水火相息，二女同居，其志不相得曰革。'革命成功，几见英雌；而革之为卦，取象二女，亦以革命之日久，习为猜忍；我杀人，安知人之不杀我；始以杀僇张威势，继以懦怯长猜忍，戈矛起于石交，推诚不见腹心，民不见德，惟乱是闻，举凡丈夫之磊落，胥成女性之阴贼，声声同志，人人离心，异己必锄，同气相残，人诋其险狠，我知其内馁也！我革人命，人亦革我命；君以此始，惧亦以此终。故曰'革，水火相息，二女同居，其志不相得曰革'！作《易》者其有忧患乎！"先生为之怃然！（钱基博：《章氏国学讲习会》，《龙凤》，第 1 期，1945 年 4 月 30 日）

△ 王恩洋撰《东方文教研究院函授部章程》。

一、本院以阐扬东方文教、研究儒学佛学以谋人类之平治为宗旨。为便利远方友朋力不能至院共同研究者计，特设函授部，以便质疑问难，商量学业。

二、函授部即以本院近年所印丛书为教材。内有儒学佛学之重要著作。向学之士，可各就志之所趋，择要研习。设遇困难，可随时通函问难，本院应负有疑必答之责。

　　三、凡非本院丛书范围内之问题，即出教材之外，本院力微，恕不负完全解答之责。但如关于东方文哲思想，在可能解答之范围内，亦必尽其所能以答，庶收商量学业之效。

　　四、函授部学生，每月或三月应将其所研究读习之结果，作一报告书，以便本院随时指导。凡有关于所学之笔记札记，本院亦可负阅改之责。（须双挂邮寄，以免误失。）

　　五、函授部学生，应将其年龄籍贯履历表补寄来院。如能作一志行自述更善。

　　六、本院出版各书，特为优待函授学生，一律以现价八折计算。须先汇费，然后寄书。空函索请，即不寄发。

　　七、函授生年缴学费六百元。邮费四百元。（《王恩洋先生论著集》第10卷，第298—299页）

5月16日　连震东撰《五十年来台湾之国学》，概述甲午战争之后台湾地区国学的发展。

　　台湾固海上荒土，我先民入而拓之，手未耜，腰刀枪，以与生番猛兽相争逐，用能宏大其族，艰难缔造之功多，而优游歌舞之事少，我台湾之无文学者，时也亦势也。明社既屋，汉族流离，瞻顾神州，黯然无色，而我延平郡王以一成一旅，志切中兴，我先民之奔走疏附者，渐忠动义，共麾天戈，同仇敌忾之心坚，而挖雅扬风之意薄。我台之无文学者，时也，亦势也。清人奄有，文事渐兴，乃有淡水林鹤山、磺溪陈伯康、台南施耐公、许蕴白、台中邱仙根诸公，各以诗文鸣。重以舆图易色，民气飘摇，佗［侘］傺不平，悲歌慷慨，发扬蹈厉，凌轹前人，台湾之诗于是乎盛。然而五十年来，东夷肆虐，厉禁国文，老成凋谢，继起乏人，台湾今日之无国学者，时也亦势也。率胜利在望，收复可期，宏我文化，重振国学，为期当不远矣。（连震东：《五十年来台湾之国学》，《台湾民声报》，第4期，1945年6月1日）

5月19日　东方文教院成立后的第四年举行开学典礼。

开学典礼次序如下：礼佛，礼孔，次礼院长，次院董礼谢院长；次院董及学生礼谢教师；次请院长、教务长、院董诸先生训词。院长训词称正如本院发起人李仲权所言东方文教院旨在"和平人类""复兴民族"。今天以此为根本，略加说明：

> 云何和平人类耶？当今世界，大战相循。而其所以战争者，与古昔之因天灾人祸事出偶然者异。有思想学说主义信仰以为世界大战之推动力，其思想学说主义信仰奈何？一言以蔽之曰：斗争侵略而已矣。西洋近代思想之主流为进化论，其说本于生物学，以为生物进化，本于斗争。其生而存者，皆优而胜者也。其灭而亡者，皆劣而败者也。物如是，人亦然，能努力斗争则进化而生存，否则败亡。科学发达，工业进步，更以征服自然以利人事为职志。其反映于政治教育者，则为个人主义、国家主义、经济帝国主义。尽人类之精神智力于向外追求取得竞争，而终之以征服异己以繁荣自我。人如是，国如是。国家办教育，练士卒，扩充军备，时时刻刻无不在防御外

侮，努力斗争，而征服他人之是务。以此为因，世界大战所以一次二次以酿成空前之浩劫也。今者侵略者已失败，同盟国已胜利矣。然美故总统罗斯福不云乎："吾人虽击败敌人，然如不能将战争之原因消灭，则人类当来之大战，其惨酷将尤胜于今日，而人类文明有被毁灭之虞。"然则今日之胜利，犹未足以云天下既已太平矣。此消灭人类战争原因之道为何？予常终日以思，亦唯改革文化而已矣，重建文化而已矣。西洋文化既已至穷而变之日，其代之者非我东方文教而何。东方文教，曰儒，曰佛。儒者之教，重人伦而轻自我，有天下而无国家，故可以代替西方之个人主义、国家主义，以致人类于大同。儒者重道义，轻功利，故可以代替西洋之资本主义、经济帝国主义，而使人类有崇高之信向。若是则可以不仇视敌国，不为经济利益起斗争矣。中国之大，几等于欧洲，欧洲则敌国林立，中国则和合一家。是则何故？曰西洋之文化在使人类分离而斗争，中国之文化则在使人类统一而和好也。古昔春秋战国之世，中国亦如近代欧洲，而在文教之化导下，久已造成天下一统之局。当今世界大难，不当发扬中国儒者之教，使之进谋全人类之大同耶？至于佛法，其根本教义有二：一者谓世间建立于因果。一者谓世间无有主宰一常之实我也。譬如禾稼，但有雨水肥料人工种子等之诸缘和合，而禾稼自生，别无主宰之上帝天神使之生。禾稼之生，但有种子根茎枝叶花实之因果转变相续而生，更无常一恒住之实体生，有情亦如是也。外无上帝之主宰以创生有情，此有情亦无常恒实一之自我，但诸因缘摄植令生，而有情之造业受果相续转变以至于无穷，而业无造者，报无受者，是谓无我。既无有我，即无我所。我及我所尽无，复何为贪嗔痴慢以树己而害人耶。个人且无自我，更何国家主义、帝国主义之有。扬汤止沸，不如釜底抽薪。若能通达无我法者，而战争之根源即被斩除矣。我及我所虽非有，因果业报亦不无。造善因有善报，造恶因自有恶报，因缘既异，果报随殊，任何人不能违抗。是故虽无有我而作业仍不可不慎也，在此无我的实相下既消除一切烦恼恶业，在此因果业报之定律下，又复不可不努力善造诸业。虽努力造善业，又复不执有我造业受果。人尽如是，天下复何祸乱之有耶。夫使希特勒、墨索里尼早知我及我所之俱空，世界非可由我而主宰而拥据，又知夫杀人造恶之必偿其罪而自食其报以同归灭亡者，又何为乎盲目冲动，竭其智勇以自寻苦吃也哉？！佛者觉也，人心不觉，故颠倒妄行。颠倒妄行，故苦恼相续。欲求乎宇宙人生之根本解决，固非宏阐佛法以觉悟世人不为功也。吾人既知儒佛可以救济世间而消除战争祸乱之原因，则凡努力于儒佛之研究与宏扬者，皆能促进人类之和平者也。吾文教院以研究阐发儒学佛学为志者也，故吾文教院以和平人类为志业也。

云何复兴民族耶？国于天地，必有以立。立国者人也。人有文明人，有野蛮人。蠢如鹿豕，凶如虎狼，无礼义之教，无文物之饰，言语不通，风俗不一，各私其私，而不相邻恤，不相教导，不相护卫，若是之人虽众，亦可以立国耶？曰，不能也。能立国者，文明人，非野蛮人也。人之所以为文明者，其才智技能足以利用天然者也，其礼义习俗足以相群居者也，言语通，风俗一，思想信仰同，相邻相恤教导护卫如一体，如是则为一民族矣。有纯一之民族，而后可以建立一强固永久之国家。民族不统一，不纯粹，则国家不久固。我中华立国于世界，继继承承，五千余年，虽经巨灾难大，而愈增强大者，岂不以有同思想、同信仰、同风、同习、同语言、同文字、同作人态度之伟大民族也哉？然自西化东来，国人由疑惧而倾服，而盲从。西方文化本自多途，学说分歧，主义不一。于是思想、信仰冲突斗争，未有纪极。我国人士，概弃其所有而从之。于是亦日颠倒于彼分歧冲突之学说主义之下，而分党分派，暗斗明争。故国人不但失其故我，又且人格破产。一国之内，国土四分。一家之中，行志各异。人心涣散，习尚乖违。礼法失传，廉耻扫地。人既非人，何以立国哉？故欲建国，当先立民。民族复兴，其急务也。民族如何复兴？曰当先复兴其文教，文教复兴，而后学说思想信仰行为可以互喻互通，而生其相生、相养、相爱、相敬、相怜、相恤之情。民族意识既立，更了知其有伟大崇高之文教学说，则觉悟奋发，果毅有为，以居广居而行大道。如是则可以自立、自强。民族复兴，而国基定矣。国基既定，自立而后可以立人。以其天下一家，中国一人之超功利而与万物一体之崇高宏伟之思想学说以领导人类，岂不遂肩荷人类永久和平之重任也哉？故欲建国，必先复兴民族。欲救世，必先复兴民族。而复兴民族必先复兴文教。本院既以复兴文教为志业，故复兴民族为本院之志业也。

宗旨志业既如是伟大，而吾人之能力至为有限。是以招集诸生，适道共学，以期其有成。然而本院之规模设备，种种不足。吾常常在戒慎检讨中，以力求改进。亦望诸生本如是戒慎检讨之意，时时反省，力求上进。不可放肆苟且懈怠。
当勤求自立，并期有补益于文教前途。绝不可自无进益，反
遗害于学院。当思天下兴亡，匹夫有责，慎勿自暴自弃。设
能努力精进，则成己成物，光明无量，斯不愧堂堂七尺，而
有以答谢民族与人类矣。（《王恩洋先生论著集》第10卷，第287—
292页）

5月20日　中华国学社聘请施天侔讲治学方法。（《国学社邀施天
侔讲治学方法》，《国风日报》，1945年5月19日，第3版）

5月　中华国学社大荔筹备处即将成立。

　　中（华）国学社筹备处本年一月由纪仁□、孙坦夫、张文
祥等开始筹备，假县民教馆为筹备地址，蒋坚忍氏深予赞助，
不久当可正式成立。（《中华国学社，大荔成立筹备处》，《西北文化日
报》，1945年5月19日，第3版）

6月10日　叶圣陶在《新华日报》撰文批评目前中文系学习研
究对象被认作国学、国故一类，提出搞清新文学研究与国学的主从
关系，是办好中文系的前提。

叶圣陶指出自己当过中文系的教员，"只感到中文系仿佛不是
那么一回事，全属于消极的方面"；至于积极的方面，怎么办中文
系，目前还未曾想透。所以，仅能主要谈谈消极方面。中文系是简
称，全称叫作中国文学系。看名称应当知道学习研究的对象是文
学，是中国文学。不过，时至今日，中文系学习研究的对象大多是

国学、国故之类。"国学，国故，多么庞大而含胡的名称啊！凡是咱们中国从前的学问，圣经贤传，诸子百家，以至声音训诂，阳湖桐城，一下子都包括在这些个名称里面。"中文系的学生学习研究此类对象，如何能摸到门径，何尝学习研究了中国文学？接下来，叶圣陶评述中文系教学的内容与方式：

> 教学那些科目的，各有各的师承，各有各的家法。说到经学，不管他们主张古文还是今文，总之把经学看成一种特别的学问。《三百篇》算是一望而知的文学了，可是他们说《三百篇》是经学，治经学自有治经学的法度。说到考据跟小学，远一点，他们抬出乾嘉诸儒来，近一点就抬出章先生黄先生跟王先生。乾嘉诸儒以至章黄王三先生的劳绩，谁也不容菲薄，是当然的，可是他们做考据跟小学的工夫并不就是做中国文学的工夫，这一点却往往忽略了。说到文学批评，他们一致的推举《文心雕龙》，带着骄傲的颜色提起这部宝典。除了标明"文学批评"的课程采用他以外，专籍选读也选到他，大一国文也选到他。既然刘彦和的理论无可移易，研读他自然只须做些疏解阐明的工夫罢了。于是写黑板，付油印，《文心雕龙》的笔记札记越来越多，使学生应接不暇。
>
> 　　不知道您与我有同样的感想没有，我觉得在中文系里，教经籍的巴望学生成为经学家，教考据的巴望学生成为考据家，教小学的巴望学生成为小学家，偏偏忘了学生学习研究的对象是中国文学。捧住《文心雕龙》的似乎不忽略中国文学了，可是认《文心雕龙》为取之不尽用之不竭的宝藏，未免缺少了开

拓新天地的勇气，中国文学这样搞下去，恐怕只有日渐趋向萎缩的路了。

我也不敢武断的说，经籍跟考据跟小学对于中国文学的学习研究全没关系，可以不必去搞。我只想说，必须把主从关系先搞清楚。既然中国文学是主，搞这些东西就不必走经学家考据家小学家的路，学生知道了那些东西最近的比较正确的结论，也就够了。我也不敢武断的说，中文系可以不要《文心雕龙》。我只想说，《文心雕龙》到底是刘彦和那时代的东西，在他以后，咱们中国人又想了许多心思，写了许多文学，所以不宜把《文心雕龙》作为唯一的规范。

再说要搞清楚主从关系，就得把国学、国故那些含胡概念完全丢开，中国文学是名副其实的中国文学。哪些专书哪些篇章是主要的中国文学，该归必读之列，哪些专书哪些篇章是次要的，该归参看之列，又按照四年的时间分配，宁可精而少，使学生担负得起。这样的定出课程来，或许可以收些实效。若照如今模样，教师的意思是最好《三礼》《三传》《尔雅》《说文》，以至《二十四史》《资治通鉴》《九通》《正续经解》等等，学生都读个遍。学生听见那些书籍的卷数就吓坏了，索性一本也不翻，于是教师叹息道，"你们不爱读书，教我有什么办法呢！"这个话一半是解嘲，一半是卸责，而中文系搞不出个名堂来依然如故。

中国文学，就材料而言，当然指中国以往的文学。所谓以往，有远有近，若说近的，只要在今天以前，都是以往。但是中文系所学习研究的，往往断自皇古，下迄明清，民国以来的东西不谈。有少数中文系开了"新文学研究"的课程，就成为嘲讽的资料，好像文学史到了明清可以永远绝笔了似的。依我想来，退一步说，到明清断也可以，就是专究某一时期也未始不可以，不过有一点很重要，必须随时警惕，是民国四十年代的人在学习研究中国以往的文学，不是中国以往的人在学习研究中国以往的文学。把这一点记住了，学习研究就不至于取抱残守阙的态度，虽然搞的是以往的文学，也可以发掘出一些新东西来。进一步说，咱们固然要知道以往，但尤其要开创将来。中国文学以后的路子，全靠咱们用自己的脚掌一步步的踏出来。怎么个踏法，须要大家来学习研究。如今大学里多的是文学研究社文艺座谈会，都是学生自动的组织，他们热切的盼望开路有路。开几个正式的课程，满足他们的要求，不正是中文系应尽的责任吗？——在嘲讽"新文学研究"的环境里，我这话当然又是个嘲讽的资料，一笑。

依一般的看法，中文系只读中文好了，读外文不过应个景儿，符合功令。把工夫多花在外文上，实在没有意思。但是另外有人说，你守定中文搞中国文学，希望不落在抱残守阙的陷坑里，几乎不大可能。必须与他国的文学相提并论，才可以放宽眼界，触发心机，不同于以往的人搞中国文学。要接触他国的文学固然可以看译本，但是文学不比说明文字，能看原文尤其好，这就得通晓外文了。然而咱们知道，十个中文系的教师，反对学生读外文的至少有七个。鼓励学生读外文的不一定有一个，看见学生手里捧一本外文读本或是翻译作品，就情不自禁，露出吃醋的眼光来。这种见解与主张中国自有特别国情的人是一脉相承的，以为中国文学自有特别情形，又高贵，又堂皇，他国文学算得什么。阿Q精神是表现得很充分了，可惜脱不了个抱残守阙。

叶圣陶认为办好中文系，首先要将整个教育改好。仅就中文系而言，"必须主持者把对象认清，把态度改正，不把知识向学生死灌，只是站在辅助的地位，引导学生往学习研究的路子走去，才有比较像个样儿的日子。可是如今尚非其时"。（叶圣陶：《中文系，致教师书之八》，《新华日报》，1945年6月10日，第4版）

6月17日　柳亚子于《新华日报》发表《砭俗篇》，批评近来复古与读古书的风气，指出目前只有郭沫若式的学者才能读古书。

柳亚子自称近来发现定律，首先"便是复古等于不通"。不通的人，都主张复古，有两类：一种是"没有读书甚至没有识字的，像狗肉将军张宗昌之类；然而他们却拼命的主张尊孔读经，真是莫明的土地堂呢"；另一种是"书倒也读得蛮多的，可惜脑筋出了毛病，越读越不明白。最近有位历史家异想天开，说中国自汉朝起便是民主，说刘邦是由人民公举出来当皇帝的"。其次，"读书和消毒"：

> 好像林语堂仁兄嘲笑郭沫若先生，说他自己躲在床上读古书，却反对青年人去读。他说，大概郭先生是消过毒的，所以能读古书，而其他的人便不兴了。
>
> 林语堂这句话自以为是很尖刻的，其实还是讽刺了他自己。因为郭先生读古书，是真的；而读古书先要消过毒，也是真的。为什么读古书以前先要消毒呢？因为中国古书都是封建

时代的作品，它当然含着封建时代的毒素。要把它读起来，非先施行消毒工作不兴。不然，封建时代的思想观念一钻入脑筋里面，便容易做出"有悖于现代中国人为人的道德"的事情来。所以，以前要像鲁迅先生这样的人才是配读古书的，而现在也要像郭先生这样的人才配读古书，因为他们的脑筋中都是已经消了毒的。而像林语堂之流，脑筋中充满毒素，自然会愈读愈不通了。倘然还要叫国内青年都读古书，那末，谬种流传，真真是世道人心的大患呢！

从前"五四"时代吴稚晖先生说过要把线装书丢到毛厕里，这说话是错误的，因为太幼稚了。我以为，线装书应该放进图书馆甚至于博物院，将来让消过毒的人去研究它。把有毒素的成分淘汰了，没有毒素的成份保留着，这才是正办。不然，主张把它丢在毛厕里，当然太幼稚；而想把它原封不动抬上庙堂，以《论语》治天下，《孝经》退群盗，则更大错而特错了。（柳亚子：《砭俗篇》，《新华日报》，1945年6月17日，第4版）

6月19日 《宁夏民国日报》节选冯友兰《新事论》中的观点，分析"国粹""普罗文学""平民文艺"。

一个民族必须宝贵他自己的文学艺术，必须宝贵他自己的这些花样。说要宝贵这些花样，必不是说他应对于它"抱残守缺"如清末民初所讲"国粹"派者所主张。把一种东西，当成一种死的东西，放在博物院是一种宝贵的方法，但我们此所谓宝贵并不是要用这一种宝贵的方法。我们此所谓宝贵，是要把一种东西当成一种活的东西，养育培植，叫它生长发展。我们此所谓宝贵，是如医院保养一个活人，并不是如博物院保存一件"木乃伊"。（《"国粹""普罗文学""平民文艺"》，《宁夏民国日报》，1945年6月19日，第2版）

6月　国民政府拟在斯坦福大学设奖学金，鼓励研究国学。

据美新闻处美国加利福尼亚州巴洛艾多五日电，中国政府于史丹福大学设奖学金五名，鼓励研究中国学术。每名每年一千五百元，奖学金定名为"中国文化奖学金"。除中国学生外，其他国籍之学生，对中国学术每一部门研究一年以上，具有成绩者，即有领受可能。（《奖励研究国学，我在史丹福大学设奖学金五名》，《新疆日报》，1945年6月9日，第2版）

7月1日　知行夜校附设国学专修科。（《知行夜校》，《申报》，1945年7月1日，第2版）

8月27日　《国学商榷》创刊于屯溪，徐汇生、厉星槎编辑，许承尧题名，赵梅元负责发行。

厉星槎撰《发刊辞》：

儒者之言曰："自知之谓明，知人之谓哲。"兵家之言曰："知彼知此百战百胜，不知彼而知己，一胜一负，不知彼不知己，每战必殆。"然则国学之商讨，所以求自知也；所以求免于劣败之殆者也，非徒以自知为已足也。后生小子，数典忘祖，新知未深沉，旧学已荒芜。不可不为之补偏救敝，以使国学一脉，绳绳继善于无穷也。况乎异域士夫，多有志于华夏文化之研究，吾党之贤者亦纷纷西渡讲学。然经之深，史之博，子之奇，集之丽，遽言之不能尽。若能振衣挈领，举网提纲，则玄要之语，一夕谈胜读十年书，此同人所以有《国学商榷》月刊之辑也。同人之意，固以为我国固有道德知能，发皇于秦汉以前；《汉书·艺文志》所载六艺诸子诗赋兵书方技数，其源流正变，可概见也。其书今虽不尽存，而存者之可供钻研玩味者，亦伙颐矣。故汉佛法东来自《魏书·释老志》《隋书·经籍志》《旧唐书·艺文志》，诸家佛法书目所载而收在正续藏中者，班班可考，宋明理学家之借助于佛学上心识性相之说，种有利口巧辞，不能掩也。盖自东都迄明季，其间固有崇儒而斥释如韩愈者，甚至有阴取二氏如周敦颐、程颐、朱熹、王守仁者，若夫取佛之长补儒之短，如颜之推；初论世间之文，宗孔尊经继作披剃佛子，易名慧地，如刘勰者，尤确有见地之大贤。非如是，固不足以语学术之全而观其会通焉。晚明徐光启，始译西籍。清初耶稣会士，贡献尤多，《四库全书》目录，可覆按也。至今国人科学水准，尚未能仰企西人，此则涵养新知哲人之事，百胜之道，尤有待于吾人之努力者在。读者毋徒以抱残守缺，硁硁自信为已足可也。（厉星槎：《发刊辞》，《国学商榷》，第1期，1945年8月27日）

10月25日　中华国学社举行开学典礼，学员报到者在百人以上，讲师冯孝伯、史襄诚、景梅九、李保庭、高培文、侯佩苍等人均出席，对学员训词。

> 陕西省中华国学社，以抗战胜利，世界和平，为提倡我国固有道德，发扬我国文化，普及民众国学知识起见，拟于十月二十五日起，每晚六时半至八时半，讲授我国经、史、文学各科，凡我国民年在议五岁以上者，不分性别，皆可报名受课，学费免收，书籍自备，自即日起开始报名，实为公□人员及有志国学者之绝好良机云。(《中华国学社免费招生》，《西安晚报》，1945年10月18日，第3版)

中华国学社拟恢复星期讲座，计划10月28日国风日报社长景梅九先生讲演"介绍二百年前西北两大思想家"。(《中华国学社恢复讲座，景梅九先生将讲西北两大思想家》，《西安晚报》，1945年10月26日，第3版)

是日，杨向奎听闻顾颉刚将从事经商，来书劝阻，顾颉刚答复平生志业"整理国故、普及教育二事而已"，进入商界仍以文化事业为目的。

函称：

> 十余年来，所业断续不常，旋转于泥泞之中，推其故，实由于私人之经济力不充，又不欲曳裾侯门，受人侮辱，又不能突梯滑稽，博人欢爱。性既耿介，事业之心弥强，以是坎坷。今欲求剥极之复，惟有改途易辙，凭此虚名与实学向社会换钱，以所得之钱达自己多年之愿望。故刚入商界者手段也，作

文化事业者目的也。此事能否成功，现在尚无把握，惟愿皇天见佑，终能成遂耳。北平自当去，但是否受北大聘则另一问题。此后必当偏重编辑工作，以造成社会之新风气。一书之出，读者万千，较之按时上课，日对数十学生者，其效力自弘也。傅先生谓我为经师而非史家，此语吾未尝闻。其所谓"颉刚自己偏不肯承认"者，彼想当然之词耳。在未讨论古史问题前，我从未想到以后是一史家，我只想继承三百年来之清学而整理古文籍。自《古史辨》出版，群称我以史家，乃不得不走向史学方面去而有种种史学上之计划。然我治经学之目的乃在化经学为史料学，并不以哲学眼光治经典，而将一己之理想套在孔子头上，故称我为经学研究者则可，称我为经师则犹未洽也。傅先生对我固有认识，然彼之忮刻实深，数年在渝，屡间接听得其破坏之言，只须我作一点事便加我一点攻击，故其所为与罗常培等曾无差异，我何必向之觅饭碗乎！总之，十余年来，我志趣未变，我人生观未变，我工作计划亦未变，所变者惟有经济观念，以前不觉此问题之重要，今则觉其太重要耳。兄身无供应家庭之责，又未办甚事，以教授之收入养一身，其与昔日之刚对于此问题之淡漠同，固其宜也。（顾颉刚：《致杨向奎》，《顾颉刚书信集》卷三，第111—112页）

10月　《中学生》刊发的《"国学"入门书籍》，讨论了"适合高中青年阅读的入门书籍"。

编者认为：

首先，所谓"国学"这个名词实在是不合理的。你想，国学所指的究竟是什么呢？古代学术不发达，知识学问的分类不细密，大家没有科学的头脑，所以把许多学问混合在一起。我国向来就把所谓经、史、子、集四个部门来包举全部的学问。到了现代，西洋学术输入我国，我国固有的学问，应该照最新的最精密的学术分类方法来加以整理，分属到哲学、文学、史学、历史、地理、语言学，各类自然科学里去，哪里可以用"国学"一个名词笼笼统统包括在一起呢？——与"国学"相类的，还有所谓"国粹"和"国故"两个名词。国粹，大有自尊和自夸的意味，以为我国固有学问全是精粹，与别国不同。国故，可以解作本国的文献，不管内容是不是精粹，固有的文献总是可以宝贵的研究资料。这种见解自然比较高明一点，不过笼统的毛病，还是和国学一样。

其次谈到高中青年有什么适合的国学书籍可以阅读。照你的来信看来，你想要阅读的国学书籍似可分做两种，一种是包括在四部书里的那些经、史、子、集，另一种是"国学概论"一类书籍。就前一种说，我们以为高中青年尽可以不必去读。若问理由，第一，古书是用古代的语言文字写成的，不容易读懂；第二，古书未经整理，涉及学术思想的大都杂乱无章，武断迷信，封建意识浓重，一般的青年读者读了，非但得不到益处，还可能中毒受害。"国学"专门书籍固然可以不必读，对于自己国家的固有文化，却应该有相当能力去了解，去享受。不过那也并不需要大家去读古书，国文、本国历史地理那些功课里所讲到的就多半是关于固有文化的。固有文化的了解和享受固然重要，现代世界文化的了解和享受更加重要，这因为我们是现代人的缘故。不过，你如果对于中国文史方面学问感到兴趣，将来有志于专门研究的，或预备去进大学文史科的，那么内容比较浅近一点的古书，也不妨看一些。如果嫌原书篇幅多，了解不够透澈，可以找现代人选注的本子来读，例如商务印书馆已刊行的学生国学丛书，开明书店也有一套《要籍选注丛刊》在编印中。

关于国学概论一类的书，大都是现代人作的。我们以为也和读古书一样，一般青年朋友不一定要读，让有志于中国文史方面学问的去读就是了。这一类的书籍，几十年来，出版的颇不少。我们首先要推荐的，是曹朴先生的《国学常识》（国文杂志社出版，重庆中一路文光书店总经售）。这本书虽然仍沿用"国学"的名称，见解却和同类的书籍不同。全书分十三章。第一章概说，对国学作一轮廓的说明，尤其对清代以来的学术概况特加指出。第二章语文，第三章古物，第四章书籍，对考证学与考古学所获的成果，作了一翻介绍，使读者略知研究中国旧学的工具和方法。第五章经学，第六章史地，这两章主要都属于史学方面的，历史足以指示一切学术的背景。第七、八、九三章是诸子、佛学、理学，都属于哲学。第十至十二章是"诗赋词曲""散文和骈文""新被重视的文学"，都属于文学。第十三章科学及艺术。全书对于学术源流派别，各时代思潮的起伏变动及其背景，目前发展的背景，都有清楚的说明。本书最大的特点，第一是能用现代科学的眼光去看我国旧有的学问。第二是能够采集现代各大家的意见，提要钩玄，读了仿佛使你与各大家们著作相接触。第三是条理清楚。全书十三章，一百四十节，卷末附列人地名、书名、专门术语索引和参考书目，极便记忆和检查。

所要介绍的第二本书是朱自清先生的《经典常谈》（文兄[光]书店出版）。它是一些古书的"切实而浅明的白话文导言"。它告诉你一些古书的来历，其中的大要和问题，各家对于该书研究的经过，都有简明的说明。所谓经典，并不专指经籍，包括先秦诸子和史书、集部在内。共十三篇。目录是《说文解字》第一，《周易》第二，《尚书》第三，《诗经》第四，《三礼》第五，《春秋三传》第六（《国语》附），《四书》第七，《战国策》第八，《史记》《汉书》第九，诸子第十，辞赋第十一，诗第十二，文第十三。前面十一篇讲的都是书，末了两篇只叙述诗文源流，这因为书太多，没法子一一详论的缘故。（编者：《"国学"入门书籍》，《中学生》，第 91—92 期合刊，1945 年 10 月）

△ 刘明水著《国学纲要》，由重庆商务印书馆出版。

该书共分十章，包括文字学、经学、史学、子学、理学、文章、诗歌、词、曲、小说，每章又分若干节，"对于各部门的渊源流别，均作系统的说明，又多征引前人议论，不为门户之见，俾便读者自由思考。至于各时代的文艺作品，凡体裁风格不同者，亦均于叙述中随时举例，以供读者参证"。刘明水指出：

我中华民族有五千年的历史，立国之早，甲于全球。世界上许多古老的文明国家，或已先后覆亡，或沦于殖民地的地位，惟我中国，巍然独存。不特苟免于沦胥，且能发挥其民族刚大磅礴之力量，繁荣滋长，以至于今。最近更因争取自由独立平等而与侵略者长期鏖战，并因此引起全世界反侵略者的共鸣，同为人类的正义和平，与我比肩作战；胜利在望，举世腾欢。此非吾民族侥幸于一时的成功，实乃吾民族拥有数千年积累而成的精深高尚悠久博大的文化所致。

这精深高尚悠久博大的文化，乃是我们祖先传留给世世子孙的一份丰厚宝贵的遗产。中间又经过许多有志之士费尽毕生心血，穷思极研，使这份遗产，愈益光辉繁富。所以数千年来，这些文化的产物之流传给我们者，除见之于伦理的、道德的、政治的、社会的种种设施而外，尚有汗牛充栋的经史百家典籍，为世世子孙所必读者。

然而环顾今日的世界趋势，已显然走上科学竞赛的途程。我们为适应环境，争取生存计，不得不迎头赶上这最新的潮流；同时我们既拥有五千年来宝贵的文化，亦不可不使之继续保持，发扬光大。进一步言，即如何将我们固有的文化与外来的文化互相调剂，融会贯通，发挥至大至高的作用，以贡献于全世界？这就是现代青年的最大任务。

由此以言，现代青年的责任太重了，而所应研究的学问也太广了。可是人的时间和精力总是有限的。庄子说："生也有涯，而知也无涯，以有涯随无涯，殆已。"从前咕哔之士，十年窗下，所孜孜而习者，经史百家；所殷殷而望者，登科及第而已。现代青年，既须探求新知识以适应世界潮流，又须保存旧文化以维持我民族自由独立的精神。在这承先启后，继往开来的大时代，没有新知识，便不适于生存；不认识旧文化，便是数典忘祖。青年们的任务是双重的，所以往往难免顾此而失彼。夫以我国数千年来浩如烟海的学问，要希望现代青年以少量的时间和精神去深入探究，这何异乎痴人梦呓！其结果不是望洋兴叹，便是裹足不前。这实在是现今讲学的一大困难问题。

作者不揣谫陋，由于十余年来执教鞭的经验，深知青年们功课繁重，生活紧张，虽欲潜心国学，无如头绪茫然，而所能用功的时间和精神又属有限。譬之建筑，基础未固，如何能造高楼大厦？为今之计，惟有用循序渐进的方法，先从国学的各部门予以基本的、浅显的、系统的、初步指示，使之稍得蹊径，渐感兴趣，俾能择定自己所喜好的部门，习之又久，然后始可进而从事于专门高深的研究。这乃是作者蓄之已久的一得之愚，也便是写这书的唯一目的。（刘明水：《国学纲要》弁言，重庆商务印书馆，1945 年，第 1—2 页）

有学人评价如下：

学术原不应有国界，惟以人文事物为研究对象之学问，往往因民族源流及文化系统之不同，有以国为别之研究便利。国学一词，虽义稍牵强，沿用已久，习非成是。国学范围，大抵不出中国固有之人文文化。国学之时间，可以断于现代中国人文学术之受西洋影响，未受西洋影响之中国人文学术，可为国学分内之事；既受西洋影响揉［糅］合之后，若仍名为国学，将扞格不通矣，刘君于国学一词范围，未施解释，揣其含义，当不外此。……是书旨在供初学入门之资，故仅粗举纲目，不涉繁琐之考订与分析之议论。条理畅达，叙事扼要，又务求平实，无夸张之习，于近人研究心得，亦颇虚心采撷，无门户之见。于各科门之原委流别，能作史的叙述。此皆其长处也。

（《书评：国学纲要》，《图书季刊》，新第3—4期，1945年12月）

12月7日　梅光迪病逝。

楼光来撰《悼梅迪生先生》：

先生为人坦白真率，往往面斥人过，不稍宽假，惟绝不藏怒宿怨，友人与先生议论不合，直言其非者，先生亦毫不介意。先生讲学论文及品评人物，往往一语破的，盖先生富于直觉，于人生体会极深，故其为学无时不以人生经验为参证，一如英国之约翰孙，与治哲学者之讲求逻辑从事考证者之好旁征博引而未了解人生，固截然不同也。先生风神散朗，胸襟洒落，如魏晋间人，而遇事直言，主持正义，实有儒者气象。先生以朝野方以功利主义相倡导，欲以泰西人文主义启迪后进，补偏救弊。惟先生为学虽重视人格之养修，理智之训练，而学以致用之意无时或忘，故当其寓南京太平桥时，喜读王荆公、曾文正之诗文，盖先生欲合学问事功为一，不欲徒以文章见称于世也。

今之治西学者，往往于我国固有之文化不甚了解，而治国学者，又昧于西洋立国之精神，欲求如先生之文章学问奄有东西之长，而风度如魏晋间人，气象近儒者，不可多得矣。此先生之未享大年，实为士林之不幸，非仅光来一人之私痛也。（梅光迪：《梅光迪学案》，浙江大学出版社，2019 年，第 287—288 页）

12月12日　复性书院董事会、基金保管委员会重庆末次联席会决定，东迁后以规复讲习、推进刻书为两大端。

马一浮撰写《复性书院修订规制刍议》，恢复讲习，扩充刻书。将学生分为三类，设养正堂以教初学者，设明道堂以处肄业生，并以讲会待参学人，以示进业修德。马一浮还提出改革书院组织机构，设办事处，由院长负责，设讲习处，由主讲主持，"一主事、一主理，取理事双融之义；办事为用、讲习为体，取体用不二之义"，并把办事处、讲习处职事责任一一明确列示。由此可见，他曾希望借抗日战争胜利之机扩大书院，弘扬六艺之道。

> 书院本旨具在简章，义无可易。兹就因时制宜之道，示有损益，略举数端，以备裁择。至变通随时，不为典要，理而董之，俟诸君子。
>
> 一、东迁以后，量力措置，须先定方针。一为规复讲习，二为推进刻书。自三十年后，学人星散，讲习之事，中辍已久，为存书院本旨，应规画兴复讲习，容接学人，此为要旨之一。刻书本以寓讲习，且为推广久远之计，今因资力所限，百不逮一，应谋渐次扩充，使种子不断，此为要旨之二。本此二义，故应修订规制，使可推行。
>
> 一、为植定基础，筹集资粮，发挥力用故，应请董事会就

董事中公推德望俱优、才能卓著者，一人属院长，表率全院，总领要务；一人为副院长，辅佐院长统摄所属，处理院务，规划一切进行诸事，以资提挈而利进行。此修订规制中首重之先务也。

一、就书院全体分设办事、讲习两处，以院长、主讲分领之。暂以刻书附于办事处，编纂附于讲习处，别为职事简表加以说明如别纸。措施大端决于院长，讲习要目摄于主讲，一主事、一主理，取理事双融之义；办事为用、讲习为体，取体用不二之义。交参互入，圆融无碍，所谓变而通之以尽利也。行远莫善于刻书，故刻书为主要之务；立本莫先于讲习，故编纂为辅翼之方。此所以以刻书归办事处，以编纂归讲习处，而实互相涉入也。自编纂而推之，亦可设译书处，移译故书，使六艺之教渐被于异域。向来外人译中土书，多失其义。由刻书而推之，可广设流通处，使先儒之泽沾溉于无穷。故虽未能持始箦而遽期于成山，亦不可局成规而自封于故步。今日之书院不独与学校异撰，亦不与旧时之书院同科。特欲曲成万物，导以先河，而非私于一家，致堕偭规变本之失。董事诸公、在院诸友以洎当世贤达，深了此义，自能一体同心，尽力担荷，而不疑其所行矣。此又修订规制之要义也。

一、讲习宗旨仍依据简章，无烦词赘，所当修改者乃在容接学人之方法。旧时征选只限一时一隅，来学者根柢不齐，又熏习日浅，故成就难期。今本敷教在宽之旨，许鲁斋说宽犹久也。广学人为三类：一初学，二肄业，三参学。设养正堂以教初学，设明道堂以处肄业，月有讲会以待参学。宽其年限，厚其根柢，增其观摩，庶几易入。凡年在十五岁以上、二十岁以下，文字通顺、品行端谨、有志来学者，得因介请求入院，经考验许可，使就养正堂受学。为置教习，授以《孝经》《小学》指朱子《小学》。四书、五经、《说文》、《尔雅》，令先明章句、训诂，诵数以贯之，或三年，或五年，得考入明道堂肄业。凡年在二十以上、三十以下，不论曾入学校与否，文字品行俱可取者，亦如上例，因介来请、考验许可，得入明道堂肄业。为延讲座分讲专经，但须使先明群经大义，教以治经方法，听其志愿，任治何经。或三年，或五年，试以经术实能通其义，又察其平日践履无失者，可许以经明行修，留院教习，其自愿他就者听之。养正堂学生重诵数，日有课，月有试。明道堂学生重思绎，唯令听讲自修，但年试二次，以寒暑假行之。业不进者，随时遣归。参学一类不拘年龄、资格，但因介许可，得预听讲，不住院，来去听其自便。初学、肄业两类，亦无定额，视院舍能容若干人，则权以若干人为限。凡来学者皆无学费，但入院之初须执贽表敬，以存自行束脩之礼。力能自备膳宿者，纳膳宿费，以最约之数定之；其实在清寒者免。入院两年以上，察其学行俱优，或能自愿服务者，亦可量予津贴。如此可摄机稍广，期于不夸不滥，切近易行。重根本而轻枝叶，虽未遽能知类通达，亦可以知所向方，弗畔于道矣。此规复讲习之大要也。

一、上丁之祀，国有常典，非书院所守。古者大学始教，皮弁祭菜，示敬道也，今唯以每年开讲之日释奠于先师，示不与祀典混。除讲专经外，会讲之期亦不欲数，每月以一日、十五日行之，聊存节气、中气与朔望之义，仰遵时制，亦律天时，以寓经旨。星期休沐乃异域之俗，非中土所循，宜定以每旬逢九为休沐日，以数穷于九也。寒暑假可从俗为之。书院虽未能自成风气，亦欲随事示教，使渐渍于经术，故当有所取义。此亦讲习所有事也。

一、书院刻书以经术义理为主，故首辑《群经统类》《儒林典要》，益以《诸子会归》，自先秦以迄近代，学术原流可得而识。亦欲旁及文史，故拟辑《文苑菁英》，以弘《诗》教；本简章一切文学皆统于《诗》之义。辑《政典先河》，以翼《书》《礼》。本简章一切政事皆统于《书》、一切制度皆统于《礼》之义。就此五类，其书已逾千种。更欲辑《智海》以收玄言义学，编《通史》以该诸史，辑《广意林》以录杂家，使博其趣，则《易》、《春秋》之流裔也。并此三类，其书盈万，今即未遑，第先其所亟，则《统类》《典要》两者必其次弟印成。木刻迟缓，故必辅以铅板、石印。今仅有木刻，亦不能蓄多工，每月所刻犹不及五万字，东迁期内又须停顿。拟请俟东迁以后，至少须谋木刻与铅板并用。每月指定的款，计可出若干字，一面借抄底本、征购旧椠，陆续校定付印。所有可备刻印之资，自属多多益善。最低限度可及几何，须使与编纂处准备底本配合，若能出之书较多，亦须增员分校。校刊必求其审，椠印必求其精，庶可渐次流传及远。先儒之精神寄于此，书院之精神亦寄于此。此推进刻书之大要也。

沈董事敬仲来山，谘及东迁以后书院应行修订规制之要，此其斟酌损益，当出于董事会，审时量力而为之，非浮一人所能肊定。然既承下问，不敢不竭其知，因草是篇，条举以对。若言事义，固多所遗。兹乃约之又约，已病其繁。因应唯宜，故不可安于习见；变易从道，故不可绳以常轨。题曰“刍议”，示不敢专，择善而从，则此亦可废。筚路蓝缕，以启山林，是在诸公之愿力而已。

…………

案：书院组织以董事会、基金保管委员会及书院内部三者联合成立。（吴光主编：《马一浮全集》第 4 册，浙江古籍出版社，2013 年，第 419—424 页）

12 月 21 日　国学印书馆筹备处平同诚撰纂集《国学基本书》的计划与理念。

《征求编辑国学大纲约法》：

稽夫国学大纲，乃孔圣四科之学说，包罗君相师儒之府库，教养仁政之薪传。古今名著，符合四大纲者，汗牛充栋，同诚爰启征求国府参政会，暨各省各县参议会，诸大名公提案全文之方策，及各大学校，与天下古今名贤隐士之著述，并选经史子集，各切实用之篇章，分别归纳于下列体道、阐道、达道、载道各大纲，纂列卷类宗项，目举篇章节旨，编次成书，号邮惠寄来馆，以资纂印，总名曰《国学基本书》，并留编述之版权，随传芳名于万世，功垂圣教，德荫子孙。念兹真诚，天监昭昭，复思所提大纲之总要，乃同诚三十余年来研究国学一孔之拙见。第［弟］奈天性鲁钝，未审是否有当，故将草稿

印请高明裁夺，并祈郢政。如承不以为谬，则祈赐予指教，匡
诸不逮。请寄江西上饶雷公庙街十二号收。（《征求编辑国学大纲
约法》，《国学汇参》，第3—4期合刊，1947年12月4日/1948年1月27日）

《国学大纲总提要（纂集国学基本书）》：

一、体道纲

德行未立者，不足以体道。孔子特取颜渊等，德行超群，
足以体道者，示为修齐立处之模范，教养仁政之根本。同诚爰
启集诸古今名哲，关于诚正修齐之德行，存心养性之实功，师
儒隐处之行持，释道修炼之丹忱。广罗诸大品节，依法编印公
世，指导后生，整饬纲纪，使人进修德行，身体力行，以示修
身齐家、立身处世之模范，奠开国家太平之基础也。

二、阐道纲

言语辞拙者，不足以阐道。孔子特取宰我等，言语精详，
足以阐道者，任阐圣教之心法，命从宣化其教义。同诚爰启集
诸古今名哲，关于庠序院校之教育，宣化正俗之文告，三教明
师之戒谕，敦伦饬纪之规条。广罗诸大教义，依法编印公世，
以作讲学阐道之标本，敦化正俗之南针。庶人知所讲播之言
语，有关川流风俗之重要也。

三、达道纲

政教偏苛者，不足以达道。孔子特取冉有等，行政立教适
宜，足以达道者，赞其政教，有孝弟忠信之行，务农讲武，有
贯通民情之法。同诚爰启集诸古今名哲，关于达德九经之事

功，考文议礼之制度，教养仁政之参议，举贤治平之方策。广罗诸大政绩，依法编印公世，以为牧民之监本。庶究法其所法，俾成唐虞之风，以臻大同之世也。

四、载道纲

文学失真者，不足以载道。孔子特取子游等，善述真传，以其撰述天德王道，文著内圣外王。同诚爱启集诸古今名哲，关于教养仁政之学说，修齐治平之文教，存心养性之大道，见性炼性之真传。广罗诸大著述，依法编印公世，昭彰圣教于世界，宏立道统于万古，继往圣之绝学，开万世之太平。方策所在，道脉垂延，国学风行全球，莫不尊亲也。（《国学大纲总提要（纂集国学基本书）》，《国学汇参》，第3—4期合刊，1947年12月4日/1948年1月27日）

12月 复性书院东迁杭州前，马一浮草拟《复性书院拟先刻诸书简目》。

《复性书院拟先刻诸书简目》包括《群经统类》《儒林典要》《文苑菁英》《政典先河》《诸子会归》。一、《群经统类》，取六经大义可以为学术纲领者；二、《儒林典要》，取先贤言语为学子所当知者；三、《文苑菁英》；四、《政典先河》。前两类自1940年即开刻，至1948年停止刻书时，已刻群经统类11种21册，儒林典要17种17册。其中各有一程刻未成。后两类均列而未刻。另有诸子会归：取诸子之言不悖经义者。后断自濂溪以后皆入儒林典要，前此均未刻。

《群经统类》拟先刻诸书简目主要有：《伊川易传》《汉上易传》

《慈湖易传》《童溪易传》《易学启蒙通释》《东坡书传》《东莱书说》《洪范口义》《五诰解》《洪范明义》《诗本义》《苏氏诗集传》《诗总闻》《诗童子问》《诗缉》《毛诗经筵讲义》《诗说解颐》《诗所》《周礼新义》《礼经会元》《仪礼集释》《仪礼集说》《仪礼逸经传》《礼记集说》《儒行集传》《礼书纲目》《春秋微旨》《春秋尊王发微》《春秋权衡》《春秋经解》《春秋五礼例宗》《春秋或问》《春秋纂言》《春秋集传》《春秋属词》《春秋金锁匙》《孝经集传》《论语义疏》《孟子传》《论孟精义》《石鼓论语答问》《蒙斋中庸讲义》《乐书》《乐律全书》等。

《儒林典要》拟先刻诸书简目主要有:《周子全书》《二程全书》《张子全书》《朱子大全集》《朱子语类》《朱子遗书》《皇极经世索隐》《观物外篇衍义》《观物篇解》《易学辨惑》《龟山语录》《游廌山集》《五峰集》《南轩集》《丽泽论说集》《横浦心传》《迩言》《木钟集》《读书记》《朱子读书法》《象山学谱》《慈湖遗书》《鲁斋遗书》《静修集》《草庐集》《读书录》《续录》《居业录》《困知记》《续记》《读书札记》《士翼》《洹词》《泾野子内篇》《白沙语录》《医闾集》《高子遗书》《顾端文公遗书》《龙溪全集》《念庵集粹》《圣学宗要》《学言》《榕坛问业》《思辨录辑要》《榕村语录》《汤子遗书》《授经图》《儒林宗派》《伊洛渊源录》《考亭渊源录》《二程年谱》《朱子年谱》等。

《文苑菁英》拟先刻诸书简目主要有:《古诗纪》《全上古三代秦汉三国六朝文》《乐府诗集》《古文苑》《文苑英华》《文馆词林》《全唐文》《全唐诗》《唐文粹》《宋文鉴》《南宋文衡》《金文最》《元文类》《明文在》《明文海》《列朝诗集》《文章正宗》《河岳英灵

集》《中兴间气集》《国秀集》《元和御览诗》《古文渊鉴》《清朝文录》等。

《政典先河》拟先刻诸书简目主要有：《群书治要》《两汉诏令》《历代名臣奏议》《魏郑公谏录》《续录》《贞观政要》《陆宣公翰苑集》《名臣言行录前集》《后集》《续集》《别集》《外集》《汉制考》《西汉会要》《东汉会要》《唐会要》《宋会要》《唐六典》《大唐开元礼》《政和五礼新议》《唐律疏议》等。

《诸子会归》拟先刻诸书简目主要有：周秦诸子，《家语》《晏子春秋》《公孙尼子》《孟子外书》《荀子》《鲁仲连子》《孔丛子》《鬻子》《老子》《关尹子》《列子》《庄子》《鹖冠子》《文子》《管子》《商子》《慎子》《申子》《韩非子》《邓析子》《尹文子》《公孙龙子》《墨子》《田俅子》《随巢子》《胡非子》《缠子》《子华子》《尸子》《吕氏春秋》；两汉诸子，《新语》《新书》《春秋繁露》《淮南子》《盐铁论》《新序》《说苑》《法言》《太玄》《新论》《白虎通义》《论衡》《风俗通义》《独断》《政论》《申鉴》《昌言》《潜夫论》《参同契》《魏子》《正部论》《中论》；魏晋迄隋唐诸子，《典论》《皇览》《人物志》《周生烈子要论》《万机论》《政论》《道论》《世要论》《体论》《笃论》《典语》《唐子》《士纬》《秦子》《法训》《傅子》《正论》《正书》《孙子》《物理论》《抱朴子内篇》《外篇》《顾子义训》《苻子》《金楼子》《刘子》《颜氏家训》《元包》《元包数总义》《中说》《帝范》《唐律疏议》《魏郑公谏录》《元子》《亢仓子》《元贞子》《续孟子》《伸蒙子》《素履子》《因论》《鹿门隐书》《化书》《两同书》《谗书》；宋代诸子，《聱隅子》《家范》《潜虚》《皇极经世书》《观物篇》《通书》《二程粹言》《正蒙》《西铭》《公是先生弟子记》《节孝语录》《上蔡语录》《龟山先生语录》《延平答问》《知言》《象山语录》《少仪外传》《近思录》《朱子语类》《伊洛渊源录》《杂学辨》《记疑》等。（吴光主编：《马一浮全集》第4册，第356—371页）

是年　钟泰厌倦学校教授工作，复性书院因编纂书目，急需学人商量参订。马一浮遂向董事会推荐，聘请钟泰为协纂。

△　齐鲁大学新任校长吴克明聘请吴金鼎代理国学研究所所长。

1945年8月，吴克明执掌齐鲁大学，计划加强国学研究所的力量，聘请第一流的学者来所工作，诸如吴金鼎、丁山、彭举、常乃惪、孙伏园等人。叶绥夫反对这一方案，认为国学研究所应当废除，节省经费，加强本科教学，加强中文系的教学质量。王钟翰称："齐鲁大学自二十八年迁蓉后，该校国学研究所即由顾颉刚先生主持，后因顾先生赴渝，改由钱穆先生接办，其后钱先生又因故离蓉，复由顾先生主持，今吴金鼎先生任教齐大，而顾先生又已赴渝，可能由吴先生负责。该所已出刊物，约分四种：一、《齐大国学集[季]刊》；二、《责善半月刊》；三、《甲骨学商史论丛》；四、《齐鲁学（报）》。"（王钟翰：《齐鲁大学国学研究所迁蓉后工作状况》，《燕京学报》，第30期，1946年6月）

1945年9月4日，顾颉刚致信吴金鼎，商谈标点《二十四史》事宜：

《二十四史》之标点，为我辈整理中国历史之初步工作，且为不能不经过之一阶段。经过此一阶段，然后研究工作方有（所）凭借，引用原文方有标准。刚在崇义桥时，所中工作人员甚多，分配担任，其事甚便。不幸事未必而刚已他去，虽校中每年寄一小部分经费来，然浅浅之数实无以集事，故迄今《梁书》《宋史》《元史》等尚未动手。刚以为当今日新旧交替之时，我辈读无标点本已惯，加以勾勒犹不为难，及过渡时代既逝，他年为此事者必苦事而功半。刚所以冒若干人之诋諆而坚持进行此项工作者，正为其为时代使命也。甚望校中许我专聘一二人，成此伟业。其人应为大学或研究院毕业生，所得薪金等于一初级讲师。他年书成，交上海一书局刊出，但得标明"齐大研究所编辑，顾某主编"，容刚在齐大留一纪念，且以间塞谗慝之口，于愿足矣。（顾颉刚：《致吴金鼎》，《顾颉刚书信集》卷三，第 240 页）

抗日战争胜利后，齐鲁大学即计划迁回济南，因交通问题，1946 年国学研究所才返回济南，常燕生、丁山先后辞职。抵达济南后，吴金鼎正式出任国学研究所所长。此后，胡福林离职，重新聘请栾调甫。这一时期，国学研究所人员还有吴忠臣、刘茂华、傅斯棱、徐庆誉、吴鸣岗、万九和、许衍梁、张维思、张维华等。哈佛燕京社屡次要求齐鲁大学取消国学研究所，校长吴克明解释称国学研究所仅剩主任吴金鼎一位研究人员，而且吴金鼎还兼任齐鲁大学图书馆主任和文学院代理院长。况且，国学研究所拥有部分书籍与原稿版权，立即取消恐怕并不适合。哈佛燕京社则震惊于年度报告中仍用"国学研究所"的名义，要求在拨付下期经费时，终止国学研究所。吴克明不得不解释国学研究所业已于一年前取消，改称中文系，使用"国学研究所"的称谓仅是习惯罢了，齐鲁大学已经停止相关研究工作。（《哈燕社叶绥夫致齐鲁大学校长吴克明书信》，转引自马琴：《顾颉刚与齐鲁大学（1939—1945）》，四川师范大学硕士学位论文，2016年）1948年，吴金鼎病逝，遂由张维华主持国学所的工作。

△　无锡国专公布现任校董与教职员题名。

现任校董题名

姓名	别字	籍贯	略
李济深	任潮	广西苍梧	现任国民政府军事参议员院长、"本校董事长"
刘侯武		广西〔东〕潮阳	现任监察院广东广西监察区监察使
黄绍竑	季宽	广东〔西〕容县	现任浙江省政府主席
黄钟岳	子敬	广西临桂	前广西省政府委员财政厅厅长，现任广西银行行长
盘珠祁	斗寅	广西容县	前广西省政府委员教育厅厅长、广西大学副校长，现任广西省政府高等顾问
李任仁	重毅	广西临桂	前广西政府委员教育厅厅长，现任广西省参议会议长
梁漱溟		广西桂林	前参政员
雷沛鸿	宾南	广西邕宁	前广西省政府委员教育厅厅长，现任广西教育研究所所长
徐启明	友村	广西榴江	前广西省绥靖主任公署参议长，现任第一战区第四军军长

续表

姓名	别字	籍贯	略
黎民任		广西苍梧	前广西省政府社会处长
黄维	星垣	广西北流	现任广西省合作金库总经理
蒋庭曜	石渠	江苏武进	现任本校教授兼总务主任
钱基博	子泉	江苏无锡	现任国立蓝田师范学院教授
傅焕光	志章	江苏太仓	现任国民政府农林部技正
冯振	振心	广西北流	现任本校教务主任代理校长

现任教职员题名

姓名	性别	年龄	籍贯	职别	学历
唐文治	男	80	江苏太仓	校长	
冯振	男	48	广西北流	教务主任兼代理校长	上海南洋大学肄业
向培良	男	40	湖南黔阳	教授兼训导主任	北京世界语专门学校毕业
蒋庭曜	男	47	江苏武进	教授兼总务主任	本校第一届毕业
梁漱溟	男	52	桂林	特别讲座	
徐焕	男	63	广东番禹	兼任教授	京师大学堂毕业
卜绍周	男	42	湖南益阳	兼任教授	前北京法政大学毕业、司法储才馆毕业
阎宗临	男	39	山西五台	兼任教授	瑞士伏利堡大学文学硕士与博士
吕逸卿	男	39	广东	兼任教授	国立中山大学学士、菲律宾中央气象台研究员、越南东法远东学院研究员

姓名	性别	年龄	籍贯	职别	学历
陈竺同	男	49	浙江永嘉	兼任教授	南京支那内学院及日本东京帝大研究院研究员
吴世昌	男	37	浙江海宁	兼任教授	燕京大学文学士、文学硕士
黄景柏	男	39	江苏靖江	兼任教授	法官训练所毕业
陈千钧	男	41	广西北流	副教授兼图书馆主任	本校第三届毕业
王震	男	50	江苏武进	副教授	本校毕业
陈实	男	49	广西北流	会计	本校毕业
蒋庭荣	男	35	江苏武进	讲师兼文书组主任	本校第五届毕业、广州学海医院研究生、湖南省地方行政干部学校县政府督导班毕业
欧阳革辛	男	32	广西平南	讲师	本校毕业
周名辉	男	31	湖南茶陵	讲师	中和国学专科学校毕业
何觉	男	35	广东顺德	兼任讲师	国立中山大学毕业□学士研究所研究生
黄照熹	男	36	广西桂林	兼任讲师	上海正风文学院学士
梁佩云	女	32	山西清源	专任讲师兼女生导	瑞士伏利堡省立保姆学院卒业
黄廷柱	男	28	广东新会	讲师兼生活指导组主任	广东省立勤勤大学教育学院毕业

续表

姓名	性别	年龄	籍贯	职别	学历
饶宗颐	男	31	广东潮安	讲师	中山大学研究员
卢绍储	男	31	广西邕宁	注册组主任	中央军校第六分校毕业、本校毕业
蔡德存	男	32	江西新建	庶务组主任	本校毕业
周直	男	33	广西临桂	少校教官	中央军校第六分校六期步科毕业
刘励	男	36	湖南湘阴	军训助教	中央军校第六分校步科十二期毕业
罗建靖	男	26	江西大庾	军训助教	中央陆军军官学校第十五期步科毕业
陈典韶	男	46	广西北流	教务员	旧制北流中学毕业
陈奇盼	男	21	广西北流	出纳	广西大学附设计政训练班桂林分班肄业
陈萃媛	女	29	广西容县	图书馆管理员	上海立信会计学校毕业
黎汝	男	33	广东顺德	书记	广州私立立德中学毕业
许鼎三	男	30	广东儋县	庶务员	儋县师范学校毕业

（陈国安、钱万里、王国平编：《无锡国专史料选辑》，第232—235页，引用时略有删减）

△　杨庆农、李雨等人开办"国学补习社"。（威信县教育委员会编：《威信县教育志》，云南民族出版社，2000年，第17页）

1946年（民国三十五年　丙戌）

1月12日　《申报》报道上海青年会举办国学学术讲座的消息，请赵静斋先生主讲《古文观止》及应用文写法。(《服务简报·学术讲座》,《申报》, 1946年1月12日，第6版)

1月20日　北平国学研究院在中山公园召开筹备大会，拟将古学院改组为国学研究院，议决章程，选举朱启钤等27人为理事，梁启雄等5人为监事。

北平国学研究院章程

第一条　本院定名为北平国学研究院，设立于北平市。

第二条　本院以阐扬中国固有学术为宗旨。

第三条　本院由发起人公同推举理事二十一人至二十七人。组织理事会并互选理事长、副理事长各一人，议决本院重要事务，会议规则另定之。

第四条　本院设院长一人、副院长二人主持院务，由理事会于理事中推举之。

第五条　理事会于理事中推举七人至九人为常务理事，执行理事会议决事项，常务会议规则另定之。并推监事五人监察院务，理监事出缺，由理事会提议推补。

第六条　理事会之职责如左：

一　院长、副院长提议事项。

二　理事二人以上提议事项。

三　关于学术事项：

甲、推选各组专门人才。

乙、审订各组研究方法。

丙、评议各组著述。

丁、审定出版刊物。

四　职员之考绩。

五　审核预算、决算。

六　筹措常年经费及永久基金。

第七条　前项理事会及常务理事会之会议，以列席过半数之议决行之。

第八条　本院研究学术之分组如左：经学、史学、诸子、文学、考订、艺术、营造、乐曲。其他未胪列者，得就性质所近，附入各组研究。

第九条　每组设正、副主任各一人，研究及纂述委员各若干人，由常务理事会推荐之，理事得兼正副主任或研究委员。

第十条　本院附设图书馆，由常务理事会于理事中推定一人为主任，雇员一人，书记若干人，保管及阅览规则另定之。

第十一条　本院刊行古近著述，应设编审委员会，置委员若干人，由常务理事会推选之，缮校若干人临时酌定。

第十二条　本院进行事务视经济状况及事实之必要，次第举办及拓充，以完成本章程第二条之任务。

第十三条　本院办理日行常务分设文书、会计、庶务三课，每课主任一人，雇员书记若干人，由院长、副院长遴委，报告理事会，办事细则另定之。

第十四条　国内外闻望卓著赞助本院任务拓充进行者，得聘为名誉理事长或理事顾问。

第十五条　本院永久基金及常年经费并由理事会募集，院长、副院长共同负责。

第十六条　本院所有基金应设保管委员会五人，由理事会于发起人及理事中推选之，三年一任，任满得连任，保管规则另定之。

第十七条　本章程呈请官厅核准备案。

第十八条　本章程如有未尽事宜，由理事会提议修改之。

（北京市档案馆藏国学研究院档案，J004-004-00180）

△　**朱香晚逝世。**

朱香晚为一代国学大师，"曾任大同、诚明等各大学教授，一生尽力于教育，生平对于小学造诣极深，章太炎外殆无第二人，不幸于前日遽归道山，定于今日下午三时在台拉斯脱路上海殡仪馆大殓，遵先生遗嘱，不发讣，不收礼，不受吊"。（《国学大师朱香晚先生作古》，《申报》，1946年1月22日，第5版）

1月21日　蒋介石嘉奖崇化学会。

谕示："发扬文化，以振兴国族，乃遗教所明示，该会同人，能本斯旨，虽在敌伪压迫下，犹不断奋斗，殊堪嘉许，尚祈多多

努力，以襄成建国大业，有厚望焉。"（《主席提倡国学嘉奖崇化学会》，天津《益世报》，1946年1月22日，第2版）

1月24日　北京古学院改组为北平国学研究院，召开第一次理事会。

选出下列职员名单：

理事长：朱启钤。副理事长：夏仁虎。常务理事：邢端、邵章、王世襄、寿玺、徐侍峰、邓以蜇、汪孟舒、左宗纶、司徒雷登。理事：傅增湘、周肇祥、郭则沄、陈援庵、萧方骏、何海秋、陈宗蕃、顾随、吴辟疆、尚节之、吴家驹、齐如山、林子有。监事：李钦、张伯英、梁启勋、薛淑周、王之相。基金保管委员：俞家骥、潘龄皋、陈宗蕃、司徒雷登、周肇祥。院长：熊斌。副院长：傅岳棻、张伯驹。（北京市档案馆藏国学研究院档案，J004-004-00180）

2月4日　柳诒徵致函江苏省教育厅厅长，提议筹设国学院，请转呈教育部。

函称：

此间开始清点馆书，虽尚未收回，然已计日可待。此后问题似无多虞，然以过去之经验，预测未来则暑后收回馆屋，难保无军队占领，及今不图，临时挽救已无及矣。战前此馆经费年支三万元，在彼时似甚少，但以今之币值计算，即相当于法币三千万。就馆言馆，如能得此巨数，自亦足敷展布；然以省款之支绌及社教之不能比学校，即便声请，决不能达此限度，似非另辟途径无以善其后。因此思得一策，就此馆之屋与书及第一临中所有学校用具，办一国学院或国学专修学院，则请费较易，而保存馆屋亦不至有何意外。而在执事主持厅务之时，又添设学校，亦可以示提倡学术之盛心。至于经费，或请中央补助，或在省方设法，大约不会超过二三千万元，实即以从前之款数为之，非分外之请也。私意如此，未识可否进行。兹先以牍稿及课程表要旨等寄阅。如以为可行，即正式声请，若不能筹办，亦即作为闲谈，不必向外人提及，将稿件寄还可也。专此密布，即颂新禧。

请转呈教育部，本馆建设国学院，发展馆书功效，储成文学人才事。国难以来，各大学趋重实科，工程机械人材充牣，而国学国文渐趋衰落。官署机关秘书文牍取材于各大学毕业生，往往不能适用，各校教师精研国学擅长文笔者，虽尚不乏其人，而学校日多，供求亦未能相应。及今不图，后此将有青黄不接之虞。此继往开来所应有事，非为抱残守缺计也。学校之设，多重实验，工科宜就工厂，商科宜就商场，农科宜就农场，医科宜就医院。此人所共知，则创建专治中国学术文艺之学校，宜就储藏中国图籍美备之图书馆，实属一例。顾近代创办学校者，多知必办图书馆，而办理图书馆者，未闻就近创办学校。殆所谓知其一而不知其二也。普通人之观念以图书馆属于社会教育，而讲社教者又徒趋重宣传补习，以薄物小篇为尽其责，反视储藏美备之图书馆为窳旧，而无益于今之社会，极之为古董肆，为养老院，为少数赏鉴家所矜重，闲散游惰，而图书之功效无由昭著于世。欲矫其弊，宜合学校与图书馆而兼筹并进，则功归实际，款不虚靡，于事于人皆得其当矣。江苏省立国学图书馆所藏钱塘丁氏、武昌范氏及十年前增购各书，号称丰赡，为世艳称。从前虽订有住馆读书章程，以其自由阅读，不类学校之性质，故来者不多，效未大著。际兹国运鼎兴之时，宜有一新耳目之举。自三十四年教部借用馆屋办理临时中学，虽似就图书馆而办学校，然馆书既未收回，中学亦难语高深之学术、文艺，徒为空屋计耳。本年暑假后，临时中学即须解散，学校用具都可留存。彼时馆书亦可全部收回，继续整理开放阅览。第馆中空屋尚多，兼以附近沈公祠亦已久为伪国立师范及第一临中用为宿舍。若在暑假后，以此项房屋设立一国学院，招收高中毕业学生一两班，专治中国学术文章，以备毕业后服务公家，擅长文笔及分教学校传述国学，则馆屋得用，而馆书之功效视前之仅供少数人之研阅者，尤得其利；并可由江苏省馆创此一例。嗣后国内各大图书馆皆可仿办，通高等教育、社会教育之邮，不复以此疆尔界，致图书馆仅为民众补习之附庸之具，洵属一举两得。夫唐宋以来迄于清季国学乡庠之外，最为养成专门学术文章之人才者，实曰书院。书院者，有丰美之书籍可供学者研究，而又有大师宿学主持其事，故能造成风气，创垂学脉，昭灼史册。近日学校科目孔多，自非仅限于中国学术文艺，而病中国学术文艺之衰落者，乃欲复兴书院，若川中之复性、辅仁各书院是。然设院而实无多书，转以兴学而再事购书，不知即图书馆为书院之省便，此本馆所以有借馆立院之请。又，旧日图书馆囿于社教，日言工作，而经费亦视学校低减，不能广罗宿彦，提倡学风，皆由谋教育者视图书用经费等等未得其当，故学校之必有图书馆，人所共知；而图书馆之可办学校，则反不解。本馆基于以上各种理由，谨为逐层声述，当世明达必不以为河汉。至于经费之若何指拨，师儒之宜预罗致，未敢擅定。谨拟课目表及设院要旨，伏候核示。如可采纳，即祈转呈教育部准予立案拨款，以便筹备一切，实为德便。

国学院要旨：一、尊国族——阐扬固有文化——振兴民族精神。一、翊世运——本圣哲学理——翊世界和平。一、储通才——贯通中国政教，体用兼备，足以从政新民。一、广文教——精研文学权能，道艺一贯，咸可著书教士。一、处都会，则闻见广，师资多。一、富图籍，则参考便，志意崇。一、合大学文史政教诸系，而有统宗。一、兼书院讲习考课诸法，而重自习。一、国运方日进无疆，国学亦必起衰复盛。

国学院课目表

第一学年	第二学年	第三学年
文字学	音韵学	校勘学
目录学	版本源流	图书管理法
四子书（大学、中庸、孝经）	论语	孟子
群经（诗、尔雅）	书	易
四礼（周官）	仪礼	大小戴记
春秋经传（左氏、国语）	公羊	穀梁、胡传
五史（史记、汉书）	后汉书	三国志、新五代史
四通（通鉴、续明、纲目）	通典、通考、续清	通志、续清
诸子（老子、庄子、墨子）	管子、韩非子	荀子、吕氏春秋
宋明理学（宋元学案）	朱子文集、语类、周程张陆诸家	明儒学案、清初诸儒

续表

第一学年	第二学年	第三学年
各体文（文选及梁隋文）	唐及清赋、骈文	唐以来散文
各体诗（历朝诗选）	陶谢李杜韩白诗	苏王黄陆诗
词曲（五代、宋词）	元明杂剧	明清传奇
译述（楞严经、天演论）	群学肄言、原富、法意、七克	林译小说
外国语文	同	同
算数历法	同	同

清代经师学说阅读、诸史阅读、子集阅读、小说阅读、地图方志阅读。各科讲授之外，自由阅读或延长至第四学年，仿大学研究所办法自由研究，提出论文，始予毕业。（《江苏省立国学图书馆丛刊第一辑·钵山腋存》，江苏省立国学图书馆，1948年，第55—59页；又见柳诒徵著，杨共乐、张昭军主编：《柳诒徵文集》第12卷，商务印书馆，2018年，第106—109页）

2月8日　柳诒徵再度致信陈石珍，希望给予国学图书馆经费支持。

前寄拟设国学院牍稿，及课目要旨等，计邀青及。昨访朱次长，谈此事，朱颇以为可行，是一机也。省款固绌，中央之款则甚多。第一临中月支七百万，暑后停支，则就其中请拨若干，补助此院，亦非分外要求。目前财政，无中央地方之别，不过直接、间接稍殊。中央以数十百万办临中，抽拨若干办一学院，提倡中国学术文章，比普通中学，尤有价值。即以矫正敌伪思想及其他党派言论、行动而论，尤须以圣哲学理，为之权衡。此举乃对国家全体之关系，非一省之关系。至于省有之书，久庋京市，供府、部、院、会、市、县各方人士之研阅，向来只用省款，中央曾无补助。今以此请，则京与省相得益彰。鄙意此事，诒可游说，而实际进行，则惟鼎力是视。幸先与琅琊商榷，再以尊意向骝、麟诸公言之，私函胜于公牍，计议成熟，再以公牍请之，可迎刃而解也。以目前馆款计，不能罗致学者。临中教员，平均月入五万，此馆望尘莫及，何以延揽英贤？以国学为名，而惟事簿书期会，不能发皇藏书之精蕴，何足名学？君前在部语诒，后此办学校，当以学术为重。学校固有多方面，而今日国学、国文之衰退，不可不急谋振起。故同时江苏虽有数学院，仍不妨添此一学院，以其他学院兼科学，或偏重社会化也。至此院果成，诒亦不尸其名，当与君共商，延致学者，使馆、院联系得法，诒于馆事，可告一段落。衰朽之身，不胜今日竞争环境，当谢去别谋读书之所。此意自初到宁时，即与知好迭言，非至今日始萌退志也。他机关有书者，诒固可虱其间，借读书为工作，以了余年。即不必服务公家，归里赁一小屋，收集私人劫烬所余之书，亦尽可进德修业，不必博览群书如从前所事。伸笔纵谈，恃爱不觉觍缕。（《江苏省立国学图书馆丛刊第一辑·钵山牍存》，第59—61页；又见柳诒徵著，杨共乐、张昭军主编：《柳诒徵文集》第12卷，第109—110页）

2月　周逸至长沙筹划恢复船山学社。13日，周逸"会晤何键、谭常恺、易书竹、何无文、曹孟其"等人，后又会晤"梁竞魂、王仲厚、黄士衡、任祗存、廖祐初、柳敏泉、何特循、仇亦山、任寿国"等人，与同人谈及船山学社社务进展情况，"均谓先从土地登记入手，曹子谷主张尤力"，遂呈请长沙市政府，申请登记。6月21日，船山学社"收到湖南大学校长胡庶华送来中央救济湘灾捐款五万七千一百元"。（施明、刘志盛整理：《赵瀞园集》，湖南出版社，1992年，第452页）

△　北平国学研究院理事会理事长朱启钤、副理事长夏仁虎向北平市政府教育局呈请立案，呈报筹设国学研究院和报送计划。

为筹设国学研究院呈请鉴核立案事，窃以北平为文化之中枢，是世界所共认师儒荟萃，贤道于以得民，典册浩繁，大小可资兼识；讲论成俗，有逾稷下西河；名迹如林，非惟灵光景福。况乎全国为上，实缘四维之克张；虚馆求贤，亟赖千金之市骏。际兹绝续之交，尤以兴复为要，同人等有见于此，再四筹商，公同发起，拟组织国学研究院延揽名家阐搋，专业相兴，讲求旧学，涵养新知，务在实事求是，不尚空言，好学深思，必得真意，以期整理国故，发扬国光，业于本年一月二十日在中山公园开筹备大会，议决章程，投票选举朱启钤等二十七人为理事，梁启勋等五人为监事，嗣于二十四日开第一次理事会，选出朱启钤为理事长，夏仁虎为副理事长，熊斌为院长，傅岳棻、张伯驹为副院长，邢端等九人为常务理事，陈宗蕃等五人为基金保管委员，即日正式成立。除分呈教育部平津区特派员办公处暨市党部市政府社会局外，理合检同章程并人员名单备文呈报，伏乞鉴核，并请转呈教育部准予立案为感。

《北平国学研究院计划书》：

一　本院分经、史、子、文、考订、艺术、营造、乐曲八组，延聘专家分任研究，纂成著述时提出审查，公同评定后刊发。《国学杂志》间月出版一册，有成书者别为刊行，其关于各组有书籍未经印行者，经审查决定，亦择要随时刊播，以广流传。

一　每组设主任、副主任各一人，研究委员若干人，分专任、兼任。

一　乐曲组设置国乐专修班，招考高中毕业或同等学力年龄十六岁以上二十二岁以下，经试验合格者，由本组人员规定学科，分任讲授并指导实习，三年毕业，其章程另有规定。

一　北平市志修未成书稿存市政府，由本院收取原稿，专由史、文两组人员续为采访搜辑，纂成完书。

一　本院设立图书馆，先由各理事捐助，再陆续征求购置，以期备用，推举常务理事一人为主任，其编类方法及阅览章程另定之。

一　本院基金由理事会担任，国币五百万元，存储妥实银行，由保管委员会共同保管，其章程另有规定。

北平市政府向行政院院长临时驻平办公处汇报，行政院院长临时驻平办公处转交社会局办理与教育部门核办：

本案市府交下之行政院长临时驻平办公处代电，系一通知性质，由该具呈人另行呈请备案，查该具呈人所呈请备案之呈文条建呈社会局者，该局以该案与教育有关送请本局添加意见后，查该案系学术集会结社性质，依宗教团体兴办教育事业第三项，"凡宗教团体集合会社研究教义或其他学术者，得依照关于学术集会结社之手续办理"。及第四项"第一及第三项，均应呈报教育行政机关立案或备案"之规定，似应属本局管理，拟以此意转告社会局，兹据该具呈人分呈到并请转呈教育部立案。惟关于学术集会结社，系由地方教育行政备机关管辖，抑由中央教育行政机关管辖，经查教育法规，尚无专条规定，拟一面会同社会局办理备案手续，一面转呈教育部核办，是否有当，恭请钧裁。

教育局提供核查意见，供社会局参考，如下：

查朱启钤等呈报设立国学研究院请备案等情一案，核具设立旨趣，似属私人讲学机关之性质，按照私人讲学机关设立办法第一条书院及类似书院之私人讲学机关，应具备左列条例方得设立：（一）主持人在学术上有特殊贡献，声望合格，为海内所崇仰者；（二）不违背三民主义者；（三）经教育部学术审议委员会投票通过者；（四）学生须大学毕业或具有同等学力者；（五）有充足之基金者。查该具呈人等呈报筹备及计划各节，除关于上述办法第三、第四两条之规定条件，未经备具外，与第一、第五两条之规定尚无不合，与第二条亦无抵触，惟关于备案手续一节，并无明文规定，如采取宗教团体兴办教育事业办法第三条，凡宗教团体集合会社研究教义或其他学术者，得依照关于学术集会结社之手续办理之规定，则应会同社会局核办□复奉。

市政府交下古学院（该国学研究院即系古学院改组）函一件业同前情经备案详细研讨，谨将审核之意见分述如左：查国学研究院系分组研究学术，并于各组设立专修班，现在先附设国乐专修班，所招学生之程度系高中毕业，其性质既属专科以上之院校，似非本局管辖范围。查古学院系经教育部平津区特派员办公处查对该国学研究院原呈所请，启封发还基金、图书等物一节，本局无案可稽。以上各在拟一并提供社会局参考，以为会同□□之根据，当否请示。

教育局与社会局联名向市政府汇报如下：

案奉钧府交下北京古学院函，呈为改组为北平国学研究院，推选朱启钤等二十七人为理事，请备案事由，饬令核等因。查关于筹设国学研究院一案，本社会局曾据朱启钤等具名呈报，并先后补呈遗漏名单暨计划书规章，请予立案前来，正核办向奉交前因，经本局等备案全核如下：

（一）查该拟组之国学研究院内容，系以延聘专门人员研究，并纂述各项国学刊物著作为目的，其组织预采用理监事制，组有理事会，但并无会员及会员大会，与人民团体组织法相互抵牾。

（二）查国学研究院系分组研究学术，并于各组设立专修班，现在先附设国乐专修班，所招学生之程度系高中毕业，其性质改原专科以上之院校，似非本教育局管辖之范围。

（三）查古学院系经教育部平津区特派员办公处查封，原呈所请启封发还基金、图书、器物一节，本局等均无案可稽。

综上各节，本案拟请交由秘书处及参事室会同查核，应如何办理之处，理合检同原文件暨该国学研究院呈三件等一并签请鉴核。再本签呈系社会局主稿，合并陈明。

北平市政府最终回复北平古学院应向教育部核准办理，"国学研究院系属学术研究机关，自与人民团体有别，且研究性质偏重高深学术，而纂述又多有关国家文献，自应由该院并案将改组经过及请求发还基金等各节径送呈教育部核示准函等由"。（北京市档案馆藏国学研究院档案，J004-004-00180）

△　国立四川大学国学研究会《国学会刊》创刊。

国立四川大学中国文学系于1945年冬成立国学研究会，此时创办《国学会刊》，该刊收入论著有彭芸生先生讲、李树勋记之《宋明理学之流别》，李树勋之《国学研究会会务报告》，路金坡先生讲、李树勋记之《论治学本末及其方法》。四川大学国文系成立国学研究会志在继章氏国学会而起，使"国学研究风气为之一新"。在《国学会刊》中，路金坡即言，"吾人求学，不越进德修业四字，其中可分两层解释，就治学言，则进德为本，修业为末"，"就修业言，则服习经史为本，博览诸子百家载籍为末"。修业读书自当以"义理为本"。潘石禅批评："近人每谓我国古籍多为伪作，大施破坏，甚且直欲拉杂摧烧之然后快，此实国学当前之一大危机。"

《序》称：

> 三十四年冬，文院中文系新旧诸生合组国学研究会，于课外分期请本系教授，为之讲演学说，以资振导。各笔记所闻，虑其浸久而或忘也，方谋付印，备互观览，谓不可无发刊词。余惟今世，国常苦兵，思想多歧，士不悦学，即此区区学会，每空有其名。人群之公患，初由学说蜂起，少年趋时，好喜浅尝，每凭于血气，而中于心术，不复慎思明辨，一任其横出驰骋。盖莫不有是焉，而不胜其非也；莫不有利焉，而不胜其弊也。昔人所讥，风急马良，去道愈远者，虽智者不免焉，况以中材而当衰世之末流乎？儒先好学深思，惟在求是，其甘苦言论，每真积力久而始得之。一经宣达，若甚平常无他奇者；当其未明，虽闭户思之，十年不得也。盖学者之尊闻，能集取多师之长于日常讲贯之余，如行万里、穷山海者，纪其终身之所履，艰危劳苦之所仅获，以告于居不出室者，可一日而尽得也。故开发头角而弗洞达，则受之者其思深。或为系统之论，或为分析之论，或为问答解惑之辞，或为创造发明之辞，皆属研究范畴。古训相承，以文会友，此物此志也。孙卿曰，月不胜日，时不胜月，岁不胜时，能积微者速成。他日孟晋上跻，推其问学得力之助，自兹会始。巴县向楚。（《序》，《国学会刊》，第1期，1946年）

李树勋在《国学研究会会务报告》中指出：

我川大中国文学系历经老师宿学之熏浴，英才秀发，固已相望于途。前有先知，后有来者，相期大有为于用事之日。正当隆切磋于在校之时，是以国学研究会之成立，乃为本校学术团体之嚆矢。每有大事，辄以主张或行动为同学先，主持清议，笃德宏文，克展丕绩。西迁峨嵋而后，会务小有顿挫，师友等皆为惋惜。旋省以来，经梁文骏、戴熙台、帅建中、喻权坦诸同学之努力，得以重订简章，新选职员，宣告复兴，洎乎去冬迎新之便，依约改选，遂产生本届职员，计李树勋、林之超为正副理事长，王世梼同学任学术股长，黄桂华同学任事务股长，李德志同学任文书股长，谭海涛同学任交际股长，陈吉权同学任康乐股长。同人等虽病绠短汲深、力不称职，然亦不敢不黾勉同心、尽其志虑，因于任事之初，共议定工作计划如下：一、分组研究专书。征集同学志愿于课外研治专书者，每组以五人至十人为度，不足者，取其同意，并入他组，改治另一性质相近之书。过多者分为双组，每组由会礼聘导师一人，供其问道就教，而为之定方法、端步趋。计现已分《尚书》一组，曾宇康先生为导师；古文辞一组，向仙乔先生为导师；《毛诗》二组，潘石禅先生为导师；李杜诗两组，庞石帚先生为导师；宋词一组，路金坡先生为导师；小学一组，赵少咸先生为导师；史学一组，彭芸生先生为导师。各组工作以当时迫近大考，仅有局部开展，当于本期积极进行。二、举办系统学术讲演。中外学术思想，今日得以沟通；古今义理文章，今日得以评校。其或水火相灭而复相生，竹柏异心而同贞正。当博观而约取，不宜狭见执一，成其固陋也。因定按时聘请饱学大师，为分讲全部系统中之一节，俾使晓然于义理之至、大道之醇。三、编印会刊。为沟通师友声息，报道本系动态，非借重会刊不可。弟［第］一期得本系研究费之支持，兹已印制将竣，内容有本系教师与会员通讯录及教授讲演稿。至同学稿件，经先生审定后，即尽量刊布。四、筹备书画展。本系同人不乏酷爱丹青、寄情挥洒而造诣颇深者，为求相互观摩，拟尽量搜集各同学作品，于本年校庆日展出。凡上所云，皆量力取程，不敢妄为高论，但事不难于始，而难于终。同人等在系主任潘先生及任教各先生领导指示之下，各同学鼓励协助之中，自当努力促其成功。同人仅代表全体职员，感谢潘先生经常赐予之指导与扶助，并欢迎各会员随时建议及纠正其错误。（《国学研究会会务报告》，《国学会刊》，第1期，1946年）

国立四川大学中国文学系教师名录

姓名	别号	性别	职别	年龄	籍贯	通讯处
向楚	仙乔	男	教授兼院长	七十一	四川巴县	本校铮园
林思进	山腴	男	教授	七十三	四川华阳	成都脚板街
路朝銮	金坡	男	教授	六十九	贵州毕节	成都新玉沙街三十三号
赵世忠	少咸	男	教授	六十一	四川成都	成都忠烈祠东街五十六号
彭举	云生	男	教授	五十九	四川崇庆	成都桂花巷二十九号

续表

姓名	别号	性别	职别	年龄	籍贯	通讯处
庞俊	石帚	男	教授	五十二	四川綦江	成都斌升街二十四号
吴宓	雨僧	男	部聘教授	五十二	陕西泾阳	成都陕西街燕京大学
殷孟伦	石臞	男	教授	三十七	四川郫县	成都忠烈祠东街五十六号
潘重规	石禅	男	教授兼主任	三十七	江西婺源	本校华西村
文宗海	百川	男	特约教授	四十一	四川江安	成都红墙巷三十号
曾尔康	宇康	男	副教授	五十	四川华阳	成都新西门外罗家碾
杜仲陵		男	副教授	三十六	四川广安	本校
曾一	君一	男	讲师		四川遂宁	本校
王利器	藏用	男	讲师	三十三	四川江津	本校
钟崇基	佛操	男	讲师	四十六	四川郫县	成都南城小学内
陈志宪	孝章	男	讲师	三十七	四川酉阳	成都五世同堂街省立成都中学
赵泽宗	幼文	男	讲师	四十	四川成都	成都忠烈祠东街五十六号
吴英	秋实	男	讲师	三十七	四川成都	成都三倒拐五十二号
郭诚永	君恕	男	讲师	三十三	四川华阳	成都西城角街二号

续表

姓名	别号	性别	职别	年龄	籍贯	通讯处
郑异材	容若	男	讲师		四川叙永	本校
邵泽民	润甫	男	讲师	三十三	江苏萧县	本校
陈刚	兆平	男	讲师		湖北	本校
刘道龢	君惠	男	讲师	三十三	四川华阳	成都光华街八十五号
吴国泰	俟庵	男	兼任教授	五十七	四川	成都多子巷二十七号
胡鸿经		男	兼任副教授		四川广安	本校
陈思苓		男	兼任讲师			成都奎星楼街九号
潘慈光	晴航	男	兼任讲师	二十六	四川成都	成都多子巷九号
徐岱宗		男	兼任讲师			四川广安
闵守恒		男	助教		湖北	本校
钟树梁		男	助教		四川	本校

（《国立四川大学中国文学系教师名录》，《国学会刊》，第1期，1946年）

　　2月28日　《申报》报道章氏国学讲习会理事长汤国梨及理事"孙世扬、沈延国、王乘六、黄朴"等人，"重集沪上，决定复员，即日筹备复校复刊，闻《制言》月刊第六十五期复刊号，不日出版，仍由孙世扬、沈延国、潘承弼三教授编辑发行"。（《简报》，《申报》，1946年2月28日，第5版）

2月　无锡国专桂林校区师生离开广西北流山围，开始复员回无锡。桂林校区校遂告结束。

△　欧阳文华发表《盲目国学家唐文治》，赞誉唐文治是典型的中国读书人。

当代国学大师唐文治，今年已到八十二岁的高龄。我在二十年前，曾听到过他的一次演讲。记得那天所讲的是劝人读经，大意是这样说："做一个中国的国民，应该要去读经。从前有一个英国来华大使朱尔典，和中国的博士严几道是很好的朋友。严很忧愁中国的危亡。朱就对他说：中国绝不会亡的。严问其故何在？朱说：中国有着孔孟的经书，这是无穷尽的宝藏。发而读之，能够深入人心，国运必昌，安有灭亡的道理？我认为这话，是很对的。因为中国的经书，读了不但可以固结民心，且可以涵养民性，和平民气，启发民智。所以今日要救中国，非读经不可。"

上面的话，虽然因着时代的不同而有差异了。可是说到唐先生的治学精神，却很使人可佩！听说他现在目已盲了，而且有着半身不遂的毛病，这样的高年，每天还是孜孜不倦的教训子弟，从早晨起来，一直到夜，规定工作，很少有空闲的时间。

唐先生字蔚芝，无锡人。他是清朝进士出身，足迹很广，遍及欧美、日本各国，所到的地方，必考察其政治。曾任交通部要职多年，颇有政声，办理南洋公学，尤著成绩，学生很多，遍于国内。著作有《茹经堂全书》等多种，都为国学要籍，在故里无锡办有国学专修学校，每年造就了人材很多。

现在，唐文治可谓过去的人物了。我个人对他尊敬钦慕之
心并不因此而改，他是一个典型的中国读书人，一个有品有行
的文士，不朝三暮四，一个有操守的老头子！（欧阳文华：《盲目
国学家唐文治》，《海风周报》，第13期，1946年2月9日，转引自刘桂秋
编著：《唐文治年谱长编》，上海交通大学出版社，2020年，第1053页）

3月17日　天津国学研究社筹备复课。

天津国学研究社于1937年7月28日停课。国土重光，社长李实
忱"会集在津旧有社员十余人，筹备复课，用以保持固有文化，培
养国学师资"。3月17日，"在旧租界伦敦路（新名成都道）三十五
号开始社员登记，除办理旧社员报到外，并招收新社员。有高中以
上程度者，不分性别，均可报名云"。（《天津国学研究社筹备复课》，天
津《益世报》，1946年3月18日，第4版）

**3月　唐文治等人发起联署《丁氏文化复兴社宣言》，纪念丁福
保致力文化的功绩，完成大规模整理国故与复兴文化的宏愿。**

抗战胜利，建设开始。惟在抗战期内破坏最大而恢复最
难者，当以文化建设为最甚。盖其他一切，属于物质文明之
建设，以我国之地大物博，人口众多，政府苟能集中全国人
力、物力、财力，统筹运用，不难渐复旧观，或竟过之。惟
属于精神文明之文化建设，则思想之肃正、学术之归趋、典
籍之整理，非朝野一致倡导，通力合作，难期宏效。我国在
抗战期间，典籍损毁，文化备受摧残。胜利以还，国家迈入
建设复兴之途，百端待举，其于文化建设，自必深切期待吾

侨从事文化人之协力。无锡丁福保先生，平生致力于文化事业，著述等身，历年捐书于各图书馆者达数十万卷，嘉惠学人，沾溉无穷，今虽年逾古稀，犹孜孜不倦。其门人为纪念先生一生致力文化事业之功绩，特设立一丁氏文化复兴社，而先生亦发其老当益壮，拟完成大规模整理国故、辅助政府复兴文化之宏愿。先出其私人藏书贡献于社，并由其哲嗣惠康博士捐助基金，以为之倡；次及其友好与门人辈之输将，犹恐愿宏力薄，而窃冀社会热心文化人士作同情之助，共襄其事。同人等对于先生学问道德素所敬仰，又备悉其分工合作、复兴文化之宗旨，以为全国各地多创学校，广设图书馆，普及教育，启发民智，此非政府之力不为功。而翻译国外名著，沟通中外文化，介绍科学工艺，振兴国家实业，以及补充学校教材，提倡正当文艺，适合时代之需要，此可由各出版机关各尽其力而为之。至若整理国故，编辑各种研究学术上需要参考之工具书等，以期造成各种学术专门人才，籍承先哲之遗绪，而维国学之不堕，使我国固有文化绵延不绝者，实最宜于私人之组织，就其所好，而贡其一得，自可于经济、时间大事节省，不致浪费。此实关系于国家文化前途者綦巨，而应共同努力者也。此种组织，既由丁氏门人首为之倡，则他日闻风而起者，自属多多益善，其于国学之振兴，所裨当非浅鲜。兹将丁氏友好子弟辈已编有稿本、建立初步之基础者约略介绍于后：

一、对于人名传记之整理，有《中国现代名人列传》、《中国近代名人列传》（并丁氏编）、《历代名人传记索引》（张逸

萍编，已在大同文化事业公司排印中）、《中国著作家大辞典》
（丁惠康编）、《历代名人编年考》（过养默编）、《中国人名大辞
典补正》（黄肇平编）等。

二、对于书名目录之整理，有四部、丛书、方志三种总录
（并周云青编，《四部总录》已在商务印书馆排印中）、《中国图
书总目》书名及著者二索引（并丁氏及周云青合编）、《丛书子
目人名辞典》（王君复编）、《中国见存易学书目》（唐文治编）、
《诗经学书目》（高燮编）、《语文学书目》（胡朴安编）、《丛书
书目》（周必成编）、《中国文学书目大辞典》（郑振铎编）、《易
学书目汇考》（蒋维乔编）、《诗经学书目汇考》（高燮编）、《小
学书目汇考》（马叙伦编）、《中国目录学书提要》（沈乾一编）、
《古今文学家辞典》（朱正则编）等。

三、对于训诂学辞典之整理，有《尔雅》《群雅》《方言》
《释名》四种诂林（并丁氏编，均在开明书局排印中）、《清代
三大类书索引》（周云青编）、《民国三大辞典解释汇校》（黄肇
平编）、《佩文韵府补编》（丁惠康编）、《国学大辞典》（丁氏及
周云青合编，已成经子文史札记索引、经典释文、诸史文选音
义及一切经音义索引）等。

以上所举三项，皆为研究学术上所常遇而深感纷扰之问
题。若无完备之工具书，则往往检查匪易，疑难莫释，对于吾
人研究学术上应具有之求知欲大为阻碍，而使精神上感受莫大
之苦闷。今其书虽由丁氏及友好子弟多人费数十年之光阴，苦
心规画，节缩经营，集合而成，然多为未完成之稿本。虽经
此次国难未遭牺牲，然若不努力续成，则所有已成之庞大稿

本，难免不为鼠啮蠹蚀，而尽弃前功。此同人等所以不得不代作将伯之呼，期于一年之内，能将各书逐步编辑完成，以待出版。海内不乏同志，有愿与合作编辑，列名于著作之林，亦所欢迎。同人等窃念国家文化，经此暴敌之摧残，几频［濒］破产，若不群策群力，急谋建设，则复兴文化之效必难预期。而振兴学术，若不先事整理，完其工具，又势必重蹈过去一般学者研究学术漫无系统、模糊影响、耗费极大经济与时间之弊病。以是益觉丁氏门人所倡议之文化复兴社，拟借群众同好之力，非特助成国家复兴文化之伟业，抑亦为将来学人开辟自由发挥学术思想之园地。爰述其宗旨，倘亦为邦人君子所乐予共襄其成者欤。

　　发起人：吴稚晖先生、唐蔚芝先生、蒋竹庄先生、李石曾先生、胡朴安先生、高吹万先生、朱家骅先生、张菊生先生、王君复先生（《丁氏文化复兴社宣言》，《胡朴安友朋尺牍（一）》，转引自刘桂秋编著：《唐文治年谱长编》，第1054—1055页）

　　4月1日　复智发表《佛教在国学中的文学》，提出佛教和文学应相辅相成，佛教具有文学价值，文学也需要佛教的高尚思想。

　　复智认为文学与社会关系密切，离开社会根本就不需要文学，恰似"佛教与人间有密切的关系，若离开了人间根本就不需要佛教"。佛学本质是实现流行于世，必须适应社会与文化潮流，才称得上真俗不二圆融无碍的佛教：

　　　　佛教自流传到中国来，已经有一千九百余年的历史了，而承其深博宏大之发展，要算是中国为二源泉了。而在印度的佛典流传到中国，经隋唐的兴盛，宋明的演进清代及近代的改革，并四大译师——罗什，玄奘，不空，义净——（还有其余者……）翻译，其在中国的文学史上，自有不可磨灭的价值的。这是文学方面受着佛教影响的重大所使然呀！而为什么佛教在有"不立文字"和"教外别传"呢？佛教虽说"不立文字"，然有三藏十二部经的教典。祖师虽说"教外别传"，然有语录之流传于世，这是佛教在方便上本来就需要文学的。因有佛学之传入中国，而在国学中增了不少的光辉，如在宋明之理学，为佛教最发达与文学交流之时代，这便成了佛教之玄理哲学。好像声韵学底发明，反切法底成立和音韵，都是由佛学底输入而起来的。就是由华严字母中而根据的，如在汉魏的时候，孙炎为东州大儒，作《尔雅音义》，倡反切法之始，即是由竺法护底四十一字母底输入为根基的。

像佛经的口语翻译，到了后来就是白话文和白话诗的来原了。祖师的语录也是白话文之一，而偈语就是现在的古体诗，佛曲即如今的词学了。因为佛教的文学是最富有想象力的，所以中国文学遂起了很大解放的作用。中国的浪漫文学，实在是受印度的文学影响的产儿。在印度的文学上是注重形式和布局与结构，因这样就起了文学体裁上的变革，于是遂影响到了后代的弹词、平话、小说和戏剧的创制了。

返观中国历代的高僧，对于诗词也足畅文学上的一点潮气。也可启发人之信念，各人都是由自性中而流布出来的。其中如寒山、拾得和宋九僧诗等，是要发明自性，语妙天然；有情景，何等超脱，何等的机警，给读者们是百读不厌的，然对于心中有所感动，对于人生有所憬悟，同时有可以增长读者的正意。这不是诗歌有陶铸性情，潜移默化的好处吗？所以清朝的康南海之诗中有"我是吞针老摩什"就可表现，中国文学上运用佛教的学理以成不可思议的妙处，我国之天下名山，都是恭给文人学士之畅游和佛教接近而作诗文词歌的好裁料吧！

佛教和文学老实是不能分开来谈的，而不应有各自偏袒的，须知佛教是具有文学的价值，而文学也须要佛教的高尚思想，若有分界的观念，对文学上彼此都是有害的，故文学需要佛教之陶冶，佛教也需要文学的地方；来发挥其学理的精致，以成悠久的价值呢！（复智：《佛教在国学中的文学》，《佛教公论》复刊号，1946 年 4 月 1 日）

4 月 14 日 上海市中等教育研究会发起国学讲座。（《简报》，《申报》，1946 年 4 月 13 日，第 4 版）

4 月 17 日 北平国学研究院理事长朱启钤、副理事长夏仁虎向北平市政府教育局呈请附设国乐专修班。

呈为请核准立案事。窃本会筹设北平国学研究院，前经拟具章程备文呈报在案，依原章程第八条之规定，计分经、史、子、文、考订、艺术、营造、乐曲八组，现已遴聘史学、文学、艺术、乐曲专家分任研究，纂成著述，汇为《国学杂志》，间月出版一册，如有成书者，别为刊行，以广流播。其乐曲组并设置国乐专修班，养成国乐人才，以备本市典礼之用，事关社会教育，理合连同计划书及章程呈请鉴核，准予立案，实纫公谊。再原章程第八条加附项并设立专修班，其章程另订之，合并声明。

《北平国学研究院附设国乐专修班章程》：

第一条　本院招考国乐学生一班，名国乐专修班。

第二条　高中毕业或同等学力，年龄十六岁以上二十四岁以下，经试验合格者。

第三条　本专修班功课分国文、诗词、歌曲、乐义、歌谱、舞谱、演奏七门，其时间分配表另订之。

第四条　本班功课由乐曲组人员分任教授并指导实习，不敷时由他组人员兼任之。

第五条　平时试验月考一次，学期试验每学期终行之。

第六条　本专修班之教务管理及事务由乐曲组主任、副主任分任之。

第七条　三年毕业，由市政府留用，愿留院研究者听。

第八条　本章程有未尽事宜随时修改，由常务理事会议决之。

第九条　本章程自呈准之日施行。

《北平国学研究院招考国乐专修班简章》：

一　高中毕业或同等学力者。

一　年龄十六岁以上二十二岁以下者。

一　报名时交一寸长半身像片一张，并呈验文凭或其他证件，填具志愿书。

一　第一试历史、国文各一篇。

一　第二试口试并检验体格。

一　报名费□□元。

一　某月日起至某日截止。

一　报名地址。

一　入学注册时缴纳学费□□元，并取其荐任以上人员保证书签名盖章。（北京市档案馆藏国学研究院档案，J004-004-00180）

5月15日　马尧发表《国粹论》，讥讽所谓"国粹运动"。

文章称：

祖国的光辉照耀到我们东北，由我们热爱的东北接收大员们，带来了国粹运动；使束缚在日贼蹂躏之下的同胞兄弟姊妹们，感到无限欢欣，无限喜悦，因为在敌人脚下，干脆就不晓得什么是我国的国粹？更不知道我们国粹的特点究竟在那里？

国粹的这个语汇，是否出在三坟五典？还是根据河图洛书？姑不具论，国粹——国家之精粹，整个国家的万有，加以疏审选拔，然后综合在一起，统名之曰国粹。我国国土广大历史悠久，自然国粹也比其他国家的国粹要多的多。不过在未能体验到国粹的人们，总以为国粹应该是国家的灵魂表现，民族的精神寄托；所谓铮铮佼佼郁郁莹莹者，才能够得上国粹两个字。国粹二字，绝不宜随便加在一件东西或一桩事情上；而国粹云云者，亦应大加取缔。

国粹决不是复古和守旧，复古和守旧，那是令人类文明开倒车，开倒车有覆车的危险的，我们知道人类是日日进步的动物，我们不能否认进化论——优胜劣败，如果你自己不去进步，必然的你就要落伍，失败，没落，所以我们中国的国粹绝不是保守过去的陈迹，因为中国是个国家，不是一所博物馆，我们更不应该叫认为我们更生的中国，仍旧是一具僵尸。我们中国是要有生气，是要前进的。而我们对于我们的国粹，也应该彻底检点。国粹的范围也应该清楚划分，不应该像现在这样的广泛。

譬如官厅银行公司的帐簿，我们应该适应潮流，便利至上，使用最新式的簿记，不必再去维护那红格纸的旧流水。自动铅笔，自来水笔，已经产生有数十年之久，更不必去卖弄那封建遗物的三寸毛锥宣城子。如果要保存自己的大笔墨迹，不妨自己在家，写上几张字画，挂在商铺的广告牌上——在工作室里，也要如此如此，未免太有些那个。而且有人会告诉你，我们中国人，曾经结绳而治，比流水账更趋古得多。中国人更长于刀笔彤管，一把刀，一块竹片，就可以替代那小楷羊毫了。

亲爱的兄弟姊妹们，保国为什么不乘马上北平？而去坐蒸汽车。为什么不愿意搭帆船？而偏来个一等华盛顿号，渡洋赴美。"南船北马"，那是我们的□□，你们为什么不去爱护？你们的祖先，燧人氏钻木取火，他的子孙居然不去钻木，而去使用洋火（火柴）电器，违背了祖训，□□了你们的祖先，理由安在？原因安在？你们看电影，躺沙发，睡弹簧床，吸纸烟，吃大麻……这都不是国粹啊。

我们屏弃了现代文明，而去展开旧历史的灰幕而假目于国粹二字。那些国粹老先生，恐怕也有些承担不起，因为这个责任太大了，固然它是国家的灵魂，民族的精魄，它绝不是旧阶级的武器，更不是封建的虎伥。它不能阻碍文明的进步，它更喜欢国家的繁荣，我们不但要彻底认识国粹，更要热烈□□国粹，而使我们的国粹鹏程万里。

亲爱的办公厅上的大人先生，我们要坚决的更进一步的□□国粹□□。亲爱的东北同胞兄弟姊妹们，你们不要驾驭世界的文明，更需要领略我们祖国的国粹。（马尧：《国粹论》，《高梁》，第1期，1946年5月15日）

5月31日　特立发表《"国渣"与"国粹"》，由时下高等考试的试题，联想到今日我国的国粹与国渣，主张一面保存国粹，但另一面要丢掉国渣。考试选拔人才应当根据个人所长而录用，使个人各尽其才，所以应当再来一次"打倒老古董的运动"。

本来是念教育的我，前些时候也怀着满腔的热诚，满想将来替儿童教育也尽些力量，但想不到社会却无缘无故的排斥了我，不让我干这一桩的事业，于是我为了要吃饭的威迫，不得不作个圆柄［枘］方凿式的也来参加这一次的司法人员考试，准备做起"官"来了。

　　但"官"这个东西，的确是神圣得很，是难乎其难的东西，不会那么容易得的。

　　四月一日，是考试日程头一天的大清早，考场外面一大堆考子圈着一大圆圈，大家静静地聆听着有一位考司法官的约莫五十来岁的老考子先生说他自己和考试的来历，他说他从前曾经参加过南京第二届的高等考试，那一次历史的试题有一题是："秦始皇废封建，立郡县之史实，试从《春秋公羊》《史记》诸书中征证之。"

　　接着他又说出其他各科的试题，总之都是充满着古香古色的老骨董。最后他的结论是："高考似乎比考状元还要难。"

　　"状元！"我听了这两个字，不期然的起了一阵的联想——我想到在社戏里所看到的状元游街的那一段显赫炫耀的威风，以及新科状元朝驾的那一场面的殊荣，我又仿佛看见他们中间有一二个是"状元"。

　　果然等到考国文时，那个监考的试务处处长在还没有开卷子的时候，就向我们这样说：

　　"历届高普考国文多半是不好做的，今天这一科时间特别长，有三个钟头……"他好像懂得密封里面的试卷似的，事先就这样肯定的对大家说。还有最使我气恼的，他反复叮咛的说："绝对要用文言体，不许用语体。"算不到语体文到此，竟成为地下囚了。

　　他说完了，接着就开密封发卷子，天呀！明亮亮的一行这样写："明刑弼教论。"

　　我缴械了！我的确摸不着头脑，顿时间我变成了一个束手就擒的俘虏。

但我又想这也许是我自己的愚钝，别人或且不成问题呢！于是我伸长勃子暗探大家的阵容，呀！遭了！混混乱乱的一面，只见大家的头左盼右顾，混混乱乱，大家彼此视线相触的时候，都面面相觑……

我又怀疑也许这试题是高考司法官的却弄错了发给我们普考的吗？于是我转眼看那眉头上的记载，一点也不错，分明明清清楚楚的写着"普通考试法院书记官、监狱官、会计人员、统计人员国文试题"的字样，那末这是普考的题目，该是铁的事实了。

这题目出给考司法官的人做，我们不怎样的反对；出给考书记官和监狱官的人做我们也不十分的反对，因为他们是考法律的，也应该读些"法学史"呀！惟其这题目依样画糊涂的拿给我们考会计统计的人员做，我们要问这是什么理由。监考先生说："这一科时间特别长。"我想这个长就是长到一昼一夜也没中用吧！

在今日，我们大家提到文章题材的问题时，都一致的鄙夷古人生……的文字，虽然说他们还都是写的那样的漂亮，见地也都那样的客观正确，但我们总觉得这一类的题目——也就是说，这一种的题材，无论如何总是文学破产的宣告。这在古人，我们还可原谅，因为古人写文章取材的范围，的确是比现在小得很，现在我们做文章，到底什么不好写呀！虽然说这里我们所讨论的不能涉及纯文艺，而是仅就议论文这一方面的，就说这议论文一方面的罢！我想题材也太多了：政治方面的、经济方面的、社会方面的、法律方面的、教育方面的、科学方面的、道德伦理方面的、时事新闻方面的……退一步讲，纵使说是司法人员考试，专就法律这一方面的，我想题材也太多了，法律科学方面所包括的宪法啦、民法啦、刑法啦，法律哲学方面的法理学啦等等，难道这许多方面的题材，都不如那什么"明刑弼教论"来的广泛、重要、合理吧！

晚清高喊维新变法图强者如康有为等流人物，都一致坦率愤慨的指出说：

"国家之弱，弱于八股！"

"来日国家之亡，亦将亡于八股！"

还有记得是吴稚晖先生吧？也曾经沉痛而带刻薄的骂过八股文说：

"乌龟八股。"

八股在今日固然早被大家扫进屎坑，永远成为历史的陈迹，但向来，我们的国家里，还活着这样多的"乌龟"呢？

当心！乌龟亡国，眼看不见啊！

以前，我们的国家，有一种极乎可怜的国粹家，闭紧着眼睛拼命的把"国渣"当作"国粹"，丝毫不许域外学术的输入，他们斥科学为邪道，把西洋今日物质的文明看做不足称道的末技，抹煞历史进化的真理，一味盲目自大，更妙的，还有一班学究先生，死硬硬的要把"古纸堆"捧到天上去，他们认为天下间一切的真，一切的美好，一切的善都包罗在古纸堆里，所以溯本穷源，他们一定要剥夺青年大好的年华，一定要把青年的生命埋进古纸堆里去，究其终极，非到亡国灭种不为快！

　　分明今日时代已经是廿世纪的下半叶，科学已经进步到原子能的时代，但我们的冬烘先生们，还是拼命的喊着："念古书呀！念古书呀！""里面有天下间一切的美呀！"

　　我们不反对念古书，也不把古书看做"国渣"，相反的，我们正也把古书看做"国粹"，但我们认为那汗牛充栋的古籍，详尽的探讨，要让诸国学专家或是学府里面专攻本国文史的人去发掘，实在没有理由叫我们全国每个青年，个个都精通那汗牛充栋的古书的必要。（自然撷其精彩是必要。）

　　保存国粹的意义，最低限度应该要顾到"权衡轻重，分别缓急"这一点上，否则人家洋枪坦克车已经兵临城下，而我们国粹家还在摇头摆尾地吟咏着"……故天下兼相爱则治""民、吾同胞，物、吾与也。"……那这种的国粹家，未免太糟了。

　　我们的国家，自从鸦片战争门户洞开以后，一直到这一次的神圣抗战为止，历次外交接触所吃科学落后的亏，我们为什么这样的健忘！为什么我们不下一番的深思与反省！为什么我们的头脑顽固到这个样子！

　　古纸堆毕竟无补于国民生计。

　　古纸堆毕竟也抵不住坚船利炮以至原子弹。

　　古纸堆更不能使我们的国家步入"工业化"。

　　总之：古纸堆不是当前我们国家的当务之急，它不能把我们的国家从岌岌垂危的死神手里夺回来；它也不能使我们的国家立国在这廿世纪的世界，它象征着教我们把历史开倒车；它是我们国家步上"现代化"的绊脚石。

　　学究先生们：你们该来一个深思反省罢！

为了我们国家前途的命运，这里我们揭起一面大旗，高喊着：

不许古纸堆再死灰复燃，来断送我们国家的生机。

我们再来一个白话文运动！

我们更要先来一个打倒老骨董的运动！（特立：《"国渣"与"国粹"》，永安《中央日报》，1946年5月31日，第5版）

5月　朱自清《经典常谈》一书，改由文光书店印行。

朱自清在书中，说明此书有意区别于《国学概论》一类的著作，尝试概括而又比较系统地介绍中国古代文化，既力求采择新的观点，又力求通俗化，为青年和一般读者了解我国古代文化提供了便利。

朱自清认为：

在中等以上的教育里，经典训练应该是一个必要的项目。经典训练的价值不在实用，而在文化。有一位外国教授说过，阅读经典的用处，就在教人见识经典一番。这是很明达的议论。再说做一个有相当教育的国民，至少对于本国的经典，也有接触的义务。

本书所谓经典是广义的用法，包括群经、先秦诸子、几种史书、一些集部；要读懂这些书，特别是经、子，得懂"小学"，就是文字学，所以《说文解字》等书也是经典的一部分。我国旧日的教育，可以说整个儿是读经的教育。经典训练成为教育的唯一的项目，自然偏枯失调；况且从幼童时代就开始，学生食而不化，也徒然摧残了他们的精力和兴趣。新式教育施行以后，读经渐渐废止。民国以来虽然还有一两回中小学读经运动，可是都失败了，大家认为是开倒车。另一方面，教育部制定的初中国文课程标准里却有"使学生从本国语言文字上，了解固有文化"的话，高中的标准里更有"培养学生读解古书，欣赏中国文学名著之能力"的话。初高中的国文教材，从经典选录的也不少。可见读经的废止并不就是经典训练的废止，经典训练不但没有废止，而且扩大了范围，不以经为限，又按着学生程度选材，可以免掉他们囫囵吞枣的弊病。这实在是一种进步。

我国经典，未经整理，读起来特别难，一般人往往望而生畏，结果是敬而远之。朱子似乎见到了这个，他注"四书"，一种作用就是使"四书"普及于一般人。他是成功的，他的"四书"注后来成了小学教科书。又如清初人选注的《史记菁华录》，价值和影响虽然远在"四书"注之下，可是也风行了几百年，帮助初学不少。但到了现在这时代，这些书都不适用了。我们知道清代"汉学家"对于经典的校勘和训诂贡献极大。我们理想中一般人的经典读本——有些该是全书，有些只该是选本节本——应该尽可能的采取他们的结论：一面将本文分段，仔细的标点，并用白话文作简要的注释。每种读本还得有一篇切实而浅明的白话文导言。这需要见解、学力和经验，不是一个人一个时期所能成就的。

商务印书馆编印的一些"学生国学丛书"，似乎就是这番用意，但离我们理想的标准还远着呢。理想的经典读本既然一时不容易出现，有些人便想着先从治标下手。顾颉刚先生用浅

明的白话文译《尚书》，又用同样的文体写《汉代学术史略》，
用意便在这里。这样办虽然不能教一般人直接亲近经典，却能启
发他们的兴趣，引他们到经典的大路上去。这部小书也只是向这
方面努力的工作。如果读者能把它当作一只船，航到经典的海里
去，编撰者将自己庆幸，在经典训练上，尽了他做尖兵的一份
儿。可是如果读者念了这部书，便以为已经受到了经典训练，不
再想去见识经典，那就是以筌为鱼，未免辜负编撰者的本心了。

　　这部书不是《国学概论》一类。照编撰者现在的意见，
"概论"这名字容易教读者感到自己满足；"概论"里好像什
么都有了，再用不着别的——其实什么都只有一点儿！"国学"
这名字，和西洋人所谓"汉学"一般，都未免笼统的毛病。国
立中央研究院的历史语言研究所分别标明历史和语言，不再浑
称"国学"，确是正办。这部书以经典为主，以书为主，不以
"经学""史学""诸子学"等作纲领。但《诗》《文》两篇，却
还只能叙述源流；因为书太多了，没法子一一详论，而集部书
的问题，也不像经、史、子的那样重要，在这儿也无需详论。
书中各篇的排列按照传统的经、史、子、集的顺序；并照传统
的意见将"小学"书放在最前头。各篇的讨论，尽量采择近人
新说；这中间并无编撰者自己的创见，编撰者的工作只是编撰
罢了。全篇的参考资料，开列在各篇后面；局部的，随处分别
注明。也有袭用成说而没有注出的，那是为了节省读者的注意
力；一般的读物和考据的著作不同，是无需乎那样严格的。末
了儿，编撰者得谢谢杨振声先生，他鼓励编撰者写下这些篇常
谈。还得谢谢雷海宗先生允许引用他还没有正式印行的《中国

通史选读》讲义，陈梦家先生允许引用他的《中国文字学》稿本。还得谢谢董庶先生，他给我钞了全份清稿，让排印时不致有太多的错字。（朱自清：《经典常谈》序，文光书店，1946年，第1—4页）

该书再版后，受到多方好评。有评论称该书旨在"帮助一般人士明了代表固有文化之若干种典籍，进而了解固有文化"，该书优点在于"不流于呆滞"，"不蹈袭尊经卫道之见"，"不拘牵于通经致用或功利之观念"。（毓：《新书介绍:〈经典常谈〉》，《图书季刊》，新7卷第3—4期合刊，1946年6月）

有学人首先评述近年来的经典训练：

我国旧日的教育，完完全全是读经教育。渐渐废止读经，那是实施新式教育以后的事。"五四"前后，相应着当时的政治经济的情势，就有新文化运动的兴起。新文化运动的标识是拥护"德谟克拉西"和"赛因斯"，提倡个人主义和怀疑精神，主张废孔孟铲伦常，反对国粹和旧文学。稍后，一部分新文化运动者提倡"整理国故"，要"还国故一个本来面目"！怀着"无征不信"的新精神，"以科学方法来研究前人所未开发的文学园地"。这时，可以说是对于国故或国粹作了再认识和再评价，由此而开了重新整理研究的风气。另一方面，教育部制定中学国文课程标准里，又有"使学生从本国语言文字上，了解固有文化"，"培养学生读解古书，欣赏中国文学名著之能力"等等的话，而根据部颁标准编成中学国文读本里，从经典选录的也不少，有的甚至把国文读本编成近乎中国文学史读本或中国文化史读本之类的东西。姑不论这样的读本对于培养中学生的国文程度（尤其是写作能力）是否合适，但由此可见读经虽然废止，经典的训练却已扩大了范围。

《经典常谈》"以亲切的笔致，侃侃而谈，深入浅出，粗看十分平易，其实文字凝练，立论精当，决非没有见解和学力的人所能写出"，读过此书的人，"从此他永不会迷失在经典的海里了"。（孙：《新书介绍：〈经典常谈〉》，《国立中央图书馆馆刊》，1947年复刊第1号）

沈文倬称赞此书最可作为初学者的参考书。沈氏认为过去研究中国典籍往往是一部一部书死读，"没有一部完备的指导人循序而进拾级而登的入门书"。于是，近代学人纷纷编纂《国学概论》《中国文学史》一类的书，"都只是一鳞半爪的认识，缺少博综淹贯的能力。在东拼西凑的敷衍编撰下，已有相当基础的人，常然不值一顾；而给初学的人看来，却仍旧目迷五色，莫知所从的"。朱自清的《经典常谈》则是"条理秩如，缓急得宜，能深入浅出，使初学的人看了，油然对本国典籍，发生了兴趣；而有基础的人看来，仍能足供参考的书"。该书最大的优点，有以下几点：

一，文字显明简洁而流畅。二，见解精确而扼要。三，在四部中择其最要的几种典籍，每种专立一章来讨论。四，过去或现在，学者的聚讼之处，一概删而不论；但能引用了最精确的结论。五，辨伪存真。六，对每种经典，都溯其渊源，述其影响。有此诸善，已足传之久远了。

作者给本书命名为"经典常谈"，其实决不是一部常谈，它包涵着至为珍贵的结晶，有条理，有系统，对本国经典，非有极高深的研究，是决不能做到如此地步的。

"经典"这个名词，过去是专指这些五经六经七经九经以至十三经的。所谓"经"，是跟"子""史""集"相对的名称。陆德明著《经典释文》，他把老子庄子，都包括在经典内，也许是因为唐朝崇尚道教，称老子为《道德经》，庄子为《南华真经》的缘故。现在本书把史汉，辞赋，诗，文，都列入经典，似乎未之前闻。作者说："本书所谓经典，是广义的用法。"不过我想，佛教典籍，经律论称为三藏，他们以佛说为经，以菩萨所解释和衍述佛说，概称之曰论，是那样的严格。较之我们以编定三传礼记等解释经的书，都列入经典，已觉宽泛得多。现在像作者那样，把吾国所有各种典籍，概称之为经典，似乎跟"国学""汉学"等名词，同样有着笼统的毛病罢！——虽然事实上，也的确没有一个适当的名词来命名它！

不过，沈文倬在"群书的取舍""群经不录传注"以及详略等方面提出问题。比如，"最奇怪的，《孝经》被遗忘"。我国伦理，首重孝道，不应该剔除《孝经》，应当"把《孝经》和《论》《孟》放在一章里"。（沈文倬：《〈经典常谈〉》，《申报》，1947年4月3日，第9版）

6月6日　《申报》刊登《持志国学系同学定九日开茶话会》。

持志大学国学系师生，向有中国学会之组织，以研究中国学术为宗旨，中更国难，师友星散。兹定九日下午二时，假南京路冠生园，举行茶话会，以图重振云。（《持志国学系同学定九日开茶话会》，《申报》，1946年6月6日，第5版）

6月9日　国学讲座于"下午二时半起请杨中一先生讲'道德经'，地址宁波同乡会四楼，每逢星期日演讲一次"。（《服务简报》，《申报》，1946年6月9日，第7版）

6月20日　王力发表《大学中文系和新文艺的创造》，答复李广田、赵遴之，讨论大学国文系的设置与新旧文学视野中如何教授国学。（王力：《大学中文系和新文艺的创造》，《国文月刊》，第43—44期合刊，1946年6月）

1945年11月，丁易提出革新大学国文系，首先是要确定国文系的目标，主张保存国粹者又要引经据典，倡言"继绝学""开太平"之类"永远纠缠不清的论调"，除这批大学国文系中依旧很多"国粹家"之外，更多的意见是"对中国旧文学的整理结算，对中国新文学的创造建设"。这是最平凡的道理，但实行却最困难：

现在大学国文系一大部分竟是沉陷在复古的泥坑里，和五十年前所谓大学堂的文科并没有两样，甚至还不及那时踏实。创造建设中国新文艺，他们固然作梦也没有想到，就是对旧文学的整理结算，又几曾摸着边缘，甚至连乾嘉学者那种实事求是的谨严精神都谈不上。只是一批"五四"时代所抨击的"选学妖孽"，"桐城谬种"，以及一些标榜江西的诗人，学步梦窗的词客，在那些大学教室里高谈古文义法，诗词律式。论起学术来，更是抱残守缺，狂妄荒诞。例如：讲文字摒斥甲骨金文；说音韵抨击语音实验。甚至述文学发展不及小说，讲文艺批评蔑视西欧。而作文必张文言，标点尤须根绝，更是这些大学国文系的普遍现象。简直闹得乌烟瘴气，漆黑一团。结果最倒霉的自然是学生，恍恍惚惚的在国文系读了四年，到头来只落得做个半通不通的假古董。假如国文系就像这样办下去，目的只在训练学生做假古董的话，那我觉得不如干脆一律停办，索性复古，改设古代的书院好了。书院制度倒是更适合于制造假古董的，像学海堂南菁书院训练出来的一些学生，到底还古色烂斑，满身绿锈，可以冒充得过去，不像现在这些四不像！不过，这话也只是气愤之谈，因为就是训练得真的像古董了，在南菁书院时代已经没有用处，到现在又能有什么用处呢？而且时代不同，现在再开倒车来办书院，结果更会一塌糊涂，目前的几个什么书院，不是最好的例子么？

丁易主张国文系应当划分为文学组、语言文字组和文学史组，"这文学组和部定的文学组内容是完全不同的，部定的文学组相当于本文所分的文学史组，而这个文学组却是以新文艺的创造建设为目的的"，"新文艺的创造建设的工作既由文学组来担任，那么旧文学的整理结算的工作便画归文学史组了"。（丁易：《论大学国文系》，《国文月刊》，第39期，1945年11月）王力赞成丁易旨在提倡新文学创造的改革方案，但不赞成他的分组原则与方式。王力认为，"大学里只能造成学者，不能造成文学家"，"有价值的纯文学作品不是由传授得来的"。他还认为：

> 老实说，如果说新文学的人才可以养成的话，适宜于养成这类人才的应该是外国语文系，而不是中国文学系。试看现代的小说戏剧家如茅盾、曹禺，诗人如冯至、卞之琳，文学批评家如朱光潜、梁宗岱，哪一个不是西文根底很深的？

> 最近闻一多先生主张把中文系和外语系合并，再分出语文和文学两系，这个意见是值得重视的。虽然在实行上也许有困难，但我们觉得原则上值得赞同，学问本是没有国界的，我们如果取销了中文系，以免"选学妖孽"和"桐城谬种"再有托身之所，同时积极整顿文学系，使中西文学可以交融，这才是大学教育里的一大革命。不过，我仍旧反对在大学里传授新文学，反对大学里教人怎样"创作"，文学的修养应该是"悠之游之，使自得之"，不是灌输得进去的。

李广田赞同大学中文系不以造就作家为目的，但更重要的是大学不但是应该研究传统的旧文学，而"对于大学里的新文学研究与创作的问题，也只当问问应该不应该"。目前，很多大学中文系根本没有研究新文学与指导学生创作。另外，李广田指出"没有任何一种外来的影响是能够单独支持一个运动的"。对此，王力强调与李广田一致："对于新文学家，我不赞成在大学里用灌输的方法去'造成'，却还赞成用潜移默化的方法去'养成'；至于旧式的文学家，连'养成'我也反对。教育部所定的课程缺点很多，凡是李先生批评部定课程的地方，我都很有同感。"赵遂之主张中文系不必分组。王力认为："似乎他认为语文组是专门研究字典的，并且是为了文学创作而去研究语文。这和大学里设立语文组的用意相差很远。语言文字学自有它的生命，其中有许多部门和文学的关系很浅。因此，我一向极力反对部定课程强迫文学组的学生必修'语言学概要'。"最后，王力总结目前国人对于大学中文系的六种意见：

（一）旧派的意见。他们不一定主张传授旧文学的技巧。在他们看来，一切的"国学"都应该传授，"词章"不过是其中的一个部门而已。

（二）悲观派的意见。他们认为由"国学"几经转变，其中许多部门被哲学系和历史系分去了之后，中文系的领域越弄越小，几乎是死路一条。有一位中文系的教授和我这样说过。我没有得到他的同意以前，不能说出他的名字。

（三）纯文学派的意见。他们认为大学中文系是专以造就或养成文学家为目的的，一切的课程的最终目的只是为了文学的欣赏，批评和创作。赵遂之先生就属于这一派。

（四）纯研究派的意见。他们以为"大学里只能造成学者，不能造成文学家"。我就属于这一派。

（五）研究与创作并重派的意见。他们以为新文学是可以传授的，但文学史不能和新文学分家。李广田先生就属于这一派。

（六）研究与创作分立派的意见。他们以为新文学家虽也不能不大略地研究文学史，但"进一步的工作"却是文学史家的事。丁易先生就属于这一派。（王力：《大学中文系和新文艺的创造》，《国文月刊》，第43—44期合刊，1946年6月）

6月29日　《江苏民报》刊登《唐文治先生创设国学专门学校之宗旨》，赞誉唐文治、冯振等无锡国专师生在抗日战争期间坚守斯文，接续国命的精神与事迹。

顾炎武有亡国与亡天下之辨，钱基博认为在今天应当是亡国与亡民族之别，亡国意味着"民族不能自卫，降志辱身，而失其抵抗以受异族之统治者"；亡民族意味着"人心不能自主，反道败德，而无所操持以成民族之堕落者"。"有民族之训齐有素，而国虽暂亡，必能借其民族以维系不亡者，吾之敌人日本及德国是也。有民族之风纪尽荡，而国幸不亡，无不随其民族以沦胥俱尽者，吾中国是也。"无锡国专的使命便是以保天下与保民族为己任：

> 而在今日，则知保民族，然后能保其国。唐先生则以保国之大任，国之元首，责无旁贷；而保天下、保民族，则奋以自任，而欲以转任之诸生，教泽所沛，引一世而偕之大道。此国学专门学校之所以创设也。然则诸生谭何容易以无忝为国学专门学校之一学生！
>
> 唐先生之学，以孔孟为教，而以"仁义"二字提撕人心。博追随唐先生以主任校务者亦且五年，而谓诸生负笈以来，必先明何谓"国学"。"学"之为言觉也；夫"国学"所以牖启国性之自觉；而"学生"必以表现自觉之生活！国于天地，必有与立；争民施夺，其何能国！生乎今之世，由今之道，必先自觉人生之异于物竞，而后能居仁由义以相维于不敝！"仁"之为言人也，"义"之为言宜也。由消极而言，"行一不义，杀一不辜，而得天下不为"！而见世之所谓民族英雄，则行尽天下

不义，杀尽天下不辜，而得擅政当国，则为之；此革命之所以
常为中国病，而不应天顺人也！以积极言之，"禹思天下有溺
者，由己溺之也；稷思天下有饥者，由己饥之也"。"由己"之
言责无旁贷，而不必如注家之作"犹"字解；几见天下无不死
溺，而禹获免于鱼鳖；天下无不死于饥，而稷独餍其口腹者！
顾目论者皮傅欧化，而以争民施夺为天演之自然，其大弊在以
人生为物竞！英国哲学家达尔文氏昌言天演，征见物竞，优胜
劣败，适者生存；而顾致瞀于人生之不可蔑弃道德，其持论以
谓："道德之原，实起于亲子之有爱；扩而充之，则为同族同
类之兼相爱，斯称为动物之群性，而于动物之自利性，如车之
有两轮，如鸟之有双翼，并偕有生以俱来。天演物竞，自然淘
汰，此群性之于人类，乃日继长增高以有缉熙于光明者，此何
以故，盖坏国丧家，必由营私；专欲难成，多助得顺，故群性
之发展，亦为适者资格之一。就一国家一社会之个人而言，忠
信笃敬，仁人良士之子孙，角智争雄，较之贪夫败类、诈伪桀
黠者之子孙，孰为胜利，虽未可必；而以团体竞争言，则多数
忠敬笃信，仁人良士之个人所构成之国家之社会，必较诸多数
贪夫败类、诈伪桀黠之个人所构成之国家之社会，为繁荣而强
固。何者？盖营私自利，坏国丧家，人道或几乎息，宁我之能
独存？"此孟子之所以言"仁人心也"！则人生之不动物竞，
达尔文固明箸［著］之，而赫胥黎之论天演，则谓："自禽兽
以至为人，其间物竞之用，固无时或休，而所以与万物并存战
胜而种盛者，中有最宜者在也。是最宜云何？曰自营而已！夫
自营为私；然私之一言，乃无始来斯人种子，由禽兽得此渐以

为人，直至今日而根株仍在者也！是故凡属生人，莫不有欲；
莫不求遂其欲；其始能战胜万物而为天之所择以此；其后用以
相贼而为天之所择亦以此！何则？自营甚者必侈于自由，自由
侈则侵，侵则争，争则群涣，群涣则人道所恃以为存者云，而
人种灭矣。"此孟子所以言"仁义充塞，而率兽食人，人且相
食"；而顾亭林以致惧于天下之亡也！观于今日之吾人，乘机
射利；胜利未临，则居奇走私以发国难财；胜利既临，则巧取
豪夺以发胜利财；幸灾乐祸，上下交征利，莫不利国家之多难
以为一己之乐利，自营之甚而仁义充塞，争民施夺，几何其不
为人之相食！如人而不嫌于相食，充类至尽，吾国四万万人，
自相吞噬以至于无孑遗！亡国灭种，何必待敌国外患之至！然
吾国人之未受教于唐先生，而负笈以来国学专门学校者，宜其
不知仁义充塞之必人将相食；倘国学专门学校之学生，而不自
觉居仁由义之为人生，则唐先生之志荒矣！

　　独念二十六年十月，唐先生以寇之涉吾地，青年心理纯洁
之如一片白纸，未可以染；自忘其老，而以七十高龄，跋涉山
川，护送诸生以移汉口，转湘入桂，遂以委重于冯振心先生而
责以代理校长。冯振心先生受命危难，当仁不让，始则辟北流
之家园以开讲舍；继则得广西省政府协助以移桂林，建校舍于
穿山，罗名师于四方！然而私立之校，不同国立学院专校经费
之资国帑挹注，诸生无公费，学校无经费，冯先生困心衡虑以
力拄艰危，诸生忍饥耐寒以相从危难！及三十三年十二月，寇
深国危而桂林亦陷，穿山新建之校舍，付之一炬；冯先生则率
诸生以入瑶山，戎马转徙，未尝一日废弦诵；艰苦同尝，而无

一人出怨言。此其坚贞蒙难，咸有一德，仁之至，义之尽，岂惟延唐先生之斯文一脉于西南，而实以续如缕不绝之国命！及穷寇纳命，河山重光，而冯先生率诸生以归命于唐先生。然而复员之经费未发，道涂之跋涉倍艰，在广州则候船三月，及上船则忍饥数日。然则险阻艰难之备尝，诸生倍甚于他校。然而吾不为诸生慰，而为诸生幸者，幸得与全国四万万人共其苦难也！倘全国四万万人无不水深火热，而我一人焉独席丰履厚以恣情享乐，则是我幸灾乐祸以负众生之债！苟全国四万万人无不酒池肉林，而我一人焉独啼饥号寒以不得生活，则是众生般乐怠敖以负债于我！孰为心安理得，可不待辨而自明。此中得失，博校之已熟！独念天未厌乱，人不悔祸，丧乱未平，而灾害并至，此后之忧患或且甚于今日；凡我共学，体念时艰，发心与四万万人共忧患，此仁之所以为人心也！设法与四万万人共忧患，此义之所以为人路也！操心虑危，弗震弗恧！犹忆民国五年，英使朱尔典回国，而侯官严又陵先生往送行，与谈中国之无望．不觉老泪如缚！朱尔典慰之曰："君毋然！吾观中国四千余年柢固根深之教化，不至归于无效！天之待国殆犹人，眼前颠沛流离，即复甚苦；然放开眼光看去，未必非所以玉成之也，君其勿悲。"旁观者清，而吾中国四千余年柢固根深之教化，舍仁义何求！苟非我国学专修学校之问学思辨以牖启国性之自觉，必不能以维持民族以不敝。皮之不存，毛将焉附！民族之亡，国以何保！而必自来学诸生居仁由义以无负唐先生之教，而表现自觉之生活，然后有以树人纪，而吾中国四千余年根深柢固之教化，乃不终归于无效！张子不云乎：

"为天地立极，为生民立命，为万世开太平。"此则唐先生之所以创设国学专门学校也！百尔来学，共勉之矣！（钱基博：《唐文治先生创设国学专门学校之宗旨》，《江苏民报》，1946年6月29日，第3版，转引自刘桂秋编著：《唐文治年谱长编》，第1058—1061页）

6月　王钟翰撰文概述金陵大学中国文化研究所论著，该所旨在研究并阐明本国文化的意义，培养研究本国文化的专门人才，且为协助该校文学院发展文化史学课程，鼓励该校师生研究本国文化。

（一）已刊出之刊物有：孙文青氏《南阳汉画像汇存》（商承祚氏校订），商承祚氏《长沙古物闻见记》，王伊同氏《五朝门第》，徐益棠氏《雷波小凉山之倮夷》及《边疆研究论丛》（二册，三十年付印者为第一册，三十一至三十三年付印者为第二期）。（二）尚未出版之刊物有：刘铭恕《宋辽金元四朝札记》，吕相氏《现代语文法研究》（上册已脱稿）。此外因印刷困难未便付梓者，如商氏之《长沙漆器集》与《四川画像汇存》两书。（三）长沙古器物展览：民二十年以还，长沙迭有楚墓之发见，出土器物，自楚汉迄于明清，莫不皆备。二十七年春，金陵大学中国文化研究所商承祚氏道过长沙，遍访各藏家，归而撰成《长沙古物闻见记》二卷。其后该所购得古物二百余事，运蓉保存。三十二年四月，金陵大学举行五十五周年纪念。该所特在蓉公开展览，其中战国时代楚国漆器最为罕见，以视朝鲜乐浪出土者盖无逊色。商氏别有：《长沙古器物图录》，《楚漆器集》两书，均由该所梓行问世。（王钟翰：《金陵大学中国文化研究所近讯》，《燕京学报》，第 30 期，1946 年 6 月）

金陵大学中国文化研究所抗日战争时期出版刊物有：商承祚撰《福氏所藏甲骨文字考释》《殷契佚存》《十二家吉金图录》《浑源彝器图》；孙文青编，商承祚校《南阳汉画象汇存》；福开森编，商承祚校《历代著录画目》；黄云眉撰《古今伪书考补证》《邵二云先生年谱》；陈登原撰《颜习斋哲学思想》《天一阁藏书考》；蔡桢撰《词源疏证》；孙几伊撰《河徙及其影响》；贝德士撰《西文东方学报论文举要》；李小缘撰《云南书目》。（《金陵大学中国文化研究所刊物一览》，《金陵文摘》，金陵大学五十五周年纪念刊，1943 年）

△　王钟翰撰文介绍华西大学中国文化研究所。

华西大学中国文化研究所成立于二十九年之秋。该所设主任一人，研究员与副研究员若干人，主任由闻宥先生担任。其研究工作分历史、语言、人类学三类。关于历史方面有韩儒林（现已离去）与刘朝阳二先生，语言方面为闻先生与杨汉先先生、甄尚灵女士等。人类学方面有刘咸先生（亦离去）与顾阆先生（现任华大医学院教授）。顾先生攻生理人类学，论著散见中央大学《医学集刊》中，刘咸先生致力于文化人类学。杨汉先先生系苗人，著有《英汉苗文对照字典》，甄女士著有《汉字俗解考》，闻先生亦著有《羌语文法》与《字典》两种。以上诸书将来均可付梓问世。该所刊物分两种，即集刊与专刊，集刊每年一卷，唯第一卷分四号，以后均为一卷一册，已出有四卷，第五卷在印刷中。专刊已刊三种，第一种即《汉藏佛教史料集》，吕澂先生所著；第二种为《周初历法考》，第三种为《晚殷长历》，以上均为刘朝阳先生所著。刘先生尚有《周初长历》已脱稿，将为该专刊之第四种。（王钟翰：《华西大学中国文化研究所工作近况》，《燕京学报》，第30期，1946年6月）

7月20日　《申报》报道北平师范学院拟恢复国学、史学研究所。

（北）平师范学院决恢复研究所，除国学、史学两部外，并将增教育一部。又该院已聘梁实秋主英文系，马思聪主音乐系。大部分教授，多自西北师院聘请。（《平师范学院恢复研究所》，《申报》，1946年7月20日，第6版）

7月25日　江苏省教育厅批复无锡国专教职员甄别事宜，该校教职员"或来自大后方，或来自乡间，并无一人任过敌伪中等学校教员"。（陈国安、钱万里、王国平编：《无锡国专史料选辑》，第51页）

7月　北平国学研究院为保存本市沦陷期内军民的英勇事迹及其他可歌可泣的史实，近期拟纂修北平市志，函请市政府调用袁前市长任内的分纂稿本，并请按月拨助经费。（《平国学研究院拟纂修市志，函请市府拨发经费》，《华北日报》，1946年7月26日，第3版）

△《国学专书》由重庆综合学术社出版，其中有张贻惠著《庄子讲解》。

△　陶庸生所著《国学概要》，由上海龙门联合书局出版。

该书是民国时期大学及高中选修常用的讲义，国学入门的参考书。分为四编，第一编经学、第二编史学、第三编哲学、第四编文学。其中，第一编后附编小学，书中有注释、附注，书末附有勘误表。此书前面有引言，兹录如下：

> 是书为多年来大学及高中选修之讲义。博采群书，立意取其允当，参考众说，主旨要在客观，而沿流溯源，提纲挈领，尤斤斤焉勿失，俾学者可据此以寻国学之门径。述而不作，几经修改。曩年已由书肆付梓，未出版而一二八之衅作，稿已多散佚。诸生所有之讲义，泰多遗亡。兹经搜拾，再加损益，印成是册。倘荷垂青采为教本者，如以钟点无多，则材料之剪裁，讲授之繁简，谅能因时制宜也。即学生用以自修，亦可示其津梁。惟国学宏深，非浅陋能窥堂奥；时贤著作，已博引掇其菁华。倘蒙明达之士，教正焉，鉴谅焉，则幸甚矣！（陶庸生：《国学概要》引言，龙门联合书局，1946年，第1页）

8月1日　徐英发表《国学解蔽》，评述近世学术之流弊，"不见古人之大体，而道术乃为天下裂"。

文章称：

> 自考证之盛，而经史百家根本之学微。清世言考证者，由于小学之精。昔臧琳教人，先以《尔雅》《说文》，谓"不解字，何以读书。不通训诂，何以明经"。已导考证之先路。及

东吴惠氏，以汉学植名，戴震出而壁垒益严，谓"经之至者道也，所以明道者辞也，所以成辞者字也，必由字以通其辞，由辞以通其道，乃可得之"。又云"治经之难，虽一事必综其全而核之。诵《尧典》数行，至乃命羲和，不知恒星七政所以运行，则掩卷而不能卒业。诵《周南》《召南》，自《关雎》而往，不知古音，徒强以协韵。则龃龉失读，诵古礼经，先士冠礼，不知古者宫室衣服等制，则迷于其方，莫辨其用。不知古今地名沿革，则《禹贡》职方，失其所处。一字一义，当贯群经本六书，然后为定"。自戴氏之说出，承学之士，遂竞以小学为治经门户，而益肆力于考证。其徒段玉裁、王念孙，遂专以小学名家，下及孙诒让、俞樾之伦，莫不殚毕生之力以通小学以治考证，弃本体而尚工具，贵手足而贱头目。盖焦循所讥为拾骨学本子学也。且如戴氏所举诵《尧典》之说，是古人三年通一经者，今必十年而后通一篇，以此教人，宁异以有涯之生，逐无涯之知耶。廖平曰："江段王朱诸家，以声音训诂［诂］校勘提倡天下，经传遂遭蹂躏，不读本经，专据书钞艺文隐僻诸书，刊写误文，据为古本，改易经字，白首盘旋，不出寻文，诸家校勘，可谓古书忠臣，但毕生勤劳，实未一饱藜藿。"又曰："如段氏《说文》王氏《经传释词》《经义述闻》，即使全通其说，不过资谈助绣巩［鞶］帨，语之政事经济，仍属茫昧。国家承平，借为文饰休明之具，与吟风嘲月之诗赋，视同一律，未为不可。若欲由此致用，则炊沙为饭，势所不行。"案廖氏学本乖陋，而斯言要为有识。盖考证云者，本借助以为治学之工具。考证非学也，考证者可以怖庸愚欺聋盲，而不足以邀通人之一盼，有手足无心思之学也，有枝叶无根株之学也，炫耀之学也，涂泽之学也，假借之学也，剽窃之学也，渣滓之学也，补缀之学也，饾饤之学也，贩卖之学也，仆婢之学也，抄胥之学也，皆所以为宾，而非所以为主也。宾盛而主弱，宾喧而夺主。主不可知，而宾肆横行。于是治群经诸子者，不通名理，罕识大义。治史学者，不通史例，不解史事。治文章者，不谙文理。而群焉自以为经学家、诸子学家、史学家、辞章家。据小学以为大宗，私考证以为绝学，高寸木于岑楼，崇附庸为大邦，学术以之而亡。及金甲之文出，益为诞怪，则并小学而亡之。小学亡而考证益不足据，倒读、顺读、反形、正形诸纵宕之说，随意诡变，不可方物，不得其证，而妄据之，则并考证而亡之。且昔之治考证者，必通小学，今之治小学者，不解六书，则益为浮妄不经矣。夫小学考证，为学术之蔽，金甲之文，又小学考证之蔽也。

昔人为经史百家之学，未有不读原书者。近世学校，为便讲授，始有提挈纲维编纂概要者。其始犹据原书，以事纂辑。读者亦能因之以窥原书。其后展转相承，读者不复更窥原书。直据概要通论之类，以为经史百家之学，尽在于斯。编者亦不复更据原书，罗列概要通论之类，展转抄袭而为之。原抄详略，因事制宜。本有义例。袭者不知，亦从其详略。原抄讹者，或出于传写排印，袭者不知，亦因讹而踵讹。其为荒陋，不可胜言，则又君子所弗屑责者矣。

大抵近世学术之蔽，蔽于宾而忘其主，蔽于末而忘其本，蔽于小而忘其大，蔽于偏而忘其全。无主之宾，宾何传焉。舍本逐末，末乃穷矣。不见其大，而见其小，不究其全，而究其偏，偏而不全，形等废疾之类，小而不大，形等侏儒之流。侏儒之流，不可以为人，侏儒之学，独可以为学乎。废疾之类，不可以为人，废疾之学，独可以为学乎。然则解蔽之道，在求其通，使夫主宾相应，本末相从，以大含小，以全概偏，又必有殊卓之见，断绝众流，不可依附而起，不可随俗苟同。一时之誉不足以塞万世之谤，一时之谤亦不足以夺万世之功。毁誉不乱其心，贵贱不易其操，贫富不夺其志，安危不变其节，争天下万世之是非，而不计一时一地之宠辱。然后庶几可以致广大而尽精微，通理要而入光明。若夫暗陋小儒，钝学下士，资考证以绣鞶帨，肆捭扯以矜淹雅，吊诡异以惑愚蒙，饰谀说以文谰陋，岂足以语夫斯道哉。（徐英：《国学解蔽》，《三民主义半月刊》，第9卷第7期，1946年8月1日）

8月3日　《申报》报道云南清流国学社抗议李闻惨案。（《新团体的出现》，《申报》，1946年8月3日，第8版）

8月24日　北平国学研究院国乐研究会，应本市秋季祀孔的需要，特举行演奏会，以资练习。

演奏会演奏节目共分十项：琵琶独奏之钟俞闲唱；《蝶恋花词》独唱，以萧及南胡伴奏；古琴独奏，曲名《梧茶舞秋风》；古筝独奏，曲名《凤凰来仪》；《汉武帝秋风词》独唱；古琴独奏，曲名《平沙落雁》；琵琶独奏，曲名《琵琶行》；琵琶南胡合奏，曲名《歌舞升平》；瑟独奏，曲名《关雎》。

其中之琴、瑟、筝、琵琶等乐器，皆非一般人习能调弄，古调弹来，入耳赏心，北平市不可多得之盛会。散会后，由熊市长领导，至大成殿演习祀孔礼乐。《韶平》《升平》等古代大乐，除见之古籍外，一般人□少听聆机会。即在帝制时代，除国家大祀外，平时亦不演奏。孔子自清代始升为大祀，所用礼乐与帝王相等。故现在所用之乐器，仍为康熙及乾隆时代所制作。其标准性当甚高，惜能奏演之人甚少，不易获知其中况味。吾国古乐驰名世界，友邦学者常来访问，故中央曾嘱熊市长设法提倡，用保国粹，兼传绝学。此次祀孔，特扩大举行，亦即含有提倡古代礼乐之意。

北平市府已委托张伯驹，于国学研究院中设国乐传习所，招收学生，研习国乐。（《国学研究会所属国乐研究会昨举行古乐演奏会，入耳赏心益增思古之幽情，会后并演习祀孔礼乐》，《经世日报》，1946年8月25日，第3版）

8月30日　《大公报》刊登崇化学会筹设国学专科学校、刊印崇化丛书、设国学图书馆等计划。

自卢沟桥事变后，抗日战争期间，崇化学会"不受日伪补助，不受日伪指导，不收学生学杂等费，讲师则皆甘尽义务，领导数百青年，努力读书，借以保存国粹，维持民族命脉，煞费苦心。早晚两班讲习，得未中辍"。"海宇光复后，蒋主席曾嘉勉该会，继续在心理、伦理两大建设上多多努力，以襄成建国大计。"由董事李琴湘、王吟笙、时子周、邓澄波、郑菊如、王斗瞻、曹衡如、张誉闻主持，计划如下：

1.国学讲习科

现已开课，共有学员四十余人，实施全日教学，期以三年毕业。凡成绩优良学员，酌发奖学金，以资奖励。并利用一般人士公余时间，于每日下午六时起，举办国学讲习班，现有学员一百五十余人。此外并拟延请通儒，利用星期日举行学术讲演会，俾开风气，振我汉声，招致会员，由会中聘请专家，分别指导，专门研究，所有创获，刊印发表。

2.筹立国学专科学校

国学讲习科系为造就国学初基人才，将来此班毕业学员之升学问题，自应顾及，以便学年衔接，造就益宏。兹拟就基金、图书、师资、讲室等项，分别计划，并依照部章，筹备成立国学专科学校，一俟讲习科学员毕业，即可升入肄业，并一面招考高中毕业学生入学。

3.刊印崇化丛书

拟先采会中师生著述稿本，汇刻为崇化丛书。目前计划开雕之书为章先生《四当斋集》，严先生《黔赣杂著》《蟫香馆书牍》，华先生《思暗集》等。嗣后如有海内孤本，人间秘籍，亦拟次第梓行，以供众睹。

4.附设国学图书馆

市内图书馆已有官办，至如国学图书馆，则尚无所闻。兹拟集合群力，广征图书，于会内附设此馆，以期庋藏日富，取用无穷。既便于学子参证，且可保存古籍。

崇化学会各科学员，均系免费，一切费用由董事会筹划。当时的会务公推郭霭春主持，并兼讲授《通鉴》《论语》，"能衣钵章氏学术，有诲人不倦之精神。博古通今，对于社会科学亦识门径，著有《续资治通鉴目录》《补周书艺文志》等书"；郑菊如亲授潜心研讨具有心得之《诗经》，"素以身体力行表率后进，尤得颜李躬行实践之真旨"；王纶阁讲《左传》；俞品三授《说文》；龚作家讲《孟子》；石松亭讲《经学概论》；王斗瞻讲《黄梨洲学案》；李澄波讲地理，"贯通古今中外，自然人文概况，尤多指示"；通澜校长齐通侯教授英文；众成校长陈高洲教授"虚字用法"；省立图书馆长井蔚青讲应用文；程云青传授形意拳。"望我津市当局及地方热心教育人士，均予以倡导，并加以协助，非特社会颓风得以挽救，而国学发扬，实有赖之。"

（《故严公范孙创立崇化学会近况，筹设国学专科学校以宏造就，刊印崇化丛书设国学图书馆》，天津《大公报》，1946 年 8 月 30 日，第 5 版）

8 月　许地山所著《国粹与国学》，由重庆商务印书馆出版。

该书收录了许地山在逝世前一年在《大公报》连载的议论文章，涵盖宗教、文物、语文三个方面，主要论述儒、儒学、儒教之间的关系；医学和道教的关系；宗教对妇女的态度，同时考证器物、制度、礼俗的议论等。

是年秋　蒙文通经草堂国专校董事会同意，聘请谢无量担任校董事会董事长，并撰写校牌。

蒙文通、谢无量决定将草堂国专迁至成都，并更名为成都尊经国学专科学校（简称尊经国专），此意即在继承振兴蜀学的"尊经书院遗风"，该校的教师遂都转变为以四川省籍为主。学校迁址与改名后，该校学风开始改变。之前在三台，师资多为东大文学院教授，所提倡"国学"多袭以"科学整理国故"一脉，而在成都，师资固然多以四川大学、华西文学院的学者为主，所提出的"尊经"远则"绍先哲，起蜀学"之意，近则多与四川大学国学研究会合流。（袁诲余：《从三台草堂国专到尊经国专》，四川省政协文史资料研究委员会编：《四川文史资料选辑》第40辑，第42—50页）

9月1日 无锡国专旅京校友会在中山东路励志社召开第一次会议。

出席者：严济宽、苏莹辉、吴竟成、夏敷章、冯励青、虞念祖、张寿贤、包槐森、谢宗元、蒋庭曜、王震、陈千钧、钱韵兰、冯书耕、俞月秋、周昌仁、张荫、张敦品、卜绍周、卜曾元。主席：张寿贤。记录：谢宗元。

1.主席张寿贤报告旅渝校友会之经过及返京后开会之意义，继由各同学作自我介绍，复由主席逐一介绍。2.蒋石渠同学报告母校由湘迁粤之经过及因战事关系转辗迁移蒙山猺山之困难，及至猺山几有绝粮之虞。迨日本投降同人等在桂南召集同学开会决议复校计划，至本年二月十一日分别回锡，在途又非常艰苦，复校时母校增办之附中，有同学三百多人。无锡母校亦预先招生，与由桂回锡之同学，分别上课，当因教师不敷，复课较难，今夏附中为某种关系，本届决定停办，原有附中同学即转入纲南读书。至于母校自迁桂，至今之学级制度则略有变更，当迁桂后，改为五年制，回锡后仍规复预科，现在预科已取销，复恢复以前之五年制。至于本届招生考生不见旺盛，其原因因国学专修学校名义与时势不大合宜。本人此次来京，与诸同学洽商，拟将国学专修学校改为国学院，呈请教育当局核办，并继续报告教育部委办文书专修科之节略。3.夏祖禹、谢宗元互相报告在渝校友会交接经过。（《无锡国学专修馆同学通讯录　旅京校友会第一次会议录》，中国第二历史档案馆藏教育部档案，五-6548）

9月13日　中国国学研究所拟创设民族文化学院。

中国国学研究所"历年研究国学精神，创设民族文化学院，勘定苏州东山为院址，现正向教部立案中。该院即日在苏州干将坊一一五号，开始办理报名手续"。（《简讯·中国国学研究所》，《申报》，1946年9月13日，第6版）

9月24日　无锡国专校友会代表张寿贤、唐兰、侯堮、王蘧常、蒋天枢、金佴千、蒋庭曜、王震、陈千钧、严济宽、张敦品等人，联名呈文教育部，请求将校名改为国立国学院，开设中国文学系、史学系、哲学系以及附设专修各科，以此"发扬我国固有之文化，树植学术特立之风声"。

《呈请准改私立无锡国学专修学校为国立国学院以便发扬中国文化由》：

谨呈者：案查私立无锡国学专修学校为海内耆宿、前南洋大学校长唐文治先生所创办，迄今已二十六年，人才辈出，成绩卓著。抗战军兴，曾迁至广西，在桂林自建校舍，广招学生，对于开发西南文化，发扬国学精粹，苦心孤诣，厥功尤伟。我国历史悠久，先哲所讲修身致治之本、体国经野之道，不特为中华民族精神之所寄，实亦世界人类命脉之所系。此固非一人之私言，乃为各国学者所公认。惜因提倡不力，研究乏人，遂使国丧其故步，以致道德沦胥，人心陷溺。有识之士，所为殷忧。本校自三十三年日寇入桂时，桂林校舍全部被毁。胜利之后，复员返锡，原有校舍，多所残破，但力加修葺，尚堪应用。惟是迭遭变乱，经费奇绌，改进有志，扩展无力。唐先生耆年硕德，矜式群纶，一生讲学，老而弥笃。其平日主张重道德，崇礼仪，维人心于不死；贯古今，通中外。跻世界于大同，所以振绝学而救时弊者，用意至切。当兹国土重光、声威挟张之时，本会同人以为建国伊始，大本须昭，用敢不揣冒昧，敬恳准予将私立无锡国学专修学校改设国立国学院，内设中国文学系、史学系、哲学系，附设专修各科，本唐先生一贯之主张，发扬我国固有之文化，树植学术特立之风声，民族光荣、人类幸福，实利赖之。谨呈教育部部长朱。

私立无锡国学专修学校校友会代表：中国国民党中央执行委员会秘书处秘书张寿贤、国立西南联大史学系主任唐兰、国立西北大学文学院院长侯堮、国立交通大学教授王蘧常、国立复旦大学教授蒋天枢、中国国民党江苏党部执行委员金仞千、私立无锡国学专修学校总务主任蒋庭曜、私立无锡国学专修学校教授王震、私立无锡国学专修学校教授陈千钧、教育部训育委员会专任委员严济宽、委员长西昌行辕政治部主任张敦品。

按：教育部批示云"所请应毋庸议"。（刘桂秋编著：《唐文治年谱

长编》，第 1064—1065 页）

9月25日　湖南文教界人士和船山学社部分社员在长沙举行船山先师诞祭典礼。

湖南大学校长胡庶华发表《船山诞辰纪念略述》，柳敏泉撰《船山先师诞祭感赋》，周逸发表《船山先生诞祭述事》。是年，"船山学社一部分图书搬回长沙，余者仍存湘潭石潭乡间"。（施明、刘志盛整理：《赵潜园集》，第 453 页）

10月6日　《申报》报道陈左高创办国学研究社。

陈左高鉴于年来国粹衰落，特在本市古拔路卅三号举办业余国学研究社，设"经集选读""书牍学"诸科，自即日起，每日下午五时，索章报名，十五日截止。（《陈左高办国学社》，《申报》，1946年10月6日，第8版）

10月10日　聂崇岐撰《三十年来国学界的概况》，从民族史、语言文字史、经济史、政治史、国际交通史、思想学术史、宗教史、文艺史、风俗史、制度史等方向，总结近三十年来国学总成绩。

聂崇岐认为清代学术，自顾炎武开其端，经过几十年的培养，到康雍以后收获辉煌的成果。乾嘉年间，大师辈出，其中如戴震、段玉裁、王念孙、阮元治经，王鸣盛、赵翼、钱大昕、洪亮吉治史，戴东原、段玉裁、王念孙、邵晋涵治古词典，"都有不可磨灭的业绩"。道咸以还，世运移转，虽然也出了几个名家，如朱骏声、邹汉勋、俞樾、孙诒让之流，"对于小学、舆地、诸子，各有相当的贡献，但比起前两朝来，究竟差得多了"。民国之后，"老师宿儒，凋零殆尽。乾嘉余韵，几无所存"。直到胡适倡导新文化运动，"这垂灭的死灰才又复燃起来"。

胡适是有"历史癖"和"考据癖"的，自然对"国学"发生兴趣，批评清儒之学，绕来绕去，多未脱"经"的藩篱，范围太窄，不足以尽"国学"之能事。因而主张扩大，主张以新的方法去整理旧的东西。于是，他率先在北京大学成立研究国学的部门，创编《国学季刊》，以为之倡。不久，继之而起者，如厦门大学、中山大学、燕京大学，都先后成立起"国学研究所"，而"中央、北平二研究院，也有了相似的机构"。在此整理国学的纲领与研究国学的机构基础上，"三十来年的表现是什么呢？对这个问题的回答，可以分作两项：一、资料的寻求、整理和工具的准备，二、各方面研究的业绩"。第一项是另辟新路，册档整理和古物寻求，遂分别进行。至于工具的准备，最早问世的，当推陈垣先生的《中西回史日历》和《二十史朔闰表》、容庚的《金文编》、孙海波的《甲骨文编》、顾廷龙的《古陶文舂录》，于治文字学的都很有用处。索引之类，北京大学研究所和北平图书馆各有专组以司纂辑，而燕京大学、哈佛燕京学社，成立引得编纂处（引得即索引）。假如把私人或坊贾所编印的索引合起来，有80多种。"不过，中国典籍，浩如烟海，几十种索引、通检，或引得，'沧海一粟'，是绝不够用的。"

第二项研究的业绩，聂崇岐依照胡适所拟的中国文化史系统，分为民族史、语言文字史、经济史、政治史、国际交通史、思想学术史、宗教史、文艺史、风俗史、制度史。

民族史：

　　三四十年前，西洋学者曾盛倡中国民族西来之说，一时附和者颇不乏人，但反对者也不少，真是"聚讼纷纭，莫衷一是"。不过，从二十多年来地质考古学上的调查，新旧石器时代的遗迹，已找到很多，而周口店"北京人"头骨之发现，尤足把中国民族外来之说打得粉碎。至于姬周以前，我们这赤县神州民族分布的情形，蒙文通把他们类别为三大系统：一、海岱（泰族），二、河洛（黄族），三、江淮（炎族）。徐旭生（炳昶）又给整编一下，把炎帝等支配入黄族，而定名为风偃、炎黄（姬姜）和苗蛮三大集团。这两种分法，当然不无牵强，但比以往总算有系统了。还有，对苗族一派，旧日多不太注意，这些年也有学者去下功夫，如广西之猺、贵州之苗、云南之猡猡，已经有好些调查报告出来，假如努力下去，把他们的神话传说等，都弄清楚，那于研究中国民族史，一定会有很大的帮助的。

语言文字史：

　　从前多认为钟鼎文（金文）是中国传下来的最古的文字（禹的岣嵝碑是假的，不算数。伏羲画八卦的事，更不足信），到殷墟甲骨文出土，钟鼎文遂不得不降低一辈。研究甲骨文，成绩最著的当属王静安（国维）先生，此后容希白、董作宾、唐笠庵（兰）、商锡永（承祚）、郭沫若，也都有贡献。现在认出来的字已有一千左右，还有一些，大家正在猜谜。至于旁的文字，如契丹文、西夏文，早就死了，目下大有复活的倾向。提到音韵、方言调查，业已着手，古音研究，进步也相当的快。

赵元任、沈兼士、罗常培、魏建功、李方桂，都是知名的音韵名家，而陆志韦先生由心理学转治小学，七八年间，已把周秦直到晚近的声韵系统，整理清楚，其成就可以说早超越前人了。

经济史：

研究经济史，不仅要重国故，还要晓得经济学。但这两件每不易凑在一起。所以，这一门的成绩，并不很高。前些年，虽然陶希圣办过《食货》，着重于经济史的研究，可是好些文章，都不免粗枝大叶，略欠精深，听说有的外国人正在那里弄这套东西，延揽几位中国的大学毕业生替他搜集材料。"多财善贾"，说不定真会出来好的成绩呢。

政治史：

弄这一门和治经济史相似，不懂政治学不易搞到好处，就目下而言，通三千年政治史的，还没听说有什么人。若一段段的来讲，齐致中（思和）之于两周，陈寅恪之于隋唐，皆已有相关的文章发表，而陈先生之《唐代政治史述论稿》，听说在"大后方"曾经名震一时。

国际交通史：

研究这种东西，当然要通外国文，不然就难运用外国材

料。张亮丞（星烺）是以治中西交通史出名的，六大本的《中
西交通史料汇编》，搜集、翻译，还要偶加注释，费的功夫，
不问可知。冯子衡（承钧）晚年也走入这一行，用的力量虽不
及张先生之大，但却有好些精到处。只是，张先生年来体质不
佳，冯先生又已作古，后起的还没有寄以大希望的人。

思想学术史：

这一门闹得相当火炽，但够火候的并不很多。从胡适之
先生《中国哲学史大纲》上册问世以后，接着梁任公先生又加
以提倡，一时弹此调的，很是不少。站得住的，如罗根泽、钱
穆等，确也有几位，不过，最结实的，那当然要数冯芝生（友
兰）先生。旁人弄这些套东西，多专于某个时代，惟冯先生大
致已打通古今，他的《中国古代哲学史》和《新理学》及《新
原道》，可以说都是不平凡的著作。他不但是思想学术史家，
同时也是思想家。虽说有些人攻击他，讥笑他，但一半出于嫉
妒，不理也罢！

宗教史：

中国的宗教，样数很不少，所以治宗教史，方面也多。对
这一门，最博的要推陈援庵先生，他不但精于所信仰的基督教
史（作过元代的也里可温考），就是火祆教、摩尼教、犹太教
（也作过一赐乐业教考）的历史，也都有研究。而在太平洋战

争发生时期，所出《南宋河北新道教考》，写民族意识于考据之中，尤为学术界人士所称道。关于佛教史，下功夫的也有几位，其中以汤锡予（用彤）为铮铮者。至许地山对道教，对摩尼教，虽也写过文字，但多属介绍性质，严格说来，不足视为研究。论到回教，中国回教徒那么多，现在反没有很好论及回教的文字，真不免是一件憾事。

文艺史：

学术界走这条路的真是"车载斗量"。自然有些是"野狐禅"，但以此名家的确也不少。就整个文学史来讲，郑西谛（振铎）、郭绍虞、赵景深都很说得下去。而孙子书（楷第）于普通文学史外，又擅长小说戏曲之流变，前后在杂志所发表的作品，既博且精，多有独到之处，可称是特出的人才。此外如鲁迅的《中国小说史略》、胡适之先生的《国语文学史》，皆曾风行一时。至王静庵《宋元戏曲史》，问世较早，不必提了。

风俗史：

这一门太难。既复杂，又零碎。不用说兼收并蓄，就是抱定一条窄道，也未必走的很通。况且，有的东西，必须由社会学上下手，谘诹搜访，参考外国资料，才能相得益彰，弄到好处。这是多么麻烦！所以，二十多年来，仅仅有几个人对于此道，算是略有成就。如江绍原之讲禁忌、考火……杨堃之考证五祀，搞的总还不错。至于注意研究民俗的机关，在国里也有几处，不过，工作都显著松懈，倒是中法汉学研究所干得还相当起劲，将来或许有点希望。

制度史：

制度也是难弄的东西。门类虽不及风俗之复杂，但头绪纷繁，那是不能否认的。就拿考试制度来说罢，汉朝当然和清朝不同，而清朝本身前后也不一样。所以要研究这一套，非在通史上有相当的根基不可，只专一两个时期，是走不通的。并且，有的制度，如丧服之类，还需要实物的证明，才能下手。空口说白话，怎么也搞不清楚。就目下学人来讲，齐致中对于春秋战国制度，谭季龙（其骧）对于地理沿革制度，陈寅恪对于隋唐制度，都已有深到的研究。至于坊间所出的各种制度史，固然有的很不错，但大多数，出于钞胥。"述而不作"，条理分明，已是诸中皎皎的了。

除此之外，聂崇岐还比较了通史和文化史的不同：

文化史是合若干专史而成，通史则注重综合的演变。通史本身也有分别，统述历代是通史，单叙一朝也是通史，只是后者多称之为断代史罢了。在专史没有完全弄好以前，作第一种通史，不是件容易事。现在中国通史一类的书，不下十种（中学教科书不能算），但没有一部尽美尽善。这并不是著者学问不好，乃是他们所凭借的东西不够，想好也好不了。至于第二种通史——断代史，这些年的成绩还不坏。从上到下数起，顾颉刚先生对古史的贡献是举世闻名，不必细表。此外若蒙文通、钱穆、卫聚贤，以及童书业、杨宽……都是个中名家。自然，他们的见解不一定全对，甚至有的根本错误，但"好学深思"四个字，总可当之而无愧的。又如：王静庵由甲骨文以考证殷商公王系统，郭沫若据金文、甲骨以探讨古代社会状况，钟凤年之博稽秦汉典籍以研究战国诸国地理，齐致中旁征西洋各史以说明西周封建情形，虽不能说是怎样的体大思精，可是，谓之为言之有据，似乎倒没有什么不可。秦汉两朝史实，还不知有谁是特出专家。六朝隋唐的研究，陈寅恪可称巨擘。余如陈乐素之治宋史，冯伯平（家昇）之治辽史，陈述之治金史，翁独健之治元史，都已有成绩发表。而张亮丞先生之于蒙元史，名望尤为高大。朱明事迹，吴春晗（晗）素称精熟。清朝掌故，孟心史（森）、郑毅生（天挺）、萧一山，皆有深刻的探讨。至于邓文如（之诚）、柳翼谋（诒徵）二先生，虽不致力于一期一代的史，但博奥渊深，又非"专门曲学"所能望其项背了。

总而言之，"近三十年来，内乱屡起，外侮叠乘，一般抱残守阙的书生，在吃不饱，穿不暖，住不安静，行不舒服的景况下，居然'弦歌不辍'，居然还弄出些成绩给人看看，对国家，对民族，恐怕不能说对不起罢！"（聂崇岐：《三十年来国学界的概况》，天津《益世报》，1946年10月10日，第5版；李孝迁编校：《中国现代史学评论》，上海古籍出版社，2018年，第351—357页）

10月13日　考试院副院长周钟岳抵杭，主持复性书院董事会。

（《周钟岳抵杭，主持复性书院董事会》，《申报》，1946年10月14日，第3版）

10月16日　复性书院董事会、基金保管委员会东迁后第一次联席会召开。

马一浮提出代理提案：

一、拟请改监院名义为都监案。

本院为适应事势，故拟请设置都监一人，辅佐院长、副院长监察院务、纠举得失，关于全院职事之违误，得随时建议院长、副院长检正之。原设监院一职，应即取消。是否可行，敬请公决。

二、拟请聘任张编校立民为都监，仍兼编校原职案。

本院现经董事会议决，改监院名义为都监，兹拟遴选张编校立民为都监，仍兼编校原职。是否有当，敬请公决。

三、拟请组设讲友会，振导讲学风气，并谋建立明道堂及养正堂之基础案。

本院为振导讲学风气，并建立明道堂、养正堂之基础起见，谨拟定办法大纲如次，敬请公决。

（一）设讲友会，罗致国内名流显学及与主讲相知有素者，担任讲友名义。逢缘莅止，得开临时讲会，使各抒所得，示学者以博习亲师、多闻广益之道。由院录其讲语，刊布流通。讲友不致薪脩，但由院设讲友室以待之，并致送舟车费。

（二）本院寓讲习于刻书之中，执事其间者，须以求道为心，宜抽暇阅览典籍，亲师取友，以德业自励。遇诸方讲友莅止举行讲会时，亦须参加听讲。

（三）凡书院旧日从游之士，自远而至参谒主讲请益，应由院供给膳宿。四方有志之士，经本院有关人士负责介绍，并经主讲认其有可造之资者，得许其定期住院参学。无力者亦应由院量供膳宿，有力者膳宿悉听自备。其有远方以书来问业者，得启请主讲随宜赐答，并由院将主讲答问按时汇编成册，刊布流通。

（四）幼学之士有志选修者，经其父兄请求，自行束脩以上，并经与书院有关人士负责介绍，得请主讲指定院中职事之有学行者，授以章句，传以德义，作为开办养正堂之准备。本院但供住处，膳食自备。遇有捐助奖学金者，由主讲察其成绩优异者，酌予奖金，以资鼓励。（吴光主编：《马一浮全集》第4册，第427—428页）

10月27日　北平国学社召开董事会成立大会。

内六区警察分局报告北平国学社在中山公园召开董事会成立会的情形：

一、开会时间：十月二十七十时四十分。

二、到会人员：市座及夏仁虎、潘龄皋等三十余人。

三、开会情形：由陈尧初主席报告本会筹备经过及宗旨，随即选举，当选定夏仁虎等二十五人为理事，潘龄皋等十二人为监事，选举闭会。与会人员均陆续散去。

四、照料情形：当饬该园驻守长警在场照料，并无事故，除已先行电报外理合报告。（《北平国学社、新中国报员工福利社和取编知行学社请准备案的文件》，北京市档案馆藏北平国学院档案，J181-014-00547）

10月28日 《中央晚报》刊登力耕的《国学大师》，讽刺"国学大师"潦草教学，粗暴对待学生，自命清高的形象。

假如你看见一位佝偻着腰，面孔瘦削而戴一顶大红缎的风帽，身穿长袍马褂的遗老似的人物，那就是我们的国学大师了，不，我还得告诉你几点特征，他那玳瑁边的近视眼镜，古藤的手杖和几本线装书是永远跟他在一起的。

大师得天独厚，生长于儒家正宗桐城派文学的发源地——桐城，虽然他的年龄到今天还够不上做四十大庆，但一向是喜欢别人称他一声"佑老"或"佑翁"的。

上课了，学生忙着坐在位子上鸦雀无声地静候大师驾到，大师走上讲台后，开始了他惯常的动作：放下线装书、手杖，从眼镜袋掏出一方破手巾擦擦眼镜，然后是点名，然后沉默一番看看窗外的天色，然后……十分钟过去了，有一次不知怎的大师瞧见一位学生在绉眉做鬼脸，这一下大师可火起来了！

"怎么样！显得不耐烦吗？那你可以请出去，哼！现在是越过越不像话了，想当年家师季刚先生教我书的时候，起码要挖上半点钟的脚皮才肯开课呢！你们，你们！这还得了……"阿弥陀佛一口痰总算把大师的火致熄了，学生吓得一声不吭。

大师的学问真够渊博的，他是近代国学祭酒章太炎的弟子黄季刚先生的高足，当代才子，中国五千年文化的继承者，谁敢开罪他老人家？气死他中国古文化就要绝传，这责任谁负？这不是瞎捧他，大师自己也曾说过。近代只有二支半笔够得上称为文章家，一支是他的师祖太炎先生，一支是他的受业师季刚先生，他自己呢？谦逊的说只能算作半支，目下章黄二公均已作古，这唯一的半支笔，谁敢不尊敬？

大师不但精通经史子集诗词歌赋，连《西厢记》中用过多少个风花雪月的字眼他都历历如数家珍，不过他平常教课选择教材只有两大标准，就是：文必秦汉，诗必唐宋，别的他是不屑于教的，因为久列门墙，大师的怪癖我们也略知道一二。大师平常有三不上课：天太热不上课，天太冷不上课，下雨天也不上课，对后者他曾有过一次解释，原因是校区内的路太崎岖，落雨天路滑得很，他绝非怕跌死，乃是为了留此余生保存中国传统的文化。在作文时，大师有三不看卷：白话文不看，字草率不看，过时交卷不看，我们每学期的教材是作文两次，教授大文章三篇、小文章两篇，据大师说这还是因为国难当前，为国造就人才，特别费力呢！

政治与党派问题对大师无缘，他的看法是"君子朋而不党"，闲来无事谈谈作诗，评评古今文人是挺合他的口味，有一次学生问他对清代大儒曾文正公的评价如何。

"曾湘乡么？他的思想到真合乎儒家正宗，唯文章格调方面尚他（欠）锤炼，马马虎虎送欠（他）个六十分吧！"大师很惋惜地说。"那么胡适之先生呢？"学生又问了一句，这一下又使大师恼火起来。"胡适！胡适那小子是什么东西，东抄一篇，西抄一篇，连造句还未弄通呢，老实说一句，像他那种博士倒挂三天都难滴出一滴墨水来，这些我希望你们下次少谈！"

盛怒之下，学生吓得像老鼠见了猫，吱也不敢吱了。

你以为大师火气大么？那又不然，大师对佛经方面到有过相当研究，脾气较从前好得多了，他每天晚上在家都要焚香静坐读上两小时的佛经的。

离开大师四年了，有时不免有点思念。最近得一位老同学来信告诉我，大师已转入某师范学校执教去了，为了逃避这世风日下罪恶丛生的社会，大师对佛经比从前兴趣更浓，往日他的几位得意门生，目下均在某大学文学系攻读，有其师必有其徒，这几位大弟子为了避免心灵堕落，听说到今天还不肯和女同学说一句话或向女人们看一眼呢！（力耕：《国学大师》，《中央晚报》，1946 年 10 月 28 日，第 2 版）

10 月 30 日　柳诒徵致函黄裳，辨析国学内涵。

柳诒徵指出：

平生宗旨，略可奉告者，今世一切，固皆应遵天下为公之旨，而图书馆事业，尤属为人之事，非典守者所得私也。学为天下器，任何学者，讵能尽擅一切学问？惟有公之于世，与天下学者共同研索，庶不负往哲，而能开来贤。往典此馆十许年，抱此宗旨，限于财力，未能充其愿量。中方丁浩劫，勉强收复，视前此之规模，益形隘陋，所志殆不能遂，然不敢背其初衷也。尊示慨近日学者，矜秘其有，此亦一时风气，不识"学"字之义。凡学者，所以学为人，学为国，非学为骨董商人也。骨董商不但可为军阀、巨商之清客，兼可作碧眼黄须者之陈列品，搜僻探奇，惟恐一泄于人，则其骨董生意不足居奇。而"国学"二字，乃为若辈坏尽。凡为学，举无益于人，无用于国，而其人亦甘卑陋，不知天下国家为何事。语以圣哲之要义，必尽力吹垢索瘢，谓是不足信。实则若辈所信者，金条、法币，外此皆不信也。（柳诒徵著，杨共乐、张昭军主编：《柳诒徵文集》第12卷，第131页）

11月8日　于椿作《关于胡梁两先生所开国学书目》，简评胡适、梁启超的国学书目，以资东北光复后，青年学子补偿国学知识的饥馑。

距今廿三年以前（民十二），正当五四运动之后，新文学方兴未艾，一般学子，求学欲非常的旺盛，一方面提倡语体文，一方面更用科学方法去研究并整理国故学——尤其是欢喜研究并整理历史学及先秦诸子的哲学。试把那时候北平各大学所出版的周刊、月刊、学报等，检视一过，很容易看出这种好的风气来。……东北光复后，许多许多青年学子，都急于要求一点国学的知识，以补偿以往的饥馑。有些位把我当作识途老马，不耻下问，我便想起二十年前胡、梁两位先生所开的书目来。寒夜多闲，偶思为之补充数语，不觉拉拉杂杂的竟写了这许多费［废］话。（于椿：《关于胡梁两先生所开国学书目》，《华声》，第1卷第2期，1946年11月15日）

11月11日 《国风日报》刊登《中华国学社改组致辞》。

　　陕西中华国学社成立有年，讫今未能扩充进展，推求原因，厥有数端。回忆本社创始，正值强邻肆暴，抗战军兴之际，于时干戈扰攘，戎马生郊，全国人士，方皇皇于武备，视文事为缓图，此一端也，加以征调频仍，民生凋敝，所谓惟救死而恐不赡，奚暇治礼义哉？此又一端也。且举世方竞逐于功利之途，以蹈道义为迂阔，复因新潮激荡，异说蜂起，孟子曰：杨墨之道不熄，圣人之道不著，此亦一端也。鄙人自愧学殖荒落，虚拥皋比，无动众化民之师资，未能享利天下英才之乐，乃与同人协商，于社中另组国学讲习所，以期教学相长，观摩而善，并邀硕学名流，特开讲座，类引起学人兴趣，念本社原为义学性质，最初由延左刘逊斋先生发起，募捐助修，□到有力同志热心扶持，以底于成。继又蒙熊主席捐金，就明伦堂故址，改建大礼堂兼充讲舍。又蒙祝主席给助讲师餐飧，始得继续开讲，来学者，虽自备膏火，亦极踊跃。不意胜利后，外患方休，内争未已，以致交通梗阻，物价高涨，讲师餐飧不继，学生膏火为难，本社今岁本务遂无形停顿，不克开讲，兹幸社会处注意社会文化事业，特派员督促，照章改选理监事，又承省府资助筹备费，始有今日盛会，使久经沈默之国学社，重露一线曙光，将来本社发挥国学而弘大之，其成绩必有出人意料之外者！略述所感，不胜企盼。（《中华国学社改组致辞》，《国风日报》，1946年11月11日，第3版）

11月21日　梁漱溟前往重庆，主持勉仁书院。

梁漱溟定廿一日飞渝，主持勉仁书院，并继续写《中国文化要义》。该书系战时在榆林着手写，已成五分之三，另传梁将挽张澜入京，加强民盟。（《梁漱溟明飞渝》，《申报》，1946年11月20日，第1版）

11月25日　宜宾国学社图书馆董事会董事长曾国宾、吕鹿鸣通知各董事，定于当日在县参议会召开第十五次董事会积极筹商计划，充实国学图书馆，同时对外江中学基金问题，予以决策。（《充实国学图书馆，董事会昨开会商讨》，《川南时报》，1946年11月25日，第3版）

11月　无锡国专同学会，将请名流，每星期都进行学术演讲，并出版《国学季刊》。（《简讯》，《申报》，1946年11月26日，第8版）

12月8日　周予同在无锡国专同学会演讲"中国史学之演变"。

周予同将中国史学分为四时期，"（一）商朝至孔子以前之史学产生时期，（二）孔子春秋至司马迁《史记》前之史学产生时期，（三）司马迁至清末之史学发展时期，（四）五四运动至现在之史学转变时期"。（《周予同莅锡演讲》，《申报》，1946年12月10日，第8版）

12月13日　童书业发表《新汉学与新宋学》，认为抗日战争后学术界的潮流与未来都属于新宋学一派。

童书业认为抗日战争以后，学术界的潮流从向外的考据学的研究渐次转移到向内的道理的探求。按照文化发展的自然趋势，这种转变符合"正、反、合"的历史潮流。清代考据之学已独霸学界三百多年，如今世界和国内大势整体变迁，自然该有新的学术潮流兴起，这是历史的必然趋势，最近"新宋学"运动正是契合了这个历史的趋势：

所谓"新宋学"运动，是指近来一班喜讲道理的学者的讲道理运动。这班学者的讲学，往往被人们误解，认为有某种用意，他们既不容于传统的学术界，又不容于自认为"前进"的思想界，在新旧两派的夹攻之下，他们的处境可谓很苦。其实这只不过是一种新思想潮流兴起时不易被人们了解的自然现象，原是无足多怪的。

目前的"新宋学运动"的根柢，当然还很浅薄，它还不曾成为学术的主潮，然而其趋势已很明显，是应用汉学的实证精神来讲道理，这是它与旧宋学不同之点。旧宋学是完全主观的、独断的，而新宋学则是客观的、批判的；旧宋学所发挥的是个人的玄想，而新宋学所发挥的则是依据科学的、发现的、相对的真理，和社会政治的实际情状而产生的理论，旧宋学是宗教化的玄学，新宋学是科学化哲学或思想。

本来五四运动以后的考证学称为"新汉学"，其异于旧汉学之点，一般人所知道的是：旧汉学不能打破传统的观念，脱不了"经学"的色彩，新汉学能打破传统的观念，完全抱着为学问而学问的态度去治学；旧汉学的范围狭，新汉学的范围广。其为一般人所疏略，而实为新汉学最主要的特色的，是它的批判精神，这实是宋学的遗产而为新汉学所吸收的。旧宋学虽是一种独断的玄学，然其中实也含有批判的精神；尤其是程朱一派的宋学，本以"格物致知"为号召，他们对于现实的世界也曾下过一番研究的功夫，所以他们往往对传统的学问和政治社会能作一种比较客观的批判。清代的考据学家中，也有少数人如戴震、崔述等能继承宋学的批判精神，对于经史的研究能作大胆的断制。但这种超时代的人物，其真实的贡献，往往不为当时人所了解，这也是时代使然，无足深怪的，新汉学的特点，便在完全接受旧宋学的批判精神，对于传统的思想，旧史的传说，常能作勇猛无情的批判；我们只须看《胡适文存》与《东原遗书》和程朱语类的关系，《古史辨》与《东壁遗书》和《书疑》《诗疑》的关系，便能承认这个论断是对的了。

新汉学所以不能脱离旧汉学的圈套，是在它精神虽异而研究范围并无多大的两样一点，这是它不及新宋学能代表一新时代思潮的地方。所以我们认为未来的思想界的主流，也属新宋学一派。不过此后的学术界应与过去的不同，过去的学术界可以让一派的思想独霸，此后的学术界却决不是这样，主潮之外，其他的学术思想也当有其相当的地位，我们决不能说：此后又是讲理学的世界了，用不着考据了。（童书业：《新汉学与新宋学》，上海《益世报·文苑》，1946年12月13日，第9版）

12月14日　梁漱溟发布"为勉仁学校、书院募捐启事"。

勉仁学校今有初中三班、高中三班、国学专科两班。书院则有待充实，地址在北碚温泉右侧，为二十九年秋漱同友人所创办，后以奔走大局，疏于经营。今日归来，颇负债务，又建筑一礼堂未竣，停工待举，敬求各界同情人士、海内知交惠予援助，或现款，或图书设备，或建筑材料，均当为同人拜受之。惠捐五万元以上当作书（对联、屏幅、匾额等）为报，百万以上并当走谢，专此布恳，敬希公鉴。

通讯处：重庆北碚勉仁书院

收款处：重庆道门口复华银行邓托夫君，重庆北碚和成银行。（《梁漱溟为勉仁学校、书院募捐启事》，重庆《大公报》，1946年12月14日，第1版）

12月15日 《中华图书馆协会会报》刊登柳诒徵呈报江苏省立国学图书馆损失事宜。

江苏省立国学图书馆创自前清，多历年所，荟萃文物，弁冕东南。自经国难，内外损失，不可亿计。大宗书籍封存伪中央图书馆，伪文物保管委员会及陈逆群之泽存书库，以及伪前师长马幼铭劫去寄存兴化各书，梁逆鸿志劫取馆中密室各书，方待清理追求，未能确定存毁之数外，就目前所知损毁之文物，计有多种，条举如左：

（一）寄存兴化北门外观音阁被焚之书六千余册。二十六年国府西迁以后，曾奉教育厅令移运馆中存书若干部册，寄存苏北兴化县，以防兵燹。讵廿九年五月，兴化县亦经敌军攻陷，所至焚劫，以故馆书之寄存兴化北门观音阁者，亦与该庙俱烬。此项书籍多系木刻丛书及各省方志，现多不易购求，综计所毁书六千八百零三册。

（二）龙蟠里本馆所存清季江南各公署档案若干件又六十

余大篓。本馆积存前清咸丰同治光绪宣统间江南各公署档案，
迭经信员清理印布目录者，计六千四百八十六宗，尚有未及清
理存储书楼者六十余大篓。该项档案均有历史价值，如操江轮
船档案，吴淞炮台档案，印在本馆年刊者，均可见其关于军政
之重要。讵廿七年敌伪劫迁馆中文物，将上项各种档案，悉数
运去，片纸不存。闻多焚毁及售卖作还魂纸，比之书籍，尤为
无从追索。且海内外绝无副本，价值更不能估计。

（三）本馆逐年印布及存售各局印刻各家印刻之书。本馆
逐年印布馆藏稿本、名著及本馆小史、宋元书影、概况、年
刊、各种目录，多则千部，少则数百部。除发售及赠送外，截
至二十六年底，尚存有数万册。又自清季淮南书局、江楚书局
为归并本馆，其书籍由本馆印售，又有江阴缪氏、大兴王氏、
江宁许氏各种书板，或售归本馆，或寄赠本馆，均由本馆陆续
印刷发售者，每种少或存数十部，多或数百部，本馆经理印售
向有刊目公布。以上各项书籍，亦经敌伪劫掠一空。

（四）本馆订存日报若干册。本馆自民国十六年以来，购
置各种日报，均经装订成册，以备学者研究近世史料及政俗流
变。截至廿六年底，计有一千八百九十四大册又十九束，亦经
敌伪劫去焚毁变卖。

（五）本馆器具多种。本馆器具历年购置增加，共计约
二千一百余件。廿六年首都沦陷后，除敌伪劫夺，分贮于伪
文物保管委员会及伪中央图书馆，现尚未收回，不能确定实数
外，余一千二百余种，都为敌伪劫夺损毁。至前清江楚书局存
有印书机器及印书石，久归本馆，恒拟召匠印书。廿六年后亦

为敌伪劫去。闻印书石尚有若干方存贮伪中央图书馆，而机器则为敌运去铸军械。以上各项，皆确知损毁，已声请政府汇案通告日本，责令照原书物或估计价值赔偿。至馆存善本书、普通书及名人手札、各种书画、拓片、古物、载在馆印总目专目者，以现在尚未清查，不能得其确数及约数。俟清查后始能造报清册向敌方索偿也。（《江苏省立国学图书馆损失概况》，《中华图书馆协会会报》，第 20 卷第 4—6 期合刊，1946 年 12 月 15 日）

△　林定珍发表《研究科学与国学应有的态度》，提倡以科学的方法研究国学，不能做旧知识的奴隶。

林定珍首先简述科学研究一定要注重科学的整体性、科学的功能以及科学发达的社会条件，进而叙述"什么是国学"：

国学是一个国家固有的学术思想，在我们中国来讲这不外乎是四书五经、诸子百家以及汉唐宋以来各学者的思想学说，这些都是前人的思想经验的绩贮，但我们研究它的用意，不是一般国粹派的复古者认为国学是人生中唯一的要件，所谓"一部《孝经》，可以治天下"。也不是基于以前所谓"中学为体，西学为用"的看法。同时也不是所谓明哲保身者的研究态度。我们研究它，是要认识它，了解它的价值所在，可以说是一种旧价值的重新估价，我们国家有这样悠久的历史，前人当然有许多可宝贵的经验的积贮，我们如果一味蔑视经验实是我们的愚陋，抹杀前人，也是我们的罪过。但这里或许又须得来问我，"前人的思想和经验，也不限于本国啦"；但是我们为了研究的便宜，利用自己国语的知识，进一步去研究古代学术思想和国有文化，对了解方面及涵养创作力与鉴赏力方面，是最上算的事，这是我们应享的一种权利，而不能说是做旧知识的奴隶。

那么，当下就应当以科学的方法，研究国学：

现在有些反对研究国学的人，以为国学是古老已死的旧知识，已不切今日中国之需要，今日在建国的时候，应该人人研究科学，以使促进建国的完成。我们以为站在学术研究的立场，研究与不研究，只能各就性之所近，各尽力的所能；人生的行路本自多殊，不必强天下人于一途。而且分工合作，是社会成立的原则，是人类进化的条件，百川殊途同归于海，如能在不同之中，而见出其大同，我们觉得也是一样应该研究，可以分工求真，必须合一，又何必强大家走一条路，而且事实也不能如此呢？

什么事物都可以为我们研究的对象，不过研究的人要有十分的素养，要取适宜的方法，这就是说，我们研究一切事物，必须以科学的方法，时代的思想和精神去研究，惟有以时代思想精神，来建设国家，研究学术，才能创造时代的精神和文明。所以研究国学，不能就死死的去推敲，不能只从章典上去考究，如果研究的方法与态度，只是承袭考据家的旧套，只顾搜罗死学，注经释典，以标榜考据的渊博，这种白费精神的办法，是与我们生活毫不相干的。这无异诱致青年学子去狂舐这数千年已死而腐朽的枯骨，终无所裨益于实际。

　　林定珍认为以科学的方法和时代的精神去研究国学，可以避免陷入"魔道"与误入歧途，"因为古来一般儒者，往往在一切叙事抒情的诗文上到处加了一层纲常名教的粉饰，这也算是他们卫道的苦心，毫无足怪的，但我们假使也一点不打折扣的信任，不仅蒙受了欺骗，而且辨不出真伪，了解他真正的意义"。正如胡适在《清代学者的治学方法》中提到"中国旧有学术只清代的朴学，确有科学的精神"，朴学中的训诂学是用科学的方法，以物证来解释古书文字的意义。校勘学是用科学方法来校正古书文学的错误，"姑无论事实上是否如此，我们都值得拿来参考和记取"。（林定珍：《研究科学与国学应有的态度》，《迈进》，第 2 卷第 5—6 期，1946 年 12 月 15 日）

　　12 月　胡泉山编《国学常识简要问答》，由台北中华文化服务社出版。

　　该书认为传统国学分为经史子集四部，现时的分部为经学、史学、哲学、文学，"本书编辑，在供各校学生研究国学时之参考，及一般欲明国学概要者之阅读"，"根据经史子集之分类，并顺朝代源流，先后设问，均有统系，以期读者，阅后易得概念"。（胡泉山编：《国学常识简要问答》例言，中华文化服务社，1946 年）

　　是年　郑逸梅应范烟桥之邀撰《国学商兑会纪略》，追忆国学商兑会的来龙去脉。

　　郑逸梅某日拜访高燮，高燮告知范烟桥来信为《新纪元》索稿，指定写《国学商兑会纪略》，"虽是很好的题材，但疏懒怕写，你既一再为南社张目，这国学商兑会就烦你代劳了罢"。郑逸梅自称"不自揣量，具义不容辞的词色，答应了下来"，希望能抛砖引玉，为《新纪元》增添好资料，成文如下：

（一）起始

清末民初，一班以文字鼓吹革命的文学家、小说家，以及新闻记者，组织了南社，一时光焰万丈，气冲斗牛，居然文字成功，义旗遍举，成立中华民国。当时人才济济，便由松江金山高丈吹万和已故的姚石子，别组国学商兑会，出版《国学丛选》，和南社出版的《南社集》成为姊妹刊物。如果说南社的灵魂是柳亚子，那么国学商兑会的灵魂，便是高吹万。国学商兑会的成立，在民国元年的秋天，宗旨无非扶持国故，交换旧闻，商兑类分四项：甲、经学（小学附），乙、史学（政治学舆地学掌故学附），丙、子学（理学佛学附），丁、文学（美术学附），可算包罗万象，比南社的范围更扩大。会友不分男女，不限年岁，凡敦品好学，得会员介绍，均得入会。会费很便宜，常年二金，入会费一金。会中不设会长，公举经、史、子、文评辑员各一人，理事长一人，书记、会计、庶务等，由理事长推定，均义务职。会友须按类交稿，每季汇印丛选一册，分赠会友，余作卖品。会所设在松江张堰镇文昌阁，发起人为高吹万、姚石子、高天梅、叶楚伧、余天遂、胡朴庵［安］、姚鹓雏、柳亚子、李叔同、闵瑞之、吴叔子、李芑香、文雪吟、蔡哲夫、陈蜕盦、林百举、周人菊，凡十七人。高丈当时撰有一篇小启，如云："在昔秦政焚烧，六经尚存孔壁；汉武罢黜，百家犹在人间。故有入泉出天之精诚，即为古圣先民所呵护。学之不讲，古义奚知，辨有未精，大道斯隐。自匡刘以大儒而附伪莽，绝不来君子之诛；吴许以道学而仕胡元，反得享太牢之奉。盖人心之尽死，皆由学术之不明矣。夫国而无学，国将立亡，学鲜真知，学又奚益。况凡今之人，不尚有旧，视典籍如苴土，沦坟索于草莱。户肆蟹行之文，家习象胥之籍。倚席而称，匪博士之才。抱经以行，丧宿儒之业。见披发而祭野，辛有所以兴悲。作胡语以骂人，表圣因而致痛，爰立斯会，翼挽颓波，非敢强人以从同，聊系绝学于一线。空山落寞，精义以阐发而益深；斗室沈吟，玄谛因推敲而愈显。孤证妙解，必使切理而餍心；触类旁通，亦不逞奇而眩异。邦人诸友，凡百君子，如有乐乎此者，敢望贻我佩玖，同歌邱中有麻；与子偕行，共采中原之菽。高燮吹万谨启。"好一篇主持正气，提倡国故的堂皇文章，载在《国学丛选》第一集的卷端，博得许多社友的传诵。

（二）丛选的集数

《国学丛选》第一集，发行于民国元年九月，出至民国十九年冬，为第十八集，便告停止，第一至第十四集为小本，有光纸印，十五集起至十八集止为大本，毛边纸印，十五、十六为合集，十七、十八为合集，第一、二集再版亦改为大本，第六集起，编辑加入胡朴安。封面的题署，每期更换，如蔡寒琼、杨了公、陈陶遗、李叔同、王毓芳、闵冷禅、马适斋、马超群、傅屯艮、张定、黄宾虹、俞宗海等，都留着手迹。本定每季刊印一集，以三月、六月、九月、十二月为出版期，后来因会中经费不敷，而松江没有较完备的印刷所，必须到上海或苏州去付印，很费手续，改为半年一集，以后又断断续续不准期，所以足十八年只出了十八集，仿佛成了一年一集。

（三）会址的变迁

商兑会最初的会所文昌阁社友感觉到近市嚣尘，不足以资商兑。那时高丈在秦山后建筑闲闲山庄，具泉石亭榭之胜，所以从民国六年春起，把会所迁入。那闲闲山庄的景色，却有金山金兰畦的一篇山庄记，作为证印，如今节录一段于下："吾邑地滨于海，多平原沃野，独东南隅有山曰秦望，仅培塿小阜，非著称于世也。顾山之四周，清溪回合，树林阴翳，外来之人，往往迷径而莫能至，为吾乡最幽之境，宜隐者所栖息，盖高吹万先生之故居在焉。往年复筑山庄于其间，号曰闲闲，取诗人十亩之闲意云。池亭水榭，曲槛长廊，莫不布置悉宜，自然朴雅。开窗延翠，秀可餐也。凿石引泉，鱼可养也。竹篱绕于外，绿泓环其前，桑麻掩映榆柳纷披。每值夏秋之交，则粳稻盈畦，弥望无际。古之桃花源，世固未尝无也。"即高丈的《望江南诗》六十四阕，也是为怀念山庄而作。一再述及山庄的景色如云："虽逊南阳桑百本，却超彭泽柳千株。"又云："屋外有堤环四面，门前列石坐千人。"又云："拂槛两行甘露叶，当门一架紫藤茇。"又云："偶琢树根成矮几，喜编瓜蔓当围屏。"又云："大木千章阴蔽野，黄花万本叠成山。"又云："碧影参差慈竹室，朱栏掩映岁寒桥。"实情实景，如话如画。商兑会设那儿，可谓人地两宜。曩年高丈曾致函招鄙人前往盘桓，但为俗务所羁，未能如愿。如今高丈寓居沪西壁间张有他的画像，高丈小立桥头，柳丝摇曳，境极清旷，蒙高丈指以见告，这便是山庄岁寒桥的一角。

（四）丛选的内容

丛选内容首冠论学书，大都出于高丈、姚石子、陈蜕盦、姚鹓雏、高天梅手笔。末为商兑通信录，十九为社友诗文的讨论，以及闻声相思的书札，也值得一读。较长的作品，有高丈的《庄子通释》《北游记》《读诗札记》《愤悱录》，姚石子的《自在室读书随笔》《史记札记》，先师胡石予的《读左绎谊》，胡朴安的《包慎伯先生年谱》，沈昌直的《存庑读书偶笔》，顾薰的《四库备采》《金石提要录》，李澄宇的《读春秋传说汇纂蠡述》，姚鹓雏的《大乘起信论参注》《卮言》，还有几篇金松岑前辈的《说安庆》《说徐州》《说兖州》，为史地方面极有价值的著作。

（五）发行的其他的书籍

商兑会的章程，本有筹设图书馆，收藏古今书籍，刊刻世间孤本，以保存国粹的一条。结果图书馆没有成立，徒为虚愿。发行书籍，却有陈卧子《安雅堂稿》《兵垣奏议》合刻，《吴日千先生集》，又由会中分赠邹亚云的《流霞书屋遗集》《陈蜕盦先生文集》《蜕翁诗词刊存》《蜕翁诗词文绩存》，宁太一的《太一遗书》《太一遗书续刊》，又会友芦墟唐九如，因明季叶氏《午梦堂集》版久磨灭，不啻孤本，便重刊《午梦堂全集》，高丈又分赠《伤岊录》、《三子游草》和《黄华集》。原来高丈一门风雅，那《黄华集》是合家所做的菊花诗，汇刊而成。（郑逸梅：《国学商兑会纪略》，《新纪元周刊》，第4期，1946年1月22日）

1947年（民国三十六年　丁亥）

1月4日　张伯驹返回北平，北平国学社开始研究国粹问题。

北平国学社自年前经名流张伯驹等筹备完毕后，因张氏赴京参加国大，故工作暂停，近张氏已于日前返平。闻该社于四日开始研究各种国粹物品，并拟将发行研究周刊云。（《北平国学社工作即将展开》，《青岛时报》，1947年1月8日，第5版）

1月7日　勉仁国专学生抗议美军暴行。

因学校放假未能参加游行，请把我们的歉意转达给青年同学们。当他们正义的抗议美军暴行时，我们已经放假了，不能参加这一运动，心中实感最大的遗憾！

沈女士被辱，是我们全民族的耻辱！中华民族是理性的民族，绝不容许兽性的损害。我们愿作后盾，把那群禽兽赶出去！

私立勉仁国学专科学校学生

杨学会、王谷、商世俊、周纲柄、刘天祥、舒光乐、钟文英、庞琼德、敬思道、张远东（《勉仁国专学生表示遗憾》,《新华日报》, 1947年1月9日, 第3版）

1月10日　金松岑病逝。

吴江金松岑先生, 字天翮, 为现代国学大师, 著述宏富, 曾历任沪上各大学教授, 桃李遍海内, 胜利后息影吴门, 犹不废吟咏, 一月十日以微疾终, 享年七十有四, 十二日安殓, 十五日大殓, 亲友临吊者纷至, 素车白马, 备极哀荣, 闻将请国府褒扬, 以振宗风。（《国学家金松岑病逝》,《申报》, 1947年1月18日, 第3版）

1月　于右任等人为史襄城寿辰发起征文。

一代宗师陕省乾县史襄城先生, 曾创办中华国学社, 讲经史, 倡孔教, 以革新学说, 改正气风, 其诲人不倦之精神, 老而弥笃。旧历年初一, 即国历（三十六年元月二十二日）为其七旬晋五寿辰, 京陕要人于右任、张继、邵力子、杜聿明、居正、高桂滋、王宗山等三百余人, 发起征文, 以示庆祝。又悉: 史先生历年来之著作, 英汉对照世界交通沿革图讯及《祖知录》等数种, 亦定是日发行。（《陕国学名宿史襄城寿辰, 于右任筹发起征文》,《西北文化日报》, 1947年1月7日, 第4版）

2月18日　唐文治致函教育部部长朱家骅，呈报无锡国专的英译名为"The College of Chinese Culture"。

唐文治函称："奉高字第○○一四九号代电，开'兹为规定本部所属专科以上学校英译名称，仰将该校沿用英译名，迅予具报为要'等因，奉此，遵将属校英译名谨另纸缮呈，请赐备案。私立无锡国学专修学校校长唐文治。巧。"（附呈英译校名一纸，"无锡国学专修学校"的英译名为"The College of Chinese Culture"。）（唐文治：《快邮代电》，《私立无锡国学专修学校、武昌文华图书馆专科学校迁校及校舍建筑等问题的文件》，转引自刘桂秋编著：《唐文治年谱长编》，第1070页）

2月　谭正璧编的《国学常识》，由上海大东书局出版。

该书为国文研究丛刊系列之一，专供中学教学用，分经学、子学、史学、文学四章。各章均附习题。此外，上海世界书局亦出版该书，1942年初版，到1948年已出至第五版。

《国文研究丛刊编辑凡例》：

一、本书专供中等学校学生及同等程度之校外青年课内或课外研究国文之用。

二、本书分初级高级两套，每套三册，自为一阶段。

…………

四、高中程度用一套，分为如下三册：

1.文章法则。

2.文学源流。

3.国学常识（附文字学大意）。

五、本书以适合现实生活及青年心理为主，故多用新颖新出之材料，且概用语体叙述。

六、本书各册应有之举例，初级语体文言并重，高级专重文言，在可能范围内，且多引用教本中习见之文字。

七、本书各册后均附习题若干则，以供学者研究，教者考查成绩之用。

八、本书每册字数，各约三四万，足供每学年每周研究一小时之用。（谭正璧编：《国学常识》，世界书局，1942年，第1页；易子薇：《谭正璧及其国学著述》，《湖南科技学院学报》，2017年第8期）

△　陶友白编《国学常识问题解答》，由上海新陆书局出版。该书分经学、史学、子学、文学和小学五章。

3月1日　唐文治致函教育部部长朱家骅，呈报国专沪校五年制学生已于本年寒假中悉数迁回无锡，三年制学生也在积极准备迁回无锡，请求将二年制文书科借地上海办学。

唐文治函称：

弟自前年患膀胱炎后，至今未能脱离医师，不克即时回锡。而上海部分复员方面，本年寒假已将五年制学生悉数迁回无锡，与北流迁锡学生合并上课。至三年制学生，亦继续在积极准备中，俟暑假告一段落，即可一并迁回。特据实陈明，敬祈垂察为感。抑弟窃有请者，上海为人文荟萃之区，文书科师资在沪选聘实为便利，可否将本校二年制文书科借地上海，切实办理，以广栽成。倘荷俯准，弟一面可在沪讲学，一面遥领锡校校务，仰副钧部广植人才之意，统祈赐察是幸。

教育部属员代拟朱家骅复唐文治函称："惟嘱准将二年制文书科借地上海办理一节，以限于规定，且恐他校援例，歉难遵办。"（《致朱家骅函》，《私立无锡国学专修学校、武昌文华图书馆专科学校迁校及校舍建筑等问题的文件》，转引自刘桂秋编著：《唐文治年谱长编》，第1072页）

3月21日　寿景伟应邀赴京商复性书院事宜。

复性书院董事兼总干事寿景伟，昨应该院院长周钟岳，暨该院基金委员会主任委员陈其采电邀，特约同该院副院长沈敬仲，基金委员朱仲华，乘夜车赴京，商洽该院募集建筑基金及刻书基金进行办法。（《寿景伟应邀赴京商复性书院事宜》，《申报》，1947年3月22日，第5版）

3月27日　《中央日报》刊登陈荣昌撰《论国学宗旨书》，以孔学为国学正宗。

陈子自放于三泊之野，有惠李二君，持当道书来，属以主持国学社者。窃惟圣非箕子，何敢承畴，贤愧许衡，难言阐教，亦既坚辞之矣；二君拳拳不释，愿得一言，以发国学宗旨，乃为书之。隋王通曰："非中国不敢以训。"唐韩愈曰："非圣人之志不敢存。"愚请此两言者，国学之宗旨也。然而掘井者，由浅而入深，为山者，积小以高大。不博于文，则入书奚自。不纳诸道，则泛滥无归。群言淆惑，则文有丧天之惧。异学争鸣，闻道有坠地之忧。扶之持之，辅之翼之，亦折衷于孔子而已。请言文学，夫文为用宏矣！书辨官私，史分国野，制有古今之别，体有骈散之殊，分而析之，百家不能该其数。类而聚之，《七略》不足举其全。惟是山干判于南北，而发脉攸同。水流决于东西，而朝宗不异。故夫六经者，策府之昆仑，艺林之沧海也。孙况为赋家之祖，屈原乃词客之宗。少卿河梁之作，五首肇端，子桓燕歌之制，七古成体。洎〔洎〕乎六代，束之以声，沿及三唐，因而习律。或自四始变调，而不失正音，或为六义附庸，而蔚成大国。此其源在《诗》者。《尧典》四时，启天官之书，《禹贡》九州，括地理之志。称制称诏，即诰命之殊，名曰檄曰移，特誓征之别号。汉之《天人三策》，蜀之《出师》两表，或摹皋禹陈谟，或仿伊周申训。凡千秋记言之体，皆四代创制之遗。此其言在《书》者。一龟一龙，苞符泄其秘，一虎一豹，炳蔚杨其华。自时厥后，文字大开。极深研几，杰出盖寡，方家部州，杨子太玄之草；元会运世，尧天皇极之编。堂堂巨制，郁郁奇文，莫不受六爻之范围，依十翼为根据。此其源在《易》者。若夫三季而降，礼坏乐崩。博士稽经，梦如聚讼。叔孙绵蕝，杂秦制以为仪。安石新法，借用官而饰治。故知中原文物，莫盛于姬宗。历代典章，实资于载记。虽复孔明已死，董常并殂，难斯百年之兴，自有一王之制。此其源在《礼》者。至于谈迁作《记》，止于获麟之岁。彪固成《书》，起自斩蛇之主。涑水《通鉴》，踵治乱于盲左。紫阳《纲目》，法褒贬于宣尼。前之七十二代，大半无稽，后之二十四史，胥从此出。或编年而记事，或断代而立言，虽体裁之迥殊，皆不离乎笔削。此其言在《春秋》者。

且吾闻之，载道以言，非虚车也，因文见道，非说铃也。自其笔于书者言之，则谓之言，自其体诸身表言之，则谓之道。文在六经，道在五伦。学以明伦，请更杨榷陈之。夫耕奴织婢，亦有主人，凿齿雕题，非无酋长。论理一则天地山河，皆属平等。语分殊则尊卑上下，要须正名，在大一统之朝。固当王者贵，即官天下之世，亦有德者居，文成于贯三，势归于定一。是以悖宗海之义，则水不东流，得居所之常，即星皆北拱也，此之谓君臣之伦。庄生话道，虎狼亦反仁。令伯陈情，乌乌能养，谓物本于天，则同为生命，谓人本于祖，则无相夺伦。况乎草犹有性，葛藟庇其本根。虫又何知？果蠃祝其类我，是以失爱敬者，比于豕交兽畜，善继述者，方于麟角凤毛。门庭霭如，止慈止孝，此之论父子之伦。太初之民，狉狉榛榛，淫于禽兽之聚麀，乱于犬马之交接，圣人者立，悯其无教，制为婚姻之礼。重以父母之命，摽梅相攸，采蘋海女，廉耻之道不丧，怨旷之气斯平，是以吠龙不惊，吉士戒其相诱，□□弗指，贞女羞其自媒。如或雀角兴讼，娥眉有谣，逾墙而我檀，尊路而撼子祛，则国人皆贱之也。惟鸣雁和而能贞，王□□而别，遂称好述。不为怨耦，此之论夫妇之伦。汉有斗粟尺布之谣，魏有煮豆燃箕〔萁〕之咏。梁加兵于邵陵，唐挺变于玄武，盖棠隶〔棣〕之诗骙，而发于之道衰矣。古之君子，夙兴夜寐，日迈月征，谊篾于吹埙吹篪，怨泯于东薪东楚，常则慕元成之让爵，变则希赵孝之就烹，故能二龙竞爽，三虎齐名，不借甲以阋墙，岂持戈而入室。陆氏同居之屋，相望东西，姜家共被之床，不分上下，岂非如手如足，友爱天至者乎？此之谓兄弟之伦。别有苔岑结契，车笠为盟，管鲍贫交，范张死友，天日照其精诚，谷风销其叹恨，斯又断金之利，攻玉之资也。夫孤生之竹，蒲环拜之，独秀之松，萝攀附之，物有交际，矧其在人？故大而善邻为宝，作鉴于亡唇，小而避道引车，订交于刎颈，择之于始，有十明之益，固之于终，无五交之衅，此之为朋友之伦。或以为世风代□，非古道所得同，学说日新，岂并修所能尽，六籍本秦皇烬余，三纲亦汉儒卮论，九州非一，难拘赤县之墟，群哲孔多，奚泚素王之制，此乃时贤竞胜，思摧倒夫前人，而非老宿研精，务商量于旧学也。且不言国学则已，言则舍孔奚适哉？尼山木铎，泗水金声，本非一家之私言，实乃天下之通义，守□训则小子狂简，斐然成章。厚伦常则烝民秉彝，好是懿德，是故先四教而言文。教在兹。文在兹也，率五性之谓道，性不变，道不变也。董仲舒云："诸不在六艺之科，孔子之术者，皆绝其道，勿使并进。"三复斯言，则庶乎其不差矣。（陈筱圃遗著：《论国学宗旨书》，昆明《中央日报》，1947年3月27日，第5版）

是年春　无锡国专校友会举行大会，校长唐文治因在上海，未能出席，作《无锡国专校友会春季大会训辞》。

唐文治强调"自古圣贤所以承继而不绝者，惟在精神而已"，以此来勖勉学生。

今日忻逢本校校友会春季大会，鄙人未能到会出席，歉仄之余，弥深神往。诸君均系吾门杰出人才，以后建功立业，未可限量，须知传嬗鄮人学说，实系传嬗鄮人精神。自古圣贤所以承继而不绝者，惟在精神而已。孟子论伯夷、柳下惠，"奋乎百世之上，百世之下闻者莫不兴起"。非由精神振作而何？孟子又论"豪杰之士，虽无文王犹兴"，非因精神之振作乎？尧、舜、禹、汤、周文、孔子，或见而知，或闻而知。知者，精神所寄托也。以《论语》首章而论"学而时习之"，时习者，精神也。由说而乐而不愠，皆精神之愉快也。《孟子》首章"未有仁而遗其亲，未有义而后其君"，皆精神之感动也。《中庸》由至诚以至形著动变，皆精神之作用。《孝经》一书，首重爱敬，"爱人者，人恒爱之；敬人者，人恒敬之"。精神之感，孚不啻电力之引射。《周易·系辞传》："寂然不动，感而遂通天下之故。天下之至神，不疾而速，不行而至。"此即《中庸》所谓"至诚如神"。盖以吾心中之精神，感动天地间之神明，即以感人心中之神明。汉学家之考据名物，宋学家之穷理尽性，罔非精神之所推衍。朱子之居敬穷理，即朱子之精神。陆子静先生葆本心，王阳明先生致良知，即陆王二家之精神。纵览《十三经》、二十四史，无论治乱贤奸，所以彰善瘅恶，衷是去非者，皆前人精神之所寓。先圣先贤以精神递传于吾辈，吾辈即以精神递传于后人。夫如是道统事业绵延而不绝，然则吾人可妄自菲薄乎？颜子曰："舜何人也？予何人也？有为者，亦若是。"有为者何？精神也。孟子曰："君子深造之以道，欲其自得之也。"深造自得者何？精神也。滕文公以弱国见逼于齐，孟子告之曰："君如彼何哉？强为善而已矣。"《尽心篇》又曰："强恕而行，求仁莫近焉。"汉董仲舒对贤良策："强勉学问，则闻见博而知益明；强勉行道，则德日起而大有功。"强者精神之所贯注也。若吾一身一心精神不能振作，一家一国精神亦不能振作，或用之匪正，立见危亡矣。故今日诸君，欲传嬗鄙人之精神，请将鄙人所撰《孝经》、《论语》、《孟子大义》及《孝经》、《孟子救世编》，详细为学者讲授，则精神充周本校，且远及于一乡一邑一国矣。更有进者，读文一事，虽属小道，实可以涵养性情、激励气节。近时诸同学为鄙人读文灌音，本月杪可出版问世。诸同学注意读文，则精神教育即在于是。他日家弦户诵，扩充文化，为文明教育最盛之邦，其责任实在于我诸同学，鄙人窃昕夕望之，馨香祝之。又闻诸同学开会后即赴茹经堂观察，益征厚谊，具见师弟契合之精神，沆瀣无间。并此附谢。（陈国安、钱万里、王国平编：《无锡国专史料选辑》，第 84 页）

△　船山学社开设青年业余讲习班，进步青年萧家实、黄铁城等人参加，学习马克思列宁主义学说。（施明、刘志盛整理：《赵㴕园集》，第 453 页）

△　成都尊经国专开学，蒙文通讲《史学通论》，伍非百讲《庄子》，彭云举讲理学、文选，蒙季甫讲《三礼》，其他授课人员有曾义甫、杨庆治、徐子良等，后又增聘刘百川讲《昭明文选》，肖蓬父教《哲学》，殷孟伦讲《声韵学》，徐岱中教《韩昌黎文集》，徐仁甫讲《荀子》，多旧学之传，分别讲授"经、史、子、集"四大类课程，所教则为"读书须明微言大义、通经致用"。

4月5日　国学印书总馆筹备处平同诚发布《国学印书总馆筹备处通函》。

函称：

敬启者，同诚区区提倡国学之志愿，不能稍息。时至今日，更难容缓。昔因抗战军兴，诸务被阻，时局乱我所为，罪不容辞。倭奴平服，即谋恢复经营。会将久经筹设国学印书总馆，设立国学讲习所，举办中国匡济会，编印《国学汇参》各计划，所有昔日订立缘启简章，而今逐一修正，积极筹备，限期就绪，俾照成立，开幕经营。同诚乃思此举，需费浩大，任重道远，独木不能成林，须请大众协力，方可柱天。同诚除以许身佛国，誓以毕生。舍家兴学护道，百折不回外，复将久经创办静明书轩之藏书，捐作筹备国学印书总馆之经费，以资进行，庶免延误。至请贵处扩筹基金，合力投资股份。为数能达一百万元以上时，得由同人等推举一二位道学兼长者，充任馆董。代表小数捐户，表决德意，为数能达三百万元至十股以上时，得由推举馆董二人至五人。并得公选一位道学商才具备，而有兴学护道之志，能遵馆规者，前来襄理馆务。数达八百万元至二十股以上时，得推馆董五人至九人，并得公选任职者二三人，并请开明简历示知，俾照具聘，担任筹备各省分馆，或主持各县支馆，或派巡视研究国学，又指导办理匡济会之举；或主编《国学汇参》，发行图书之事宜。倘或个人有此志愿，舍财舍力，兴学护道，以资福利天下者，特别欢迎，各地设立国学讲习所研究国学，流通《国学汇参》，举办中国匡济会等。容另依序通知，迩承各省知爱国学者，函促同诚前往敦请彭宝权世兄大人，出川担任国学印书总馆馆长，领导同人，阐明国学，发扬道德，救正人心，完成然镫［燃灯］古佛三期普度之大愿云云。同诚谨按此种建议，正符天下原人之望，不特出于一片真诚，且得兴学护道之栋材。一俟筹备就绪，即行入川迎接。兹将《修正国学印书总馆缘启简章》，随函陈请明公鉴察，倘承不以为谬，迅予按照进行，扩筹基金，宏立兴学护道之德业，以继前六万年往圣之绝学，绵延后六万年天元之道脉，天开圣门之机会。万劫难逢，苟欲造福于斯，不可稍有徘徊。凡属圣门弟子，合当急起直追，并宜迅约同人，联名恭具敦请彭宝权世兄大人。（《国学印书总馆筹备处通函》，《国学汇参》创刊号，1947 年 6 月 24 日）

国学印书总馆设立国学图书流通处，主要业务有："（甲）发行国学图书，提倡国学。（乙）推销福善堂灵丹，救济疾病。（丙）设立国学讲习所，挽救人心。（丁）举办中国匡济会，救济善良。（戊）撰述国学大纲文稿，维护《国学汇参》。"（《筹设国学图书流动处简章》，《国学汇参》，第 1—2 期合刊，1947 年 8 月 16 日 /1947 年 10 月 11 日）国学讲习所以尊崇圣教，讲习国学，阐扬道德，救正人心为宗旨。讲课内容有："（丙）关圣劝农规条，教民崇学告谕。（乙）由各地讲学宿儒自订。（甲）四书五经分体道、阐道、达道、载道四大纲及大学八章，先师十训。"（《设立国学讲习所简章》，《国学汇参》，第 1—2 期合刊，1947 年 8 月 16 日 /1947 年 10 月 11 日）同时，发布《国学讲习所缘启》：

　　窃以德之不修，学之不讲，闻义不能徙，不善不能改，此孔子救世救民之忧虑，化除夷狄之方策。孟子守先待后，生平讲道德，说仁义。之所由行者，原为上绍尧舜之大道，阐述周孔之薪传，辟异端，息邪说，冀解国家之乱源也。二曲李先生曰："天下之治乱，由于人心之邪正。人心之邪正，由于学术之晦明。学术之晦明，由于当事之好尚。好尚在正学，则人心正。人心正，则治化淳。治化淳，则天下平矣。"故上之所好，下即成浴也。横渠先生曰："世道人心之所以常治而不乱者，惟恃有此理学之一脉，亦惟恃有此讲学之一事。讲学创自孔子，而盛于孟子。孟子表彰《春秋》距杨墨为一治"云。先生又上疏曰："臣幼承庭训，只知有此讲学之一事。比壮岁登朝，即于一时同志杨起元、孟化鲤、陶望臣立会讲学。三四年间，寒暑风雨，未尝小辍。世道人心，颇觉可观。自臣壬辰告病归，京师学会遂废，不讲者三十年矣。臣昨秋入京，见世道人心，不及曩者。边臣不知忠义，而争先逃走；妖贼不知正道，而大肆猖獗；中外贪肆成风，缙绅奔兢成俗。诸如此类，正坐道学不讲之过"云云。同诚谨按横渠、二曲之学说，深得孔孟之旨归，教化大法，提纲挈要，挽转狂澜之良策，莫善于斯也。当今世道浇漓，人心不良，伦常颠沛，国学凌夷，奉公违法，上下交征，民刁商奸，暗无天日，朦上欺下，有冤莫伸，夺民食，剥民财，拘民命，无微不至。内自侮毁，外敌日临，此亦正坐国学不讲之故。长此以往，愈趋愈下，水深火热之患，不知伊于胡底。每念及此，不禁涕泪交流。爰是不避嫌陋，谨述缘启，并订简章，奉陈各省贤达垂察。倘承不以为谬，请速筹设国学讲习所，约同诸大宿学，法诸先圣之志愿，以资立德立功立言。须知士为四民之首，上不在官，下不在田，而以学为事，以道为归。立民范，励风教，育英材，为风俗之仪表，以成士之名，立士之业也，否则乌足以为士哉。凡我国人更当急起直追，实行固有之八德，各存本有之良心，修其德行，养其天性，讲习孔孟之学说，阐扬道德，遵崇圣贤之教化，救正人心。在所听讲同人，务须德业相励，患难相扶，劝善规过，更当认为天职，期维国学昌明，而宏大道，挽回颓风。百姓安宁，敦化正俗，民享尧舜之天。乾坤奠定，世界大同，娑婆化为极乐，天下成为佛国。当此时，立此功，以继往圣之绝学，庶开万世之太平。为天地立心，为生民立命，为国家立教化，为万物立全体。安慰孔孟救世救民忧虑之赤心在斯，报答天元古佛绵延道脉之大恩亦在斯。讲学风行天下，德泽遍及苍生。人民幸甚，国家幸甚。同诚与诸讲学同人，相与有荣焉，亦莫不在斯也。是为启。（《国学讲习所缘启》，国学汇参》，第1—2期合刊，1947年8月16日 /1947年10月11日）

是日，国学印书总馆筹备处发起人修订筹备基金简章。

　　一宗旨　以遵循圣教，阐扬国学，集印图书，挽救人心为宗旨。

　　二定名　本处定名为国学印书总馆筹备处。

　　三地址　本馆暂于江西上饶雷公庙街十二号为筹备处。

四经费　本处筹备之经费，由静明书轩竭力捐助。如有大志愿力，自动乐捐筹备费前来者，当表欢迎。

五基金　请各贤达转向同人筹募，不拘数目多寡，由各贤翁自立圣门之善缘，功成另订酬报，以昭令德。

六股东　凡除乐捐基金而有余力者，请予大量投资，合股经营。每以五十万元为一股，力能加入若干股者，任其自定。如有志愿，而力不足者，可合数位，共立一堂名，合力投资一股可也。

七责任　上列五六两条款项，请付中中交农各银行，或邮局，随来上饶交本筹备处平同诚收。即行掣给收据，号邮奉复，存执为凭，至于投资合股之股款，其官息与红利及销费等，另订分配表。

八成立　本馆筹足资金时，公同敦请才德兼备，符合众望者出任馆长。由馆长召集乐捐十万元以上之贤达及投资之股东来馆，公同议订章程，选举副馆长及各部人材，与各省支馆之馆长，远道不及前来者，可用书面申明意见，以资参议馆务可也。

九代理　本馆筹备期间，暂由平同诚负责代为经理主持创设之。

十附则　本馆尚有未尽事宜及各省设立支馆程序，敬请各号贤达，赐予指教，期维进行，以符宗旨。详细规则，另订章程公布之。（《国学印书总馆扩筹基金简章》，《国学汇参》创刊号，1947年6月24日）

4月11日　《申报》报道中正大学拟建国学研究所。

正大修建庐山新校址计划即将实现，教部现已首批拨款廿亿。据萧蘧谈：将以此款着手测量与造林，俟全部工程计划决定后，将分期建筑。教部现决建筑可能容纳一万学生之正大新校舍，其地区已划定海会寺至白鹿洞一带。将来并拟在白鹿洞，设立国学研究所。（《正大学潮仍在酝酿》，《申报》，1947年4月11日，第5版）

4月24日　《申报》刊登黄维廉书评《介绍两部读书指导的书》，评述《略读指导举隅》《精读指导举隅》，认为略读或精读，可由读者选择任何几种国学基本书籍去专心从事研讨，假以时日，易于入门。

按上列两书，原为读书指导的工具，所选各篇，既曰举隅，当然不能谓尽善，也不能说是标准；但是吾们所要注意而值得介绍的，即是这两部书可以代表读书指导的一种方法。譬如关于国学用书的纂定，已刊行者有数种，前有胡适、梁启超之"国学书目"，后有李笠之《三订国学用书撰要》，如能依照本书著者叶、朱两先生所拟定的体例去做，或是略读，或是精读，听读者选择任何几种国学基本书籍去潜心从事研讨，则日就月将，俾可易于入门。……今日之教育制度分小学、中学、大学；于小学时期，童年茅塞未开，于实际上所学习的未能得其实际；中学时期确为最重要之时期，所求之学问，非但应从攻的方面推进，而且应从守的方面坚挺；读书在此时期，应多费一些研究书本的工夫，诚如培根所言，有的书宜尝味的，有的书宜细嚼的，则根固而叶茂，可作将来建树之基。（黄维廉：《介绍两部读书指导的书》，《申报》，1947年4月24日，第9版）

4月25日　张绍春发表《长成在北碚的勉仁国学专科学校》，详述勉仁国专各项事宜，并期待勉仁国专扩充为国学院或者国学研究所。

勉仁国专的课程如下：

第一是必修的科目，计有文字学、音韵学、文法学、修辞学、散文选、目录学、文学概论、韵文选、文史学、中国文化史、世界史、中国通史、西洋通史、哲学概论、哲学史、《诗经》、《楚辞》、四子书、经学通论、经学概论、诸子学、《论语》、《孟子》、《大学》、《中庸》、《易经》、《礼记》、《春秋》、心理学、论理学、教育学、教学法、人生哲学，共计三十三科。

第二是选修科目，计有英文、社会学、政治学、经济学、农村合作、民众教育、乡村建设，共计七科。

第三是导读专书，计有《说文》《尔雅》《广雅》《马氏文通》《文心雕龙》《古文辞类纂》《经史百家杂抄》《楚辞》《文选》《古诗源》《唐诗选》《十八家杂诗钞》《词综》《元曲选》《四史》《资治通鉴》《史通》《世界史纲》《文史通义》《易经》《礼记》《左传》《尚书》《老子》《庄子》《墨子》《荀子》《韩非子》《二程遗书》《朱文正公集》《陆象山集》《王阳明集》

《四朝学案》《东西文化哲学》《应用文》，共计三十五种。

生活与学习的具体情况如下：

专科部的百余位同学们，我们因为朝夕都在一块儿生活，一块儿学习，所以每一个同学我都熟悉要好，他们的情形我都知道一些。我知道有的同学是在社会上作过科长来的，也有作过乡长，中心国民学校校长和教员来的，有的是高中刚毕业来的，也有一些是同等考进来的，大家在这儿都抱着强烈的求知欲，所以每当东方刚现出鱼肚色微光的时候，同学们都差不多起了床，没有洗脸便拿了散文选或《易经》或《古文辞类纂》在迷雾中很兴奋的高声朗诵着，不知不觉便吵醒了睡在床上的少许几位同学，他们的甜梦被其他同学惊破了，不能再继续地做下去，所以他们也跟速下了床来，拿了书本，也伙在一块儿朗诵着。他们的书声，越来越明朗，愈来愈激昂，似乎每个同学都想用声音把别人的声音压倒，却又压不倒，这便是一天的清晨的开始。一直到六点钟，起床号的号声响了以后，才冲散了这一群勤苦好学的同学们，但接着就是挤在一起抢洗脸水，这个当儿，中学部也发出嘈杂的声音。接着就是跑到校舍旁边的山坡上一块宽广而平坦的大运动场上，集合在那儿举行隆重的升旗典礼，升上杆头便会回到自修室里。七点钟时进早膳，到食堂要经过一个草原，在这草原上便可望见那庄严辉煌的国旗在那广大的运动场上高傲的在飘扬着。用过了早膳，各个同学便准备着课本，各个同学的精神都变得更饱满了，特别显出一些令人钦佩的活气，这是一天的开始。午前八至十二及午后的一至三时都是排满了的必修与选修的科目。三至五时是导读的时间，有时也排上整理笔记这一个节目。每一科都要备置笔记本，在上课的时候，一面要听，一面还要握笔挥毫去记录。笔记本于每周的周末，教授们都要调阅，所以每个同学都不敢偷闲。因为功课的繁难，所以在晚上自修的时间，自修室里是雅雀无声，各个同学都在整理笔记与温习功课。

至于学术的研究，也并不因为功课的繁难而废弛，并且还是在学生自治会下分有学术研究小组，每组五人，无定期的召集研究。在集体研究的场合下，往往因一个问题的讨论而争吵起来，也往往一个人的意见引起多数人的辨论。也往往敦请专家来给我们讲演，或本校的教授来作专题讲演或讨论。梁漱溟先生每周要给我们讲授几个钟头的《中国文化要义》，他说他是坚决不在政治上活动，他要从事学术研究。这本《中国文化要义》是梁先生的最新作品，还没有付印的。这一本书中有些是改正他以前所著的那本《中西文化及其哲学》中的那有一些偏宕的地方。所以我们算是接受他的《中国文化要义》的先锋队。

同学们的感情，都很十分融洽，由陌生变为朋友兄弟，所以我们都很能紧紧地握手。所以我们发起组织壁〔壁〕报，在很短的时间内有了十余位同学便踊跃地加入了，因此在两三天内，便成立了辽原文学社，每周出一次刊。后来又产生了一个嘉陵江随刊社，其中的社友也有一两位是我们辽原的。除了这两个而外，还有《晓声周刊》《五紫山》《豆芽》等刊。至于中学部的璧〔壁〕报社也不少。如嘉陵江、贝壳等壁［壁］报社与《勉仁日报》。这些壁［壁］报是我们国专部和中学部四百多位男女同学生命的原动力。

谈到运动，同学们都很高兴运动。别人说学国学的人是"老夫子"，其实不然。所以一听到别个学校的同学这样说的话或接到来的信上说这一类的话，同学们都很激烈的反对或去信辨论。这里同学们的口号是"打倒过去腐败，建立今后新生"。与"强健为事业之本"。所谓建立今后新生，是说建立今后新的生活，而不是指建立今后初来校的新同学。所以每当黄昏的时候，运动场几乎变成了会场，每一个角落都站满了人，不是在拍球，便是在那里做健身操。最特别的是每周礼拜三的下午要放假，因为今天是距离学校两里的北温泉开放了，所以利用这个良机好到北温泉里去浣尘。到了这天的下午，学校里只有一些工友罢了。同学与先生们都到温泉里去学习"蛙式""苦罗式""仰泳""俯泳"术去了……

总而言之，"我们的生活不是单调的，是颇有趣味的，我们的学习不是呆滞的，而是日新的"。张绍春展望勉仁国专的命运，不仅是"国专"二字所能限制的，在不久的将来是要扩充成"国学院"，"或另外设立一个国学研究所的"。到时必定要增加诸多生力军将其变得更伟大，"我们学习的范围也就更大了。这些不是虚谈，而是有事实来证明它的"。（张绍春：《长成在北碚的勉仁国学专科学校》，《读书通讯》，第131期，1947年4月25日）

4月30日　钱基博发表《何谓国学（华中大学湖南同学会演词）》，考察"国学"一词的"由起"与"涵义"，提出国学为人道之学，读四书可以揭示人道之纲，读《通鉴》以穷尽人事之变。

（一）"国学"一词之所由起。"国学"之称，不见经史！而"文学"之称最古；论语"文学子游子夏"是也。宋儒讲致知穷理之学，谓之"理学"；而以理学之究极，可以明心见道，亦称"道学"。清儒致力于诂经以推本汉儒，谓之"经学"；亦曰"汉学"；多见载籍。而未有称"国学"者！"国学"一词之所由起，不过数十年，乃对西学而有称。欧化东渐，日以富强相傲。吾国人矜奇骛新，亦以仁义为迂谈；几欲屏弃一切以相从事；放僻邪侈以为自由；长傲纵欲以言平等；反道败德以托革命；礼义廉耻，荡焉无存；方且以为外国文明如此；我何为不如此；而乱日以长，傺焉不可终日！人穷则反本，而"国学"之名以起："国学"云者，乃承欧化之披昌，而以明吾国之自有学；反本修古，所以防御西来之文化侵略，而涵有精神国防之意味焉！

（二）"国学"一词之涵义。欲知何谓"国学"，必先知何谓"国"，何谓"学"。《白虎通》："学之为言觉也。"《说文》"学"作斅，训"觉悟也"。"学"而冠以"国"者，《说文》："国，邦也；从口，从或。""或，邦也，从口，从戈以守一；一，地也。"是知国之为训，谊在防御；而从口于外者，所以示国之有境，不可放弃；疆土然，论学亦然！国之有学，所以征国性之自觉！吾人可以学人之长以补己之短；而不可蔑我所学以徇人之学！吾人可以请益于人，而不可以归化于人也！国于天地，必有与立。苟国性失其自觉，斯民心不知所守；见异思迁之以同化于人者，抑何难投降称顺以纳土于人！苟吾人不知明德新民，居仁由义，国之所以为学；则舍己芸人，学西洋之科学艺术，皮傅欧化，亦徒贼夫人之子！须知今日之吾人，失其国性，而并失其人性；不知所以爱国，遂亦不知所以为人！同室操戈，杀人盈野，忍心害理，不知人间有悲悯事；而主持之者，孰非国之秀杰；问学以济贪诈，义理以文奸言，由不知所以为学，遂不知所以为人！而非促国性之自觉，无以发人性之自觉！

（三）我之所以言"国学"：国不能无学，而"国学"不可以名家；则以"国学"，乃举国四万万人，人人之所宜为学！而我之所以言"国学"，欲牖导国性之自觉以启发人性之自觉；知所以为人而为一君子。六经所明，不外人道。"仁"之为言人也。《论语》二十篇，千言万语，不论人之所以为我，而诏人之所以为人；是故标"仁"字以立人道之极，揭"君子"以立人伦之范。"子"者，男子之通称；"君"者，善群者也；"君子"之言善群之男子也；故曰："君子群而不党。""群而不党"，斯人之所以由以偶俱无猜，而讲信修睦，示民之有常者也；仁孰大乎是！《中庸》注："人，读如相人偶之人。"党则有偶不偶；群则无之而不偶，含宏光大，仁之至也！"仁"字从人从二，以见我之一人外，尚有人在；古人造字自有深意。天下之大，岂自便身图之所能一意孤行；而必恃乎全人类之讲信修睦以相与有成；然而知此者鲜！争民施夺，天下大乱，无不起于为我！所以古文"我"字从戈从勿；勿者，古人州里所建旗以为揭帜，象其柄有三旒；揭帜自我而他人勿恤，尔诈我虞，戎心兴焉；此我之所以从戈，而孔子必以毋我为大戒也！今胜利虽临而丧乱未已，邦分崩离析，其大病在无一党团，无一阶级乃至无一人不思擅胜利于我以自便私图！君子不欲多上人；而今无一人肯降心相从以为人类之公仆！无一人不标高揭己以欲上人为领袖！争利者必先攘权。不仁者以身发财。断金不见同心；同室日以操戈！一人贪戾，一国作乱，其机如此，而人道或几乎息！我不恤人，人谁恤我！希腊哲人苏格拉底言："个人当在群众之下！人生之最高目的，在实现道德之存在。"不知此者，不足以言"国学"！

　　然则"国学"为人道之学；人道不泯，国学不亡！而治国必借读书。特经史子集，浩如烟海，执简御繁，莫如两书；读四书以揭人道之纲，读《通鉴》以尽人事之变。善读者玩索而有得焉，则终身用之有不能尽者矣！（钱基博：《何谓国学（华中大学湖南同学会演词）》，《苏讯》，第77—78期，1947年）

　　4月　钱用和撰文评述交通大学国文与国学教学。在国文教学方面所收效者亦仅为："（1）错字之矫正。（2）阅读方法之指导。（3）国学基本常识之介绍。（4）作文思想之训练。"（《交通大学校史》撰写组编：《交通大学校史资料选编（第二卷）1927—1949》，西安交通大学出版社，1986年，第632页）

　　5月10日　国学印书总馆筹备处平同诚发布《编印国学汇参出版通函》。

　　函称：

　　列位先生慧鉴。敬启者，同诚窃以国学为道德之全体，道德为国学之大用，明全体达大用，然后可以精研大道，所以阐扬国学，不能无道德。苟欲发扬道德，不能无国学。故道德与国学，务宜并行不背，际此宪政世界，国人合当兴学护道，保存民族，完成国民固有之道学，体用兼全之圣业也。考夫国学，为天地立心，为生民立命，先圣教化之命脉，皆由斯传。而道德乃宇宙运行之生机，仙佛传道之心法，天地命脉之气旺。宇宙清泰，生机运行，四海安宁，设或命脉停滞，生机不运，大宇长宙，必成混沌。苟失国学，则命脉断，道德不行，则生机绝，命脉断，生机绝，天翻地覆之劫，焉得不降。毁灭历史之灾，焉得不见。时势至此，不知伊于胡底。同诚志于国学，三十余年，静观万物，研究心法，推夫世界元会之气数。环宇将遭电杀之大劫。深叹今日世道之乱，乱在人心不正。历史一旦毁灭，生灵苦不堪言。每念及此，寝席未安，历遭困难，经百折而不回者，原知天地之命脉，不可稍停，宇宙之生机，不可稍息。第奈区区拙志，百无一成，动心忍性，增益其所能。而今方知苍生，皆属皇胎佛种，九六原人，尽是灵山贴骨。凡我圣门后裔，务宜国学汇参，阐扬道德，救正人心。其于兴护学道之心，不能不具。兴学护道之志，不能不立；兴学护道之策，不能不备；兴学护道之业，不能不举。同诚爱特不避嫌陋，启编《国学汇参》公之于世，以度苍生，谨将印行办法，另立条例，并请贤翁洎贵同人等慧鉴。倘承不以为谬，即予联名定阅，期维大道，寓于国学，国学昌明，道脉垂延，广播真传于天下。挽救人心于万世，及时辅助救灾救难，普度三期，惟望宇宙清泰，四海安宁，天下升平，世界大同。皇胎佛种，同享瑶京之乐。圣门后裔，得度存养之天，其欣幸为何如也。专此布达，敬请贵同人等列位先生修安。(《编印国学汇参出版通函》,《国学汇参》创刊号，1947年6月24日)

同时，国学印书总馆发布《征编〈国学汇参〉与发行条例》：

子 《国学汇参》以提倡国学，救正人心，阐明道德，普度原人为宗旨。

丑 国学者，道德之全体也。汇者，汇通于天下，务期吾道一以贯之。参者，参赞化育，互相参研国学道德也。名曰《国学汇参》者，乃以明夫国学之全体，启达道德之大用，以资汇通于天下。供应有志国学道德者，熟读精思。期维兴学护道，庶便万派知朝所宗者也。

寅 《国学汇参》之本旨。敬代各号首，传播统道师尊教谕于天下，阐明心法，普度原人，并征求各省贤达，恭录述古老人之训谕，撰述圣佛仙真之学说。隐士宿儒之著作，发扬国学道德之文稿，惠寄来馆，即予编印，维护天地之命脉，保持宇宙之生机，以继往圣之绝学，宏开万世之太平。

卯 征求撰述标准有三。（甲）孔子国学四大纲，曰体道，曰阐道，曰达道，曰载道，以究学说之根本。庶明国学之统宗，须知一无德行，不足以体道；二无言语，不足以阐道；三无政事，不足以达道；四无文学，不足以载道。（乙）三教道德四大纲，曰明道，曰行道，曰成道，曰传道，以资推行匡时之大道，普及济世之方策，须知一无国学，不足以明道；二无礼义，不足以行道；三无匡济，不足以成道；四无教养，不足以传道。（丙）国医国药之研究，匡时济世之方策。讲习国学之推行，三期救劫之精神等。

辰　编辑《国学汇参》之法度，依据大道之心法。按照体、阐、达、载、明、行、成、传八大总提纲之本旨，以资归纳三教圣佛仙真，存心养性，明心见性，修心炼性之真传。隐士宿儒之操持，诚正修齐之教育，古今明贤之学说，教养仁政之法度，编印公世，供诸天下有志于国学道德者读之。

巳　凡有志愿担任撰述《国学汇参》之文稿者，请具志愿书，开示简历，寄来本馆筹备处，俾便另具聘函，并定酌酬撰润。本馆并送读书法及编辑国学大纲法以资参考，"家计宽裕之志士，却酬撰润者，请先声明，容另表扬大德"。

午　《国学汇参》创刊号准于本年天中节后一日出版，嗣后每五十五日出版一期，全年共出七册。凡有志愿讲习国学者，发扬道德真传者，欲究儒之存心，释之明心，道之修心者，窥察隐士宿儒之志气者，增广天下贤达之智识者，办理中国匡济会。及时救度，三期大灾大难者，想学圣佛仙真，诚正修齐之大道者，诸大仁翁等，则宜人手一份，方不虚度，三期龙华之法会也。

未　《国学汇参》，全年七册，定价约需食米三斗正，依照本年三月份代金，折合法币三万六千元，邮费在内。天中节前付款者，实收三万元，以资优待。凡属乐捐福善堂及本馆基金十万元以上者，与各股东等，每人送阅《国学汇参》一份。承约同人定满三十份以上至五十份者，宜设《国学汇参》流通处，准提价款十成之三，捐助该处办理国学讲习所及筹设中国匡济会之基金。如以福善堂药品，或国学书籍捐助者，准照推销处优待办法核价，否则不在此例。

申　同诚许身兴学护道，誓以毕生，昔蒙师生勉进，而今更难忘斯。四海神交，全凭诚信。第奈抗战军兴，诸务被阻，失信于人，罪不容辞。然观天下之大，人众识见不同。如款未便者，尽可先开同人姓名、住址、通讯处示知。俾将《国学汇参》先行发寄，以资阅读。日后果蒙认为不是招摇撞骗，借学敛财者之可比，然后将款汇下，维护周转，如若未经来函者，嗣后未便絮絮通问也。

酉　承蒙惠定《国学汇参》者，请约同人等，造具名册，并价款号邮寄来，收即函复。

戌　（甲）乐捐福善堂及本馆基金，与诸股东及各定阅《国学汇参》者，请迅联名，具一欢迎。宝权世兄大人充任馆长之函，号邮寄来。俾早齐集各方函件，揣往敦请馆长。以期发展经营。凡属同人来函，索赠"忠孝"小忠堂，裱悬座右，镇定邪氛者。准予按名各送一张，以为兴学护道，福国救民之纪念。（救饥良方及避疫良方，承索即寄。）

亥　《国学汇参》内容，尚有未尽完善者，静候各方贤达指示，以期修正公布之。

附注　（一）嗣后本馆提倡国学，出版重要书籍，发明福善堂特效灵丹，办理中国匡济会，及时辅助三期救灾救难等事业，理当按时披露，于各期《国学汇参》中，以资布达。（二）

凡有乐捐本馆基金，或投资股份兴学护道者及有委为代印书籍，与定阅《国学汇参》者，请函迳向本馆筹备处接洽，即行奉复，决不至误。（三）有欲推销福善堂灵丹者，或委代制良药者，请向福善堂制药筹备处接洽，立为照办。（《征编〈国学汇参〉与发行条例》，《国学汇参》创刊号，1947年6月24日）

5月14日　无锡国专无锡校友会成立。

无锡国学专修学校在抗战时期随政府西迁，胜利后即行回锡复校。二年来经校长唐蔚芝苦心擘画，已渐复旧观。现京、沪、镇、锡各地校友，纷纷发起组织校友会，期联络感情，发扬国粹。本邑校友会于昨日在该校举行成立大会，当由唐校长即席训话，语多中肯。继即选举，结果蒋庭曜、王震、许岱云、倪铁如、李耀春五人当选理事，章鹏若、王绍曾、张维明当选为候补理事，冯振心、钱钟夏、王桐荪三人当选为监事，徐玉成、张可元当选候补监事。会毕举行叙餐，情绪异常热烈云。（《国专校友会昨正式成立》，《江苏民报》，1947年5月15日，第2版，转引自刘桂秋编著：《唐文治年谱长编》，第1076页）

5月26日　《甘肃民国日报·国学副刊》创刊。
编者撰《发刊词》：

溯自西洋文学输入中国后，直接间接影响及中国固有文学，或变质，或绝迹，甚至于不为国人所知，中国文学较之西洋文学，殊有逊色，固为不可否认之事实；但中国立国数千年，其间文人辈出，不世之作，历代不衰；其光辉怀丽之文思，足与日月并明；丰富超逸之理论，可以天地共久，一般腐儒之埋头典籍，皓首穷经，以为西学不足一顾，固为未是；而一般鹜趋时髦青年之盲目崇拜西学，以国学全无可取，不仅数典忘祖，且更可悯！

方今新兴文学，正如雨后春笋，方兴未艾，报章杂志，倡导不遗余力，自不须吾人哓舌。盖文学须切合现实，改造现实；惟社会进化，绝非突然；今日现象，无一非往昔之延续；来踪去迹，斑斑可考：抚往知来，理至明审，故欲明今日中国文学之趋向，势非研究中国之旧文学不可，且国人现正沉醉于西学，国学早不为人所重，已至不为人所知，吾为此惧，国学一栏之开辟，或由是乎！惟以国学范畴，涉及极广；编者学浅才疏，蚊负堪忧，尚乞宏才硕彦，邦人君子，惠赐鸿文，以光篇幅，不胜企祷！（《发刊词》,《甘肃民国日报·国学副刊》，1947年5月26日，第3版）

6月21日　《申报》报道教育部明令奖励无锡国专教授陆修祜等优秀教师。（《张镜澄等献身教育，教部明令分别给奖》,《申报》，1947年6月21日，第5版）

6月24日　国学印书总馆筹备处编辑部代主任平同诚发表《〈国学汇参〉创刊号出版缘启》《筹设国学印书总馆修正缘启》,《国学汇参》创刊。

平同诚在《〈国学汇参〉创刊号出版缘启》中指出：

旷观世界各国，各有各国之国性，各有各国之国体。各国诸大圣哲，从其国性民情，立其教化，传其学说也。中华国学之历史，为世界各国冠。国性民情，异于各国；教化学说，更有不同。所以各国进步之由，大都窃取我国先绪之唾余，研究心法而行也。同诚幼从庭教，耕读并操，道修性命，业执岐黄，诚正修齐之教，略窥一二。国性民情之理，皆从斯探。历考国家之治乱，基于人心之邪正；人心之邪正，由于学术之晦明。所以国学为教化之命脉，道德为宇宙之生机。国学立，道德行，天下自然平治；国学毁，道德丧，国家必至灭亡。此同诚自有生以来，区区拙见之若斯，而愿国人宏启研究中华之国学也。迩年聚精会神，默察将来，世界不易清宁，中华亦难安居。去冬十一月十九日，爰撰《警惕世界岐［歧］途论》，双号邮呈南京国民大会。明知愚民之文，无济于事，无非聊尽匹夫之心理而已。今复重整旧业，以完素志。专倡国学以为事，修养性命以为归。复虑天下之大，智识各有不同，为此启编《国学汇参》，期维风同道一。我今不忍国学人心之陷溺，故持拙见，妄念作狂。孔子乘桴浮海，虽微仲由之勇，却叹世道人心，不堪挽回。同诚而今作狂，不知谁来为我克此妄念也。刻值《国学汇参》创刊号出版伊始，当将本馆欲为提倡者，所有计划文稿，按期依次编辑。今启绪端，以昭始末。允执厥中，汇为天下同人参。期维阐明国学，发扬道德，胡盘托出其本本源源，庶满定阅《国学汇参》者之期望，而不虚度三期龙华之法会也。夫是为启。(《〈国学汇参〉创刊号出版缘启》，《国学汇参》

创刊号，1947年6月24日）

平同诚在《筹设国学印书总馆修正缘启》中指出：

稽古尧授舜，允执厥中。其道不外孝弟而已矣。舜阐其微，则曰人心惟危，道心惟微，惟精惟一，允执厥中，此十六字之真传。孔孟之存心养性，牟尼之明心见性，老子之修心炼性，皆在此十六字范围内，所以禹、汤、伊尹、文武周公，得以平治天下者，乃法其所法也。周末世虽道微，天生孔子，集历代之大成，传道统于后世。孔圣升天，诸子争明，杨墨横行天下，士子各从所僻。讵知天下不绝道，复生孟子，宏启先圣之绝学，孔道方行于天下。其间曲费婆心，孰能比其敏慧。嗣后汉晋佛老相尚，各立教门，杂化频开，异端蜂起，纷争聚讼，迄今仍然。三教同源，汇参乏人，幸蒙皇天爱道，又命然镫［燃灯］化身，直传心身性命之大道，天人合一之至理。道掌三教，理通古今，继承尧、舜、禹、汤、文、武、周公、孔、曾、思、孟之道统，阐明元始太上、释迦、达摩、周、程、张、朱之真传，宏开普渡拯救三期，然奈杂化频开，较昔杨墨更甚，致造红羊之浩劫，令人混沌于其间，长此以往，邪正不分，青年士子，正路莫由，古今学术，无从镕化，电驰光阴，国学岂可忍待！同诚爰鉴及此，筹设国学印书总馆。钦承述古老人之心法，集印国学之图书，发扬道德，阐明真传，新旧学说，镕成一贯，期维大道，救正人心。其所撰印著述者，与天地合其德，与日月合其明，与四时合其序，与鬼神合其吉凶，寄托天元之道脉，总汇三教之统宗。书存内圣外王之学，有体有用；文载古今之理，有本有末；方策所在，道脉垂延，永息侵略，实见和平。苟欲万民格致诚正，国家修齐治平，四海安宁，世界大同，必由国学之昌明始，而后世之志士，道有所从，学有所宗，以免误入异端曲学，再有不归杨则归墨之叹也。同诚复念此举，任重道远，独木不能成林，众举方可柱天。谨述缘启，以昭颠末。并订简章，奉陈列位贤达联鉴。倘承不以为谬，赐予指导，匡所不逮，并请大量转向同人筹集资金。其有余力者，则请投资合股。共励此举，发展经营，维护国学，而宏大道。功成之日，不特国学书籍风行天下，德垂万世在斯。其有受国学之惠者，当拜诸大贤翁乐捐投资功德之所赐亦在斯。天下幸甚，世道人心幸甚，本馆相与有荣焉，亦莫不在斯也。是为启。(《筹设国学印书总馆修正缘启》,《国学汇参》创刊号，1947年6月24日)

6月　邵祖平著《国学导读》，由上海商务印书馆出版。

邵祖平称：

国学一名，称号不旧，盖以西学随海通而来莅吾土，吾土文字所纪述之学，不得不名为国学也。然则国学者，国文学而已！自有国学之大共名，于是是学之表里精粗津梁闻奥，莫不为人所注视。国立大学中文学系课程中，且有"读书指导"一门为治学之权舆矣。著者三十年承乏中央大学教席，适任斯课，颇思撰一讲稿以应诸生之求；巴蜀窜徙，因循未果。今年复任斯课于四川大学，兼授成都石室中学国文，默念大学生杂学之曾无精媲，中学生悦学之毫无门径，因谬草《国学导读》一书，首以《读书说》旌其志，继以小学目录之说启其涂，经纬子史之述博其趣，终以纯文学肆其余力焉！中间《说文通借字表》，《古音直音表》，则有助于应试大学国文科者，初学得而董理之，庶几缅缅得寻国学之绪。不龟手之药一也，或可以霸，或不免于洴〔洴〕澼统，是在初学之善用者。（邵祖平：《国学导读》，商务印书馆，1947年，第1页）

该书第七节《国学应读各书要目》列出四部与小学类书目。经部：《十三经注疏》《相台五经》《四书集注》《毛传郑笺附〈诗谱〉〈毛诗音义〉〈毛诗校字记〉》《毛诗传疏》《毛诗古音考》《四家诗异文考》《尚书古注便读》《尚书古文疏证》《尚书今古文注疏》《周易集解》《仪礼正义》《周礼正义》《礼记集说》《礼记集解》《大戴礼记补注》《春秋左传杜解》《左传补疏》《左传旧注疏证》《春秋繁露注》《春秋公羊通义》《公羊何氏释例》《穀梁释例》《论语正义》《论语骈枝》《论语或问》《孟子正义》《孟子字义疏证》《孟子文法读本》《孟子或问》《孝经郑氏注》《孝经义疏补》《尔雅正义》《尔雅义疏》《经典释文》。

小学类：《说文解字注》《说文句读》《说文释例》《说文通训定声》《说文正俗辨字》《说文解字义证》《说文古籀疏证》《说文古籀补》《说文系传》《广雅疏证》《释名疏证》《方言疏证》《方言笺疏》《小尔雅训纂》《续方言》《新方言》《音学五书》《广韵》《集韵类篇礼部韵略》《古韵标准》《四声切韵表》《音学辨微》《声韵考》《切

韵考》《音韵阐微》《一切经音义反切考》。

　　史部：《二十四史》《四史》《史记评林》《汉书评林》《史记志难》《古今人表考》《汉书律历志正伪》《汉书地理志稽疑》《汉书地理志水道图说》《汉书艺文志考证》《汉书艺文志讲疏》《汉书补注》《后汉书补注》《补三国艺文志》《历代史表》《十七史商榷》《廿二史札记》《廿二史考异》《南史识小录》《北史识小录》《八史经籍志》《隋书经籍志》《资治通鉴》《通鉴注辨正》《通鉴纪事本末》《续通鉴》《读史方舆纪要》《地理五书》《古今纪要》《国语》《战国策》《山海经笺疏》《校正竹书纪年》《穆天子传》《家语》《东观汉记》《前汉记》《后汉记》《晋略》《明纪》《东华录》《路史》《华阳国志》《十六国春秋》《马令南唐书》《陆游南唐书音释》《高士传》《襄阳耆旧记》《唐才子传》《元和郡县志》《水经注释》《洛阳伽蓝记集证》《洛阳名园记》《荆农岁时记》《通典》《通志》《通考》《通志二十略》《西汉会要》《东汉会要》《唐会要》《五代会要》《四库全书总目提要》《四库未收书目提要》《千顷堂书目》《古今伪书考》《直斋书录解题》《朱子年谱》《金石录》《史通通释》《文史通义》《校雠通义》《读通鉴论附〈宋论〉》。

　　子部：《浙刻二十二子》《百子全书》《荀子集解》《荀子考证》《孔丛子》《管子义证》《韩非子集解》《墨子间诂》《武经七书》《庄子集解》《药地炮庄》《公孙龙子》《吕氏春秋高诱注》《老子王弼注》《鹖冠子陆佃注》《列子卢重元注》《孟子外书熙时子注》《意林》《诸子评议》《论衡》《中鉴》《新语》《新书》《潜夫论笺》《新论》《中论》《人物志》《物理论》《中说》《潜书》《群书治要》《周子通书注》《二程全书》《朱子全书》《张子全书》《象山全集》《阳

明集要》《近思录集注》《宋元学案》《明儒学案》《清朝学案小识》《风俗通义》《梦溪笔谈》《容斋五笔》《习学记言》《翁注困学纪闻》《丹铅总录》《少室山房笔丛》《通雅》《黄汝成笺日知录集释》《十驾斋养新录》《经史问答》《南江札记》《钟山札记》《龙城札记》《蛾术编》《通艺录》《过庭录》《读书脞录》《札璞》《札迻》《癸巳类稿》《癸巳存稿》《拜经日记》《读书杂志》《经义述闻》《经传释词》《舒艺室随笔》《七修类稿》《读书丛录》《古书疑义举例》《无邪堂答问》《今古学考》《辍耕录》《退庵随笔》《曝书杂记》《余多录》《思问录》《陔余丛考》《北梦琐言》《曲园杂纂》《宋人笔记四十种》《瓮牖闲评》《群书拾补》《能改斋漫录》《云谷杂记》）。

集部：《楚辞章句》《楚辞集注》《楚辞新注》《楚辞灯》《离骚草木疏》《屈宋古音义》《汉魏六朝百三家集》《初唐四杰集》《李太白集注》《杜诗详注》《杜诗镜铨》《杜诗注解》《王孟高岑四唐人集》《韩昌黎先生集》《柳河东集辑注》《元氏长庆集》《白氏长庆集》《李义山诗集》《朱墨本昌黎诗注》《韩内翰别集》《三唐人文集》《三唐人诗集》《五唐人集》《六唐人集》《八唐人集》《公是集》《彭城集》《元丰类稿》《宛陵集》《文忠集》《三苏全集》《临川集》《山谷内外集别集》《后山集》《淮海集》《简斋集》《石湖诗集》《诚斋集》《渭南文集》《剑南诗钞》《白石诗集》《元遗山诗注》《钦定全唐诗》《宋诗钞》《全宋词》《元诗选》《全唐文》《乐府诗集》《文心雕龙》《四六丛话》《诗品》《声调谱》《词律》）。

署名"毓"的书评者评论："国学应读各书要目，开列繁重，不知当今专攻国学之大学毕业生，涉猎及之者究有几人也。"（毓：《国立北平图书馆新书介绍：国学导读》，《图书季刊》，新第8卷第3—4期，

1947 年 12 月）

邵祖平以《国学导读》申请教育部 1947 年专门著作申请奖励说明书，自称：

本书于国学溯源、治标两方分别讨探，作深刻之研究，首以读书说发其端倪，继以文字学、目录学启其途径，中以治学方法经纬子史百家，博其旨趣，终以纯文字肆其余力焉。本著作在学术上之特殊贡献：本书治学刍言于历代学术思想变迁详述承革了如指掌，于经今古文学之分、儒玄文史之各盛一时尤能派钆析入微，推阐得要。而纯文学之界说亦经创立，足为文学史家援引之用，中附《说文通俗字表》亦可作《说文》字典读也。

介绍人林思进、徐仁甫撰写本著作品的评语：

著者为余杭章太炎先生高弟，历任南北各大学国学教授，所著《文字学概说》《培风楼诗》前后由商务印书馆出版问世。顷复秉其十载教学之经验，于国学为有力之介绍与指导，写成是书。繁简得中，涂辙犁然，见解超卓，行文雅赡，诚国学纲要读书指导之杰著也。昔年梁启超氏著有《应读国学要目》一书，惜其书博大而不精深。读者彷徨无下手处，此书一出，海内从事国学者有闭户潜修之助，得贯串群言之益，如能公诸大庠，广作南针，将见国无佻达之士，辞无淫邪之思，文化复兴此其嚆矢也欤？

审查人杨树达提出审查意见："原书采辑群言，似颇见用心。惟于国学柢底不深，故错误叠见，尤过之字，《说文》本字作訧，而本书乃云作邮，不知邮为境上行书舍也。经籍纂诂为阮元所撰，本书乃属卢文弨，黄丕烈为古董藏书家，本书称之为校勘学之最，以与王念孙父子并列。皆足令人惊骇不置者也。"建议："不予奖励。"

审查人汪东提出审查意见："作者自序谓'吾土文字所纪述学名为国学'，开口即错。文字学概说中，于形义声韵，多含胡不潦之论。治学刍言一篇，时有善论，然泛滥无归，其中忽厕人已作窃取庄子守神论一段，尤乖著书之体，纯文学发凡一篇，浅薄之极，惟国学应读各书要目，虽与各家出入，要亦足供参考。"总评："综观全书，为初学之津梁，则尚嫌太深，供学人之研究，又毫无价值，听其自生自灭可也，不给奖。"[《一九四六至一九四七年专门著作申请奖励说明书及学术奖励著作品审查意见表》，中国第二历史档案馆藏民国教育部档案，五-1358（1）]

7月9日　胡朴安逝世。

《申报》电讯：

革命元老朴学大师，前上海市通志馆长，现任上海市文献委员会主任委员胡朴安（见图），病偏废有年，近复患肝癌，迄未治愈，前晚突形转剧，诸医束手，延至昨晨三时五十分逝世，享年七十，遗体于昨日上午，移送华山路中国殡仪馆，定于今日下午二时，举行大殓。其生前友好，特设胡氏治丧委员会，办理治丧事宜。昨日集议，决定：（一）电呈总裁报告，并请南京党国元老列名发起定期举行追悼会。（二）电请国府明令褒扬，并将胡氏生平事迹，宣付史馆。（三）请市府酌拨治丧费。（四）今日大殓后举行公祭。推方治、吴开先、潘公展、程沧波、章益等主祭。（《一代朴学大师胡朴安昨逝世，今日大殓后举行公祭，治丧会电请国府褒扬》，《申报》，1947年7月10日，第4版）

7月27日　《新生命报》刊登《国粹虚虚实实真真假假》，评述国人造假的风气。

由谈真假而又联想到做假，说起做假那更是我们贵国人的特能，任何东西全可伪造，做出假的，可能乱真，虽是鱼目混珠，然而却让你眼花缭乱，真假分辨不清，假假的□□宽□极了，希有之物，值钱珠宝，要做假，国库钞币，银行票据，亦要做假，古人字画，要做假，对卖的书画亦要做假，公私学校的文凭要做假，公私机关的证件亦要做假，名牌商标要做假，鹿茸医药亦要做假，公家契纸要做假，私人的债券亦要做假……一切的一切，几乎无不做假，价值连城的宝物皆可做假，皆有暴利可图，然而不值几文的一盒火柴一支香烟，亦有人要在做假，这真是一件耐人寻味的事，由于做的假太多了，所以弄的人们是非不□，甚至要"认假不认真了"，一件物既可做假，处世又何尝不做假呢！为官当政者，做假舞弊，小民为人做假虚伪，农人做假少纳粮赋，军人做假当不杀前，商人做假货不真价不实，医生做假假药骗人……要说是最纯洁的学生当不至做假矣，岂料考试亦还做假小抄！有人谓社会就是个真真假假虚虚实实，以今日观之，又不□了，真实恐怕是没有了，仅剩下了一片虚假！（《国粹虚虚实实真真假假》，《新生命报》，1947年7月27日，第3版）

8月1日 《社报》发表《读书会释疑五则》，回答"研究国学有何入门书籍"等问题。

（二）国学书籍太多，殊难尽读。吾人际此学科纷繁时代，实有抉择阅读之必要。请指导阅读国学方法及介绍入门书深造书；对于诗词歌赋，如何写作，材料如何准备？

答：这问题分两部份答复。第一是阅读国学方法及入门书深造书的介绍。第二是诗词歌赋写作方法与材料准备方法。

关于第一部分问题，范围广泛，不易回答。因为所谓"国学"，几已包罗全部中国旧籍的内容。中国旧籍的内容，浩如烟海，门类纷繁，途辙各异，从而其阅读方法，不能一概而论，就一般的来说，则多读多看多作笔记，都是读书不可缺少的工夫。至于各门类的专门治学方法，非这里所能回答得了。希望林君买一本读书指导第三辑（关于大学院系选习指导）及《读书通讯》第一一二期看看。（关于就业升学自学指导特辑）上二书都是中国文化服务社出版的，里面对大学国文以及国文学习方法，都有较详细的说明。

关于国学书目，张之洞的《书目答问》可以看。又胡适之先生有《一个最低限度的国学书目》一文，在《胡适文存》内可以看。（《读书会释疑五则》，《社报》，新第10期，1947年8月1日）

8月2日　浙江瑞安王阳殿撰《国学汇参序》，赞誉该刊昌明国学，而宏道德。维护天元之命脉，宏开万世之太平。文章称：

旷观宇宙，历考古今，学说播扬之广，流传之久，民到于今称之者，莫若孔子之圣。七十子之后，称之毁之者，类多抑扬失实。斯乃大道之所以沉沦，世人多有未被其泽者也。夫浮云蔽天，日月不改其明。鹿［尘］沙混江，流水不失其清。称毁失当，庸何伤于孔子。顾浮云为障，天地皆昏。尘沙相混，河海尽浊。圣道不明，国学不讲，人失瞻依，乱亡无日，影响所及，讵不伤哉。幸蒙天不绝道，复生我师尊回龙夫子，宏启孔子教化，汇参三数心法。又得我友平同诚先生，起编《国学汇参》，维护天元道脉。孔圣大道，复得播扬于天下，仙佛并尊，广传后世。万民推崇者，实赖我迥龙夫子之开示，平君同诚之播扬，以资挽救人心，而度斯世斯民，期维同登道岸也。慨自欧风东渐，中华世道衰微，人心不古，道学伦［沦］丧，弃善就恶，去顺效逆，睨视圣贤仙佛之心法为虚文，专尚奸贪欺诈之手段为本领，五伦颠覆，纲常推毁，孔孟之道丧，杨墨之学行，兄弟阋墙，夫妇反目，骄邪淫佚，无所不为。堂堂中华，变为夷狄。礼教国家，遍出禽兽。长此以往，不免横遭毁灭之劫。设无国学道德，不足以挽救斯世斯民也。有子曰："君子务本，本立而道生，孝弟也者，其为人之本欤。"今世之人，不求务本，不讲道德，专事功利，良心斫丧，舍本逐末，生民涂炭。大劫临头，弃坟离井，抛妻别子，老弱转于沟壑，壮者散于四方。民到于今苦之，莫若今世为甚。天作孽犹可违，自作孽不可活，非天之劫人，乃人自劫也。此无他，乃爱于孔道之不行，德之不修，学之不讲，而劫难安得不临其身哉？《大学》曰："古之欲明明德于天下者，先治其国，欲治其国者，先齐其家；欲齐其家者，先修其身；欲修其身者，先正其心；欲正心者，先诚其意。"所以先圣先贤专心致力于格致诚正之美德，而立奠定太平之基础。值斯三期普度，天生圣贤，凡立兴学护道之志，宏具发扬道德之怀，表彰圣贤，为民造福者，岂非圣人之徒欤。国学者，大道之全体也。平先生欲将我国之国粹，笔之于书，务期国学汇通于天下，大道传播于后世，犹古人四书五经诸子百家之作也。道德者，国学之大用也，乃吾国固有之良知良能，聿修厥德。国学阐明，如孔曾思孟之道统。道德发扬，犹圣贤仙佛之心传。由此观之，国学与道德，一体一用，两相互卫，而达圆成。三期普度，汇者，汇通国学于宇宙，传播道德之文章，参者，参考研究。合而言之，汇通国学道德文章于天下也。提倡国学，唤醒人心之宜正，征编各方志士所著国学道德之文章，发扬光大。己立立人，己达达人。钦承师尊之心法，阐明真传，普度原人。撰述圣佛仙真之法言，隐士宿儒之著作，供应海内有志国学道德者，熟读精思，依法行持。一人传十，十人传百，期维九六原人，昌明国学，而宏道德。维护天元之命脉，宏开万世之太平，此《国学汇参》之大意大义大经大法之大旨所在焉。历考平同诚先生之道德文章，为世所重。究其本源，得自母教庭训之力，复得回龙夫子开示大道之薪传。修持于天上峰，明心身性命之旨归，得内外修养之心法，许身佛国，誓以毕生，舍家兴学护道，百折不回。苦其心志，劳其筋骨，空乏其身，行乏乱其所为，一心一德，坚贞卓绝。昔曾备受困苦，今日果有成功。韩文公为遭贬谪，致使文章能起八代之衰。今观平同诚先生，为转移风气，挽救人心，提倡国学，风行于世，发扬道德，冀作中流之砥柱，挽既倒之狂澜，一唱而天下和。将来人心端正，风俗淳美，五伦敦厚，八德柱天，岂非先生之力欤。其经天纬地，光同日月之功，韩文公岂能与其为伦哉。国学功成，平同诚先生之德，真可谓无量无边，恒河沙数，而有不可思议者也。复观孔子学说，祖述尧舜。尧舜古之圣人也，彼所以为圣人者，其道不外乎孝弟而已矣。人心惟危，道心惟微，惟精惟一，允执厥中，此十六字之真传，孔子为其发扬光大，传述后世，世人效而法之，产生后世之圣佛仙真。彼人也，予亦人也。彼能如是，而予乃不能如是。早夜清思，去其不如尧舜者，而就正于如尧舜者，求其专心，业精于勤，此阳殿之所志也。吾友平同诚先生，道学尧舜之道，书读孔孟之书，得闻先生真传外，专致力于八德，内修存养于三教，年届四九，道学兼备。今复倡编《国学汇参》，启发后生，宏开汇参之先河，作道德之模范，希望各省志士，继往开来者，专心效法平同诚先生之心为心，急起直追平同诚先生之志为志。中国不求治而自治，天下不讲平而自平，中华幸甚，生民幸甚。原人道岸同登，九六共返灵山，娑婆成为极乐，世界臻进大同，才了平同诚先生《国学汇参》之宏愿，兴学护道之婆心，方能圆成然镫［燃灯］古佛三期之普度也。是为序。（王阳殿：《国学汇参序》，《国学汇参》，第1—2期合刊，1947年8月16日/1947年10月11日）

8月3日　沈兼士突然病逝。
舆论称，"我国从此丧去一位权威国学训诂学家"：

国学家现任辅大文院院长沈兼士，昨夜患脑溢血，在平寓急逝，享年六十一岁。杭立武、胡适、马衡、陈垣等，已组成治丧委员会，并草拟简略传，并搜集沈氏遗著。沈氏遗体今日上午六时大殓，即移灵嘉兴寺，十七日在辅大开会追悼。沈为浙江吴兴人，遗一妻（患神经病），四女，有子夭折，为名学者沈尹默之弟，留学日本，毕业于东京物理学校，归国后，曾任北大研究所国文系主任，后任厦大中法国文教授，故宫博物院文献馆副馆长，北大文院院长，清华教授，辅大文院院长，胜利后任教部平津特派员，接收文教机关，备极辛劳，著有《文学的指导》《说鬼》《古文学在训诂学上之沿革及其推阐》等书。其老友胡适，今晨告记者：昨晚七时，沈氏在寓宴教次杭立武，邀胡适、马衡等作陪，入席前，谈笑风生，毫无异状，来客咸以沈氏年逾花甲，而无一白发，引为庆幸。沈氏并请来客题字。过后，（沈）氏突喊头痛，旋血管硬化，诊治未及，即逝去。我国从此丧去一权威国学训诂学家。沈氏除书籍外，别无遗产，棺木由辅大代办。胡氏言下不胜感慨，谈及棺价高昂，胡氏甚赞成火葬，既经济，又卫生。(《沈兼士突病逝，宴杭立武时忽患脑溢血，胡适、马衡等组治丧委会》，《申报》，1947年8月4日，第6版)

8月12日　《中央日报》刊登仙野《"国粹"云云》，讥讽固守国粹的陋习。

　　鲁迅在他的《热风集》中，曾经写过这样一段："中国人会打拳，外国人不会打拳，有一天见面对打，中国人得胜，自不消说的，却使不把外国人的'板油址下'，只消一阵'乌龙扫地'也便一齐扫倒，从此不能爬起了……"

　　这是"国粹"，因为是中国特有的国粹，故打拳到现在还是很流行的，至少在游乐场合，也可以用来打打两手，扫扫两脚，来献一献丑。

　　因此中国有了特多的国粹，从几千年一直宣扬到现在，报章宣扬不够，于是在人书本上也极力宣扬。

　　在小学时，记得就有这么一回事的记载：当黄帝和蚩尤打得难分难舍时，蚩尤就用"烟幕弹"撒下了迷溃的烟雾来，他满以为黄帝这时可以方向莫辨，任他排饰了，但天晓得，黄帝的脑瓜儿比他来得更聪明些，发明了指南针，把"满以为"的蚩尤，打得落花流水了。

　　宋金大战时，凭空飞下了一朵大火花，轰然一声，把大家的三军人马，彼此被吓了一怔。

宋时，有人觉得抄书抄得太麻烦了，于是乎灵窍一通，把泥土捏出了活字版来，虽然笨重，但总算省了许多抄书的工夫。

由是，从此后中国的三大发明，冲破了世界的记录。

在初中翻开本国史，值得宣扬的又是指南针，火药，活字版。

到了高中，历史上还是这么（些）指南针、火药、活字版一套的宣扬，自几千年前到几千年后，三大发明仍然是三大发明，而且是原原本本的三大发明，以前指南针用来看风水，黑火药用来做鞭炮，活字版有时也用来印印通志，而现在这三大发明，仍然是从前的三大用途，原原本本，丝毫不变，这是"粹"，中国特有的"粹"。

于是有了这些粹，不管外国人的原子弹如何？只消几包黑火药，也可以使他"乌龙扫地"，永远爬不起来，不管洋人雷达如何？有指南针，兹不致走错路！

于是乎，中国亦不过原原本本几千年前的中国。（仙野：《"国粹"云云》，永安《中央日报》，1947年8月12日，第5版）

8月27日　罗伯济发表《国学综述序例》，提出国学应"形上形下，道器兼赅"。

夫文者，天地之元气，人物之精华，为道弘而致用博，牢笼百态，经纬万端，而国家所赖以维系者也。顾文有变迁，恒随世运为升降。人心牖之，风气成之，而实学力尸之，学顾可少哉。世当隆盛，化行俗美，民德归厚，弦诵相闻。其发为文章，类皆歌咏太平，润色鸿业，矞皇典丽，泽古功深，流及既衰，气弱辞靡，民生憔悴，莫获昭苏，学殖既衰，安有文采，积渐使然矣。吾国数千年间，治乱若循环，遭遇无恒，而惨舒顿异。文体蕃变，每随时运而生；格律坚浮，终以学力为准。虽一二豪杰之士，不为风会所移，能自拔于流俗，曲终奏雅，自有高音；拔［披］沙拣金往往得宝，然不可以常例论也。世衰文弊，乱以群言，溃决礼防，本宝先废，在今日尤甚。欲图挽救，必赖师资，寻流溯源，固有典则。盖文根于理，积厚流光，修辞立诚，先民矩矱，此俟诸百世而不惑者也。若曰何必读书，然后为学，文章千古事，果能以空言致耶？是在好学深思者。

神州文化，先于万国，取精用宏，有物有则。龙图阐秘，原始包羲，仓史踵迹，六书尽之。百物正名，经乃递作，博大昌明，日星河岳，政教之汇，旁薄弥纶，范围不过，简易精醇。聚为六经，散为诸子，星宿探源，篇章所起。皇古制作，集成于周，末流文胜，乃冠千秋。楚骚变风，秦字改篆，书既能同，文亦增焕。祖龙不道，汉拨秦灰，经师陈说，流派远哉。良史文豪，如两司马，蔚若渊云，隽推董贾，东都企轨，赋丽诗清，文章尔雅，宏我汉京。班志艺文，综以六略，含英咀华，沈浸秾郁。述上古至两汉为第一篇。

卯金失驭，乱生洛阳，诗书扫地，缣帛为囊。儒术虽衰，尚有作者，天光分曜，蜀才吴雅。魏人变本，独嘘玄风，师传浸替，经生凿空。孟德雄才，子桓践迹，邺下多才，陈思入室。葛侯一表，伊训皋谟，文足经世，弁冕三都，典午承流，日趋华缛，风俗高骞，左阮刘郭，晚有靖节，自赏孤芳，史家名著，如陈如常。宋代晋兴，颜谢较卓，俊若参军，差堪鼎足。文胜其质，靡于齐梁，协和音律，艳浮以张。陈鹜新声，雕缋愈甚，宴安江沱，南风不竞。北人崇实，经术特优，缘情之作，晚亦同流。隋氏承周，斫雕为朴，矫枉实难，唐开四杰。道有消长，积累斯丰，李杜诗圣，韩柳文宗，史踵前修，经详义疏，瑕不掩瑜，有光国故。末叶织巧，变态迭更，萧条五季，缭绕余音。述三国至五代为第二篇。

宋之初期，文亦渳渳，救敝需才，颓波力挽。西昆成体，丽犹未淳，宗匠屡作，集于庐陵。曾王三苏，闻风兴起，扬激时流，并趋盛轨，同时骈丽，分道回翔，沈博流利，殆亚三唐。南渡中衰，大雅罕作，晦庵晨星，余工四六。经崇义理，生而独开，道学流别，夐矣悠哉。朱集大成，陆树别帜，格物明心，同中小异，史乘之作，实副其名，如欧如马，体例殊精。汉创书法，后贤步武，宋亦足称，尤勤集古。诗学递衍，苏黄特尊，范陆诸彦，时有奇文，白话流行，语录相仿，施于篇章，有如击壤。词倚声调，诗之余波，至是乃大，宛转高歌。辽丐华风，金益沾润，晚有遗山，削然后劲。文杂雅俗，元风始更，继词以曲，出色当行。明涤胡尘，学先正韵，说经肤阔，沿袭成性，制科八比，经义之流，启发民智，王学稍优。文艺迭兴，虽有赝古，宋刘归唐，是其翘楚。诗首季迪，余亦嶒峣，变迁往复，犹多正声。后起大儒，王黄孙顾，二曲同风，鼎革滋著。述宋至明为第三篇。

有清硕彦，多明遗老，导吾先路，旁稽远讨。绰有根柢，说经硁硁，朴学昌炽，声韵尤精。康乾之间，惠戴最著，末流寝衰，今文独步。揭橥宋学，辨析渊源，程朱当路，陆王闭关。文在初叶，势犹未盛，兴庵西溟，较为雅正。异军特起，派衍桐城，惜抱山斗，其道大行。别有阳湖，流风所及，濯淖污泥，务为峻［峻］洁。道咸以降，曾吴复兴，尸祝姚氏，气宇峻嶒。骈文逞妍，迦陵称首，异曲同工，健者多有。巽轩而降，各自名家，后来居上，气体清华，黄顾诸君，心存故国，托于史篇，隐寓哀恻。奇创之作，并有成书，改订旧史，综核精粗。江左三家，清诗爰始，继起大宗，新城秀水，确士铨选，遂享高名，晚有湘绮，差堪殿军。霞蔚词人，常州轶众，分席朱程，越明攀宋，曲推洪蒋，小道多文，新潮所播，并即沈沦。时局沧桑，江河日下，合挽狂澜，与古方驾。述有清至民国为第四篇。

国于天地，必有与立，积民成国，而国以学存，不学固无以为国也。夫学至广博，宁止于文。然舍文则学无所丽，形上形下，道器兼赅，酌古准今，推行尽利，此国家所有事，莫非学术所弥纶。引而伸之，触类而长之，天下之能事毕矣。（罗伯济：《国学综述序例》，《玉屏学报》，第1期，1947年8月27日）

9月9日 陈达智提出国学为圣教，圣教即八德，推崇平同诚国学印书总馆关乎国学之兴废。

文章称：

木之所以能发荣滋长者，以其有根木也。水之所以能长流不断者，以其有源泉也。世之所以能长治久安者，以其有国学也。国学之所以成全国学者，以其有真传也。何则？国学者，圣教也。圣教者，八德也。八德者，八宝也。八宝者，伏魔也。圣教为生长八德之天，国学为产育八德之地，而总馆为播种八德之人也。由此观之，则八德为世界之栋梁，国家之元气，大道至干城，亦则成道之仙佛也明矣。

师尊谕曰，大罗天上成仙者，皆是凡间八德人。又谕曰，道务重兴，无国学不足以辅普渡，三期救灾，无国学不足以助收圆，兴学护道，古化至今在人。

平老夫子曰：修此八德，则四海安宁；失此八德，则国家灭亡，旨哉言乎。统而言之，则其大要为何如耶？虽然，今世国学之兴发，由于总馆之得力。总馆之得力，由于平先生之毅力。今幸平老夫子，许师之心，首倡国学印书总馆，以遵循圣教，阐扬国学，集印图书，汇通天下，挽救人心，实为历代圣人之勋臣，万世民生之雨润，亦即九六原人之二天矣。呜呼国人国人，科学行世三十余年矣，则战杀行世三十余年。内有群凶诸劫加临于气数乎，由人结耶。道书曰：有是因，必有是果，诚不诬也。何不回向圣道，遵循总馆规则，遍设国学讲习所，养成孝弟忠信、礼义廉耻之人，使人人知亲亲长长之念，敬老慈幼之怀。虽不言修道，而道自修，不言治国，而国自治，不言平天下，而天下太平矣。岂不尽善尽美哉。（陈达智：《国学宗旨大要》，《国学汇参》，第5—6期合刊，1948年3月22日/1948年5月15日）

9月10日　集成读书会创办，自称"本会继承前中华国学会及读书合作社之事业"。

本会现已开设下列补习班，其收费标准暂依每人每月每科十万元为率，清寒减半或免收。

一、初中英语；二、初中代数；三、初中几何；四、初中物理；五、初中化学；六、中学国文；七、高中英文；八、高中几何；九、高中代数；十、高中解析几何；十一、高中物理；十二、高中化学。（《集成读书会消息》，《集成》，第2期，1947年9月10日）

10月14日　上海市参议会致函上海市政府，转请教育部通令全国学校对国文课程应以毛笔缮写，以保国粹。（上海市档案馆藏参议会档案，Q109-1-104）

△　船山学社在恢复新建的社屋中举行王船山先生诞祭典礼，"湖南省政府主席程潜主祭，社员周逸、曹典球、仇鳌等人陪祭"。（施明、刘志盛整理：《赵瀞园集》，第453页）

10月15日　《大公报》报道天津文化复兴会筹设国学科，定于10月20日前报名。（《文化复兴社国学科开始报名》，天津《大公报》，1947年10月15日，第5版）

11月9日　唐文治为南洋大学旧同学讲演"气节"与"为善之道"。

唐文治称："吾辈都是国学中人，须从根本着想，方论到建设。不然，方寸之间，见利忘义，本心已昏昧，岂能办天下之大事

乎？"（唐文治：《南洋大学演说稿》，转引自刘露茜、王桐荪编注：《唐文治教育文选》，第306页）

12月4日　《申报》报道上海各大学教授定期追悼金松岑。

国学大师吴江金松岑氏，于今岁一月病逝吴门寓所，本市各大学国文教授圣约翰大学王欣夫、王巨川，东吴大学王佩诤，上海法学院祁龙威等，多属金氏门人，拟将于其逝世周年之日，集会追悼，以纪念此一代宗师。按氏著作等身，若《天放楼诗文》及《皖志列传》等，均已刊行，近复由王祁诸氏将其未刊遗著，编印成集，不久即将出版。（《本市各大学教授定期追悼金松岑》，《申报》，1947年12月4日，第6版）

金松岑弟子徐哲东撰《贞献先生墓表铭》：

始先生居吴县，乃更潜心广览，趋于平实，自此无日废书，探经之赜，挈儒之醇，厌饫史籍，稽迹验事，简练百氏，理其独见，旁瞩海外，衡厥群言，罗络古今，抉除封执，务在订非掇是，贯综稠适，而一以正谊明道为归。立说尤重节概，以为世方污下，必先砺廉隅，而后信可立，俗可化，政教不为虚设也。淹渍日新，硐砻大光，是资雄轶之才，纵笔炉锤万象，大究天人之际，细至刻画一物，凌纸俶傥，变化瑰谲，若金鼓之震锽，琴瑟之愔嬺，虫吟鸟噌，虎嗥猿啼，荡山海，激风云，耸危峰，窈凌谷，春曦煦融，秋月澄映，秾英芳丽，古木怪特，珠玉光润，钟彝斑驳，肆意所届，不可端涯。呜呼！
先生可谓文章之大匠也已！游迹几遍国中，所至必访其贤杰，
凡伟人硕彦、奇才异能之士，至江表者，亦必纳交于先生。故
晏处而声气殨于四海，众流辐辏其门。皖、滇修《通志》，皆
请撰列传，为之隐括笔削，体博旨远，辞参班、范两书，皆自
成一家言。其诗文数经编刻，最后手定者，有《天放楼诗文
集》若干卷，又有《政论》若干卷。弟子王大隆等谥曰贞献先
生。贞者，正有干也；献者，贤而睿也。诠行易名，允当斯谥，
乃为铭曰：

> 蔚矣先生，振厥文行，蒸其皎兮！卓荦好修，高明克柔，
> 俶蹈道兮！弸中致虚，闻善斯俞，成颗皝兮！旁魄为辞，揭立
> 一时，杜韩绍兮！顾乎其长，直方温良，毅且扰兮！磨而不
> 磷，峻节嶙峋，宜寿考兮！耄耋精勤，忽乎遂沦，朋心悼兮！
> 琭铭孔哀，载郁扬徽，垂世表兮！（徐震：《贞献先生墓表铭》，金天
> 羽：《天放楼诗文集》，上海古籍出版社，2007年，第1396—1397页）

12月5日　朱自清开始整理闻一多遗稿《调整大学文学院中国
文学外国语文二系机构刍议》，后发表于《国文月刊》第63期，引
发国内学界关于中外文合系的讨论。

此文由朱自清据闻一多手稿整理而成，前一部分为闻手稿，后
一部分为据其手稿连缀而成。文中，闻一多不满于"极端守旧的国
粹派"与"假洋鬼子"的言行，深感旧的教学体制存在着"中西对
立""语文不分"两大弱点，建议将现行制度下的中国文学系（文
学组、语言文字组）与外国语文学系改为文学系（中国文学组、外

国文学组）与语言学系（东方语言组、印欧语言组）。

　　先讲中西对立。现在大学中文、法两学院绝大多数学系所设的课程，都包括本国的与外国（西洋）的两种学问：如哲学系讲中国哲学，也讲西洋哲学；政治学系讲中国政治制度和思想，也讲欧美政治制度和思想；但现在并没有一个大学把中国哲学和西洋哲学，或把中国政治学和西洋政治学分为两系的。这便是说：绝大多数文法学院的系是依学科性质分类的。惟一的例外是文学语言，仍依国别，分作中国文学与外国语文学两系。这现象显然意味着前者（绝大多数系）的分类是正常的，后者（文学语言）是畸形的。畸形现象的存在，当然不是没有原因的。如所周知，近百年来中国社会的性质是半封建、半殖民地的。我们不能讳言，许多大学的中国文学和外国语文学两系，恰好代表着这两种社会的残余意识，至少也犯着那种嫌疑。一方面是些以保存国粹为己任的小型国学专修馆，集合着一群遗老式的先生和遗少式的学生，抱着发散霉味的经史子集，梦想五千年的古国的光荣。一方面则，恕我不客气，称它为高等华人养成所，惟一的任务是替帝国主义（尤其是大英帝国主义）承包文化倾销，因此你也不妨称他们为文化买办。他们的利得的来源正是中国的落后性。这些典型的中国文学系和外国语文学系，无疑都是我们亲眼见过的，甚至亲身经历过的。虽然近年来情形已在转变，可是我们不能不承认，残余的习气，在许多大学的这两系中，依然保存得不少。

　　上述典型的中国文学系和外国语文学系，各处极端，不易接近，甚至互相水火，是不用讲的。但这现象并不妨碍两边都有着反动份子出现，不，正因为极端，才会反动。极端守旧的国粹派学起时髦来比谁还要肉麻，相反的，假洋鬼子也常常会醉心本位文化到歇斯的里的程度。这样的份子，目前在两系中，也是有的，但对于真正沟通融会中西文化的工作，大概不会起什么作用；因此，在历史演化的进程中，许多原来中西分设的学系都合流了，直到今天，文学语言仍然是中西对立、互不相干的两系。

再讲文语不分。我们先是有中国文学系和外国文学系。中国文学系以文学为主，文字学是文学的附庸。固然我们在传统上也注重所谓小学，认为读书必先识字，但是小学究竟只是工具，没有独立的地位。所以包括形、音、义的文字学，虽然指引学生去研究语言的符号和符号的声音，真正对它发生兴趣的却不多。外国文学系的情形恰相反，好像"译学馆"，专重语言训练，特别是英语训练。自然也教授文学名著，但只是借文学名著训练语言。这是第一期。

第二期是走向分化的路。外国文学系改为外国语文学系，除英语外也注重第二外国语，并且有了古典语言（希腊、拉丁）与梵语的科目。中国文学系也分了文学与语言文字二组，语言文字组注重语音、文字、文法以及少数民族语言的研究。于是语言由"附庸蔚为大国"。

上文的建议是根据语言学发展的趋势与新时代的新使命。先说前者。

所谓语言学发展的趋势，就是语言学的科学化。语言学已经成为科学，中国语言文字的研究是这门科学的一个分支，而文学是属于艺术的范畴。文学的批评与研究虽也采取科学方法，但文学终非严格的科学，也不需要，不可能，不应该是严格的科学。语言学与文学并不相近，倒是与历史考古学，尤其社会人类学相近些。所以让语言学独立成系，可以促进它本身的发展，也可以促进历史考古学与社会人类学的发展。一方面在语言训练上也因为集中而更容易收效些。但现在我们要有自主的外交，除英、美外，应增进与大陆的关系，尤其是与苏联的关系，所以我们应注重欧洲各个主要的语言，不能只以英语为主。另一面我们要争取国内少数民族的合作，要领导东方弱小民族的发展，扶助东方殖民地的解放，这责任是在中国人身上，所以应发展东方语言。

闻一多认为新时代的新要求是中国要近代化。反封建反帝国主义运动应当"不复古，也不媚外"。这是新中国的开端，"文学应配合我们的政治经济及一般文化的动向"："我们建议文学系分为中国文学与外国文学两组；这两组出发点虽不同，归趣则一。这是统一目标，分工合作；这是有计划的分工，有系统的合作。我们认为调整大学文学院中国文学外国语文学二系机构，是民族复兴中应有的'鸿谟'。"（闻一多：《调整大学文学院中国文学外国语文学二系机构刍议》，《国文月刊》，第63期，1948年1月10日）

同期，朱自清发表《关于大学中国文学系的两个意见》，呼应李广田在《文学与文化》里提出，"大学里应该而且可以传授新文学，并教给人怎样创作"。朱自清详细地举出一些办法，以"见得在现行的大学中文系课程里加进新文学是不难的，并不必等教育部改定科目表，只要文学院和中文系的主持人有兴趣提倡新文学就行了"。另外，朱自清赞同李广田的"尽可能使（中文、外文）两系沟通"及"设置中外文互选课"的主张，并说："至于长久之计，王、李两位先生都提到闻一多先生的中外文合系的主张，诚如王先生所说，'这个意见是值得重视的'。"两系合并还只是理想，困难很多，因而"最好先由一两个大学试办"。（朱自清：《关于大学中国文学系的两个意见》，《国文月刊》，第63期，1948年1月10日）王力、浦江清理解与支持此一建议，直至1949年1月2日，清华大学"吴达元（代理外语系主任）来，约中文系同人联合外语系同人共同商讨课程，因有人提及中外文系合并问题也。中外文系合并而重分之提案，乃三十五年夏闻一多先生在昆明时所提出，清华复员时曾经考虑，拘于实施上之困难，废而不议者"。（浦江清：《清华园日记　西行日记》，生活·读书·新知三联书店，1987年，第250页）

上海公私立大学国文系教师纷纷发表意见，陈望道认为改进中国文学系当以"现代化"和"科学化"为原则，"现代化"原则，"一方面增加中国现代文学的课目，一方面加强中外文学的沟通"。贯彻"科学化"，"研究，力求科学的；基本训练，也力求科学的。假如有适当人才，能开'论'字课目，应当多开'论'字课目"。（陈望道：《两个原则》，《上海公私立大学教授对于中国文学系改革的意见》，《国文月刊》，第65期，1948年3月10日）

徐中玉非常赞成闻一多的建议，目前各中文系里还有不少极端守旧的国粹派，但一般中文系学生"确已绝少再迷信和盲从他们"。"沟通融会中西文化的工作"，浙江大学在遵义时代请郭斌龢主持中文系与目前重庆大学请颜实甫主持中文系均有此意，"这是一种必然的趋势，文学在基本上实在难于分出中国和外国"：

> 冬烘才能以为中国文学系只可以并只需要限在"中国"的范围之内，稍一越出范围便认是"驳杂""附会"；亦所以假洋鬼子才能以为外国文学系本与中国文学无涉。说穿了，他们两种人不但都未看见文学，其实连他们自己认为已经非常"洞悉"了的中国与外国也都不曾看见。恕我放肆，目前一般大学里的外国文学系其实顶多只能称为外国语言系，甚至连这一点也说不上，至于文学，那么，在他们几乎已成为完全另一件事。

鉴于观念与人事问题，徐中玉建议在过渡时期，要使大家明白"文学无国界"的事实与道理，添设"比较文学史"等新课程，各科目中增加中外比较研究的材料，"两系合并的基本目的原在使中国近代化，要文学的研究适应新时代的新要求"。（徐中玉：《读闻朱二先生文后》，《上海公私立大学教授对于中国文学系改革的意见》，《国文月刊》，第65期，1948年3月10日）

复旦大学陈子展建议，首先从开设几种中外文互选的课程入手，其次增设新文学选修课，再者针对部颁课程调整内容，根据教授特长，开设提高学术水平的选修课程，最后，最高目标是"研究古文学，创造新文学"。总而言之，"在迈向新中国的途中，批判地接受旧的文学，建设本国文学的研究与批评的学者，和创造并发展新的进步的文学的作家，无论'兼通''横通'，只要各有造诣，都是我们殷切地所需要、所期待的。假使不这样，在最高学府里，中国文学系就没有存在的意义了"。（陈子展：《关于大学中国文学系的建议和意见》，《上海公私立大学教授对于中国文学系改革的意见》，《国文月刊》，第 65 期，1948 年 3 月 10 日）

朱维之认为创造未来的新文化，文学自然是其中重点，"凡前人所留的遗产，不分中外，都要承受；同时希望能作新的发展，而求有贡献于世界"。中国文学系和外国语文学系合并分组与调整机构，是必然的趋势，也是合理的趋势。我国大学的国文系以往被称为"国学系"，"既不偏重文学，又不偏重语言学，却偏重于整理国故"。外文系其实只是英语系，偏重于英语训练。两系都将文学忽略了，"国故"和"英语"两科风马牛不相及，"国故教授没有研究外国语文的必要，英语教授以不懂中文为时髦。结果，甚至有水火不相容的畸形现象"。现在，师资问题是中外文合系的最困难点，即便中外文合系之后，学生语言学习方面仍有困难，"平常长于国文的多不长于英文，长于英文的不长于国文"，其中的症结仍是"国学"与"英语"的老观念作祟，"若果是真正研究文学的，必于两方注意。合系后入学试验须注意国文不合格的不准入外国文学组。国文组学生外语程度只要能够阅读外书就够了，反正发表是用国文的，就是外语程度较差也没有多大问题"。（朱维之：《中外文合系是必然的趋势》，《上海公私立大学教授对于中国文学系改革的意见》，《国文月刊》，第 65 期，1948 年 3 月 10 日）

大夏大学国文系主任程俊英认为现在的学生所学的不合时代，"大一国文教材偏于古代，而学生却喜欢作白话文，教作分离，在我也是一个绝大的遗憾"。根据教学经验，他建议课程内容可以中西参照，如果中国文学系改为"组"之后，诗歌选及习作、小说选及习作、戏剧选及习作、散文选及习作四种应是主要课程，"着重现代作品，并授各课原理及写作方法"。另外，四学期的专书选读最好扩充为八学期，前四学期所读为《楚辞》赋、诗、词、曲、旧小说、弹词等，经、史、子中有文学价值者也可列入其中，"将过去的文学尽量介绍批评"。后四学期是外国诗歌、小说、戏剧、散文，可以选用译本，"尽量吸收各国文学的精华"。另外，文学批评、文学概论改为必修科，词曲选及习作列为选科。这样改革，"文学组就不至成为闻先生所说的小型国学专修馆，学生也不会感到中国文学浩如烟海，望门却步了"。（程俊英：《我对于中国文学系课程改革意见》，《上海公私立大学教授对于中国文学系改革的意见》，《国文月刊》，第65期，1948年3月10日）

12月15日　平同诚发布《国学汇参整理编辑方策》，以期天下之志士，得入"国学之圣门，救正人心，挽回世道"。

方案如下：

一、普通编书之例，乃将友人所题创刊词、恭颂诗，排于篇首。或以大文豪之著作，印在前面。但《国学汇参》之编辑，则不为然。本书依据国学大纲之系统，取其文理符合于何纲者，顺其大纲次序，而编辑之。

二、体道纲者，即孔圣之德行科也。无德行不足以体道。孔圣故以德行冠于四科之首。凡能修命、立命、安命、守命者，嘉言懿行之事实及其道德学问，义夫节妇，八德咸备之传略，皆属德行科，应予编入体道纲，以为世人立身处世之标准，昭示诚正修齐之方针。救正人心，挽回世道，此乃孔圣修德讲学之本旨也。

三、阐道纲者，即孔圣之言语科也。无言语不足以阐道，孔圣故将言语列于德行之后。关于阐扬圣佛仙真之妙义，以及隐士宿儒之学说，皆属言语科，应予编入阐道纲，以为宣扬道德，教化之标准，敦伦饬纪之方针，庶平习风，而奠国基。此乃孔圣阐道正俗之本旨也。

四、达道纲者，即孔圣之政事科也。无政事不足以达道，孔圣故以达道排于文学之前。历代仁风德政之事迹，卫国救民之圣策，皆属政事科，应予编入达道纲，以为文武贤才，司牧爱民之标准，咸使官民同德，政教合一之方针。庶泯贪苛，而安人民，此乃孔圣教养仁政之本旨也。

五、载道纲者，即孔圣之文学科也。无文学不足以载道，孔圣故以文学定于四科之末。阐述天地人物圣佛仙真之著作，发明阴阳造化，流行对待之真义，应予编入载道纲，为国学志士继往圣之绝学，开万世之太平，以作监本，垂传万世。此孔圣以文载道之本旨也。

六、国学四大纲乃尧舜禹授禅之衣钵。曰："人心惟危，道心惟微，惟精惟一，允执厥中。"十六字之真传，尹汤文武周孔，一以贯。太上释迦，而至达摩东来，传于惠能六祖，道授火宅，心心相印，皆本此学。而颜曾思孟，周程张朱，迄今三期宏开普度，仍系本于十六字之真传。此中华国学道德之本原也。

七、三教道德四大纲。由各人自修，自证，自悟，自撰，而编辑之。同诚学识浅陋，请恕不能规定。

八、龙马负图，伏羲画卦，仓颉造字，神农尝草，阐发之字音，音韵真传，乃宇宙之元气，造化之天籁，万国九洲之言语。虽各不同，而喜怒哀乐，声音之情理，却实一气相贯。今人只知声音笑貌之为，而不知其阴阳天然之籁。同诚昔蒙经学老师同德馨夫子，传授音韵之正传，继承绝学。一俟书馆成立，招生传授，普传于世，使人知夫中国之字音，出于天地元气之自然者也。（《国学汇参整理编辑方策》，《国学汇参》，第3—4期合刊，1947年12月4日/1948年1月27日）

12月31日 马一浮撰《废置复性书院议》，提出撤销复性书院。

昔者书院将谋东迁，始议改订规制。浮实草刍议，至为疏略，辱董事会采纳，推举院长、副院长领其事。其大旨有二，曰规复讲习，曰推进刻书。自迁杭以来，已逾一载，董会诸公表率于前，院长、副院长勤劳于后。蕲向之远，岂不昭昭；图虑之详，宁非汲汲。然以言讲习，则斋舍不具，资粮不充，既无以容接学人，亦不能延致讲友，即欲稍蓄故书，借抄底本，亦苦征求无力，缮写无人。既不借于师资，亦何事于编纂。故规复讲习，徒为虚语。以云刻书，则剞劂之资，纸墨之费，日相倍蓰，月出五万字，犹虞不给。若欲铅石并用，益难为计。仰屋兴嗟，杀青无日，是推进刻书亦行不逮言。二事既虚，书院精神已无所寄，安用此空名为。此非诸公主谋猷有所遗也，亦非浮之空疏甘于自弃也。事势所趋，资力所限，不能免于困踬，实有以使之然也。人不悦学，虽强聒不受，救死不赡，奚眿礼义。虽有嘉肴，不食不知其美。束书不观，唯取覆瓿。视经籍若弁髦，弃圣言如土梗。纵使充栋，亦等面墙。博而寡要，则何有焉；劳而少功，信其然矣。今使犯飙风、涉湍濑，失舟楫之利而时有倾覆之虞者，其势逆也。《箫》《韶》不入于侏离之耳，章甫不通于蛮貊之俗者，其情违也。夫既无事于讲习，亦无取于刻书，则书院之当废明矣。俗情每讳疾而忌医，喜存而恶灭。不知疣赘之患，决之始免。《井》道必《革》，《蛊》终别《临》。

自智者观之，始终一理也，成坏一相也，隐显一致也，聚散一缘也。制事之义，贵在审时，应物之方，碍在执己。虽语默殊途，成亏何与？时止则止，其道弥光，知存知亡，无失其正，何为舍道以徇俗乎。若夫无交而求，物莫之与，力小任重，鲜有不及。苟不远而可复者，其必知择善在斯，故谓今日书院莫如废之便。至若辞有司之补助，谢好义之捐输。谨儒者辞受之节，庶免吏责；准释氏功德之报，不负信施。其应如何措置乃当于时义，董事诸公与院长、副院长之责也。善其始者必有以善其终。浮已辞主讲、总纂名义，立当引去。即在向日，已退处无为，今日之事，更非其所当问，但以与人忠之道，不敢避谠言之过，故冒然以此说进，唯诸公择焉。（吴光主编：《马一浮全集》第 2 册，浙江古籍出版社，2013 年，第 206—207 页）

12月　徐大公计划在上海组织新安国学会。

歙人徐大公，近鉴于世风日颓，道德沦亡，爰在沪组织新安国学会，并设文史、诗词、书画、围棋四科，以供会员研讨，经方治、谢仁钊、陈以德、江继五、许伯龙、郭履洲、张世杰、许士骐、曹叔琴、许作人、詹励吾、郑鉴源、江□周、方雪江、过旭初等之赞助，已向社会局立案，凡有志研究国学、增进德育者皆可参加，寒假期中，并拟开始讲学。（《徐大公在沪组新安国学会》，《徽州日报》，1947年12月28日，第3版）

是年　东方文教研究院从内江迁往成都，董事会会议决定于秋季招收研究生20名，专科学生50名。

为发展文教事业，王恩洋再次申明东方文教研究院的办学旨趣：

我国历史，五千余年，圣哲辈出，文教灿然。所以绵续其民族国家而光大之者，力至宏而功至伟。顾至近代西学挟其富强之力以俱来，国人震荡于威势，茫然顿丧其守，尽弃其学而学焉，固有文化学术遂日告式微。然西方文化学术虽有特长，亦多矛盾。于其矛盾冲突之下演为一次二次世界大战，后祸犹不知所底止。明哲之士恍然悟曰：西方文化尚非人类最美满之文化也。

固有文化既式微而不振，西方文化又矛盾而多弊，吾人欲自救救世，故不可不为文化学术之重新检讨与建设。必对旧文化与以深切观察，互相比较，详细研究，而深知其得失短长，乃能因沿损益去短取长集全人类数千年德智之总成绩熔于一炉而重新铸造，乃可以产生适应于新时代的全人类之新文化。此本院所由建立之职志也。

欲世界之重建，固应有新的文化，而推行新文化，尤应有真的新人才。真的新人才非但仪式新而已。必有坚固的操守，正确的思想，明慧的才识，广大的胸襟，于朴质纯真之器宇中深藏刚毅果敢之魄力。临大变而不惊，受重任而不畏，历险阻艰辛久远而不移，此之谓任重道远之士，乃可谓真的新人才。

欲得知是之真才，不可以无真学。真学，非徒口耳记诵文彩知识而已，必于学问辛苦勤劬实有心得有能力以致其用。又非徒有才能而已，恃才而骄，适足偾事，故尤贵有养。不但有养，尤贵有量。不但有量，尤贵有德。中心恻然，民胞物与，克己复礼，天下归仁，德性纯真而后度量宽宏，养为真养，才乃真才，夫是之谓真学。此古人惩忿窒欲，变化气质，博学审问，慎思明辨，身体力行之功也。

将欲有真学问，又不可无真教育。所谓真教育者，实践躬行，以身作则，慈仁悲愍，己立立人，心超夫利禄功名而以学术思想德行生活领导徒众。以道义相感召，而不以名位相诱引。如此则慕德怀仁，真诚信仰。尊师重道，情礼恰然。教者学者心意互通，摄为一体。则教易行而学易成，知类通达强立而不反矣。昔者孔子教于东鲁，成德烝烝，佛陀教于天竺，应真济济，墨翟之徒可使赴汤蹈火。而濂洛关闽象山阳明之门，群才趣赴，如坐春风，如仰北斗，何其盛哉！此之谓精神感化，此之谓人格教育，夫是之谓真教育也。今之学校，但重知识之传授，对修德作人之道，似少及焉。宁非憾事！吾人用是祗惧。追慕古人私家授徒自由讲学之风，以道义相感召，以情礼相居处，以学术相研习，以行为相砥砺，于讲说请问授受知识之外，更有重大之学问存焉。期以救衰世之弊而补今日国家教育之不足。吾人虽德能浅陋，无以比迹古先圣贤，然天下兴亡，匹夫有责，安敢妄自菲薄而不努力以为之也。有志之士，盍兴夫来。

本院教学，儒佛为宗。佛以明万法之实相，儒以立人道之大经，故四书五经宋明理学中观唯识法相因明为本院之重心，中国诸子印度诸宗史学文学为儒学佛学之辅翼，待力能充裕更当增设西洋哲学社会科学以求博通，庶几本末始终赅而存之，融摄中外古今平章取舍以达建设全人类新文化之目的。

本院学行并重。尚朴实，贵沉潜，不染嗜好，不慕虚荣。荀子不云乎，无冥冥之志者，无昭昭之明，无昏昏之事者，无赫赫之功。孟子曰，人有不为也，而后可以有为。吾人愿与来学之士共勉之。

本院国学专修部学生四年毕业。研究部学生二年或三年毕业。研究部除专修毕业生愿留院研究者外，得招收院外大学毕业生及同等学历共作学术更深入之研讨，俾达文教之建设与发扬。

此本院入学诸生所应先知者，幸本此旨趣共学适道焉。（王恩洋：《东方文教院旨趣书》，《王恩洋先生论著集》第10卷，第273—275页）

1948年（民国三十七年　戊子）

1月10日　许寿裳撰《研究国学应走的途径》，提出研究国学的三条道路。

许寿裳认为国学分为"对于语文学作专门的研究"；"对于古文学（包括诗词、戏曲、小说、散文、韵文等）作有系统的研究，对于他们的价值重新估定"；"研究中国的思想问题"。[许寿裳（遗著）：《研究国学应走的途径》，《国立台湾大学校刊》，第9期，1948年3月1日]

1月24日　《申报》刊登《江苏省参议会将公葬金松岑》，"其门人前国立海疆学校教授袁希文等，拟将组织学会，发行月报，以阐扬金氏学术真谛"。

江苏省参议会将公葬已故国学大师金松岑氏，顷聘定蒋维乔、王铨济等为筹备委员，定期卜地举行。按金氏，吴江人，精研国学，晚年尤能接受新思潮，破除陋习，足为一代宗师。其门人前国立海疆学校教授袁希文等，拟将组织学会，发行月报，以阐扬金氏学术真谛云。（《江苏省参议会将公葬金松岑》，《申报》，1948年1月24日，第6版）

2月21日　周祖谟发表《沈兼士与近年史学》，评述沈兼士整理国故等事业：一、整理明清档案；二、提倡考古学；三、注重歌谣及风俗之调查。

先生专门之学虽非史学，而提倡风气之功，诚不可没。先生尝谓："北京大学之于研究国学，风气凡三变：其始承清季余习崇尚古文辞；三四年之后，则倡朴学；十年之际，渐渍于科学，骎骎乎进而用实证方法矣。以为向来文士尽信书之弊当有以矫之，故研究所国学门于古代研究，则提倡考古学，注重古器物之采集；于近代研究，则侧重公家档案及民间风俗；持此纵横两界之大宗新资料，以佐证书籍之研究，为学者辟一新途径。"（见所作《方编清内阁库贮旧档辑刊序》）是亦可知先生当日计虑之深也。

考近二十年史学之发展，其凭借有二：一为科学实证之方法，一为新史料之发现。科学实证之方法，自经蔡孑民、胡适之两先生之提倡，为民国八年五四运动以来之新思潮；新史料之发现，则得助于考古学者为多。先生固为"五四"时代之急进人物，且为提倡考古学最力之人，故于史学之进展，实有推移之力焉。（周祖谟：《沈兼士与近年史学》，《申报》，1948年2月21日，第8版）

是日，国学印书总馆筹备处发布通告，向股东与赞助者筹备基金，拟编印《国学同仁录》。

前承乐捐筹备基金及投资基本股份者，所有乐捐股款数目，均曾掣奉收据为凭，并将姓名依次刊载于各期《国学汇参》中。接读第三、四期《国学汇参》，如有遗漏刊载者，或排印错误者，请速来函申明，以便第五期《国学汇参》遵照更载可也。前承乐捐筹备基金，其功其德，天监昭昭，立志维护国学，福自天申。至各投资基本股份者，以其股金汇到之日，按照实物指数核计支付官息。所有盈亏数量，容俟本馆召开成立大会时，公开报告。然后通知各股东，以凭支息，本馆刻为紧急筹备，依期成立。特于今正开始，招集干事大股，俾有干才可选，协力阐扬圣教，维护三期普度，而宏道学。迩承邢仰西、许登元、文兢存、单锡福、王子云、韩太平、韩冠文、邓正齐、钟得信、刘先忠、朱振文、李今吾、张登元、从遂民、张启荣各位先生热心提倡。暨川、陕、甘、宁、闽、浙、湘、粤、黔、桂、青、康、赣、苏、皖、鄂各省诸大志士，亦曾具报前来。函请预为登记，加入干事大股，庶缔圣门福缘，宏启文运。股款正在筹集，容日即行电汇，到请按照实物时价之指数核收，以资计息。期维成立，发展国学经营，并请按照名单掣给收据为凭云云。本处对于干事大股，如系众人合股，立一公众股名者，得按合力人之姓名刊载于第五期《国学汇参》，并须随填同人登记表，俾照编印《国学同仁录》，以资流芳天下而垂令德于后世。他日圣门选贤举能，知有良材可聘，福荫子孙，幸何如也。河图新义及第三、四期《汇参》，因印刷工人，乃向印刷所要求工资按照实物指数发给，维持生活。交涉再三，工员调动，以致延搁，稍缓成功。一俟印成装妥，即行寄奉。专此布达，并祝筹祺。（《国学印书总馆筹备处通告》，《国学汇参》，第3—4期合刊，1947年12月4日/1948年1月27日）

2月27日　勉仁国专董事会主席郑锡侯呈请该校立案，以阐发中华民族固有精神，培养文化建设人才。

勉仁国专附呈组织规程一份、立案事项表一份、校址所有权状一份基金存单照片两张、银行证明书一件。

董事会立案呈报事项表

名称	私立勉仁国学专科学校董事会						
目的	在阐发中华民族固有精神培养文化建设人才						
会址	四川北碚金刚碑勉仁书院						
资产资金或其他收入详细数目	（一）图书九万三千四百五十八册，约值八万万八千万元；（二）金刚碑流洞岩房屋五幢，地一百二十亩，约值壹万伍仟捌佰肆拾万元；（三）校具、教具，约值五百六十万元；（四）现存重庆复华银行本校基金二万万元，共计十二亿肆仟肆佰万元						
董事	姓名	性别	年龄	籍贯	职业	资历	在会职务	住址
	熊十力	男	62	湖北黄冈	教育	北京大学教授	董事	重庆五通桥黄海化学社
	龚春岩	男	71	四川巴县	教育	前清举人日本士官校毕业曾任川东师范校长	董事	巴县兴隆场
	赖以庄	男	58	四川巴县	教育	四川省立教育学院文学系主任	董事	重庆黄桷垭大屋基
	晏阳初	男	57	四川巴中	教育	私立乡村建设学院院长	董事	巴县歇马场乡村建设学院
	卢廷栋	男	67	四川蓬溪	政	四川省公务人员，铨叙委员会委员	董事	成都武胜街三十二号
	卢作孚	男	55	四川合川	实业	前交通部次长，民生公司总经理	董事	重庆模范市场民生公司
	梁仲华	男	50	河南孟县	教育	华西大学教授	董事	四川灌县百果巷十三号

续表

孙则让	男	49	山东濮县	政	四川第三区行政督察专员	董事	巴县李家沱
鲜特生	男	61	四川西充	实业	前四川第十一区行政督察专员	董事	重庆上清寺特园路特园
陈亚三	男	51	山东郓城	教育	四川省训练团研究部主任	董事	四川北碚金刚碑勉仁书院
黄艮庸	男	48	广东番禺	教育	前四川省立民众教育馆馆长	董事	四川北碚金刚碑勉仁书院
张俶知	男	50	四川鄮都	教育	前四川乡村建设学院教导主任，勉仁中学校长	董事	四川北碚金刚碑勉仁书院
梁漱溟	男	54	广西桂林	政	参政员	董事长	四川北碚金刚碑勉仁书院
备注	基金系由各董事捐助或募集而成						

复华行重庆分行存款证明书："兹有勉仁国学专科学校于本年一月十五日存入该校基金计国币二亿元正，除由敝行开出总字第〇〇一一七〇二号存单一纸交该校执存外，现应该校函请出具存款证明以便报部立案，特此证明属实。惟此项证明书专限报部立案之用，不能提作任何其他债务之保证合并声明。"（《筹设四川私立勉仁国学专科学校、陪都工商学院等各专科以上学校的文书》，中国第二历史档案馆藏教育部档案，五-2393）

2月　为宣扬吾国文化起见，唐文治弟子薛桂轮、谢绍祖、周树慈、陆修祜、陆汝挺、冯振及唐文治长子唐庆诒等人发起为唐文治读文灌制唱片，薛桂轮总其成。灌音唱片为上海大中华唱片厂所制，正集凡十张，每张收录唐文治所读文两篇；又发行通用集五张，每张两篇。（《文化界小新闻》，《申报》，1948年3月19日，第4版）

国学泰斗唐蔚芝先生，道德文章，冠盖当世，巍然如鲁殿灵光，士林瞻仰。先生历主南洋大学、国学专修学校及太属中学、无锡中学等校，讲学数十年，著作等身。今虽耄年，犹讲述不辍。自西学昌明，国学日渐式微，世教未免衰替。先生戚然忧之，以兴复国学为己任，涵养正气以励世，风雨如晦，砥柱中流。今我国国粹之尚能绵延不绝者，实赖于斯。先生立身，严义利之辨，治学淹贯汉宋，融通经史百家，于古文辞阴阳刚柔之理、经纬贯通之义，靡所不该。而于读文一道，尤有深切体味。溯厥渊源，其读法实得自桐城吴挚甫先生，而挚甫先生之读法，传自湘乡曾文正公。盖古文非借熟读朗诵，不足以领会，韩子所谓含英咀华，始克发其精微，动于古合。同人等曩日恭聆先生读文，凝神炼气，悉出丹田，黄钟大吕，如协官商。疾则如长江大河，奔腾澎湃；徐则若峰回路转，曲折迂旋。若发抒性情之文，更如怨如慕，如泣如诉。性情教育，实萌柢于斯。回忆数年以前，先生有鉴我国读文法将趋绝响，得陈其均、唐星海两先生之助，诵读诗文，灌制成片。其中如《诗经》"卷阿""鸱鸮"等篇，首明伦常之义，他如《左传》、《史记》、韩欧之文，要皆有关文章义法而系世道人心之作。并撰《读文法》一卷，纲举目张，详于叙释，奉为指针。惟时寇氛方张，莫由翻制。寒暑数易，什袭保藏。及国土重光，以绌于器械制作之材，屡谋翻制未果。近大中华唱片厂范式正先生，仰副先生保存国学之意，欣然从事流传。约四月底可以问世。惟以成本所关，复制片数，并不为多。同人等服膺先生，历有年所，既稔其原委，爰敢联名征求预约。邦人君子，不乏闳通之士，保存国粹，必有同情。倘荷广为介绍预约，则问万〔世〕之日，行见家弦户诵，鸣盛和声，文以载道，诗以言志，振聋发聩，顽廉懦立，不特裨益国学，抑亦有功世教。所望公私学校、图书馆团体及广播电台协力赞成，用资倡导，庶我国数千年来之文化，赖以不坠。随附预约办法及预约单各一份，倘荷惠订，幸填明预约单，备款交江西路三九一号建安公司吴绘贤君掣取收据，先事记登，俟翻制竣事，再行通知凭据领片。有志国学者，盍兴乎来！是为启。

荣德生、王志莘、李慕运、孙伯亮、傅焕光、谢绍佐、蒋石渠、许岱云、孙寿熙、唐松源、凌鸿勋、廖世承、李伯涵、王企华、裘维裕、陆修祜、周树慈、王震、缪天行、唐熊源、李熙谋、赵祖康、秦润卿、朱诵韩、薛次莘、冯振、吴德明、朱继新、项镇方、唐文寿、赵曾珏、陈祖祥、李廷燮、孙昌煊、薛桂轮、王蘧常、周振甫、黄迩修、唐炳源、陆汝挺、陈祖光、金其源、陈传德、沈良骅、吴拯寰、朱世溙、唐景升、瞿西华、唐煜源、俞庆棠（《国学大师唐蔚芝先生读文灌音片征求预约启》，《交大友声》，1948 年第 2 卷第 1 期，转引自刘桂秋编著：《唐文治年谱长编》，第 1085—1086 页）

3月22日　李清本发表《国学说》，提出国学为四教之纲，阐扬道德与维护正气之本，今日研究国学应当昌明圣道。

文章称：

窃以国学，乃为四教之纲。苟无国学，则不足以阐扬道德。无道德，则不足以维护正气。无正气，则不能撑持宇宙。凡我同仁，有志护道，欲辅助三期收圆，关怀人民苦难者，便当注重国学，究察圣教，借斯救正人心，消却浩劫，方可救灾救难，了却洪誓人愿也。然而研究国学，并非为吾侪谋食谋利之具，不过借此发扬圣教，维护纲纪，警惕国人，翻悟前非，俾各性趋于善，步上轨道，免被魔风障蔽，迷失本性。如若本性迷失，则天良绝。天良绝，凡事必任意妄为，致使身入岐〔歧〕途，利无所宗。一切无所宗，犯上作乱，即接踵而来，遑云治平之道。故研究国学，实为当今之急务，未来之南针，切勿视为稗官野史。须体平先生提倡国学之旨，互相研究，身体力行，处处以务本去末。若舍本逐末，背道而驰，则任尔智慧过人，文章盖世，恐终一无所成也。譬如源泉不洁，则水不能畅流。本不立，则枝叶无所附，即如国家今日之益乱，政治之日腐，人心之日怍。莫不均由弃古道，而尚新学，袭人皮毛而造成。知杏坛之教，朱程之学，尧舜之道，是千古不磨之实训，万世遵崇之大法，岂现代新学之能及哉？吾人今日研究国学，即是倡明圣道。圣学昌明，杨墨之说瓦解，使异端曲学，无由复萌，而国性民情自正。一切皆正，自可挽回劫运，可无形消弭战乱，化干戈为玉帛，使国难不平自平，人心不正而自正。于是齐趋大同，咸歌尧天，岂不懿欤？吾故曰提倡国学，实为当今之急务，盖此意也。况国学为天地立心，为生民立命，为往圣继绝学，为教化之命脉，为开太平之急务。有心于世道者，莫不维护国学，研究圣道，匡夫世道而正人心焉。（李清本：《国学说》,《国学汇参》，第5—6期合刊，1948年3月22日/1948

年5月15日）

3月　浙江大学拟设立中国文学研究所，研究国学。

浙江大学购备的国学丛书日益充实，且师资完备，各有专门研究计划，本校刊行《浙江学报》"皆属各教授精湛之作"，而且历届毕业生有志于国学之深造者不乏其人，"实有增设中国文学研究所之必要"，最初分设语言文字、文学两组，以期与各科研究平均发展。教育部因经费问题，倾向缓办。竺可桢一再强调"近年以来，世界学术趋势已渐注重于人文之探索，中国思想与文学尤为欧美各国所重视"，浙江大学中国文学系创办十余年，而研究组织未能完善，"外邦人士每以为诧异，而相属勉者至再"。民国大学研究院设立以来，中国文学研究所之设立多偏居北方，但清代以来，"藏书之富，无过于浙江，而学风之倡，尤为今日所急"。为整理浙江所藏典籍、未刊稿本，必须设立专门组织。本校文学系师资完备，"且皆素有成己成物之杰"，"浙江自宋以来，又自有其独至之学风，有待复兴昌大"，本校文学院以此为职志，设立中国文学研究所必不可缓，并进一步分为文学、语言文字、学术思想三组，分别由钟泰、郑奠、熊十力为专组导师。教育部最后同意以不分组的形式设立中国文学研究所。（《请增设中国文学研究所》，浙江省档案馆藏"国立浙江大学"档案，L053-0001-0568）

4月24日　中国孔学总会理事长孔昭杕为《国学常识问答》通令全省公私中小学购买一事，呈文山东省教育厅。

事由：为呈送《国学常识问答》一册伏祈审核并请赐序题

签通令全省中小学迳向本会订购由附《国学常识问答》抄本一册。案据本会文书组组长孔宪熹签称：

> 职从事教育事业二十余年，兹参考国学各书编集《国学常识问答》一册，呈请印刷，分发各会员阅读，籍［借］以进修。等情，查该员所辑《国学常识问答》一书，内容丰富条目清楚，颇合各级小学教员及中学师范学生课外自修读本，其第二、第三、第五各章，关于经学史学文之阐述，核与本会章程，宣扬编纂，大有关系，自应予以协助，除由会印刷少数分发会员阅读外，理合检同原册，备文呈请厅长审核，倘蒙俯准可否赐序题签，并通令全省公私中小学迳向本会订购之处，出自尊裁！（《为送国学常识问答与中国孔学总会的来往文件》，山东省档案馆，J101-09-1024-013）

4月30日　教育部电令草堂国专不合专科标准，"当即电令重庆市教局转饬该校将专科字样取消"。（《渝两私立专校不合专科标准，教部令取消专科字样》，《申报》，1948年4月30日，第6版）

5月21日　蒋介石就任总统次日，韩求真撰《发扬国学道德论》，强调国学道德为立家立国的根本，呼吁蒋介石"作国学之干城，为圣贤之羽翼，挽狂澜之既倒"。

文章称：

> 尝稽古昔，禹治洪水，驱猛兽而天下平。孔子作《春秋》，别善恶，而乱臣贼子惧。子舆氏作七篇，辟异端，息邪说，以承三圣。无非救世救民，维持世道，纠正人心，而为天下后世

计也。故人不能一日无天地，即不能一日无身家。人不能一日无身家，即不能一日无父母。人不能一日无父母，即不能一日无夫妇。人不能一日无夫妇，即不能一日无伦理。人不能一日无伦理，即不能一日无教化。人不能一日无教化，即不能一日无圣道。人不能一日无圣道，即不能一日无正学。正学者，即国学也。国学道德，正立家立国之大纲。道德所自出，诚正修齐之大学也。国建国学而家国治，学宗圣教而道德尊。道非事物当然之道，非至道也。德非人心同得之德，非至德也。尧舜禹汤文武周孔之道，心法真传之道也。《诗》《书》《礼》《乐》《易》《象》《春秋》之文，先圣古训之学也。国学以道德为宗主，国学立而政治施，法律行而礼制备。学为内圣，学为外王，希贤希圣希天在此也。古者学古入官，学优则仕。有文章者必有经济，有经术者必有治术。处则为名儒，出则名相。修己治人，有守有为。国学振，道德行，而天下自然平治矣。古圣王之立学者，家有塾，党有庠，术有序，国有学。孔子之教曰："弟子入孝，出悌，谨慎，爱众，亲仁，学文。"孟子之教曰，"谨序庠之教，申之以孝弟之义"，又曰，"修其孝弟忠信，入以事其父兄，出以事其长上"，教以人伦。父子有亲，君臣有义，夫妇有别，长幼有序，朋友有信。国学昌明，总之不离乎八德五伦者。近是，可知国学固不可不兴也。无国学则无文教，无文教则无人才，无人才则无政治，无政治则男倡平等女效自由，风靡俗偷，道亡德丧。斯世斯时，士风颓散，科学竞进，异学争鸣，学分党派，三教殊歧，遂至天下日寻干戈，无处不枪炮，无岁不战争，同室操戈，相残骨肉，驱斯世之皇胎佛种，埋于弹雨枪林之下，岂不伤天地之生机，损国家之命脉，而受天翻地覆之大劫，毁灭历史之祸殃乎。伏思总统新登衽席，有心挽救世道。炭炭然以国俗国情为体谅，以国性国本为参详，国威国势宜张大，民耻民德要提倡。时局危如累卵，民陷水火，急予涸鲋。大道一线之秋，千钧一发之势，不能一息安矣。愿总统同仁等，执心维持风化者，俾儒林学士，知所向往，不入歧途，称先则古，共度原人，行见道一风同。以仁义为基址，以孝弟为垣墉，以忠信为甲胄，以礼义廉耻为干橹，使父子夫妇昆弟朋友之伦，浩然不没于宇宙，孔孟程朱之教，照然永垂于万古。今天下之共见共闻，隆学校以端士习，维世道以正人心，俾崇尚正学，屏黜异端，士子儒生，归于正鹄，敦伦饬纪，郑重纲常名教，先圣之道，得以布护于天下后世，而不绝如缕也。前望往古，后望将来，以持世翼教为仔肩，以守先待后为己任。当斯文绝续之交，膺道统真传之寄，而为先圣后圣之大功人也。惟望总统府名公，作国学之干城，为圣贤之羽翼，挽狂澜之既倒，撑砥柱于中流，成仙佛之普度，完孔子之大同。兴学护道，实福国救民之妙策，拨乱反治之良筹也。猗歈休哉！（韩求真：《发扬国学道德论》，《国学汇参》，第5—6期合刊，1948年3月22日/1948年5月15日）

5月 《兰心》第5期出版，发行人卢秋卿，介绍兰心社"以提倡气节联络交谊，发扬国学，演进文化为宗旨"。"凡有诗文书画作品或有志研究国粹者，不限省籍男女，皆得加入为本社社友。"（《兰心社简章》，《兰心》，第5期，1948年5月）

6月20日　闻国新发表《国学与音乐》，主张以音乐推广国学，阐明音乐与人生的关系，可知音乐与国学中领域最大的文字，具有不可分离的关系。

"礼乐之邦"四字，是从（前）中国人用来表示自己文化所以别于其他一切野蛮民族的。但这四字，同时亦足以表示中西文化根本相异之处。我们知道，西洋人是以"法律"绳治人民一切外面行动，而以"宗教"感化人们一切内心作用。所以西洋人常常自夸为"法治国家"与"宗教民族"，以别于其他一切"无法无天"的未开化或半开化民族。

反之，吾国自孔子立教以来，是主张用"礼"以节制吾人外面行动，用"乐"以陶养吾人内部心灵。如传说周公制礼作乐，古之六艺，"乐"亦其中之一。孔子更发扬而光大之，以诗与礼乐为涵养心性之学。常曰："兴于诗，立于礼，成于乐。"荀子则谓："礼者，以人定之法，节制其身心，消极者也。乐者，以自然之美，化感其性灵，积极者也。"又说："夫乐，其入人也深，而化人也速。"换言之，即是以"礼乐"两种，来代替西洋人的"法律、宗教"——"礼"与"法律"不同之点，就本体说，礼为应行的一部分，法律为不应行的一部分，就作用说，法律用硬性的"国家权力"的制裁，礼却利用有弹性的社会制裁，使社会组织直接受危害的人，应受法律的制裁；如社会与理想不合，却直接与社会组织无干者，得用社会之制裁，斥之曰非礼。"乐"与宗教相异之处，则在前者之主要作用，为陶养吾人自己固有的良知良能，后者之主要作用，在引起各人对于天堂、地狱的羡慕与畏惧的心理。——因此，音乐一物，在吾国文化中遂占极重要之位置。

可惜，想像中呈有系统的一部古书（六经中之一的《乐经》）竟已丧失，惟在其他经书中尚存有不少。如《礼记》《乐记》《尚书》《舜典》等。如《乐记》曰："凡音之起，由人心生也。人心之动，物使之然也。感于物而动，故形于声。声相应，故生变。变成方，谓之音。此音而乐之，及干戚羽毛，谓之乐。"此段大意若曰，音由心动，不独人类为然，凡动物之能以器官发音者，无不皆然。鸟之嘤鸣，以求友也；犬之狂吠，以惊怪也。下至昆虫之属，或以翼鸣，或以腷鸣，莫不缘其心之有欲。故凡动物之假器官以发音响者，可谓之定一公例，曰"含情求达"。惟人在万物中为最灵，所含情意最复杂，而表达的方法，也便精巧得多，直捷之表达法为言语，情之深厚者，非言语能尽其致，则为咏歌，为舞蹈。又子夏的毛诗序也说，"诗者，志之所之也。在心为志，发言为诗，情动于中而形于言，言之不足，故嗟叹之，嗟叹之不足，故咏歌之，咏歌之不足，不知手之舞之，足之蹈之也。情发于声，声成谓之音"。这几句陈言，把音乐与人生的关系，或者说，音乐、诗歌、舞蹈，这三种艺术，在我们的原始时期是不可分的，这已经成为一般的定论了。

韩愈送孟东序有这样的话："乐也者，郁于中而泄于外者也。就其善鸣者假鸣之，金、石、丝、竹、匏、土、革、木八者，物之善鸣者也。"把上所述而分析之，可划为三重阶段：（一）外物来感人心而使之动；（二）人心被物所感动，欲发泄之，而成为优美之音乐；（三）此音乐还感人心，而得同情之应。三者互为循环，生生不已。善者引善，恶者引恶，引而相深，浸成风俗，关系为至钜也。

其次，我们再看看：《尚书》《舜典》里所说的话："帝白［曰］：夔！（舜时之典乐官）命汝典乐，教胄子，直而温，宽而栗，刚而无虐，简而无傲。诗言志，歌永［咏］言，声依永，律和声。八音克谐，无相夺伦，人神以和。"这代表我国古时教育儿童的方法，是很可珍贵的。盖教育之大要，可别为两端：（一）曰知能之增进，（二）曰性情之涵养。两者轻重之较，以涵养性情为尤亟，（号晚近倡四育并进，吾谓体育可拙于知育，群育可括于德育也。）性情正，而后道德正，道德正，而后智能之用，不入于匪僻。故古代教育，大部分为正性闲情之事，正性闲情，莫善于乐。舜以和声依永［咏］，为教胄子之法。夫教胄子，何以须和声依永［咏］，此可取日常所见，而证其法之善。如婴儿精神劳倦之时，欲睡不得，嗷然啼哭不止，此时足使闻声烦躁。慈母柔声曼歌而抚之，曰："好孩子，睡觉睡觉"赓续不已。未几，此孩帖然竟寐。此柔声曼歌，有两种作用：（一）稳定儿之听觉，使入安宁之域；（二）母亦自稳其精神，使不发烦恨之气，两性皆定，儿入睡矣。于此可见歌有节性调情之用，由是而推之农夫、工匠，方执劳役时，互相作歌，以忘其疲，诚乐之妙用也。

明乎音乐与人生之关系，可知音乐与国学中领域最大之文学，具有不可分离之关系。盖狭义之文学，即专指描写人生，发抒情感，具有懿美之色彩，与铿锵之声调者。如汉代之辞、赋；汉、魏、唐之古近体诗；宋词；元明曲及传奇；皆其例证。刘勰《文心雕龙》即以"有韵者为文，无韵者为笔"一语，分别艺术文与非艺术文之不同。

其实，"以乐治国"，并非中国人独得之奇。古代希腊大哲，如柏拉图、亚里斯多德辈，亦尝有此理想。故当时希腊音乐学理中，有所谓"音乐伦理学"者，盖欲利用音乐力量，以提高国民道德。

自希腊文化衰微以后，基督教义成为西洋人民修身立德之唯一信条。音乐一物，则渐从"伦理作用"而变为"美术作用"。换言之，西洋音乐，从此遂成为活泼精神，激励气概之一种利器；同时并与"体育"交相为用，以造成西洋人今日之健全体格与精神。反之，中国法家——主张以法治国——儒家——主张以礼治国——两派相争，数千年来虽亦各有盛衰，但儒家学说终占优势；至少亦能将法家思想，加以若干纠正，以阻其片面的发展。不过，"以乐治心"之说，颇为后代儒家所忽略；甚至于直将音乐一事，认为"末道小技"，几乎视为人生不必需要之物，于是其结果，西洋人虽到白头，亦无不生气勃勃；而中国人虽在年青，亦无不面有菜色。近年国内人士，对于体育一事，虽然渐知注意；而对于活泼精神之音乐，则尚没有作到"正"字的地步。吾辈试徜徉街头巷尾，收音机所放送的靡靡之音，还是随处可以听得见。我们感觉，有民族正义感的音乐家们的责任，诚然是极重大的。（闻国新：《国学与音乐》，《广播周报》，复刊第92期，1948年6月20日；又见北京市档案

馆藏）

6月25日　《申报》称东台蔡观明为国内国学名宿。"曾讲学光华大学，返里后创国故专修学社，其文集有《孤桐馆文甲乙编》，顷由南通翰墨林精印单行本发行。"（《文化界小新闻》,《申报》, 1948年6月25日，第4版）

6月28日　无锡国专无锡本部举行"三年制第廿七届、五年制第五届"毕业典礼。典礼上由冯振代为宣读唐文治所撰训辞。

今日为本校三年制第廿七届、五年制第五届举行毕业礼之期。诸同学前程远大，忻贺忻贺。特略致训辞，请冯主任先生宣读。鄙人向来讲学宗旨，在读经救国。而经书中最须急读者，尤在《论语》《孟子》。《论语》最重者在君子教育。二十篇中，自首章"不亦君子乎"起，至末章"无以为君子"止，共一百有四处言君子。其最切近者，曰"君子喻于义，小人喻于利"，又曰"君子上达，小人下达"。义者天理之宜，裁判万事之根本。利字从禾从刀，《周易》"元亨利贞"四字，分配春夏秋冬，秋时刈禾，为农民之利。故《文言传》曰："美利利天下。"然若私其利于一己，而不公之于人，则是以刀置于心，始而杀百姓，继而自杀，并杀其子孙矣，可痛哉！故充喻义之心，廉洁高尚，则上达而进于圣贤；极喻利之心，则卑鄙贪污，下达而沦于禽兽。《孟子》曰："欲知舜与跖之分，无他，利与善之间。"宋程子云："间者，言相去不远，所争毫末耳。"故吾人立品，偶有失足，即下达无底止，不能自拔。切望学者勉为君子，勿为小人。凡在青年，皆当自爱。至嘱至嘱。

至于今日要务，尤在为善。而善念所以不能常存、善机所以不能畅达者，惟在人己之间隔。鄙人常谓圣人舍己以从人，贤者推己以及人；愚不肖有己而无人。舍己从人，虞舜之取人为善、与人为善是也。曾文正勉学者，以"取人为善、与人为善"八字书诸日记，列为课程，每日晚间常以此自省。学者常能反躬自省，自能逐渐向善矣。推己及人，即《论语》所谓"己欲立而立人，己欲达而达人"是也。我欲自立，而阻他人之自立；我欲发达，而忌他人之发达，此天道人事所不容也。若夫有己无人，尤为心术之大患，专制自是，诇诇之声音颜色，拒人于千里之外，则虽有善者，亦无如之何矣。故今日欲救吾国之危局，惟存喻义而戒喻利，力去有己无人之见，庶几昏浊之气可以扫除，正大之气可以稍伸乎。清初大儒、河南睢州汤文正公（讳斌，字潜庵）尝谓学者常以孟子"今人乍见孺子将入于井，皆有怵惕恻隐之心"二语，常存诸于心，即可上达天德，可谓名言。夫百姓皆我孺子也，其流离惨酷之状、呼号悲痛之声，岂止入井而已。倘有怵惕恻隐之心，则救人决不容缓矣。夫救人非必财力也，吾力能救一命，推而至于数十人、数十〔百〕人之命。人人同怀此心，则功德已不小矣。鄙人近撰一联云："老吾老及人老，幼吾幼及人幼；天下溺犹己溺，天下饥犹己饥。"力量有限，志愿无穷。惟望诸同学传嬗吾学说，自一乡一邑，推而至于一国，俾善气弥纶而无间，保合太和，消除劫运。《易》曰："善不积，不足以成名。"诸同学皆负维持道统、兼善天下之责，勉之，勉之！（唐文治:《民国卅七年夏

季三年制第廿七届、五年制第五届毕业典礼训辞》,《国专校友》, 第 5
期, 1948 年 6 月 18 日）

7月10日　中央大学中国文学研究所录取研究生科目为“中国
文学史”和“国学概要”。(《本校研究所卅七年招生简章》,《国立中央大
学校刊》, 复员后第 45—46 期, 1948 年 7 月 10 日）

7月26日　诚明文学院新学期报名。

　　“诚明”原有中国文学系暨国学专修科, 二十九年奉渝部
令增设商学系, 暨外国语文学系。今年六月奉令自下学期起增
设教育系。现任国学系科教授吕思勉、郭绍虞、朱锡璇、郑国
让、俞剑华等。(《诚明文学院》,《申报》, 1948 年 7 月 26 日, 第 7 版）

8月12日　朱自清因胃病不治, 病逝于北大医院。

8月　勉仁国专改组为勉仁文学院, 熊训启任文学院院长, 陈
亚三则改任副院长。(李渊庭、阎秉华编写:《梁漱溟先生年谱》, 广西师范
大学出版社, 1991 年, 第 218 页）

　　此前, 张俶知为国专改组学院事宜, 四处奔走, “日前由渝径
校, 正式向同学表示: 改院立案之文件均已由梁校董仲华携京面呈
教部。学生自治会于周末举行庆祝熊校长暨张秘书就职大会, 各教
授都发表演说, 阐述勉仁精神及描画将来远景”。(《学园风光·勉仁国
专》, 重庆《大公报》, 1948 年 6 月 8 日, 第 3 版）7 月 25 日, 北碚勉仁文学
院接到教育部公函, 允许该院立案, “查该董事会曾拟筹设独立学
院, 在本省现时专科以上学校极感缺乏之际, 甚合需要, 复查所呈

立案应报各件，亦符规定"。(《勉仁文学院向教部立案获准》，重庆《大公报》，1948年7月26日，第3版)

　　△　中华国学社复课后，由国学名宿景梅九、张筱衡、刘逊斋等人分别讲学，陕西省政府对该社倡导国学极为重视，"为发扬固有文化，维系世道人心，以利戡乱建国之计"，准备拨发专款，扩大修建社址，装潢电灯等，力求设备完善。(《国学社日有起色，张筱衡讲诗经听众拥挤，董主席将拨款增添设备》，《国风日报》，1948年8月5日，第2版)

　　9月5日　许钦文发表《英算和国文》，提出"国学并非不要，但如要每个人都注重，不但顾不到科学，连作文都难以清通了"。文章称：

　　　　不消说，时至今日，要国家富强，必须使得科学发达，势必减少国文的研究时间；国文是须使得由繁难而改良为简易的了。不过这并非文言和白话的问题。无论白话文言，只求清通，注意文法就是，还不十分费时。所谓读书十年才能算得不通，是要在"文章"上面装进许多古典成语，要赞许许多多古书，这才非有长时间的用功不可了。所以，花费时间的是在"国学"。

　　　　国学并非不要，但如要每个人都注重，不但顾不到科学，连作文都难以清通了。中等以上的学生，作文应该清通，不及格的不能毕业，不能录取。不过文字的清通，和国学不该混作一谈，为着一般的青年计，为着国家民族的前途计，为着国文的本身计，国文和国学应分作两门；国文是主要科，国学在文科才是主要科。这样，不至于再国文成绩差的高高录取，国文在八十一分以上的反而落第。相信目前赞成这种主张的人还很少，但我确信这是需要分别的！（许钦文：《英算和国文》,《申报》，1948 年 9 月 5 日，第 8 版）

9 月 16 日　《申报》"本周新书"介绍罗倬汉著作《诗乐论》。

本书以《诗经》阐发孔学之根源，借明国故之本。内容约包涵三方面：一为诗与孔学；二为诗教；三为诗之入乐。晚近介言"礼教吃人"者多，本编特探其病源，力主诗礼不减之义理，使国学有寄，国脉不绝。全编辞赅义显，喻理详明。凡高中以上学生及有志研究文学、哲学、史学及社会问题者，多宜作为进修参考之用。（《申报·本周新书》，1948 年 9 月 16 日，第 7 版）

9 月 19 日　黎锦熙、徐炳昶、冯友兰、张东荪、齐思和、梅贻宝、杜任之、王捷三、张伯驹、傅桐等教授"邀约各大学研究孔子学说之学者于十九日下午五时在团城国学社开会，商讨纪念孔子二千五百年诞辰事宜"。

议决：（一）成立孔子二千五百年诞辰纪念筹备会。（二）就北平十五文化机关推举干事如下：清华大学冯友兰、张季同，北大朱光潜、唐兰、俞平伯，师范学院李长之、刘盼遂，艺专张恒寿，燕大齐思和、梅贻宝，辅大刘汝霖，中法王静如、顾随，华北院杜任之、张申府、傅桐，中国大学徐宗元，中国大辞典编纂处黎锦熙、徐一士，北平图书馆袁守和、王重民，北平研究院徐炳昶，故宫博物院马衡、张庭济，国学社王捷三，北平美术会张伯驹。（三）纪念事业分为：一、征集论文及专著，二、举行纪念讲演，三、举行关于孔子文物之展览会（《孔诞二千五百年（北）平学术界着手筹备纪念》，天津《大公报》，1948年9月20日，第3版）

9月29日　上海青年会拟开办国学讲座，首次讲题为"老子研究"，"定于十月一日晚七时半开始，地点在八仙桥该会"。（《教育简讯·本市青年会开办国学讲座》，《申报》，1948年9月29日，第7版）

9月　西安学社国学讲习所正式立案。该所"以讲习我国孔孟学说培养高尚道德人材为宗旨"。课程为四书五经暨先圣先贤嘉言懿行录，并涉世常识等书。

西社拟建北辰宫，并筹设国学讲习所消息已于第十四期社讯，透露大概，兹又据报，该社所拟筹办之国学讲习所，案已立妥，并由教局转呈教育部备查，课程已进行四十余日，学员近三十名，年在二十岁上下，该家长及个人，均立过志愿，将来为道服务，并由各社理事二人保送，其向道求学之精神，均活泼可爱，后当同各教职员分别列表呈报，以资备查。

《西安道德学社国学讲习所简章》：

第一条：本所以讲习我国孔孟学说培养高尚道德人材为宗旨。

第二条：本所附设于西安道德学社内（崇孝路二三〇号）。

第三条：本所设所长一人，由道德学社理事长兼任之，总理所务设文书、事务、会计各一人，由道德学社职员兼任之，讲师若干人遴聘于国学素有研究之儒士担任之，均属义务职，惟得视事实之需要酌给车马费。

第四条：学员以中等以上学校毕业（或具有同等学力者）年在十八岁以上，思想纯正，笃诚向道，经社员二人介绍者为合格。

第五条：学员宿舍由所供给，衣服、书籍、福食概归自备。

第六条：学员名额暂定为二十名至三十名，男女兼收，必要时得随时扩充之，毕业期间，暂定为二年，必要时得设立特别班，以资深造。

第七条：课程为四书五经暨先圣先贤嘉言懿行录，并涉世常识等书。

第八条：本所经费由学员酌量分担，不足时得由道德学社社员随时乐助之。

第九条：本简章自呈准备案之日施行之，如有未尽事宜，得随时呈请修改之。（《西安学社国学讲习所正式立案》，《社讯》，第15期，1948年9月23日）

10月1日 《道德专刊》发表题为《应如何利用宝贵之国粹配合世界的共同要求》的社论，提出阐扬孔子大道、实行人道贞义、提倡世界大同、促进天下太平、实行选贤与能共5项国粹，解决当今个人、社会、家、国、天下的最大问题。

文章称：

自复员后，爱好和平人士，鉴于世界两次大战，疮痍满目，哀鸿遍野，人类残杀之惨剧不止，世界将趋于毁灭，共谋提倡相亲相辅之人道本元，以保障人群幸福，维护世界和平。去岁，联合国基本教育会议，先后在南京及墨西哥举行，提议不分性别、肤色、人种之差异，根除军国主义思想，共由儒家天下一家，世界大同，修齐治平之人生固有道德。今夏，欧美人士，亦本此旨，发动二十四国政府首长及各界领袖二百余人，出席世界道德重整运动会，我国道德哲学团体，十余单位，同时在南京成立联谊会，推蒋总统为名誉理事长，策动联合全世界道德哲学团体为一整个集团，召开国际道德会议，树立世界中心学说，消除过去不合中道之一切思想与行为。报载，参加道德重整运动会之陈立夫先生，最近由美回国报告，"出席会议之各国代表，认为世界极权与虚伪，须从根本救治，主张躬行实践，诚实、纯洁、无私、博爱，并由各个人之自我努力做起，实行中国修身、齐家、治国、平天下之政治哲学，主张打破宗教派别、种族歧视、劳资冲突等，以发挥真博爱，大同理想。此项运动，目前已在世界各地，普遍发展。瑞士之柯城，美国之墨克诺岛，为该会之欧美两地训练中心，此项运动，与中国传统之哲学思想，有不谋而合之处，参加大会各国人士，无不对中国寄与深切之希望，与爱护。此在吾人，应如何利用宝贵之文化，以配合世界共同之要求，值得深思"。

应如何利用宝贵国粹，以配合世界之共同要求，确为当今解决个人、社会、家、国、天下之最大问题，国人宜群起研究，以应世界之需求，兹提供意见五项，用作本问题之答解，以求教于当今之志士仁人。

一、阐扬孔子大道

研究修身、齐家、治国、平天下之贞实学问。凡道有大道、小道、正道、邪道之分。小道者，学说只能行于此方，而不能行于彼方；能行于一地，而不能及于全球；能行于少数人，而不能行于全人类；能行于当今，而不能及于万世。正道如儒家三纲五伦八德，为人道之正轨，舍此，即丧失天良，而不能完成人格。邪道为惊奇好异，离乎大道之贞礼，违反人道之正常，为人群所不需要，且足以为害人群。大道者，因既已成人，有身当修，不修则其身不正；有家当齐，不齐则家不和；有国当治，不治则乱；有天下当平，不平则国际仇杀。故凡为人类，均当研究修身、齐家、治国、平天下之贞实学问，如何研究，贵得明师。

二、实行人道贞义

说人话，作人事，完人格，人以类聚，相亲，相爱，相扶持。人为天地心，万物灵，具特有之德性，不似他物之有牙只会噬，有爪只会抓，互相残害，互相吞并。必须说人话，作人事，完人格，相亲，相爱，相扶持，以圆满成己成人之美德。近有自国外归来之某君，述及某国一切皆好，惟有两大缺点。一、轻婚姻。男女认识成熟，即行结婚，仪式简单，如中途意见参差，或另有对象，经法庭许可，便解除婚约，毫不留情，有子女之夫妇痛苦特甚。二、薄亲情。父母将子女培养成人，各离家庭，自求生活，父母亦不望子女之赡养，至老来门庭冷落，毫无人间乐趣，即偶与子女聚会，餐时子女亦不留饭，与路人无异。老者能自给自足，即属幸运，至于孝敬为何物，懵然不知。现有识人士，感觉此种风尚，非人道所宜，认有急起改不良之必要，但因寻不着圆满美满之文化，深感苦闷，故虽有人大声疾呼，终无法以善其后。倘阐扬吾国孔孟孝弟之道，纲常伦纪等学说，于彼方，必大受欢迎。可见中国亲亲而仁民，仁民而爱物，孝友一堂之人道贞义，有亟须推行于全球一切地区之必要，推行功效，赖政府与人民之一致努力。

三、提倡世界大同

不分国界，不分种族，不分教派，人仁自由，各国平等。大同者，大而无外，小而无内，凡世界人类，不分国界，不分种族，不分教派，均应研究同一之修身、齐家、治国、平天下贞学问，实行贞人道，除去阴谋压迫，与欺骗，相亲，相爱，相成全，达到人仁自由，各国平等为目的。世人多喜办大事业，但其事业，仅为一部分人所需要，所能办，而不为全世界人所需要，所能办到者，不能谓之为大，因大而不同也，人类向同一目的，成就事业，固谓之同。但此目的，不必为天下人所公共，仅为一部分人所需者，不能谓之为同，固同而不大也，故大而不同者非大，同而不大者非同。贞大同者，天下一家，世界一人，全球人类，共本此礼，共同此心，共成一德，共全大道也。

四、促进天下太平

上下尊卑，各守本分，士农工商，安居乐业。历来世界之乱，由于学说不正，是非不明，故须消除一切不良学说，与不良政教，树立中天下而立，定四海之民儒家中庸大道，实践三纲，五伦，八德，礼让为先，上下尊卑，自反自责，各守本分。《大学》云，为人君，止于仁，为人臣，止于敬，为人子，止于孝，为人父，止于慈，与国人交，止于信，如是则君君，臣臣，父父，子子，各守其固有之本位，以自立自强，自爱自重。否则，君不君，臣不臣，父不父，子不子，上下交责，而天下乱，至于为士，为农，为工，为商，应各本谦让和平精神，勤职业，修心术，排除骄奢懒惰，实行勤俭自强，自然安居乐业，各不相犯，而天下太平矣。

五、实行选贤与能

贤者在位，能者在职。贤者，具格致诚正，修身齐家贞学问，总辖治平之大成，有包罗能者的胸襟，可为国家天下人模范，果能选得，辅助政治，开诚布公，政德所孚，自然近悦远来。至于能者，各有其技能，但仅能作此事，而不能办彼事，对于心性自修之功，未及贤者。古人相曹操，为治世之能臣，乱世之奸雄，可见能者为人，只是有才干，会办事，以环境时势为转移，难有一定为国为民的真主张，为时事所造之英雄，非造时世之英雄，有贤者领导，便为治世能臣，否则行奸弄巧，难有始有终也。

天下之大，何地无才，贞人才，或隐居于草野，或伏处于政治中，而未能显达，果能虚心以求，则人皆经千里而来告。试观夏季之乱，贪官污吏，土豪劣绅，遍天下，何以尚有伊尹？商末之乱，亦贪官污吏，土豪劣绅，遍天下，何以犹有太公？因汤文真能选与，故可自得贤能。文武周公父子圣贤尚须渭水访姜尚吐握礼贤才，而后跻跻跄跄襄成盛治。项羽气盖一世，不用范增而终亡；刘邦匹夫起家，能用子房而成事，可见国家天下之治乱，关乎贤能之有无。当今世界，民主，尤须周谘博采，于民众之中，选拔真实贤才，实行天下为公之政治，则人人以公相应，天下莫与争功，贤能胥为己用天下莫与争能，人人亲其亲，长其长，天下自然太平。

以上，除第五项属于政府权力，非一般人所能实行者外，其余四项，上自政府首长，下及个人、家庭、社会，可分别情形，互相接合，互相组织，切实研究，认真实行。惟为政在人，人存政举，如执政者本此躬行，以之定作立国与为政纲领，凡百政教，依此修齐治平之道为本，其他各部门之技术设施为末，本末兼备，再加以虚心求贤，确立政德合一之基，国家未有不顷刻太平，世界未有不立现大同者。区区愚见，尚望举世贤达不吝赐教，并希众志成城，用作道德运动之一致主张，人类幸甚，天下幸甚。（《应如何利用宝贵之国粹配合世界的共同要求》，《道德专刊》，第3卷第3期，1948年10月1日）

是日，《湖南周报》辟专版刊出《王船山先生诞祭纪念特刊》。

特刊收录魏节山《王船山先生三百三十生日感言》、刘千俊《船山先生诞辰长歌》、余觉《船山先生诞辰书感》、马续常《船山诞祭题辞》，以及清郭嵩焘《船山王先生祠碑记》等。是月，《楚风》第8期亦出版船山诞辰纪念特刊，刊登有凌恩风《祭文》、刘千俊《船山先生诞辰公祭感赋》、罗正钧《补辑船山先生年谱跋后》，以及王闿运《题姜斋手稿〈礼记·檀弓〉两页跋》等。（施明、刘志

盛整理：《赵瀞园集》，第453页）

10月3日　船山学社在本社礼堂举行船山先师诞辰祭祀，"湖南省政府及有关人员和船山学社社员参加祭祀。省长程潜为王船山先生诞辰题写'高明敦厚，立懦廉顽'八字"。（施明、刘志盛整理：《赵瀞园集》，第453页）

10月9日　《甘肃民国日报》报道崔半僧组织进修班，提倡国故。

> 本市有"文坛怪杰"之誉老记者崔半僧者，为养成青年写作能力，提高青年鉴赏古文学眼光，以及公教人员有一进德修业之机会起见，特组织国文进修社，其讲授课目，包括国内名家及近代名人之精选作品以及普遍应用等，顷悉该社现正积极筹备中，日内即可正式开课云。（《提倡国故》，《甘肃民国日报》，1948年10月9日，第2版）

11月7日　《大公报》刊登《崇化学会讲习国学免费招生》。

> 讲习课程为《论语》、《易经》、《左传》、《说文》、骈文、通史、诗经草木今释、经学概论、地理、书法、应用文。时间下午五时半至七时半，学费免收。（《崇化学会讲习国学免费招生》，天津《大公报》，1948年11月7日，第5版）

12月21日　贵州复兴国学研究社召开第一次筹备会议。市府指导员孙家骥出席指导，张剑秋主持开会，议决修改社章，征求社员意见，推定乔运亨、刘树槐、张剑秋等9人为筹备员等事项，乔运亨为筹备主任，张剑秋为副主任。（《复兴国学研究社正积极筹备成立》,《贵州商报》,1948年12月23日，第4版）

12月28日 贵州复兴国学研究社召开第二次筹备会议，讨论决议案多件，审核社员资格。（《国学研究社定期正式成立》,《革命日报》,1948年12月30日，第3版）

是年 季明发表《国粹大学筹备始末》，以"国粹大学"为体裁，讥讽行宪之改革。

溯自国大行宪以来，"改革"之声，一日数作，姑不论能否施行，已足令人惊心动魄矣，盖我国上下五千年，纵横数万里，其卓然堪称"国粹"者，何止百数？若一旦听其改革，势必薰犹〔莸〕尽弃，玉石俱焚，洵非保全"国粹"之道，于是，鄙人蹙然忧之，因聚室而谋曰："改革伊始，国粹堪虞，尔等躬逢盛世，当思所以保全之道。"

妻笑曰："事非大难，行之亦易，顾君之立志何如耳！"

鄙人闻言，不胜惊喜，乃拜倒石榴裙下，曰："愿安承教。"

妻正色曰："欲保全国粹，势非捐资兴学不可。"鄙人诧曰："兴学固可矣，捐资则奈范叔何。"妻辗然曰："非也，所谓捐资者，捐他人之资耳，君之友朋，不乏屯积居奇者，沽名钓誉者，热中教育者，均可因利乘便，辗转托捐，盖捐资兴学，实兼名利而有之。"

余拱手曰："请闻其祥。"

妻曰："君不闻'学店'一词乎？溯自胜利以还，学店与时俱增，上至大学，下至小学，远至边陲，近至京沪，虽其收费不同，而为侔利则一也，君平生不善经营，欲组党则无政纲，欲做官则无背景，生财有大道，其惟经营学店乎？"

余敛眉沉思，然后喟然曰："卿言亦复佳，惟我之初衷，厥维保全国粹，君之计划，则在借之敛财，背道而驰，毋乃不可。"

妻曰："夫目的尽管不同，而手段不妨趋一，对外保全国粹，对内借之敛财，一举而两得，计之上上者也。"

余欣然曰："良佳，良佳。"

适舍弟放暑假归，因以己意告之，舍弟抚掌曰："吾兄举办学店，应天顺人，公私两得，惟草创伊始，不可无筹备计划，盍不召开家庭会议谋之？"

佥曰："善。"

以下，家庭会议开始

时间：黄帝纪元后四千六百五十年戊子六月上浣穀旦。

地点：一间客厅兼寝室兼厨房的小屋里。

主席：北平荣誉公民兼外二区第五保第三甲第一户户长。

记录：主席之大千金。

出席人：主席之妻，弟，妹，大千金，二千金，大令郎，连主席共七人。

缺席人：主席之二令郎。（尚在摇篮中，未便出席。）

讨论事项：

第一案——本学店应如何定名案。

妻说："真人不说假话，咱们就定名为'王家老学店'吧。"大令郎说："老学店上，尚宜加'正牌'二字。"弟弟摇头道："绝对要不得，夫'学店'二字，本为讽刺名词，吾人为'金玉其外'起见，亟宜改称大学，适才主席既谓以'保全国粹'为宗旨，鄙意以为'国粹大学'四字堪称洽切。"妹妹点头说："二哥意见甚好，此外，关于英文定名，本席以为暂用'China Traditional Spirit University'以示本大学之特色。"决议，二名全部通过。

第二案——本大学校址应如何勘定案。

妻说："本大学对内目的，既系营利敛财，则校址之设，自不宜过事铺张，本席建议即仿上海弄堂大学先列，暂租亭子间数间，以备应用。"决议，通过。

第三案——本大学基金应如何筹募案。

妻建议道："此事本席筹之已熟，自即日起，赶印大量股票，分别推销，凡认股一亿以上者，畀以名誉董事，五千万以上者，为当然校董，一千万以上者，子弟得免费入学，此外，不论认股多少，每届营业年度终，结算分红，童叟无欺。"弟弟补充说："必要时，得接受官方津贴，惟以不改国立为原则。"决议，通过。

第四案——本大学学费应如何规定案。

妻欣然起立说："此案关系营业盈亏甚巨，本席曾经三昼夜之推敲，获得三项具体原则，即以每日生活指数为收费根据，以实物金钞为收费单位，以没收抵押为收费担保是也，盖近来物价一夕数惊，按月调整，缓不济急，实宜逐日计算，以符'听涨不听落'之旨，又所收学费，若为法币，犹不免贬值之虞，兹规定以实物或金钞为单位，则两头看涨，岂非得计？其有家境困难，缴纳愆期者，许以不动产为担保，暂以月息三角起算，届期不缴者，得没收押物，尤计之上上者也。"主席闻言，不胜欣慰，因离席吻其妻曰："贤哉余妻！真吾家之摇钱树也！"

第五案——本大学所属各院系应如何设立案。

全场面面相觑，妻虽雄辩，亦莫能措一辞，于是，主席致词曰："本席侧身教育舞台，历有年所，鉴于教育亟待提倡，国粹亟宜保全，故有'国粹大学'之设，明知螳臂当车，未必能收效于万一，然爱护国粹，庸敢后人？兹搜集'国粹'之最足珍惜者，配合部颁'大学组织法规'"，草拟本大学院系章程于下：

（一）本大学暂设三院十二系及专修科若干。

（二）第一院为党学院，下分四学系。

（甲）组党学系：凡有志政党政治者，得报考本系，下分黄牛党、黑牛党、折白党、狗党、猫党等三百六十组，学者得自由选修，分别研究各该党之组织、理论及法规。

（乙）吃党学系：鉴于胜利后，失业者日益增多，特成立本系，凡报考本系者，不难获得"吃党"之秘诀，一家八口，可以无饥，党国前途，实利赖之。

（丙）说党学系：本系学生必须深明各该党之"主义"然后以凤阳小调，执黄牙拍唱之，但切忌"实行"，一经实行，则有违"说"党之宗旨矣。

（丁）卖党学系：各该生所学之党，均得为买卖之标的，其买卖价金，依照市场定价，以拍板方式行之，其有要价过高或出价过低者，不得强迫履行。

（三）第二院为官学院，下分四学系。

（甲）贪污学系：查"努力贪污"，本为居官守则，诸生志在做官，必先获得"贪污学位"，此本系所由设也。

（乙）裙带学系：本系男女兼收，但以女生为主要对象，在校时，青梅竹马，毕业后，裙带相依，庶几转战官场，有备无患。

（丙）拍马学系：居官而不善拍马，其为官也，不亦难乎？本系特聘拍马专家数名，并向新世界马戏团租得名马数匹，俾诸生对于手法之轻重、应拍之方位，莫不心领神会，然后氤氲四溢，集马屁之大成矣。

（丁）吹牛学系：善吹牛者，不待游扬，盖"自我表彰"之妙法也，本系教授，均为茅山炼气士，最能一鼓作气，大吹其牛，一吹而水牯奔腾，再吹而火牛陷阵，三吹而越过潼关矣。

（四）第三院为商学院，下分四系。

（甲）屯积学系：夫"货恶其弃于地也，必需藏于己"，圣人已提倡屯积矣，贵至金钞，贱至竹木，俱在屯积之列，尤有进者，夏日则屯积骄阳，冬日则屯积北风，进则屯积"社会贤达"，退则屯积"民主人士"，有物皆屯，无物不积，是为本系之志焉。

（乙）操纵学系：本系特聘双簧专家，日夜教授，并向美国购置新型原子操纵机一架，利用原子，通过电流，不出户而指挥市场，不旋踵而操纵物价，俾赵孟能贵之，赵孟能贱之，六辔在手，无往不利矣。

（丙）投机学系：孟子曰，"虽有智慧，不如乘势"，此投机家之鼻祖也，本系除教以低价吸进，高价吐出等基本常识外，业已聘定洋场投机专家，集体创作，该书定名为《中国市场投机大全》，暂作教材，禁止泄漏。

（丁）走私学系：本系最富于国际性，特聘英美人员，海关执事共同教授，惟近年来走私技术大进，本系为翻新立异起见，除寻常肛门、阴户等走私器官外，特增聘眼耳鼻喉以及解剖诸医师，俾收"无孔不入"之效。

（五）除三院十二系外，尚附设专修科于下。

（甲）造谣专修科：本科决定于愚人节宣布成立，恭请××社社长揭幕，自成立后，立志造谣，凡有不信谣言，自作清醒者，以×匪论。

（乙）鼓掌专修科：查政府首长，有会必到，有到必讲，有讲又必有鼓掌者，惟掌声稀疏，何以彰盛德？本科则专为培植职业鼓掌家，每届盛会，不请自往，一人鼓掌，声闻数里，盖掌心设有扩音器也。

（丙）嘘打专修科：鉴于"国大"之精彩表演，深恐日久失传，自䲜国粹，故有本科之设，并呈请国府，指派国大代表为荣誉教授。

（丁）制帽专修科：本科备有帽子多种，有红的、蓝的、黑的、白的、大的、小的，专备官方购用，除绿帽子外，深信不久之将来，全国人民，将各有上述帽子一顶。

主席一口气念完本大学院系章程，众皆鼓掌称善，至此，讨论事项暂告完毕，主席问："诸位有临时动议否？"

妹妹站起来，道："顷闻主席报告，关于本大学成绩鉴定，并未提及，实感遗憾。"弟弟附议道："本席亦有同感，盖本席尚就读于高中，已经留级三次，若本大学成绩水准过高，则毕业将在何年？"大千金、二千金、大令郎一致附和，主席遂宣称，本大学各科成绩，暂以二十分为及格。

妻以为犹未尽善，并倡议"分数自由买卖制"。

妻说："学生成绩超过二十分者，其多余之数，得按市价售与不及格者，教授薪金，除依部定外，并得酌给分数津贴，易言之，教授得将所授学程之分数，平价出售，如此，则教授毫不吃亏，学生且得实惠矣！"

大、二千金等闻言，齐呼"妈妈万岁"，主席也点头："毕竟贤妻知人甘苦，只此一念，已足万家生佛了。"

然后，纪录将前后议案宣读一遍，证明纪录无讹，正待宣布散会，妻又紧急动议道："查本大学成立伊始，势需广事宣传，俾家喻户晓，中外咸知，然此一笔巨额广告费，将何从获致耶？"

于是，全场默然。

最后，弟弟建议道："吾闻中国有老牌幽默刊物名《论语》者，提倡国粹，不遗余力，本大学以保全国粹为宗旨，与该刊宗旨暗合，主席盍不撰为大文，既资宣传，又获稿费，何乐而不为耶？"

主席蓦然惊醒，当场决定，除撰文送请《论语》发表外，并吁请《论语》同仁踊跃认股，来日招生简章拟就，亦拟借《论语》刊登云。（季明：《国粹大学筹备始末》，《论语》，第 159 期，1948 年 8 月 16 日）

△　齐鲁大学美国哈佛燕京学社国学研究奖学金录取名单揭晓。

美国哈佛燕京学社为增进学生对国学之兴趣起见，"特设国学奖学金名额六人于本校，业于十一月二十日举行考试，由文学院各教授主持其事，参加考试学生，甚为踊跃。至二十四日揭晓，兹将录取六名"：沈路加、熊里康、郑承顺、徐子灵、王春生、安作璋。（《本校举行美国哈佛燕京学社国学研究奖学金考试揭晓》，《齐鲁大学校刊》，第 70—71 期，1948 年 12 月 31 日）

△　罗慕陶、邱园编撰《国学一勺》，由香港潜修学舍出版。

△　《无锡国专三十七年度毕业纪念刊》由无锡大成印务局出版。

该刊由张菊生题耑，钱宾四先生题扉，王蘧常、朱东润、柳翼谋、唐立厂、郭绍虞、顾廷龙等人题词。顾廷龙题词曰：

具悠久之历史，独特之语言文字，自洪荒而进于文明，蹄远归远所遗，典籍所载，前人以垂，后人以识，是曰国学，实为邦本，域外人士窥其奥蕴，致标汉学之科。我值功利是重之时，谁复安习，遂坐视其衰微，礼失而求诸野，乃先圣伤感之言，不图将见于兹世也。今维国专诸君，勤学好问，乐此不倦，志卓行坚，锲而不舍，各研专题，各成鸿著，继

前辈之风流，扬令闻于四海，鸡鸣风雨，吾道不孤，走典图
书，愿供驱策。

教员通讯录

姓名	字	性别	年龄	籍贯	职别	临时通讯处	永久通讯处
唐文治	蔚芝	男	八四	江苏太仓	校长	无锡本校	上海南京西路一二七四号
冯振	振心	男	五二	广西北流	教授兼教务主任	无锡本校	广西北流山园
蒋庭曜	石渠	男	五一	江苏武进	教授兼总务主任	无锡本校	武进东青镇代渡桥
俞瑞徵	钟彦	男	七〇	江苏江宁	教授	无锡本校	南京常府街五〇号
朱世溱	东润	男	五二	江苏泰兴	教授	无锡本校	泰兴东鞠家巷八号
王震	子畏	男	五二	江苏武进	教授	无锡本校	南京内桥湾五一号
丁儒侯	素堂	男	五一	江苏泰兴	教授	无锡本校	泰兴城内花园巷二〇号
冯励青	勖纯	男	四六	江苏武进	教授	无锡本校	武进东横林余巷镇
王庸	以中	男	四九	江苏无锡	教授	无锡七尺场三号	无锡南乡石塘桥
李笠	雁晴	男		浙江瑞安	教授	南京文昌桥中大教授宿舍	
吴白匋	徵铸	男	四二	江苏仪征	教授	江苏省立教育学院	

续表

姓名	字	性别	年龄	籍贯	职别	临时通讯处	永久通讯处
周葆儒		男	五八	浙江海盐	教授	江苏省立教育学院	
季锡五		男	四八	江苏如皋	教授	无锡盛巷二十九号	无锡盛巷二十九号
杨泽中		男	三八	江苏宜兴	教授	无锡惠山青年中学	
欧阳革辛		男	三八	广西平南	副教授	无锡本校	广西平南城东上街怡萱小筑
蒋庭荣	毅厂	男	三九	江苏武进	副教授	无锡本校	武进东青镇代渡桥
谢随知	寿康		三三	江苏无锡	讲师兼生活指导主任	无锡本校	无锡胡埭
郑学韬	公略		三〇	浙江嘉兴	讲师	无锡本校	上海西门路西湖坊四三号沈炳文转

（《无锡国专三十七年度毕业纪念刊》，大成印书局，1948 年）

△　张尔田遗著《遁堪文集》，由张芝联在上海刊行。

张东荪为《遁堪文集》撰跋文：

　　此先兄孟劬之遗稿也。民国二十六年七月七日，日寇入占平津，余与先兄困居燕京大学，其门人王钟翰惧先兄著述或因世变而致散佚，乃从事纂辑，得成斯篇，后经先兄亲自审定，略有删取，成为定稿。其时上海虽为孤岛，仍属租界，其友人吴君丞绩在沪愿措资雕板，乃未及三分之一，而太平洋战事发矣。余因燕校被封，为敌人逮捕入狱，先兄亦受惊而病，几于危殆。沪上音问遂断，迨余出狱，先兄体力迥不如前，未及睹胜利，已溘然长逝。按先兄著书多种，皆于生前印行，今独此稿，未能亲见其付梓，则遗憾为何如耶？余亦每念及此，辄用自责，只以战后内争又起，举国骚然，生事尚感困难，遑言刻书，幸其门人张芝联自沪来函，谓此时付排，尚可勉为筹措。余大喜，遂由张君集资若干，其不足之数，余多方借贷，益以卖文所得而凑足之。张君复亲任校阅之劳，此乃书成之颠末，虽不必谓足慰先兄于地下而余或可稍释内疚，惟对王、张二君反增惭耳。民国三十七年七月七日张东荪识尾。（张尔田：《遁堪文集》，民国三十七年铅印本，第36页）

齐思和撰文介绍《遁堪文集》：

钱塘张孟劬先生（讳尔田）于义理词章考据之学皆造其极，为当代大儒。民初隐居沪滨，与海宁王国维，元和孙德谦相友善，有海上三君之目，而先生尤为宏通博雅。民国二十年后，老师宿儒，先后凋谢，先生巍然独存，为儒林祭酒。于胜利前一年逝世，士林震悼，盖先生卒而乾嘉诸老之薪传尽矣。

先生勤于著述，其《史微》《玉溪生年谱笺注》《清史后妃列传》《蒙古源流笺证》等书，皆于生前刊行，世之治文史之学者，几家有其书。先生复工辞章，散文不宗一家，尤好归熙甫、龚定盦、恽子居文。皆能得其长而弃其短，澹雅幽渺，自

成一家。骈文取法魏晋南北朝，重情趣而不尚堆砌，极似汪容
甫。复工长短句，为当代大家。生平为文无虑数百篇，悉未存
稿。民国二十六年其门人王钟翰君为之辑录，得百余篇，先生
复尽汰去其应酬之作，所留不及半，定著为二卷，今春其门人
张芝联君复以之付印于上海。

　　此集为书不过二卷，为文才五十篇，以篇数言，固不为
多，然篇篇皆极有关系之文字。卷一多论辨文之作及与人论学
业。胜义层出，词旨玄远。盖先生学穷四部，复精释典，故其
言有条贯而富思想，与旧式学者之但以饾饤为学者不同。其
《原群塾议》等文，原本经术，探中国政教学术之本，尤足以
见先生宏通之识，非但知以考据为学者之所可及也。卷二多为
书序及传记碑记，亦多皆关近世学术掌故，非泛泛应酬之作可
比。故文虽不多，而论其价值，则在时人文集中，惟除王观
堂、刘申叔等集，鲜能与之抗颉。至其文辞之娴雅可诵，又其
余事矣。（齐思和：《书评·遁堪文集》，《燕京学报》，第 35 期，1948 年
12 月）

　　△　贵池昭明国学专科学校楼山学会在安徽贵池创办《华英学
刊》，希望开展中国的文艺复兴，创造中国的新文化。
《华英学刊》之《发刊词》：

　　吾中华国于亚洲之东，建立世界文化一大体系，彪炳于史
册，震耀于人寰，自海禁大开，欧风东渐，由是吾华文化之弱
点，乃告暴露，遂形成吾国家民族衰败纷乱之局。夫欧洲晚近

之文明，启蒙于意大利之文艺复兴；故欲创造吾国之新文化，以挽救国家之危亡，亦须有吾国之文艺复兴运动焉。此吾等国学专科学校之所由建立也。

吾国当前政治，已踏上民主立宪之途，《虞书》曰："百姓昭明，协和万邦。"饶有在吾国学术上，亦有一段光荣之历史：桐城之文章，徽州之朴学，为国人所称颂。贵池地处江南，介乎桐城徽州之间，得两大文化之交流，且交通便利，湖山秀美，六朝时为梁昭明太子之采邑，东宫遗爱，《文选》才华与明末吴次尾先生之文章风节，均足以壮吾国之山河。国专学校之校于贵地，而命名曰昭明，其有深意乎！

本校创建之翌年，同学本课外活动之宗旨，组织楼山学会，将其讲习之所得，发为小型刊物，命名"华英"，以供同志之观摹，以促私人之进修，其意亦甚善，其言之有无物则，非初步所敢计及矣。

吾因之有所感焉！姚惜抱之论治学也，标举义理、考据、词章三大纲，而为曾国藩所赞叹。吾等慎勿专务记诵文词之美，而堕玩物丧志之讥，尚须先立其大者，乃触发而为夏声，赋而为楚声，以蔚为一代风雅，复兴我民族而进世界于大同。

（捷闻：《发刊词》，《华英学刊》，第1期，1948年）

笑春发表《国学之重要与研究之目的》，主张研究国学应以"承先启后，继往开来"为目标：

"国学"是我们中国五千年来积累而成的精深、高尚、悠久、博大的学问，简言之，凡中国所昌明的经学、史学、文学，就叫着"国学"；它是我们的祖先传留给我们世世子孙的一份丰厚宝贵的遗产，我们有了这份丰厚宝贵遗产的栽培，才可以独立生存延续生命；所以我们要保持独立生存延续生命，必得要保留这一份丰厚宝贵的遗产。换句话说：我们要想做一个独立创造的健全的中国人，那么，对于中国的经学、史学、文学，必得要继续保持，发扬光大，才能使中国生存于世界。

印度、埃及、巴比伦……等国家，咸为古老文明之国，它们或已先后覆亡，或已沦于殖民地的地位；然而中国独能巍然生存于世界之上，其最有效之工具，岂非有赖于精深、高尚、悠久、博大之"国学"吗？

我们既知道"国学"是中国的经学、史学和文学，它的前途，它的命运，它的……一切一切，都与国家和人们有不可分离的关系存在——一国之学术兴，则其国必昌强，学术衰，则其国必弱亡，国亡则人民即为奴隶；由是观之，"国学"之重要，超于一切，也就是立国生存，不可缺少的无价之宝。

凡是研究"国学"决不是想"升官发财"；如果是想"升官发财"，相信决不会来研究"国学"，我们之所以要研究国学，其目的，实负有"承先启后继往开来"之重责，尤其是在这醉心西洋文化之新潮中，几乎将数千年来的无价之宝，视如敝帚，所以我们更应起而研究"国学"，对于西洋文化，取其所长，补己之短，更使之光大发扬，普及全球，传之于后世，这才是我们研究国学的唯一目的。（笑春：《国学之重要与研究之目的》，《华英学刊》，第1期，1948年）

1949年（己丑）

1月2日　乔运亨等人"发起组织之国学研究社"正式成立，以研究国学，发扬文化，保卫国家。

时人评述"国学研究社的筹组，在本省是创举，它的性质，与各种社会团体略有不同，全体社员在同一襟怀，同一志趣上，既无畛域观念，更乏权利思想，纯以阐扬我国文化，维护固有道德为鹄的，'以文会友，以友辅仁'，继往开来，其用意异常深远"，在本社成立之际，"谨抒所怀，共实策勉"。

　　国学研究，是一种最艰巨而又最繁复的工作，以小喻大，红学派之研究红楼梦，历时数十余年，博学多才，如胡适者，确尽了"旁搜远绍"的能事，可是及到现在还留下了很多的冻结问题，读书不求甚解另当别论，要是我们想在人所忽略的残籍古典中去掘发一些新的资料，反映现实，借以作救世济人的准则，这决非涉猎粗心者所能做得到的，考古家常以一片瓦砾或一根骸髅，费尽很多心血和时间作历史性的探讨，这不仅系考古家的兴趣，在学术方面的实在有它的研究的价值，何况我国历代的典籍，浩如渊海，而我国文化，一向又为世界人士所景仰，所谓"皓首穷经"犹嫌不足，近年来，莘莘学子大都舍本求末，标新立异，驯至耗人之田，数典忘祖，对国家数千年来固有的文化，视同赘瘤，一概抹煞，混到饭吃，便算本事，攫得官职，更是英雄，"何必读书"？已成为浅视者一致的定论，所谓致用之学，不啻为麓取名利的一种技［伎］俩，于是贪污横行，盗贼群起。狐鼠钻营，生灵涂炭［炭］，□之往史，如唐之一代，明之末叶，这些光怪陆离的现象，是很显著的。

基上所述吾人秉兴亡有责之旨，自应淬励奋发，尽其在我，担任"承绪回纲"的责任，除"补苴罅漏，张皇幽眇"以发扬我国固有文化外，我们还应负起以身作则、潜移默化的责任，来转移社会恶劣的风气，维护数千年来固有的美德。

总之，国家是民族宝库，文化是国家的灵魂，国家是文化的母体，事业是人生的生命，要振兴民族，就得要保卫国家，要巩固国家就得要发扬文化，要提高文化水平，就得要研究国学，要保存我们永恒的生命，就得要爱护应做的事业，蒿目时艰，责无旁贷，这就是我们当前的任务，这就是本社筹创的本旨。（《国学研究社已正式成立》，《贵州商报》，1949年1月4日，第4版）

1月10日　贵阳复兴国学社致电，呼吁国共停战。

呈总统电：南京总统府总统钧鉴，奉读元旦文告，全国人民□莫不额手称庆，竭诚拥护钧座以饥溺之怀，启和平之局，仁言利溥，昭若天日，谨电致敬，伏祈垂察，贵阳复兴国学研究社全体社员，叩子佳。

致毛泽东电：延安毛泽东先生勋鉴，并溥中国共产党全体党员公鉴，天祸中国，战乱频仍，毁室之厄方终，阋墙之患复起，膏液润草，肝脑涂原，哀我薰蓁，实逼处此，兹幸天诱其衷，和平有兆，万恳先生等班荆言和，止戈为国，救民命于水火，奠邻居于磐石，国家幸甚，民族幸甚，贵阳复兴国学研究社全体社员，子佳叩。（《拥护总统文告》，《贵州日报》，1949年1月10日，第3版）

1月14日　教育部褒奖无锡国专，颁发"嘉惠士林"匾额。

教部以唐立源、麻叔卿、汪荫林、陆修福、柯兴业、蒋陈寅、周炘保、范严、沈兰珍、王沈静儒、无锡谢氏分祠等，捐赠私立无锡国学专修学校工款，依照《捐资兴学褒奖条例》，已转由政院呈奉总统题颁"嘉惠士林"匾额各一方，以昭激励。（《无锡兴学之十》，《申报》，1949年1月15日，第2版）

1月25日　秦璞安遗文《保存国粹与提倡科学》刊发，主张中西文明互相取长补短，融会贯通。

居今日而谈学术，有主张保存国粹者，有主张提倡科学者，吾以为二者皆不可少，所谓合之则双美，离之则两伤者也，夫救国之道，以建设为最要，然欲图建设，非注重农、工、商、医诸学不可，欲发展农、工、商、医诸事业，非注重物理、化学等科不可，盖必以自然科学之知识技能，实施于应用科学而后能达建设之目的，故迩来建设之声浪高，而提倡科学之声浪，亦与之俱高，此识时之士，无不引为同调者也。

若谓仅仅提倡科学，遂足以救国乎，是又不然。《易·系辞传》曰："形而上者谓之道，形而下者谓之器。"《礼记》曰："德成而上，艺成而下。"今之物质科学，器也，艺也，无道德以救济之，则器、艺之应产用，有时而穷。不观欧美列强乎，科学愈进生产愈多，而失业之人亦愈众。世界之上，各国与各国竞争，一国之中，劳动阶级与资本阶级冲突，经济恐慌，已成为全球普通病态。此无他，物质科学发达，而无道德救济之，其实际遂至于此耳。吾敢号称古国，物质文明，虽不如人，而精神文明，则有差堪自信者。为今之计，一方面固宜提倡科学，一方面又宜保存国粹，两两相随，不可阙一。

数十年来，我国士大夫之墨守旧学者，不肯尽心考究，以采取他国之长，而近来青年学子，因科学繁显，无暇他求，不知国学为何物？遂谓四库之书为不足读，且有谓我国十三经，只宜置之厕坑者，此等丧心病狂之言，祸更烈于洪水猛兽也；又有谓汉文繁重，欲废汉文改用外词文者。夫一国文化，系于文学，故列强之灭人国者，不惟亡国之人，习其祖国语言文字，以灭其文教，以陷于万劫不复之境。兹乃欲自废汉文，不解是何居心，此种谬论，不惟为国人所痛恶，抑亦文明各国，所闻而惊诧者也。

民国二十年，国际文化合作委员会，派教育考察团来华考察，著有《中国教育之改进》一书，对于我国文化，颇有论列。而第一编第二章，论国家教育与外来之影响，评议尤为详切，其言曰："中国新时代知识份子，自革命以还，应努力依照某种舶来思想，改造中国教育，而中国几千年传统文化，则认为不合时宜。"又曰："欲将外国文明产物，代替传统文化，即不啻忽视一民族之智能，与其在文化上之表现。"又曰："中国乃一有悠久文化传统之国家，凡将一国固有历史上之文化，企图牺牲者，其结果未有不蒙其害者。"考察团立论如此恳切，盖欧美强国，皆以本国文化及外来文化，混合为一，即日本维新后，亦以国粹保存主义，欧化主义，铸为学风。由是言之，吾人之宜保存国粹，夫复何疑。

国粹之见于经、史、子、集甚多，而其大要约分两项，一属于修己者，即近世所谓伦理哲学是也。我国古来之谈道德者，如《周易》之四德，《尚书》之五教、九德、五事，《周礼》之六德、六行，《礼记》之七教、九容、十义，《左传》之六顺、三不朽，《论语》之三戒、九思，《中庸》之三达德、□五达道，子之四端、三自反，皆修德要目，而五伦、三纲、五常、三德、四维、八德、四勿，尤为举国人士所奉为圭臬者。惟是零珠碎玉，散见各书，其萃集一编，以垂示后人者，即有宋朱子之小学及《近思录》，明刘念台先生之《人谱》，尤为卓著，此国粹之见于伦理哲学者也。

一属于治人者，即近世所谓政治哲学是也。我国先哲之谈政治者，本本元元，推阐最为深邃，有取德治主义者，如孔子谓为政以德及道之以德之类是。有取礼治主义者，如孔子谓齐之以礼及能以礼让为国乎何有之类是。有取人治主义者，如

《中庸》谓为政在人及待其人而后行之类是。近世东西各国，群以法治相号召，持论固有理由，而较之德治、礼治诸学说，其思想高尚，实在法治之上。盖王道与霸术，旨趣固迥然不同也，而其中竟委穷原，有体有用，为千古政治标准者，尤推《大学》一书，三纲领，八条目，洵为我国政治粹言。故宋真西山先生，编《大学衍义》，明邱琼山先生，编《大学衍义补》，皆能羽翼经传，有功《大学》，此国粹之见于政治哲学者也。

文明各国，有其长处，亦有其短处，返观吾国，有其短处，亦有其长处。我国长处，伦理哲学、政治哲学是也。外国长处，自然科学、应用科学是也。外国之所长，即为我国之所短，我国之所长即为外国之所短，乃锐于改革者，不详加体察，取外国长处，并其短处亦摹仿之，东施效颦，怪相迭见。改我国短处，并其长处亦摧毁之，荡子倾家，先业克罄，无道德以维系之，无中心思想以团结之，四万万人民之胄，遂成为涣散离晰之民族，瞻念前途，险象环生，保粹兴粹，岂容或缓？

虽然，吾所谓国粹，系指国学之精粹者言，如考据家之支离破碎，无关宏旨者，则非国粹，如词章家之浮华绮丽，不切实用者，则非国粹，光阴几何，精力几何，其非国粹者，即暂缓研求，束之高阁可耳。又吾所谓保存，非徒腾诸口说也，非徒见于书面，借文字以作宣传也，旧道德之应恢复者，亟宜实践躬行，勿委诸他人，勿俟之来日，急起直追，认真做去，庶能挽救于万一。且不仅我国保存已也，将来整理国故，将国粹之属于伦理哲学者，属于政治哲学者，用科学方法，编成有系统有条理专书，译为欧文，贡献世界，我国国粹，且有发扬光大之一日。异日者，东西文化对流，取他国所长，以补我国之短，取我国所长，以补他国之短。精神文明与物质文明，融合无间，完全无缺，《礼运》所谓大同，其在此时乎，其在此时乎！（秦璞安：《保存国粹与提倡科学》，昆明《中央日报》，1949年1月25日，第6版）

1月27日　雨友发表《国粹》，呼吁教育当局以传统礼仪约束学生。

现在小学读书的孩子，每次下学，都很规矩的向父母亲敬礼，但在中学读书的孩子，就不然了，初以为我的家教不好，只有我的孩子是这样，后来留心旁人家的孩子，大多也是如此，这是什么原故呢？难道年龄越大，读书越多，反到越糊涂了吗？经我仔细的考查，我觉得这正是我国一种特有的现象，就是地位和知识越高的人，其守法精神越差，且最不守秩序，在这种人的心目中，似乎以守法与守秩序为可耻，为降低其地位。太小的孩子，尚未沾染这种恶习，不敢违背师长的教诲，所以还能循规蹈矩，及至年龄已大，胆量已高，知道不听师长的话，不向长辈敬礼，也不能怎样。至入了大学以后，越发觉得自己的了不起。□不□还想闹点风潮，驱逐师长，好像不这样，便不足以表示其地位之高，至于礼节的不周到，自然还算小焉者了。因此愿我教育当局，务以最大的力量，矫此恶习，不可以学生越大，便抱着不敢管的心理才是。（雨友：《国粹》，《声报》，

1949 年 1 月 27 日，第 3 版）

1月　安徽私立昭明国学专科学校呈请立案，该校"以创立国学专科学校发扬中国民族固有文化，融合其他民族文化为最高目的"。

事由：据为遵电派员查明昭明国专财产详情检同原发附件电请鉴核由

教育部钧鉴：前奉钧部饬查报私立昭明国学专科学校校舍系自有抑系租借及基金资产若干，是否为办学之用，再凭核夺等因。奉此经秉府电，饬安徽第八区行政督察专员公署查复去后，兹据该署本年区教字第646号子微代电复称，案查前奉钧府卅七年教高字第一六〇一号戌陷代电，附发《私立昭明国学专科学校董事会规程》《董事履历表》各一份，校舍立体照片暨平面图各二张，《贵池形势略图》一份，田山契约四张，物资存条三纸，校产证件两纸，饬查该校校舍系自有系租借及基金资产若干，是否是办学校之用，报凭核转等因。奉此。经派本署视察李可达前往该校，遵照电示，各点逐一详查。去后，兹据该员复称，窃职奉令详查私立昭明国学专科学校财产，具复凭转等因。兹谨将详查经过情形分呈如下：

（一）校舍方面，系自有抑系租借一节。查附件内所呈照片，校舍第一部为贵池城内夫子庙前年夏曾经贵池县参议会及县政府决议拨归该校，但夫子庙经常驻扎军队，几经交涉，迄未归还。曾于三十七年五月呈准省主席李电饬驻军迁让，至附件内所呈校舍第二部，原该处有大仙庙一所，经修理后可作教室之用，并建筑办公厅等房屋，且该校自上年（三十七年）暑期，呈请政府立案后，再兴土木建筑，教师宿舍一座，职员宿舍一座，并圈砌围墙约七十丈，现拟建筑图书馆材料已一部购办齐全。

（二）基金方面，资产确有若干，是否足敷办学之用一节。查该校现有基金均系不动产，为私人友好所捐助，计圩田七七三亩，山场二六〇亩。又现属桐城之高姓每年捐助粮食二百担，除水旱天灾外，每年约可收稻谷八百担之，普其山场，亦有相当收入，以该校人员组织紧严经费节用，据其初步计划之规模，每年开支亦只需七八百担稻谷即可以，故再加上学生之缴费可敷办校之用。

（三）有无其他产权纠纷以及所呈证件涂改甚多是何原因一节。查该校以董事高节文为中心，其自己所捐之田计有五五〇亩，约占校董产山场田亩总数二分之一强，其热心教育艰苦创学之精神，殊堪嘉尚。附件内所呈史宝华、章极辉、史德滋等捐助田亩山场证件，复加涂改情形，因史宝华等均系高节文好友，一方感觉高之热心教育，一方为私人情感所冲动，故乐意捐助校产。但高董事一旦离开该校，伊等原有将所捐校产收回之意，旋于税印契约时，经解释不合复，将上述词句删改，是以高董事节文在校一日，学产无有纠纷，理合将奉查经过详情签请鉴核等情。据此除将该校校产契约及物资存条共九件发还该校，取具领，据呈核外，理合将派员查复情形，并检同原发表件及领据共六件，赍请鉴赐核办等由。附缴还《私立昭明国专董事会规程》《董事履历表》各

一份，《校舍立体照片暨平面图》各二张，《贵池地势略图》
一份，领据一纸，共六件，准此兹检同该校缴还原件，随电
送呈恳祈鉴赐核办。为祷。安徽省教育厅高38子马印附《私
立昭明国专学校董事会规程》《董事表履历表》各一份，《校
舍立体照片暨平面图》各二张，《贵池地势略图》一份，领据
一张，共六件。

董事会

姓名	年龄	籍贯	职业	出身	资历
于右任	七十	陕西	政	震旦大学、复旦大学	国府委员监察院院长
邹鲁	六四	广东	政	德国海德堡大学法学博士	国府委员
洪兰友	五十	安徽	政	震旦大学	国民大会秘书长
狄膺	五三	江苏	政	北京大学毕业、法国里昂大学研究院研究五年	中央监察委员会秘书长
徐柏园	四六	浙江	政		财政部次长
章绍烈	四九	安徽桐城	政	国立武昌高等师范学校毕业	安徽省教育厅督学科长秘书，安徽省立第四中学校长，国立编译馆编译，中央政治学校蒙藏学院讲师，教育部特约编辑人事处长，金陵大学中国哲学教授，现任考试院铨叙部设计专员
郑颖孙	五八	安徽黟县	教育		历任北平大学、四川大学、北平艺术专科学校教授

续表

姓名	年龄	籍贯	职业	出身	资历
陈勉修		浙江	银行		南京中国农民银行经理
陈访先	四八	安徽东流	政	日本东京明治大学法科毕业	曾任河北省党部委员、湖南省教育厅厅长、中央党部监察委员、国立八中校长，现任安徽省党部主任委员
汪幼平	四〇	安徽怀宁	政	上海大学毕业、中央军校高教班毕业	安徽省参议会秘书长，安徽省保安司令部特党部书记长，安徽学院训导长，安徽省第八区专员
孙闻园	六八	安徽桐城	政	日本宏文书院毕业	曾任安徽中等学校校长四十余年，现任桐城县参议会议长
顾元象	三二	江苏	军	英国牛津大学	中训团教官
程演生董事长	六一	安徽怀宁	教育	法国巴黎大学毕业	曾任北京大学教授、安徽大学校长、安徽学院院长
顾实之校长	七三	江苏	教育	紫阳书院南菁书院肄业	历任各大学教授数十年，现任中华国学研究院院长
高节文	四八	安徽贵池	教育	国立东南大学史学系毕业	历任中等学校文史教员十余年，第十战区长官部陆军大学先修班教官，省立宣城师范学校筹备员，安徽文献委员会总干事，安徽学院副教授

（《私立芜湖工农专科学校及昭明国学专科学校呈报立案的有关文书》，中国第二历史档案馆藏教育部档案，五-2331）

2月5日 诚明文学院国学专修科宣传招生事宜。（《申报》，1949年2月5日，第6版）

2月 《学生国学读本》出版。

谭正璧追忆道：

1.《礼记读本》（未出版）

2.《老子读本》（1949年中华书局出版）

3.《庄子读本》（未出版）

4.《荀子读本》（1949年中华书局出版）

5.《墨子读本》（1949年中华书局出版）

6.《韩非子读本》（未出版）

上列六书系中华书局计划出版的《学生国学读本》全部二十种中的六种，原计划经、史、子、集各占五种，先约我选注子部五种。后来拟全部由我担任，但《礼记》编就交稿后，恰全国解放，因此就没有继续编下去。已交稿的六种，也仅出版了《老子》《荀子》《墨子》三种，但所注系多采用当代各家的注释，故不囿于旧注，颇多新见。（高增德、丁东编：《世纪学人自述（第二卷）》，北京十月文艺出版社，2000年，第85—86页）

3月3日 何多源发表《国学书目举要》，主张"国学即国故学之缩写。其范围包括中国之经学、语言文字学、历史学、地理学、古物学，哲学、科学、艺术、文学、社会科学、宗教、图书目录学……等。此文所收之书目，亦以此为范围"。

经学：

经学者，即以孔子学派之典籍（即经书）为中心，而研究其解释之学问也。其内容涉及哲学、道德、宗教、政治、经济、教育各方面，此乃中国独特之学问也。所谓经书者其内容包含《诗经》《书经》《易经》《周礼》《仪礼》《礼记》《春秋》《孝经》《大学》《中庸》《论语》《孟子》《尔雅》各书。此种图书，昔日用为教学之基本典籍，故二千余年来在中国学术界及支配人之思想上，占重要位置。而二千年来研究与注释疏证此种经典之著述，更不可胜数。只据《四库全书总目提要》著录之经部图书而言，已达一千七百五十六种，一万八千二十一卷。若据《江苏省立国学国书馆总目正补编》所载合计则达五千一百二十二种，超过《四库总目》所载三倍。研究经籍之书既多，于是有专门目录之编制以便检查。

经学图书的专目有清初朱彝尊的《经义考》三百卷，"此为现行最完备之经学书目"。阮元刻《皇清经解》于广州学海堂，"收书百九十种，乃集清代学者解经之书而成"。

"文字学"，"文字学之有专目，始自清谢启昆之《小学考》"，此后有沈兼士《文字学参考书目举要》，胡朴安的《文字学研究书目》《中国文字学史》《中国训诂学史》，"书内有丰富之文字学书目，且对于各书均有详细之述评，可作一有解题之书目用"。

"历史"，"史籍之专门目录，其最宏备者为清章学诚之《史籍考》，此为解题详明之书目"。现存史籍目录，其较重要者有《史略》《正史考略》《正史概论》《晚明史籍考》《清开国史料考》。

"地理"，"地理图书之有专目，现存者以清初顾祖禹之《古今方舆书目》为最早"，近来重要著作有《中国地方志综录》《方志稿考甲集》《中国地学论文索引正续编》。

"金石学"，"吾国金石之学，权舆于宋代鼎盛于有清，近数十年来考古之业益精，金石学之名亦不足以范围之矣。言其功用则有四焉，证经典之同异一也。订诸史之谬误二也。补载籍之缺佚三也。考文字之变迁四也"。现行金石书目较佳者，当推容媛女士所编的《金石书录目》与林钧所编的《石庐金石书志》，二书各具优点。

"甲骨文"，"数十年来。著录及研究甲骨文字之书既多，自不可无目录之书，以资寻讨，此邵氏《甲骨书录解题》之所由作也"。

"算学"，"中国算学书目之编制，始自清康熙中之梅文鼎之《勿庵历算书目》一卷（知不足斋丛书本）"，目前佳作有邓衍林所编的《北平各图书馆所藏中国算学书联合目录》。

医学书目有《医籍考》，"此书搜罗之富，别择之精，堪称巨制，然大醇之中，不无小疵"。

哲学书目有《子略》。

艺术书目有《书画书录解题》。

文学书目有《文学论文索引》，"此为研究文学于搜集资料时最好用之参考书"。

文集书目有《清代文集篇目分类索引》。

小说书目有《中国通俗小说书目》《日本东京及大连所见中国小说书目提要》，其中，胡适在《日本东京及大连所见中国小说书目提要》中评价该书"在中国小说史上贡献之大矣"。

"戏曲"，"凡一代有一代之文学，楚之骚，汉之赋，六代之骈语，唐之诗，宋之词，元之曲，皆所谓一代之文学而后世莫能继焉者也。元曲虽为一时代之文学代表作品，但不为后世儒硕所重，视故两朝史志与四库集部均不著于录"。"元曲既为近来学者所注意，于是书目的编纂者日多"，有《（新编）录鬼簿》《曲录》《曲海总目提要》等。

国学总论书目当属《国学论文索引》1—4编。（《国学书目举要》，《广大学报》，复刊第1卷第1期，1949年3月3日）

3月5日　杨客言发表《被人遗忘的国粹》，介绍国粹中学。

国粹中学——这一所被人所遗忘的学校，她是静静地居住在榕市的中心区，复校而来，已有了三个年头。

她的前身是和三山合办，最起初则远在前清便有了国文专修学堂的设立，中间屡经改变，到了抗战胜利才恢复了国粹（中）学。三年来，数易校长，都不能有显著的进展，这自然有好多内在的原因。

第一，经费的困难，因为本校素来是为教育而教育，对清寒学生都予免费优待，所以都是惨淡经营，难有进展的余地。第二，环境的束缚。本校以新的校舍被法院借用，要到明年六月才能交还，眼前限于校舍，不能迅速发展。第三……

很幸运，本学期由老一辈的校友张诗藩先生出任校长。第一个成绩就是学生人数由一百五十一人增加至三百□十一人，尤以转学生占一百零八人最为奇迹。仍旧是免费生居多，免全费者占百分之四，免半费者占百分之八十二，于是收入是微乎其微，本学期更加了，金圆券的失败，弄到最近先生们一月只拿三数十斤米度日。

但是，本校的师生还是站住岗位挣扎到底，丝毫不受威胁，本学期第一届毕业人数约有三十人左右，同学的水准并不比那些设备充裕的学校低，不信，可以看事实的表现吧！

最近，增设高中的喜讯已很确实了，据张校长的表示，迟则九月早则二月必能实现，同时，教师的水准也将精益求精，这里，同学多是家境清贫的都就就于学业，我们实在对"国粹"寄以无限的兴奋和希望啊！

国粹中学——这一所被人遗忘的学校，正在动荡的环境下渐渐茁壮着！（杨客言：《被人遗忘的国粹》，永安《中央日报》，1949年3月5日，第3版）

是年春　勉仁书院改订学院章程，计划研究中国固有学术与建设新中国的理论探索。

勉仁书院今春改订院章，分三大部门研究：一，凡对于中国固有学术文化之研究属之；二，凡应于建设新中国之要求，而为其理论之探讨以及其具体之设计者属之；三，凡对于哲学科学作纯学理之研究，为认识老中国或建设新中国之所资，而不属于上两部门者属之。现在有研究员数人分任其事，院内行政则由张俶知主持。去岁在鄞都得张仲禹暨其子张永炽（亦邹平研究院学生）捐赠该县双流坝、太坪坝两处山地共贰百亩及厚朴三千余株，以充基金；该院并拟增募巨款，以备下年展开工作。（《勉仁书院改订院章，张仲禹等捐产捐款》，重庆《大公报》，1949年3月30日，第3版）

4月8日　新英撰文介绍国粹中学的近况。

国粹中学自张逢时接长以来，不断地在新的发展中，这学期新聘了教务主任周芝园，他是厦大校友，历在京沪各中学任教，论学识是丰富的，论经验更是到家，这使国粹这学期更有了力量，更能充实地发展校风，真使同学们兴奋。

管训方面，这学期是更有好的表现，他们在优秀的同学中，选出干部任纠察，实行互相规劝，互相监察，互相勉励，虽然目前为了高等法院的关系，不能实行严格之门禁，但同学却多能守规，安静地在校中攻读，这不是难得的好现象吧！

此外张校长还积极充实校中的图书仪器设备，同时开放图书馆，设立典型式科学馆，他说，这是为了学生养成浓厚的读书研究兴趣而设的，真是国粹中学同学的大幸。

体育方面这学期更是注重，所谓蓝虎球队前期曾与格致等校作友谊赛，本期却又有新生力军突起，那是正从首都各校返榕寄读生的结合，纠纠〔赳赳〕雄将，很有几分畏人呢！

此外，使我们更感惊奇的是当此社会经济凋疲之际，校中之同学非但没有减少反而比之以往有增，学校当局对清寒学生之优待甚优，似乎有过半以上的免费清寒生，这可见校当局维持之苦，但这也正可显示着国粹在坚苦中，师生同心合力地努力，它的命运正步向新生，它的前途正存着很好的成就呢！让我们祝福它吧！（新英：《国粹在新生中》，永安《中央日报》，1949年4月8日，第4版）

是年春 蒙文通欲将尊经国专与尚友书塾合并。

刘伯谷回忆：

乙丑（1949）春，先君（指刘咸炘）生前所办尚友书塾在先生（指蒙文通）的建议下（当时附议者有向楚、林思进、彭举、吴永权、魏嗣銮等教授）拟与先生创办之尊经国学专科学校合并，定名为"尚友文学院"（当时已得国民党教育部长口头同意，后以解放未果），先生当时告我说："刘先生取名'尚友'，是有其深刻意义的（指尚论古之人，诵其诗，读其书），我办'尊经'也是有这个意思，我们都是在为国家留文化根根。"（刘伯谷：《敬忆蒙文通先生二三事》，四川大学历史文化学院编：《蒙文通先生诞辰110周年纪念文集》，线装书局，2005年，第17页）

4月10日 马一浮代拟《复性书院董事会基金管理委员会联合启事》，以"复性书院董事会董事长屈映光、基金管理委员会主任委员陈其采"的名义，提出将复性书院"改组为儒林图书馆，暂停讲习，继续刻书"。两会亦同时改组为图书馆的两会。"聘请周惺甫先生为名誉馆长，周孝怀先生为名誉副馆长，邵力子先生为馆长，寿毅成先生为副馆长。"（吴光主编：《马一浮全集》第2册，第207—208页）

4月 柳亚子发起，在北平举行南社、新南社联合临时雅集。（杨

天石、王学庄编著：《南社史长编》，中国人民大学出版社，1995年，第656页）

　△　贵州复兴国学研究社筹办复兴国学讲学班，拟创办《国学研究》作为《贵州日报》副刊，拟于1949年5月5日创刊。

　　本市复兴国学研究社，自正式成立以来，迄今三月。现该社为鼓励社员进修，提高研究兴趣起见，已着手筹备兴办复兴国学讲习班，并拟假各报按期发表专刊，阐扬学理，以供社会人士之研究。闻已聘定本市国学名宿，担任导师，积极展开工作云。（《复兴国学社筹办讲习班》，《贵州日报》，1949年4月15日，第3版）

　　本市复兴国学研究社拟假各报副刊版，分期刊登社友作品，已志前讯，尽悉：该社对是项筹备工作，业已就绪，定于五月五日创刊，所有征文启事及简则，亦经分别□出，兹志原文于后：本社为提高研究兴趣，鼓动同仁进修，发扬国粹挽回世运起见，经第四次理监联席会议决，假《贵州日报》副刊版发表专刊，刊期暂定半月一次，文稿由全体同仁供给，当推乔运亨先生为筹备人，现各项业务业已准备就绪，决于五月五日创刊，所有稿件即待征集，素仰台端学有本源，胸具印鐾，定能发为文章，砥砺末俗，并请于本月底以前，送交主编人张剑秋君收（地址岳英小学），以便□编，□后并希源源惠赐，借光篇幅为祷。（《〈国学研究〉下月五日创刊》，《贵州日报》，1949年4月23日，第3版）

　　5月　马一浮草拟，并于6月1日颁布实施《儒林图书馆典守委员会略则》。

一、复性书院改组儒林图书馆，所有刻书基金及书籍板片一应资用，均交儒林图书馆接管，经董事会暨基金管理委员会议决有案。在书院办理结束，图书馆建设未完成时，为适应事实上需要，应设典守委员会。

一、典守委员舍由董事长暨馆长指定典守委员五人组成之，并指定一人为主任委员，接管上项基金暨书籍板片等，负典守全责，至图书馆正式成立，确定专职人员时，始交替任务。

一、典守委员一律为义务职，但因公事，必要时得酌支夫马费。

一、遇对外文书往复，须经主任委员核发。

一、典守委员会开支，暂在捐款项下指拨，由馆长指定委员一人司其出纳，每月造具简表报告馆长。

一、在图书馆未正式成立时，刻书暂行停止，其旧印诸书仍由典守委员会继续流通，收入书价悉数归入典守委员会支用。

一、本略则于三十八年六月一日起实行。（吴光主编：《马一浮全集》第4册，第430—431页）

△ 勉仁文学院编印的《勉仁文学院院刊》于北碚创刊，梁漱溟撰文《勉仁文学院创办缘起及旨趣》，详述勉仁文学院创办的缘起与旨趣。

文章称：

勉仁文学院何为而创立？它是为要作当前文化问题之研究。所谓漱溟之心愿者，即是自己蓄志从事于此研究已久，更愿创立一文化研究机构，萃聚师友以共同从事也。

今日中国之祸，惨酷浩大，数千年历史所未见。今日世界危机之严重，亦空前未有。问其何为而然？要言之，不外一文化转变或文化矛盾问题。人类自从慢慢离开那种近乎动物的生活以后，即愈来愈靠文化而生活。其所依靠于文化者愈重，则文化变更愈不是容易事情。骤然要变，失所依傍，惶惑乱走，所伤必多。又所依靠于文化者愈重，则遇有不同文化，其矛盾亦愈重；不能得其会通，人乃重受其祸。凡吾人今日所遭遇，盖莫非此之类。

....

今之世界问题，原不过欧洲文化之内在矛盾，经近二百年之扩演而来。近代欧洲文化一大特色，为其在方法工具一面之长足进步，迈越前人，压倒诸方。其在今日，能由一隅而扩至全世界，复缩全世界恍如一隅者以此；其在今后，若不为人类造福无穷，必将举人类而毁灭之者亦以此。其文化既扩为世界之文化，其矛盾遂俨若世界之矛盾；此则今日英美、苏联所代表之两大壁垒是已。所谓世界危机者，谓战争时时威胁于前，由其方法工具之利。人类有毁灭之虞也。

....

近百年来，中国人感受问题之刺激，其始但云"救国"，其后乃言"建国"。言建国矣，其能悟及必从认识老中国入手者盖犹不多。问题之深处，恒几经曲折而后悟入，此即漱溟个人之经历而可验也。往者，先父在清季极热心于维新；垂老乃痛固有文化之沦亡，而捐生以殉之。一生心血，全副肝肠，可说都洒在这文化转变、文化矛盾问题上。后此漱溟致力文化问题之研究，固受激励于此；然在当时还看不到此一问题。凡老父所为沉郁不解者，小子直未窥得一二。盖尔时对于中国文化初不了解，而近卅年之世界变化亦尚未呈现。意识之所有，仍不外"以人之长补我之短"，斤斤于方法工具之末。绝不悟人生态度苟未得其妥定，则于彼方法工具之长固无从而吸收采取。民国十年《东西文化及其哲学》出版，是为文化研究之开端，亦漱溟初初转回到中国思想之时，方于中西人生态度之异，粗有所见。然尔时虽预言世界未来将为中国文化之复兴，而仍以为中国舍西欧宪政不能为治。绝不悟其间矛盾苟未得所以通之之道，将必圆凿方枘之难施。又十年而后有《中国民族自救运动之最后觉悟》一书，断言中国必不能用西法。盖于各方矛盾乃始见之的真也。于此叹息，识见之为识见，信乎其有未易言者！唯于矛盾见之的真，而后得其通之之道。所谓"融会贯通"，此时窃自信有之。邹平之乡村建设，盖亦如古人所云"我欲载之空言，不如见之于行事之深切著明"。然头绪乍得，转觉理论上方案上方方面面前途之问题正多，一切有待研思、考订、设计、规划；"如何认识老中国，如何建设新中国"之口号，即于此提出。

自是以来，便抱有建立一文化研究机构之要求。值抗日战起，一切不遑谈。而以政府之召，与国内各党派暨在野人物一同参赞国防会议，乃悉力为抗战奔走。党派不协，妨碍抗战，因又从一班朋友之后，努力团结运动。中国民主同盟之组织，托始于此。卅四年八月在广西贺县之八步，闻胜利之讯；又闻两党领袖会于陪都。窃喜外患既除，内争可泯，凡八九年来矻矻以图救眼前者，至此可以休息；而建国大业开始，夙日文化研究之愿当偿。当时分函故旧，悉道此意。顾不料十一月抵渝，遽闻东北接收以遭遇障碍而有撤退之命。国内之争、国际之争相牵合，大感中国将为西班牙之续，乃又不能不从国人之后，谋取和平；是有参加政治协商之事。协商既有成议，复决心退出现实政治。卅五年一月卅一日政治协商闭幕宴集之时，即以预撰《八年努力宣告结束》一文出示座中同人，并托胡君政之代为发表。继复刊布《今后我致力之所在》一文，自白其夙愿。建立一文化研究机构之筹商进行，盖始于此时。

当时于此一研究机构之设置，取何种方式初无定见。将为一特殊组织之研究所，抑为一现行学制中之大学？将为国立，抑为私立？一面似互有长短得失；一面亦必须视机缘而决定。即设置地点，将在北平，抑在京沪，抑或其他，都无成见之拘。其间更有一议，以有求人不如求己，先就北碚勉仁中学成立一国学专科学校，较为轻而易举者。虽不足以言文化研究，亦可作一预备。则外缘不顺之最后一着。二月赴成都，三月赴北平，四月赴昆明，并为此事奔走咨访。于成都曾访叶石荪（麟）、李浚清（源澄），恳求相助。今石荪虽未得来，浚清幸已共事，犹当日咨访之结果也。

然时局复紧．愚卒不获如志。四月十八日由昆明返渝。东北共军恰于是日攻下长春，刺激时局甚大，战祸不可遏止。而马歇尔自美国经北平返抵渝，亦同在是日。马使既返，亟求所以弭战祸者，则邀民盟为之助。盟内友人亦以先求和平，责勉于愚。愚不获已，允就秘书之任，相约以三个月为限期。乃自五月八日抵京沪间，历时半年之久，从旁效其绵力，而事卒不可为。遂于和谈破裂之前，辞谢同人，十一月六日离去。

愚之历历数此者，以见心事所在，一进一退之际未尝一日忘之。当九月间，漱于役京沪时，友人陈亚三、张俶知既于北碚举办勉仁国学专科学校。愚离去京沪之后，即来驻北碚校内，以讫于今。居此两年余，一面写定《中国文化要义》一书，冀以我对于老中国之认识，求教于世；一面亦与同人暨诸生朝夕共讲习之业。且时时谋所以萃聚朋友同志者。卅六年三月熊东明（训启）应邀自江安来此。居一年，为朋友众人所推，膺校长之任，嗣复筹备改组学院，东明之力尤多。今年八月学院开办．乃再膺院长之任。

文学院为大学制之一独立学院。在大学各学院中，文理二院之所讲求为学术根本所在，与法、商、农、工、医之主于学术应用者不同。文学院各种学问之主要对象在人，又与理学院各种学问之主要对象在物者不同。文学院之文，盖人文之文也。吾人为文化问题之研究，开办一特殊组织之研究所最直接。不然，则办大学亦有足取。大学不徒为一教育机关，亦为一研究机关；且可以培养继起之研究人才。而其着手，则莫要于先办文学院。中国学问一向详于人事，忽于物理；而西洋反是。径不妨说，西洋学问在理学院；中国学问在文学院。吾人求认识老中国，文学院其必居先，无可疑也。前既言之，一切文化转变、文化矛盾要在人生态度价值判断之间。理学院所讲，纯为科学；科学虽无所不究，独不及此。此为哲学所特有事；哲学则文学院之主科也。且文化出于历史；欲知未来，莫要审其过去。历史，又文学院之主科也。他日进一步，当开办毗于文学院之法学院。人事之学问在此，文化建设之研究亦在此也。至于一切研究之有资于物质科学、生物科学者，诚亦不少；是则赖于国内外学术机关之交换配合。凡事必有其重点；人务自抒其所长。以同人之力量绵薄，即此已感弗胜任，一时不敢侈言其他。（梁漱溟：《勉仁文学院创办缘起及旨趣》,《勉仁文学院院刊》，第1期，1949年5月）

梁漱溟认为现在的学校，不过是知识贩卖的场所，"师生交易而退，实难语于教育"，"勉仁学院……原不是泛泛一间学校，而自有其理想在"，考虑树立一种学风，因此决定做一次新试验，在院内成立全体师生参加的"全院师生院务共进会"，"推出代表，成立一委员会议，受众人委托而负其责任。主要议题为本院各种公共生活秩序之订定，本院收支预算之订定等"。（梁漱溟：《大学教育一新试验，谈勉仁学院说的理想》，上海《大公报》，1949年5月18日，第1版）

勉仁文学院曾计划在江津白沙添设第二院，吴汉骥出任院主任，并于7月率同学至江津白沙布置校舍，筹办开校事宜，拟于8月中旬招考一年级文、史、哲三系新生，9月初开学。第二院董事长仍为梁漱溟，院长为熊东明，中文部主任为刘朴，西文部主任为吴宓，教授有唐君毅、唐至中、缪钺、傅平骧、邓少琴、蒙文通等人。（《北碚勉仁文学院在白沙设第二院》，重庆《大公报》，1949年6月30日，第3版）外界传闻勉仁文学院已经决定停办，又勉仁中学高中部于15日起决定停办，其停办理由据梁漱溟表示："与理想相违背。"惟初中部仍决定续办。（《北碚勉仁学院停办》，《国民公报》，1949年7月19日，第3版）不久，梁漱溟决定取消设立勉仁文学院第二院的决议。"地方人士另行成立'白屋书院'，纪念江津白屋诗人吴芳吉先生。勉仁在北碚之本院本期不招新生，由梁自任院长，实行全院师生院务共进会办法（见《大公报》前载《大学教育-新试验》），并无停办之说，外传不确。（又讯）白屋书院院长一职，地方人士拟聘请重大、相辉、勉仁三校名教授吴宓担任，吴氏有意前往，尚未作最后决定。"（《勉仁学院继续开办，白沙分院成议取消，江津设白屋书院聘吴宓任院长》，重庆《大公报》，1949年7月31日，第3版）中华人民共和国成立后，勉仁文学院与勉仁中学由政府统一办理。梁漱溟说："我对主席陈明我在川中办学情况。主席指示勉仁文学院可交西南大区文教部接收，所有教职工及学生各予适当安排。其中随我工作多年的人亦可以令其来京仍随我工作。当下主席对林老林伯渠嘱咐：梁先生的这些人员到京之时，请林老决定安置。至如勉仁中学可以续办一时期，以后再交出，全由国家统一办理。其后勉仁文学院教职员工和学生多并入西南师范学院，其中副院长陈亚三则来京，以我的秘书名义安置在政协。勉仁中学最后亦交出，改为重庆第二十二中学。"（梁漱溟：《追记在延安北京迭次和毛主席的谈话》，中国文化书院学术委员会编：《梁漱溟全集》第7卷，山东人民

出版社，2005年，第443—444页）

6月7日　胡山源撰文辨析国学与国文，认为国学的名义无法成立，以国学为国文最为谬误。

胡山源认为五四运动前后对许多问题都有详细的讨论，并且都有确定的结论，足以使后人参考并遵循，可是现在仍有很多人"不加以参考，更不予以遵循"，有的仍然"在传统观念中兜圈子"，"自误误人，还在沾沾地自鸣得意"。因此，现在仍有很多文化和文学方面的议题，有必要加以澄清，使部分青年"改变他们的旧观念，得以追上时代"。

　　首先我要提到"国学"。这一名称是不能成立的，任何中国固有的学问或学术，都可以称为"国学"。将它来指某种学问，实在不确当，要说中国特有的四书五经，或诗词歌赋是国学，其它中国特有的，例如医卜星相的传授之类，何尝不是国学，其不确当也正与"国技"或"国术"相同。以拳术为国技，其他中国特有的耕田织布，建筑修造的方法，何尝不可以称为国技。其次，四书五经就是，也只是，四书五经，诗词歌赋，不是那样空泛的一个"学"字所能概括得尽，代表得全的。我们不妨称四书五经为古书，诗词歌赋为旧文学，比较合理些。因此，称研究四书五经为研究古书，称研究诗词歌赋为研究旧文学，不要再称研究国学，研究古书的，不再是国学家而是研究古书者；研究诗词歌赋者，也不再是国学家，而是研究旧文学者。谁也不应该以"国学家"来称颂人；谁也更不应该自命"国学家"来吓唬人。如果我们还是一直"国学""国学"下去，我怕果然会有以"半部论语治天下"的谬见出现。懂了一些仄仄平平，便以为中国的学问尽在于此，中国的学问为世界之最，再也不想求进步，时代要我们这样区别清楚，认识正确。我们再不能笼统，含混下去，一辈子作个时代落伍者。

其次我要提到"国文"。对于国文，尤其大学里的国文，我已经说过许多话，早就不应该再来费辞了，但在国文没有被大家认清之前，我还不能已于言。尤其许多人以国学为国文，我以为最要不得，更不能不时常来烦絮几句。

国学这一个名称已经不确当，不能成立了，如果就以之为国文，以国文为学校的教程而论，真不知要误尽多少人家的子弟！学校以国文教学生的目的不论大中小学，总希望学生达到这三点：阅读、欣赏和发表。在大学国文系的三四年级，才加上研究这一项。所谓国学的内容，既然是四书五经，诗词歌赋，如果就以之而为国文的内容，请问学生的阅读，将费多少气力？要费这些气力，处于现在百科并盛的时代是否可能？可能了又有什么用，是否所得足偿所失？学生的欣赏，□了阅读的艰难，将何以达到之？达到了。究竟与他的人格上，情操上，有多少帮助。足以使之发展，而入于现代人生的坦途？至于发展，□尤其惶恐不解！要学生们个个都像杨［扬］雄那样著作一些仿"论语"的"法言"么？仿得像，仿得好了，那里去出版？出版了谁要看？看了使人有什么益处？现代旧文学的作品，有谁会超过汉赋、唐诗、宋词、元曲的？在这些形式中，究竟还有多少发展的余地。

　　国文不是国学，至少不全是研读四书五经，诗词歌赋。国文是教学生的工具，不是教师束缚学生、愚弄学生的利器。国文是实用的技能，不是抽象的迷信、顽固的癖好。我希望所有从事国文的教师和学生，大家都有这样的新认识！

　　那末国文的内容，究竟是些什么呢？四书五经，诗词歌赋，当然是在内的。此外，则一切用中国独有的方块字写成的东西都在内。单独的一个方块字，不论简单到只有一画，或复杂到连字典上都不容易翻到，所有大大小小，繁繁复复，简简单单的字，都可以称为国文。因为虽然单独一个"文"字，虽然必须"言之"方能"成文"，不单单指个别的字，但所谓"言之"，到底是指笔下之言，而非口头之言，实际不是言之成文，而是笔之成文：笔之就必须有赖于字，而中国的方块字，大多虽不是谐声字，而是象形字，就都有赖于眼睛的认识；认字和写字，实在是国文的基础，没有字就没有文。因此这文的第一步，便是文字，并非文章，任何方块字，都可以算作文的一部分。学校国文课从认字和写字开始，实在是当然的手续，不像西洋人的国文，只要从认写字母入手，各个语词，都赖拼音而成，字的本身算不得文的部分。

　　胡山源认为国文系就是让学生学习文字的功用，达到尽善尽美的地步。国文的内容很复杂、很广泛，但最终的目的是实用，"用以达到其他的目的，它的本身的成就，还只是手续上的目的，而不是目的上的目的"。什么是文学？胡山源认为"文学之于国文，差不多等于国文之于'国学'（假定其可以成立）。以'国学'为国文，全不讲求其实用，是一误，以‘国文’为文学，全不辨别其性质和作用，是再误”。文字不是文学，“文学在形式上必须以一连串最精美的文字组织而成，与个别的，散落的文字，相差不知有若干距离”。文件不是文学，文学不能离开情感而成立，“文件的目的只在发布命令，表示意见，宣传思想，说明事实，记载经过，绝不带着情感”。文章不是文学，文章最重要是要有技巧，“思想的歪曲，情感的虚伪，那在所不问”。文学除了技巧，“还必须有正确的思想，真挚的情感，所以文章不是文学，集部的书，汗牛充栋，书中文章，更仆仆难数以此标准而衡量之。大多数的文章，还只时〔是〕文章而已，不是文学。大多数这样的作者，还只是文章家而已，不是文学家，例如桐城派的文章及其作家”。换言之，“文字、文件、文章是那一国文字写的，便是那一国的国文，但不是那一国的文学。国文不就是文学，而文学只是国文的一部份，我们可以明白了吧”。（胡山源：《旧话重提——国学与国文》，昆明《中央日报》，1949年6月7日，第2—3版）

7月3日 复兴国学研究社聘请张荣熙为讲师，张氏赋诗感怀。诗云：

> 韩公文起八代衰，何幸今朝逢刚正。
> 诸君国学有渊源，使我肃然私起敬。
> 自来春秋责贤者，廉顽立儒专候命。
> 移风是俗难卸眉，那堪互相推法令。
> 年高□□喜□□，□时才华斯为盛。
> 智者见智仁见仁，老幼男女各本性。

　　古圣先贤表高风，学希自然相辉映。

　　拈毫倘能化干戈，不特家庆亦国庆。

　　久羡座中皆松柏，越遇霜侵越坚硬。

　　自问苍天渺一粟，公孙误认□受聘。

　　大好良机得董陶，文章经济始交并。（张荣熙：《承复兴国学研究社赐聘感怀》，《贵州商报》，1949年7月3日，第4版）

7月8日　经苏南行政公署准予备案，无锡国专正式改名为无锡中国文学院。无锡中国文学院计划分设文学、史地、哲学三系。唐文治任院长，王蘧常任副院长，严济宽任秘书长，钱海岳任教务长。

　　无锡中国文学院的前身，原是无锡国学专修学校。解放后，全体师生一致认为应改革教学内容和教育法及种种的制度，才能赶上新的时代，为新民主主义社会培养建国人才。于是师生自动组织了革新委员会，经师生共同努力下，经本年七月八日苏南行署准予备案，始正式改名为无锡中国文学院。改革后，师生们都热烈参加了锡市的各项社会活动，并组织各种学习小组，参加了暑期研究会，得到了新的知识与锻炼。开学后，全校空气有很大转变，师生团结甚为融洽，为国专有史以来所未有。（浦耀煌：《锡市中国文学院前日补行开学典礼》，《苏南日报》，1949年10月17日，第2版，转引自刘桂秋：《无锡国专编年事辑》，中国大百科全书出版社，2011年，第497页）

无锡中国文学院成立后，唐文治致函钱孙卿，拟聘其担任无锡中国文学院董事长，主持一切，并乞广为提倡，劝募基金。

吾国学专修学校创办迄今，已届卅年。其间时局变幻，播越纷仍，在艰难困顿之中，勉力支撑，弦诵不辍，是皆诸君子鼎力匡辅维护之所致也。回溯过去，因受环境经济限制，于课程设备等，均未克达成原有之期望。解放以来，鉴于时势之需要，革新不容或缓。爰由校务会议议决，改校为院，借事扩充，已于卅八年七月八日，经苏南行署核定为"私立无锡中国文学院"，先设文学、史地、哲学三系，并附设中学部文、理、农三科。办理伊始，经纬万端。关于课程之革新、师资与设备之充实，在政府精简节约之时下悉力以赴，先求基本条件之具备，再定前途开展之计划。惟本院经费全恃学费收入维持，在昔日保守状态之下，量入为出，本已竭蹶，于今日事业待展之际，若无的款，更感周章。文治维工作之艰巨，凛职责之重大，夙夜彷徨，不遑宁处，兼以养疴沪渎，精力就衰。曩者负责同仁，大都偏重治学，于诸君子前迄少请益，殊为觖然。

先生吾乡斗杓，万流仰镜，对于本院关注逾恒。此次董事会改组，拟聘先生担任中国文学院董事长，主持一切，并乞广为提倡，劝募基金，俾本院基础稳固，前途日趋光明，无忝建设新民主主义新中国之伟大使命。是不第文治一人之幸，即莘莘学子亦永拜嘉惠于靡既矣。

附陈计划书一册，敬祈俯允指示见复，曷胜祈祷，专此奉订，只颂道安。唐文治拜启。（陈国安、钱万里、王国平编：《无锡国专史料选辑》，第89页）

7月22日 厦门绅商学界"联合发起组织国学研究社"，特向岷里拉中华商会募捐。(《关于介绍本市国学研究社代表柯伯行募捐致岷中华商会的公函》，厦门总商会、厦门市档案馆编：《厦门商会档案史料选编》，鹭江出版社，1993年，第473页)

7月26日 国粹中学增设高中，增加免费名额。

生活程度日高，贫寒学生失学益众，本市国粹（中）学为求普及教育起见，本期已奉准增设高中，并添设免费生名额，于课程方面，将别出新裁，增加应用文授课时间，俾学生毕业后特具有实际应用文知识，以回报社会。(《国粹增设高中，添设免费名额》，永安《中央日报》，1949年7月26日，第4版)

7月27日 邮坛讲座第二十四讲，主题为"从孔子邮票说到提倡国粹"。

座上各位理事，集邮界先进，我是一个新近加入本会的会员，对于集邮是门外汉，本不敢作班门弄斧的讲话，但念蒙郭翊达君加以鼓励，使我兴趣起来，毅然拙贡于先进之前，还望不我遐弃，加以指教，则我非常快慰，同时诚恳地接纳教言，本会定名为香港中国邮学会，在顾名思义来讲，以我观感相信一定以研究中国集邮学术为主要的，至于中国文化在英属各地，例如香港前出之和平票，票上左右两傍有"凤鸣［鸟］复兴，汉英升平"八个字，凤鸟比贤人君子，凤鸟不至，河不出图，乃孔子谓当时世衰道微，复兴者寓有提倡道德，重整社会之意，汉英升平，由中英互助，达到世界之义，可知外人对我国文学之注重了。

现在我就把孔子与圣迹邮票谈谈，闻说我中国政府曾发出孔子像、五百元，杏坛、八百元，至圣墓、一千五百元，大成殿、一千八百元等邮票四种，由此可知我国尊重孔夫子在中国的伟大和地位，与其政治思想，启发我国民族精神，渊博学说有关人类，影响世界至重且大，想座上各位多是饱学之士，毋庸我赘言，而阻列位宝贵光阴了。

单把杏坛纪念邮票，略为谈谈，集邮者，若不知到票图之表示用意，即如读书不求甚解一样，故此集邮家要知其图案，即系知其历史意义也，至孔圣先师之墓，在曲阜县城北方二里有多的地方，面洙桥而背泗水，其西南为庐墓之处，杏坛大殿之前面，乃先圣教授弟子之所在地，世人称孔子杏坛设教所由来也，孔子又为我国创平民教育之先河，提倡天下为公，世界大同的导师。

今年正值孔圣降生二千五百年华诞大典，我们蒙本港舆论界前辈领导，举办印行一本《孔子降生二千五百年纪念文集》，经已分函海内士、农、工、商、学，今天我以万二分诚恳，请各位本着如手如足之真情，参加发起此种有意义的使命，立言立德的工作，不独人类幸甚，而且中国前途幸甚，并祝各会友集邮进步，身体健康而愉快。（温新知：《邮坛讲座·从孔子邮票说到提倡国粹》，《邮光》，第4卷第3期，1949年11月）

7月 无锡中国文学院连续登载广告，招考本科一年级各科新生50名及二年级插班生20名，预科生50名。科别：一、本科文学系，史地系，哲学系；二、预科。（《私立中国文学院招男女生》，《苏南日报》，1949年7月27日，版面次序不详，转引自刘桂秋：《无锡国专编年事辑》，第498页）

△　国专沪校1949年夏届毕业生毕业。

唐文治"为该届学生毕业纪念刊作《训辞》"，以"孟坚人品昭然揭，我辈相期第一流"诗句和"人生惟有廉节重，世界须凭气骨撑"的联语勉励毕业学生。

> 记得1949年筹印乙［己］丑级毕业纪念刊时，师（按：指唐文治）应生徒之请作训辞，述校史，在训辞中又一次以自作"孟坚人品照［昭］然揭，我辈相期第一流"的诗句和"人生惟有廉节重，世界须凭骨气［气骨］撑"的楹联勉励毕业同学。校史结尾又写道："《易》曰：'其亡其亡，系于苞桑。'《诗》曰：'风雨如晦，鸡鸣不已。'剥极而复，其见天地之心乎！"师关心祖国命运，相信黑暗即将过去，黎明即将到来，一个富强的新中国已经在望，并以此激励同学。（许威汉、金甲：《缅怀先师唐文治老校长》，转引自刘桂秋编著：《唐文治年谱长编》，第1101页）

8月　诚明文学院聘顾颉刚为中国文学系主任。

△　船山学社"加设妇女刺绣缝纫班。该班学员为斯大林七十寿辰绣斯大林肖像一幅"。（施珊、刘志盛整理：《赵瀞园集》，第453页）

9月19日　"无锡中国文学院第一届院务委员会三十八年度第

一次会议"召开，出席者有"唐文治（严代）、钱海岳、蒋庭曜、庞澹人、严济宽、郑学弢、冯励青、冯寿耆、陈震之"，严济宽为临时主席。会议通过严济宽为本会副主任委员等提案。

讨论事项

一、院长提：严济宽先生为本会副主任委员案。

决议：通过。

主席：严济宽。

纪录：郑学弢。

讨论事项

一、生活辅导会提：本会业经遵照苏南行署之规定，除生活辅导委员会主任委员及教务长为当然委员外，由教授会推选代表严济宽、蒋庭曜、郑学弢三人，学生会推选临时代表宋潜深、王冠伦二人（共七人）组织成立，特提请追认备案。

决议：通过准予备认案。

二、教务处提：本院奉准改制，原有班级归并办法，业经改制前末次校务会议议决如次。

原来班次　　归并班次

新一甲　　预科乙组

新二乙　　预科甲组

新二甲　　文学系一年级乙组

新三乙

新三甲　　同上甲组

新四甲、乙　　文学系二年级甲、乙组

新五甲、乙　文学系三年级甲、乙组

旧一甲　文学系一年级甲组

旧二甲、乙　文学系二年级甲、乙班

旧三甲、乙　文学系三年级甲、乙班

上列办法，并经通知各同学在案，请予追认案。

决议：准予追认。

三、教务处提：原有文书科学生应如何处理案。

决议：

（一）自愿转入本院文学系者准予按照班次插入并补读必修科目。

（二）如有请求保留原科者，应俟报请行署核定后办理。

四、教务处提：请确定本院正式上课日期案。

决议：

（一）定九月二十二日（星期四）起正式上课，在未正式上课以前先上临时课。

（二）根据向例，学生所修学程凡缺少实际上课钟点满四分之一者（按实际授课时数计算），不得参加大考。

五、教务处提：本院文学系外语课程应如何确定案。

决议：

（一）定俄文为第一外国语；英文为第二外国语。

（二）俄文课：文学系一年级为必修；二、三年级选修。

（三）英文课：文学系各年级及预科均得选修。

六、秘书处提：本期学费，经本日师生座谈会协商结果，确定办法如次。

（一）缴费数额以白粳米三石为标准，一次缴足。

（二）缴费时如以人民币折算，按当日报纸所载市价（隔日价格）为准。

（三）如已按折实单位缴纳学费者，照缴费日米价及折实单位牌价清结之。

（四）代收各费仍按原定七折实单位代收特提请备案。

决议：准予备案。

七、秘书处提：本期学杂各费分配比例应如何确定案。

决议：学费占百分之七十五；杂费占百分之十五；宿费占百分之十。

八、秘书处提：本期经费预算应如何编制案。

决议：

（一）从速组织经济委员会交秘书处于本星期内拟具该会组织规程送会讨论。

（二）由秘书处先按四百担米及三百担米编制两种预算送经济委员会签订审核意见后呈报本会核定。

九、秘书处提：本会会期应如何确定案。

决议：

（一）本会每月举行常会一次，必要时得随时合开临时会议。

（二）本会开会前应公布关于规章办法之草案应有点议程，俾全校师生得充分提供意见。（陈国安、钱万里、王国平编：《无锡国专史料选辑》，第53—54页）

9月22日 无锡中国文学院正式开课。

9月29日 《新蜀报》刊登《如此国粹！》。该文章批评"万缘消灾度亡法会"等"开坛作法"的行为。

继道教会"息灾建醮法会"之后而发起的"万缘消灾度亡法会"，又要开坛作法了，征求赞助这个法会的群众，据说共为十万人，上天表那天，还要请政府禁屠一日，以示诚意！

我们读了这条消息之后，觉得中国太伟大了，□几于无所不包、无奇不有。国际间大家都在闹原子弹，甚至说以后的战争，只是日子的鏖持，决不会再有三年两载，或三月两月，只有古老的中国，才想仗恃仙佛的法力，消弭灾患，超荐"亡魂"！试想这和科学发达的国家比，要距离几个世纪？

但请大家不必忧心，中国立国数千年，几度凭凌异族而不亡，就是靠了这点国粹，一部封神榜，早统一了中国人的思想，风有"风伯"，雨有"雨师"，雷有"雷公"，电有"电母"，一个道行高超的人，修真养性，一旦成了神仙，不但可以呼风唤雨，遣雷役电，并且还可长生不老，从这点看来，原子弹算得什么武器？只要我们的神仙呀呀呸一声，顷刻之间，便什么都解决了，那还需得鏖持一天半天！

况且法会这类国粹，只有中国才有，别无分销。它的法力，在火灾之前虽没有做到防患于未然，但火灾之后能够号召十万人，完成它这一善果，也是相当不容易的事，但于此，也可看得见中国社会进化的程度了！

取保开释。（《如此国粹！》，《新蜀报》，1949年9月29日，第4版）

10月15日　无锡国专更名为"私立无锡中国文学院"后，补行开学典礼，唐文治嘱托王蘧常作开学训词。

训词称：

今日为本院举行开学典礼并庆祝会，严君伯侨及诸同人函招到锡演讲。鄙人因道远，未克亲诣，特属副院长王君瑗仲代表致辞。诸生均系英年好学之士，前途未可限量。前鄙人有赠同学诗句云："孟坚人表昭然揭，我辈相期第一流。"按古人有三不朽事业，曰：立德、立功、立言，即圣门四科之德行、政事、言语、文学四端之义。往者湘乡曾涤笙先生谓立功须乘时会，而立德、立言，则修之在我；立德在品行，立言在著作。诸生能熟读鄙人所著《孝经救世编》、《孟子救世书》及《紫阳阳明学术发微》，自有会悟。兹特将立品要旨，指示如左：

立品之要，旨在清廉。近时多有才气过人之彦，而不免堕入贪鄙者，实属可惜。须知《论语》言"君子喻义，小人喻利"，孟子言舜蹠之分，在利与善之间，善即义也。《周易》乾卦言"以美利利天下"。盖溥其利于天下，是为美利；敛其利于己，即为私利。义者，宜也，利物足以和义。利字刃列于旁，若如《大学》所言，以身发财，则必至于自杀，且杀其孙矣。孟子言杀人之父，人亦杀其父；杀人之兄，人亦杀其兄。吾尝窃补之曰："杀人之子孙，人亦杀其子孙。"吁！可畏哉。往日讲学，必首揭义利之辨。若一涉贪污，譬诸退入于泥，终身无自拔之日矣。故余律己教人，务在廉洁，未有操守不廉而能办大事者也。

次之宜敦谦和之行。《易传》言"保合太和"，《尚书》言"同寅协恭，和衷哉"。《诗》言"既和且平，礼之用，和为贵"。大乐与天地同和，和者天地之中气，人受天地之中和以生，凡食五谷之伦，未有不得中气者。和气之反为戾气，和气盛，则致太平；戾气盛，则酿劫运。世未有不能谦和而能与人共事者也。

又进而言之，惟有为善一事。孟子以孜孜为善称舜徒，乐善不倦为天爵。居今之世，强为善而已矣。何以谓之强？凡力量有不足，则强勉以图维之。凡环境困难，则尽力以排除。善机善缘，善因善果，随地皆是。余平素最爱《论语》两如不及，"一曰学如不及"，学问无止境也；一曰"见善如不及"，善几往而不可复返也。或曰为善须有实力，曰不然。善字从羊从口，羊跪乳，观其情状，而知孝为万善之源也。约之于口者，若无实力，则苦口提倡亦功德也。且居今之世，戈铤满地，正为善大好机会。孟子曰："君子莫大乎与人为善。"吾辈而不为善，谁与救人哉？乍见孺子入井，皆有怵惕恻隐之心。清初睢州汤潜庵先生（讳斌）常言能以此二语常存于心，即可上达天德。纵观近世百姓困苦，奚啻孺子入井，安得不动怵惕恻隐之心乎？《礼记》言："人者，天地之心。"深望好善之士，切实共勉之。

更进而言之，则自新以新民是矣。《大学》引《汤盘》"日新又新"，《康诰》"作新民"，朱注云：振起其自新之民。《论语》《中庸》均言"温故而知新"，知新有在温故中者，有在温故外者。余尝谓学问事业，不论新旧，惟在实事求是，适用于今世而已。《易传》言"进德修业"，而扩充之则造于盛德大业，曰："富有之谓大业，日新之谓盛德。"富有者德行无不周备也，而盛德必归于日新。故又曰："刚健笃实辉光，日新其德。"圣人以此洗心，洗之俾日新又新也。世界一日不新，则晦蒙而否塞；人心一日不新，则含垢而纳污。人心与世界，相为维系，世界皆人心所造成。此经传中新民主义，幸诸生熟习之。（刘桂秋编著：《唐文治年谱长编》，第 1102—1103 页）

唐文治致信政府，商议无锡国专改制事宜。

10月17日 《苏南日报》报道了无锡中国文学院开学典礼的情况。

锡市学前街中国文学院于十五日补行开学典礼，并庆祝改院成功及附中成立，到各界来宾、校友及全体同学五百余人。仪式于上午九时举行，王瑗仲副院长特自沪赶来代表唐院长主持大会，并特请锡市军管会管主任、苏南行署教育处陶副处长、市委宣传部长陈野苹及市教育局长陈枕白等莅院指示。会上管主任指出：要确定学习方向、学习现实，为大众服务，做一个新型的文学家。陶处长也说：学校革新，要有计划、有步骤，师生合作，和衷共济，把形式的变更，进行到内容的变更。其他各首长也都希望同学，紧紧跟着时代前进，不做时代的落伍者。同学们也表示愿以中华人民共和国新的教育方针及各首长的指示作为学习的准绳，做到理论与实践一致，成为国家建设的有用人才。在师生连日积极筹备下的盛大的迎新晚会，亦于下午六时进行，来宾师生济济一堂，节目精彩非凡。

当晚会正在进行时，广州解放消息喜讯传来，会场台上台下的人，都欢呼起来，更替大家增添了兴奋的情绪。（浦耀煌：《锡市中国文学院前日补行开学典礼》,《苏南日报》, 1949 年 10 月 17 日，第 2 版，转引自刘桂秋编著：《唐文治年谱长编》，第 1102 页）

10 月 22 日　船山学社举行"船山先师诞祭纪念会"。（施明、刘志盛整理：《赵瀞园集》，第 454 页）

12 月 17 日　罗常培在北京大学第一届师生代表会议上做业务报告，总结北京大学文科研究所解放后的工作转向。

北京大学文科研究所已经建立了三十一［二］年。它有悠久的历史，也有相当丰富的研究资料。它所包含的六个单位：古器物整理室、语音乐律实验室、明清史料整理室、民国史料整理室、文籍整理室和新哲学编译室在过去也曾各自有过相当的贡献。但是一直到解放后的一年来，同人才深切的觉悟，要想配合新民主主义的文化教育政策，必须加紧政治学习，逐渐地建立马列主义的观点，用科学的辩证法去研究和解释历史、文化、古物、语言，才对得起本所已往的历史，才不辜负它所承袭的丰富遗产。因此，同人从本年三月起就成立了互助学习小组，从十月起又把全所同人组织起来，首先参加历史唯物论和辩证唯物论的大课。本所的新哲学编译室为适应广大群众研究马列主义古典书籍的要求，集体地重译恩格斯的《费尔巴哈论》，简述列宁的《唯物论和经验批判论》。并且这一个单位对于全校的政治大课起了积极的推动作用。

因为同人努力政治学习的结果使我们对于业务的观点也有显著的转变：

第一，逐渐联系历史唯物的观点和社会发展的观点。

这个观点表现在各室业务方面的，例如古器物室研究燕系半瓦当文，从花纹的不同和演变推溯古代的民间艺术；又利用自汉至唐石刻壁画、明器等遗物，研究汉唐间各阶级人民的服饰。语音室从语义的变迁推求社会经济的发展；从借字窥测中外文化的交流。明清史料室和民国史料室拿"人民是历史的主人""劳动群众推进历史的发展"等观念来整理史料，对于新史料的登记特别注意生产成绩。文籍室利用甲骨卜辞以了解商代牧畜业和农业的情况。

第二，从个人研究趋向集体工作。

我们以前的工作大半从个人出发，抱残守缺，不相联系。现在觉得集合起大家的力量来，工作效率更可以提高，对于学术贡献更大，所以渐渐地朝着集体工作的路上走。例如，古器物室的工作重心是和史学系合作进行发掘。语音室集体地调查国内方言和少数民族语言，并用集体写作、集体评议的方法编辑《中国现代语》。明清史料室和民国史料室整理档案、记录史料，都采取事前协商、事后检讨的分工合作办法。同样，文籍室的整理拓片，新哲学室的编译，也都以集体工作为原则。

第三，力求所内各单位间和他们跟校内外有关部门间的联系。

我们知道一切事务都是在联系中存在着的，所以所内各室极力避免"各自为政"的旧作风，并且争取和校内外有关部门的联系。例如，古器物室和文籍室、史学系的工作是分不开的；语音室应用文籍室的巴思八文拓片来研究元代语音，根据碑帖里的俗字来找通用的简体字，并且和中文系、东语系、西语系已经建立起很好的联系。至于明清史料室和民国史料室本来是一而二、二而一的。我们尤其希望法学院的政治、经济、法律三系的同人能够利用我们的材料来作近百年来中国政治、经济、法律的历史研究。关于联系校外有关部门一方面，语音室和中国文字改革协会的地方语文研究委员会，两个史料室和华北大学第四部的史学研究室都发生相当的联系。文学院研究部的研究生现在虽然不直接隶属本所，但研究语言学、明清史和校勘学的同学，都认定本所负责人作导师，应用本所的资料，在本所上课。

第四，加紧整理资料为校内外的学者服务。

本所收藏的资料除去供给本所同人研究外，并且愿意对学术界公开，为校内外的学者服务。截至最近为止，各室整理工作的成绩，计有：

一、古器物室整理并登记古器物，共七千零九十一件。

二、明清史料室编订清顺治康熙雍正三朝题本揭帖卡片，共一万五千件；编清顺治朝题奏启本要件目录，共四百件；编清顺治朝题本贪污类目录提要，共一千二百一十二件；整理清代诏敕谕，共三百余件；考补雍正朝题本残本之年月日，共二百余件；整理核对满文黄册，共七千余件；校对明题行稿抄件，共一千二百余件；整理明清档案，共二千二百余件。

三、民国史料室编订民国史料目录已成二千二百余片；编辑民国大事日历，自辛亥革命起至一九四九年九月底止，已成四分之一；编辑中华人民共和国大事日历，自一九四九年十月一日起，已成七十七日。

四、文籍室整理柳风堂旧藏拓片，共一万零六百九十三种；甲骨卜辞释文，共十一一种九千五百三十九片；校对《艺文类聚引书类纂》一千余条。

五、语音室整理白涤洲关中方言调查遗稿，共四十二县八镇。

第五，结合脑力劳动者共同建立劳动观点。

最近三月间全所的脑力劳动者和体力劳动者已经结合起来。共同制定服务公约，提倡劳动。对于搬运文籍室藏石、修砌院墙、装设冬炉、拔除宿草等工作，均由本所秘书领导员工自己动手，除实践劳动观点，并节省学校若干开支。同时帮助工警同人提高政治、文化水平，并学习修理仪器、拓碑等技术，以增加他们的职业能力。

检讨这半年来的业务，我们自己觉得缺点很多。但是我们已经开始自觉自愿的在新民主主义文教政策下为文史的研究工作而努力，我们的工作固然不同于狭隘的实用主义。但同人们也随时随地警惕着不愿脱离实际，我们知道在全国解放战争将近胜利完成的当儿，文化教育事业只能慢慢在恢复中求发展；所以我们对于一切沉重的工作，像《本所所藏古器物图录》《甲骨文字考释》《汉魏六朝韵谱》《明题行稿》之类，都得暂时缓印。比较专门一点的刊物只恢复了《国学季刊》一种。其余正在刊行或准备刊行的只是一些比较大众化的著作。不过，所谓大众化不是庸俗化。我们要深入的把问题搞通，要浅出地使大众易于了解，预备追随全校同人之后，在新中国经济建设高潮后，共同迎接文化建设高潮！（《北京大学文科研究所记事》，《国学季刊》，第7卷第1号，1950年7月）

是年 姚奠中撰《三十年来国学界的概况和今后应由之路》，辨析国学研究的新旧两派。

近年来从事国学者，可分两类："一类人是比较守旧者。他们也许承继着清代正统派学者的流风，继续正统派的遗绪。在今日，他们可能以为一般新学者已失败了。但另一类人则是头脑比较新，或自命为新者。他们标榜'五四'的精神，他们要继续'五四'前后那些学者的作风，要延长所谓革命的工作。视守旧者为反动势力。"因此，我们今日应该有一种新的觉悟、新的认识，从历史的观点上，考察过去国学界的成绩，来确定我们应走的路，"本来历史的趋势，是只有前进的。无论任何人的意志倾向或新或旧，总不能逃出历史趋势之外，不过能体察此种趋势者"。现在要期望新的成就，可能有两条路："1.由新派的观点，加以深入的钻研，在不知不觉中，自然地采取了旧派的'读书精细，考证谨慎'的方法。2.由旧派'实事求是'的精神，而后加以体察现实，自然地承认了新派的历史观点。""我们希望有更多的同志，共同努力，使吾国文化，发扬光大，以至促成世界文化之进步。至若'怀疑''假设''求证''实事求是''无征不信'等，则都近于不变的真理，我们当然信守，只是应用的更要谨慎而已。"（姚奠中：《三十年来国学界的概况和今后应由之路》，《教育学术》，第1卷第4—5期

合刊，1949年）

△　徐昂撰《国学商榷记》一卷，收入于《徐氏全书》。

《徐氏全书》从1944年至1954年，由南通翰墨林书局出版。徐昂在《国学商榷记》中称：

予治《易》学，欲求师而不能得，苦心探索。先窥宋《易》，然后推之汉学。初以朱子为宗，由是而求之汉末虞氏。上溯东汉郑氏，以至西汉京氏。既而澄思静念，以为伏羲、文王、孔子三人皆先师也。孔子传之商瞿，京氏得之孟喜。商、孟、京、郑、虞、朱亦我师也。然则予又何慊然于无师耶？每日清晨默诵《周易》，必先虔称三圣人与诸夫子之尊号。此三圣人与诸夫子之精神不死。日在虚空中监观默相，诏示我，牖启我。精诚相接。忾乎如闻其声，恍乎如见其形？予由由然不啻侍侧执卷，亲受业于函丈之中，又何幸而得此也。虽然，师有余而友则缺。独学无友，孤陋寡闻，不免如学记所云。初肄业南菁书院，同学承定海黄先生之余绪，大半治三礼，于羲经无询问津梁者。既游苏杭，访求同好，亦无所遇，深念绝学韬晦，卖浆箍桶，失之交臂，其或然与？岁己卯，之江大学李培恩校长复校海上，予于其时因得晤杭州沈瓞民、无锡黄星若。此二君者，一治汉《易》，一治宋《易》。沈君承其家学，以制器尚象为主。黄君兼好道家，推《易》之支流于遁甲六壬，已而如皋马子章见访觉园，马君亦潜心宋《易》，所尚同于星若，而由《易》推之牙牌骨骰，则又与瓞民制器尚象之旨趣相类。风雨晦明，往还晤言，或就友人之撰述，发抒我见。或出居恒之拙著，求正是非；或因朋好所咨询，加以解答而祛其疑惑。或取彼此所论列，互相印证而较其异同。丽泽有讲习之占，淇奥有切磋之咏。知者足贵，海上传雅奏之琴。友声是求。谷中出嘤鸣之鸟。睽违疏远。如在庭堂，馨欬声音。匪隔云汉，爰将所怀，录为一卷。谨本管中豹斑之见，聊为雪后鸿爪之留云尔。（徐昂：《国学商榷记》自序，翰墨林书局，1949年）

1950年（庚寅）

1950年春　船山学社开办群众学校（又名群众认字班），释自智、释戒园任教员。（施明、刘志盛整理：《赵瀞园集》，第454页）

2月25日　船山学社召开了第六次社务会议。

社员"公推周道腴、黄镜人、杨华一、周逸、谭志学、萧骧等十八人为董事，周道腴为董事长，黄镜人为副董事长，周逸为常务董事，负责船山学社日常社务工作和房屋管理、图书保护等事务"。（施明、刘志盛整理：《赵瀞园集》，第454页）

△　周作人发表主题为"国粹"的饭后笔谈。

文章称：

平常听到人谈国粹，觉得仿佛也言之成理，及至细按下去，却又很有点渺茫。说是一国的最特殊的地方么，中国人的脸是黄的，与西方人迥殊，却也不听见有人说是国色，正如犹太人的鼻子虽然举世皆知，就是极端的锡恩派并不以此自夸。若是说文化上顶好顶有用的部分，那自然说的不错，不过这迟早成为世界公共文化的一分子，又经过各国人的通力合作，不能再算作一国所独有的了。

举一个最好的例是印刷术。古代各国都各自懂得刻石刻木，正面的刻出文字图像，也懂得刻印，印反而文正，进了一步了。但到唐朝用木刻佛像的戳子连续印一大张，这才具了印刷的初步，至五代遂有木板印书的发明，这说是中国的光荣原无不可，现在却已变成世界的公产，技术之精致，事业之发达，为本国所不及，这光荣也就成了过去的了。这一件事尚且如此，别的可想而知。我们想要在家传旧古董中找出什么来，可以夸耀于世界，那大概是不可能的，第一，这样的东西难得，第二，有了也已世界化了，早已不是私家的所有了。

中国人现在要紧是努力于文化建设，同时供献于中国和世界，不要单挂念一国的荣誉，顶好顶有用的东西于人己没有界限，有如水与火，孟子云，民非水火不生活，昏夜叩人之门户，求水火，无勿与者，这个意思说的真好。（钟叔河编订：《周作人散文全集》第10卷，广西师范大学出版社，2009年，第105—106页）

2月　船山学社开办了妇女工学班，负责人魏淑嫒。是月，船山学社成立纺织部。（施明、刘志盛整理：《赵瀞园集》，第454页）

3月1日　船山学社召开第七次社员会议。

周逸、江宗海、释自智、魏节山、释龙山等13人参加，释戒园记录。推选释龙山为船山学社副社长。（施明、刘志盛整理：《赵瀞园集》，第454页）

3月12日　梁漱溟应毛泽东之邀，"晚饭谈话"。毛泽东希望梁漱溟参加政府，梁漱溟愿在政府之外效力，"希望设一中国文化研究所或称世界文化比较研究所，在党的领导下进行学术研究工作，而我则备顾问"。

梁漱溟称毛泽东"当时未加可否（似乎同意，但未积极肯定之），劝我先去关内新解放区和关外老解放区参观考察一番"。4月初，梁漱溟赴华北山东、河南、平原各省、东北六省访问参观。9月回京后，梁漱溟拟向毛泽东做报告，后应邀参加越剧"梁山伯与祝英台"晚会，原本期望"可遇到主席约期谈话"，后只遇到周恩来总理，"周总理晓得我建议设置文化研究机构之事，自动地嘱我写具体计划及预算书，交给他，他提出政务院通过开办"。梁漱溟回家赶写草稿，如下：

一、认识老中国是建设新中国之必要前提，因此我建议政府和中国共产党，今天要切实下功夫去认识老中国。

二、要想认识一件事物，必须与其他事物作比较观察，同中求异，异中求同，如是往复研究才行。现在要认识老中国，正亦不外把中国文化与其他文化（例如欧洲中古文化，近代文化等等）作种种比较研究。

三、进行此研究工作之机构，从其工作目的可称"中国文化研究所"，从其工作方法可称"比较文化研究所"，或称"世界文化比较研究院"。

四、文化无所不包，而世界上可取资比较者又无穷无尽；若非把握要领，难免汗漫无归。此要领我认为是在中国社会构造问题，亦或可说是中国社会史问题。

五、在此问题上，我承认中国社会自然是有其一般性的；

但我特别强调他的特殊性。有人虽不否认中国有他的特殊性，但认为亦不过像其他许多民族各有其特殊性那样而已。这仍然不出一般论范围，我是不同意的。现在最好即从这一争点进行研究。

六、于此又可有两种入手方式：

（一）以奠定一般论而否定我的特殊论（具详鄙著《中国文化要义》一书）为基本立场；由我（或其他论者）提出问难，请大家尽一切可能予以解答。在问难大致获得解答后，一般论即算奠立。反之，一般论奠立不了，即应改从特殊论研究去。

（二）以建立我的特殊论而放弃一般论为基本立场；经我说明鄙著大意后，请各方予以批评讨论，看末后是否有其不容抹杀者在。如大端上抹杀不得，特殊论即可成立。反之，特殊论成立不了，即应改从一般论研究去。

七、以上是说研究入手时必须抓住要害，单刀直入，先求得一个大旨。在此之后，便可放散开到文化各方面各角落，不厌周详地去探讨。从广博研究上，再充分证实那入手阶段所得大旨之不错。

八、在前一入手方式中，我居客位，则此文化研究机构宜由中共中央（或政府）派人主持，而我备顾问。虽然在讨论上，似乎我取攻势，但实际较省力；我乐意这种方式。

九、在后一入手方式中，我居主位，此文化研究机构即由我来主持（当然要经政府委托），而商同政府（或中共中央）邀请一些人士组织进行。此在我亦无所不可。

十、在我想：不拘任何方式，此文化研究机构之工作人员均可分为专任兼任两种。专任者之不可少，无待说明。兼任者同样是不可少的。一方面是因为现在党政机关内于此问题凤有研究者，必须请来；少了他们不行。一方面是要负责建设新中国的人来参加，而后此工作乃有意义。而且我想兼任人员应多于专任人员。他们不必集中工作，只须参加会谈，甚至可以通讯行之。

十一、专任人员大致可分两种：一是负正式研究责任的；一是作助手的。前一种初开办有七八人即可，至多不逾十人。后一种约需十几人，加上事务人员，亦不过二十人之数。各项工作人员均应待工作展开，视其需要再陆续增添。

十二、谈到设备，第一要有参考书籍资料；但若一切从新购置似乎不易。初时可一面利用某处现有图书，一面亦自己陆续购置，到末后成立起自己的图书馆。为了牵就兼任人员和现有图书设备，此文化研究机构不妨暂时设在一个大学校或一个大图书馆附近。

梁漱溟后来回忆此稿尚未及交给周恩来总理，在应毛泽东主席邀请谈话时，顺带交给毛主席，"不料主席看时，表示不同意。我即言明此应总理之嘱而写的。主席当即表示你与总理既然谈妥，那便设置亦可以的。我当下表示主席既不同意，自然不必提了。但我写好之一份，毛主席却没有还给我。我决定不再交总理进行，以免总理与主席之间为难不好办"。（梁漱溟：《一九五〇年向领导党建议研究中国文化，设置中国文化研究所之草案》，中国文化书院学术委员会编：《梁

漱溟全集》第6卷，山东人民出版社，2005年，第850—853页）

4月13日　江苏省苏南人民公署主任管文蔚、副主任刘季平指令无锡中国文学院并入公立文教学院。

令私立无锡中国文学院：

该院因种种原因无法维持，一再请求并入公立文教学院，且入春以来，牵延月余，迄未开学。本署以所请不合维持改造私立学校之既定方针，未便率尔照准。但该院历史较久，困难极多，实有特加照顾之必要，经呈请华东军政委员会转呈中央人民政府教育部核办，顷以接奉电令特准该院并入公立文教学院，除分令知照外，特规定合并办法如下：

一、指定公立文教学院童润之、古梅、徐朗秋及该院严济宽、冯励青等五人组织临时委员会，负责办理该院并入公立文教学院事宜，以童润之为主任委员，严济宽为副主任委员。

二、该院专任教职员原则上一律转为公立文教学院教职员，工友由公立文教学院分别留用或处理之，留用人员一律自四月份起支薪。

三、决定公立文教学院增设语文教育系，原该院文学系学生经编级、试验后，转入该系继续学习。原该院语文专修科二年级应届毕业生，得特设专门学习组，按该院原制办理毕业。原该院语文专修科一年级停办，其学生经编级、试验后，得转入公立文教学院适当系科。原该院预科停办，学生有高中三年级以上同等程度，经考试合格者，得编入公立文教学院适当系科一年级，程度太低者，列册报请本署教育处负责助其转学。

四、该院全部教产、校具、图书、仪器及其他一应物品，应分别造具清册，交由公立文教学院接管，并呈报本署教育处备查。在未正式办理交接以前，该院原院务委员会应切实负责妥为保管。

五、其余有关合并交接之具体问题，随时呈请本署教育处核办之。

六、限四月二十日前合并完毕，并具报备查。（陈国安、钱万里、王国平编：《无锡国专史料选辑》，第55页）

5月　无锡中国文学院并入苏南文化教育学院。
1954年4月9日，唐文治辞世。

王蘧常回忆：

1954年春，唐校长病情日趋沉重，曾语重心长地说："现在无锡国学专修学校和他校合并，是由于百废待举，政府集中人力财力从事建设之需要，将来条件允许，此校仍应力求恢复，这是关系到保存中国传统文化的长久大计，非一校之存废而已。望转告诸同门，勿忘此旨。"（《齐心协力　恢复母校》，《国专校友之声》创刊号，转引自刘桂秋编著：《唐文治年谱长编》，第1115页）

△　《大学国文·文言之部》由新华书店出版。
叶圣陶在序中提出了与国粹主义不同的学习文言文的目标，即培养阅读文言书籍从而批判地接受文化遗产的能力：

　　这个选本的目录，由北京大学中国文学系、清华大学中国文学系、出版总署编审局三方面的同人共同商定。本来想把它叫做"古典文之部"，后来觉得"古典文"这个名儿需要解释，人家单看名儿不看解释容易发生误会，就改作"文言之部"。"文言"这个名儿包括的体裁固然多，可是简要的说，它指称古代绝大部分的笔头语，决不是现代咱们口头的语言。这样的认识差不多是一致的，用上了它，谁都可以一望而知，不生误会。

　　在"现代文之部"的序文里，我们说过大学国文的目标在乎提高同学们的阅读能力跟写作能力。现在就文言说，只消上半句就够了。文言有阅读的需要。就浅近的说，找参考书，不能单看现代的，有时要看古代的跟近代的，古代的跟近代的书大部分用文言编写。还有，大学里有些课本，尤其是理工方面的，也用文言编写。当然，咱们希望今后的大学课本一律用现代文编写，可是摆在咱们面前的有文言的，你要读得下去，就得学习文言。至于写作，那全是自己的事儿，自己有什么意思要表达出来，当然使用最便利的工具，最便利的工具是口头的语言。用文言写作没有实际上的需要了，所以下半句写作能力的话可以不提。

　　根据以上的认识，我们商定大学同学学习文言的目标是：培养阅读文言书籍从而批判的接受文化遗产的能力。这个目标跟国粹主义完全不同。抱定国粹主义的以为惟有文言书籍值得读，里头有东西。读的时候又得全盘接受，要做的工夫只在疏解跟阐发，能够疏解，就是接受过来了，如果还能够阐发，那是接受得更深切的表现。以往的国文教学往往有这个倾向，实在是承袭了很久以来教育的传统。现在时势转变，大家知道这个旧传统不应该再承袭下去了。可是国粹主义的影响恐怕不容易立刻摆脱，碰到文言又会不知不觉的回上老路去。因此，对于我们商定的目标还得说一说。

普遍用白话写东西从"五四"开的头，到现在只有三十多年，在"五四"以前，绝大多数的书籍是用文言写的。那些书籍当中或多或少的包含着有价值的东西，表现出人类追求真理的努力，值得咱们来学习，来接受。当然，所谓有价值并不等于十全十美，也许还有不少的缺点跟错误，那是因为作者受了时代、阶级、认识的限制，追求真理只能够达到一定的程度。咱们只要用批判的眼光阅读那样的东西，就可以撇开它的缺点跟错误，看出它好的正确的一方面。并且，从这儿还可以看出人类怎么样一步步的向前探索真理，因而加强咱们对于真理的把握。过左的想法以为非现代的东西一律要不得，无条件的给它个排斥，那就割断了古今的关联，一切都得从今开始，自然没有什么接受文化遗产的问题。咱们相信古今的关联是割不断的，文化遗产是需要接受的，所以咱们要磨炼批判的眼光，要用批判的眼光阅读已往的书籍。不用说，磨炼批判的眼光决不单靠阅读已往的书籍，主要的还得靠政治思想跟文化知识的提高；文化遗产也决不限于已往的书籍，其它方面还有的是。可是，要想把批判的眼光用在书籍这一宗文化遗产上，能够读通文言是个必要的先决的条件。我们的希望并不怎么样大，我们只希望大学里的同学懂得文言的基本常识，获得阅读文言的普通能力，在接触到已往的书籍的时候，能够用批判的眼光来读它：就是这么样。（《大学国文·文言之部》序，新华书店，1950年，第1—3页）

早在1949年12月，出版总署编审局讨论大学国文古典文部分的目录，并计划与清华、北大的同人共同商量。次年1月21日，魏建功访叶圣陶，拟明日邀约清华、北大的同人共谈大学国文选本（文言）的编纂。22日，清华、北大的同人到出版总署编审局，出席者有张克强、李广田、章廷谦、游国恩、周祖谟、吴组缃、王瑶、赵西陆、许骏斋、马汉麟、阴法鲁、刘禹昌、浦江清、魏建功等人，出版总署编审局代表叶圣陶与宋云彬等人，"共商大学国文古典文之选目"，商定学习此科的目标为："培养青年阅读古典文，获得批判的接受文化遗产之能力。定目凡二十余篇，学习时间至少，份量不能多也。"（叶至善、叶至美、叶至诚编：《叶圣陶集》第22卷，江苏教育出版社，1994年，第91页）吴组缃主张"大学不读文言文，谓文言文有如希腊文，不宜使现代青年费时间心力学习"。宋云彬认为，"白话与文言不能以英文与希腊文相比拟。大学生读文言文，在养成阅读古书之能力。如大学生看不懂文言文，如何能批判的接受文化遗产"，"吴君语塞。商讨约四小时，将全部目录拟定"。［海宁市档案局（馆）整理：《宋云彬日记》，中华书局，2016年，第240页］

6月19日　中央文化部对外文化联络事务局局长萧三一行十余人来船山学社参观访问。（朱迪光等：《船山学社史实述论》，湘潭大学出版社，2022年，第223页）

6月28日　湖南省军管会交际处十余人陪同"莫斯科大学教授兼法律系副主任阿斯楷洛夫和夫人一行"参观访问船山学社。"阿斯楷洛夫高度赞扬王船山的爱国思想。"

六七月间，船山学社举办暑期学习小组，"研究阅读马克思列宁主义学说和有关书刊"。（施明、刘志盛整理：《赵瀞园集》，第454页）

6月 马一浮撰写《复性书院改设智林图书馆编纂处启事》。

> 本院向分讲习、刻书二部，以讲明经术义理为主。嗣因斋舍未立，资用不继，先辍讲习，旋罢刻书，佥议改为图书馆。庋藏旧有书籍、板片并士友捐赠诸书，负责保管、流通，徐图甄采精要，纂辑丛书。示抉择于丹铅，寓精神于删述，存先民之矩矱，贻后学之津梁，不失书院初旨。方值革新之会，幸为有道所容，不滞一偏一曲之知，期通天下万物之志，故以"智林"为目。亦拟搜集新书，开设阅览室，附设研究部，研究世界文化，适应时代所宜。欲求粗立规模，事须待缘而集，今尚有志未逮。兹为整理编目起见，拟先成立编纂处，开始初步工作。山林启文于筚路，江海始于滥觞。高以下基，洪由纤起，或于将来文化不无少裨。当世贤智，或靖共尔位，或物望所归，或夙荷匡扶，或不遗故旧，俱愿加以赞助，予以保障。推裁成辅相之德，具含弘光大之心，庶几积微成著，见始知终。进世界于大同，抟培风于九万，或亦有取于斯。傥荷留意护持，俾得渐次扩充，达成所愿，实深跂望。复性书院董事会、智林图书馆理事会同谨启。（吴光主编：《马一浮全集》第2册，第208—209页）

7月 北京大学《国学季刊》复刊，刊登《国学季刊复刊启事》《北京大学文科研究所记事》，回顾北京大学的国学研究。

《国学季刊》复刊，"从本期开始作为第七卷，把以前出版的
《北大四十周年纪念论文集乙编》作为六卷三期，文科研究所印行
的油印论文作为六卷四期"，"本刊第一卷封面的图案是鲁迅先生设
计的，题字是蔡子民先生写的，为纪念他们，所以从本期起封面恢
复了第一卷的样子"。（《国学季刊复刊启事》，《国学季刊》，第7卷第1号，
1950年7月）

《北京大学文科研究所记事》总结从1928年到1950年的发展历
程。1918年草创，1921年11月先成立北京大学研究所国学门，沈兼
士任主任，直到1932年都沿用这个名称。国学门时期从1921年到
1927年的工作概况和收藏资料的情况，在《国学季刊》一卷四号、
二卷一号和《国学门周刊》第24期已有详细报告，不再赘述。下面
集中介绍1928年到1950年7月的工作情形。

第一，1928年到七七事变以前的工作情形（1928—1937年）：
1928—1931年，国学门着重在整理的工作。明清史料整理会印出
《顺治元年内外官署奏疏》和《清嘉庆三年太上皇起居注》两种史
料。考古方面，一面整理以前的藏品，一面进行田野工作。1929年，
考古学会与北平研究院、古物保管委员会"合组燕下都考古团，发
掘易县燕下都故址北的老姥台"，采集陶器、瓦当和许多隋唐的遗
物。1931年冬季，该考古团又到"察哈尔怀来县调查四疙疸坡的汉
墓。这种调查发掘的工作，本想继续作下去，可是因为调查的地方
多半不安宁，所以没有能够进行"。1932年，北京大学成立研究院，
研究所国学门改称研究院文史部，刘复任主任。中国文学系所设的
语音乐律实验室归并于文史部，成为新的部门。1934年6月，北京
大学改组研究院，研究院文史部改成文科研究所，胡适兼任所长，

研究所内设立编辑室、考古学室、金石拓片室、明清史料室、语音乐律实验室五部门。

1932 年到七七事变以前，研究所主要的工作如下：

1. 校订《慧琳一切经音义引用书索引》旧稿，并缮写清本。

2. 参加西北科学考察团整理居延汉简。

3. 捶拓甲骨、封泥、古钱，进行编写释文。

4. 整理艺风堂金石拓片，做详细的记载。并进行编纂《艺风堂金石文字目校补》一书。

5. 编辑所藏清代汉文黄册目录和其他明清两代重要史料。

6. 设计语音实验仪器。先后制出最简音高推算尺，乙一推断尺，乙二推断尺，音准、声调模拟器等。

7. 校录唐本各种韵书，编辑《十韵汇编》。

8. 调查绥远方音。

9. 记录江阴方音。

出版方面，《国学季刊》编印到第六卷二号，同时先后刊行《北京大学研究院文史丛刊》六种：

1.《崇祯存实疏钞》八卷十六册，一九三七年七月，商务印书馆出版

2.《封泥存真》，一九三四年八月，商务印书馆出版

3.《明南京车驾司职掌》，祁承㸁编，一九三四年五月，商务印书馆出版

4.《洪承畴章奏文册汇辑》，一九三七年一月，商务印书馆出版

5.《十韵汇编》，刘复、罗常培、魏建功编，一九三六年，北大出版组印

6.《慧琳一切经音义引用书索引》，一九三八年七月，商务印书馆出版

另外，与故宫博物院，中研院历史语言研究所合作印行《清内阁旧藏汉文黄册联合目录》，1936年付印，1947年10月出版。

第二，抗战时期的工作情形（1939—1945年）：七七事变以后，北京大学由北平迁到长沙，后来又迁到昆明。经过一年多的措施整顿，1939年6月开始恢复文科研究所，起初，文科研究所聘请傅斯年为所长，郑天挺为副所长。不久，傅斯年辞职，改聘汤用彤为所长。研究所恢复下列工作：

（1）招收研究生，（2）设立工作室，（3）成立编辑委员会。研究生招考的部门分史学、语学、中国文学、考古学、人类学、哲学六门。工作室分文籍校订、中国文学史、中国语言、英国语言、宋史、明史、中国哲学与宗教七室，均由文学院教授负责主持。

1939—1945年，各研究工作室均撰写论文，编辑委员会印行的油印论文有20种：《唐代俗讲考》（向达）、《言意之辨》（汤用彤）、《贡山俅语初探》（罗常培）、《唐代行用的一种韵书目次》（魏

建功）、《隋书西域传附国之地望与对音》（郑天挺）、《王命传考》
（唐兰）、《隋书西域传缘夷之地望与对音》（郑天挺）、《宋故四川安
抚制置副使知重庆彭忠烈公事辑》（张政烺）、《文选序"事出于沈
思义归乎翰藻"说》（朱自清）、《汉崖墓题识"内"字之一解》（高
去寻）、《张江陵书牍诗文解题举例》（陶元珍）、《释衅》（许维遹）、
《唐贞元册南诏使袁滋题名拓本跋》（容肇祖）、《元曲作家生卒新
考》（吴晓铃）、《院本考》（叶玉华）、《现代英文诗》（英文，谢文
通）、《国语中的语音的分配》（马大猷）、《周末的音名与乐调》（张
清常）、《跋谷应泰〈明史纪事本末〉》（王崇武）、《论柏拉图巴曼尼
得斯篇》（德文，陈忠寰）。

此外，文科研究所开展两项出外调查：考察西北史地，调查西
南少数民族的语言。考察西北史地方面，1942 年，中研院组织西
北史地考察团，本所参加合作。8 月，向达由昆明起程，9 月到兰
州，10 月抵达敦煌，在敦煌停留 9 个月，先后考察阳关、玉门关遗
址，敦煌近郊的古城古墓，以及西千佛洞、莫高窟、榆林窟等地的
古迹。1944 年 5 月，西北史地考察团开始发掘敦煌、民勤、张掖、
武威等地古墓，研究所研究生阎文儒前往参加，直至 1945 年 10 月。
调查西南少数民族的语言方面，罗常培利用旅行的机会做过 3 次小
规模的调查，具体如下。1942 年 1 月，调查大理"摆夷、栗粟、么
䣛、俅子、怒子、那马、民家几种语言"，后将"俅子语的材料整
理成《贡山俅语初探》"。1943 年 1 月，到大理讲学，除重新审订第
一次所记的材料之外，又将"两位能说山头、茶山、浪速语言的发
音人"带回昆明住了两个半月，记录相关词汇和故事。1944 年 7 月，
为采集大理县志资料，调研民家话，总计调查了"兰坪、大理、宾

川、邓川、洱源、鹤庆、剑川、云龙、泸水各单位"。此外，袁家骅曾调查过峨山窝尼语、路南阿细语和剑川民家语。"合起来说，收获很多，而且给中国语言学的研究添了一张新页"。

文科研究所在抗日战争时期培养了一些研究人员。1941年度到1945年度先后毕业21名研究生。

1941年度：

马学良：《撒尼俅语语法》。

刘念和：《史记汉书文选旧音辑证》。

周法高：《中古音三篇》。

王明：《合校太平经导言》。

杨志玖：《元世祖时代汉法与回回法之冲突》。

任继愈：《理学探源》。

阴法鲁：《词与唐宋大曲的关系》。

1942年度：

逯钦立：《诗纪补正》。

董庶：《相和乐考》《吴歌西曲考》。

王玉哲：《猃狁考》。

高华年：《黑夷语研究》。

1943年度：

王利器：《吕氏春秋比义》。

王叔岷：《读庄论丛》。

1944年度：

李孝定：《甲骨文字集释》。

魏明经：《唐宋间理学的先导》。

王达津：《尚书中代名词之研究》。

胡庆钧：《叙永苗族调查报告》。

阎文儒：《唐代西京考》。

1945年度：

李荣：《切韵音系中的几个问题》。

殷焕先：《诗骚联绵字研究》。

方龄贵：《元朝建都及时巡制度考》。

第三，复员以后的工作情形（1946—1948年）：1945年，北京大学复员，文科研究所首先调查战时损失，清查、造册、整理、安置。1946年1月到8月，集中人力完成下列工作：

1. 清查考古陈列室古物，分类陈列，并编制目录。

2. 修整残破陶俑，和其他"明器"。

3. 整理太庙本所档案陈列室。

4. 按照缪氏《艺风堂金石文字目》恢复艺风堂金石拓片原来的次第。

5. 将零乱的艺风堂拓片装入封套，并加签题。

6. 编成北大文科研究所所藏《艺风堂金石拓片草目》八册。

1946年9月，文科研究所由北京大学本部迁至翠花胡同，设立古器物整理室、明清史料整理室、金石拓片整理室、语音乐律实验室四部门，每部门由二人负责整理资料。工作分为修整、陈列、编目、登记、调查、采购。1946年秋到1948年冬，文科研究所主要工作如下：

1.修理语音乐律实验室旧有仪器，作为教学实习之用。

2.修理陶器和舞俑。

3.陈列古物，并登记卡片。

4.接收日人久下司由内蒙所得古物和民间艺术品，并编定目录。

5.接收张氏柳风堂历代石刻拓片和拓本。

6.接收张氏柳风堂所藏古器物和石刻碑版。

7.采用本校博物馆记年编目法，重新编订本所所藏古器物目录。

8.整理燕下都和邯郸两地发掘所得古物。

9.调查北京西郊黑山、八宝山、田村一带汉代遗迹，采集陶片、瓦当、瓷片颇多。

10.整理清代顺治康熙乾隆三朝题本。

11.编辑《明史料目录稿》。

12.编辑《玄应一切经音义引书索引》。

13.利用语音实验新仪器"为耳通"（Wiretone）灌制方音音档。

14.开始整理白涤洲《关中音系》遗稿。

15.整理河南博物馆藏石、陕西碑志、千唐志斋、北京市碑志拓片，并编定目录。

16.整理本所以往考古学会藏品拓片，并编定目录。

17.建德周季木先生旧藏残瓦量和古文字陶片承孙师白、周叔弢两先生捐赠本所，特辟周季木先生藏陶纪念室陈列储藏。

18.采购甲骨、铜器、瓦当、陶片和近代史料。

19.整理本所藏书，设立图书室。

第四，解放以来的工作情形（1949—1950 年）：北京解放后，1949 年 9 月，文科研究所组织略有变更，校务委员会聘请罗常培兼任所长，原有金石拓片室和旧编辑室合并改称文籍整理室，哲学编译委员会并入文科研究所，改称新哲学编译室。1950 年 1 月到 7 月，所内各机构具体工作如下。

甲，研究、调查、编译工作已经发表或稿成待印的成果如下：①罗常培撰《语言与文化》，由北京大学出版部发行，1950 年 1 月出版。②向达撰《西征小记》，载《国学季刊》第 7 卷第 1 号，1950 年 7 月印就。③金毓黻撰《群书会元截江网与续资治通鉴长编》，载《国学季刊》第 7 卷第 1 号，1950 年 7 月印就。④阎文儒撰《河西考古简报》，载《国学季刊》第 7 卷第 1 号，1950 年 7 月印就。⑤罗常培、邢庆兰撰《莲山摆夷语文初探》，1950 年重新精抄，拟即影印。⑥王辅世译，袁家骅、齐声乔校《马尔派语言学批判》，1950 年 7 月完稿。⑦明清史料室《明末农民起义史料》，1950 年 7 月抄竟。⑧民国史料室《中国共产党初期的报纸》，1950 年 7 月完稿。⑨王太庆撰《费尔巴哈之宗教本质》，1950 年 7 月完稿。⑩王太庆撰《狄德若哲学选集第一辑》，1950 年 7 月完稿。

乙，研究、调查、编译工作尚在进行中的如下：①宿白《半瓦当文研究初稿》，1950 年 1 月初稿写就，但尚须增补"燕陶馆"古物中有关部分。②阎文儒《汉代人民服饰研究》，图像部分已完成三分之二，并已经开始摘录文字记载。③喻世长整理《关中音系

（白涤洲遗稿）》，总论完成，词汇尚在编排。④罗常培《贡山怒语初探》，总论完成，词汇尚在编排。⑤罗常培《西南少数民族语言略说》，已完成初稿三分之一。⑥周定一、陈士林、喻世长《新文字方案研究》，对于"文字改革的理论基础""同音字分化和标调问题""修改拼音方案的方言根据"等都提出初步意见。⑦王达津《尚书中的古史料研究》，已完成《夏书中所见中国奴隶社会》一文初稿。⑧民国史料室《孙中山与中国的政党》，已完成初稿三分之一。⑨民国史料室《李大钊传》，已完成初稿三分之一。

　　丙，整理工作如下：①古器物室"编定徐森玉先生所赠石刻三十四方、墓专一方、圹专二方的目录"，1950年1月完成。②古器物室编《中国考古学论文索引》，"已抄得卡片三百零二张"。③文籍室继续抄写本所所藏金石拓片目录卡片，"共六千零七十张"，核对《柳风堂金石草目》十册，"共拓片一万一千零四十八种"，张仁蠡金石清册六本，1950年7月完成。④文籍室续作甲骨卜辞释文二十二种，"共收甲骨一万二千九百六十七片"，1950年7月完成。⑤明清史料室续编清顺治朝题本提要。除上半年所成贪污类外，续成叛逆、遗民、明藩、蓄发、征伐、贼匪、屯垦、圈地、隐匿、刑罚、驿递、赈恤、粮饷、田赋十四类，"共一千七百九十余件"，1950年7月完成。⑥民国史料室继续编辑《民国大事日历》，"并搜集约近一千篇'民国传记'"，编集部分《民国史表》，1950年7月。⑦民国史料室续编《民国史料目录》，已搜集"专书一千九百余种，论文一千余篇"，专著部分的目录已于1950年7月底初步完成。⑧民国史料室整理北海静心斋所藏"中日战争史料"，初步工作已于7月底结束。

丁，田野工作如下：①古器物室1950年4月调查白云观附近辽城遗址。②古器物室1950年7月参加山阴勘察团和华北古迹调查团。③语音室1950年7月参加中央西南访问团，分赴康藏、贵州、云南，调查少数民族语言。④用钢丝录音器记录印度南部梵文读音及西康藏语故事。⑤调查新疆的锡伯语。

戊，其他工作。除上述四项工作外，文科研究所还开展下列工作：

1."五四"纪念周的两种特展。

A　汉代被压迫阶级的"画像"，由古器物室和文籍室金石拓片部门合作，利用汉代图像拓片、照片、素描、实物布置而成。

B　"明末农民起义史料"，由明清史料室选取明题行稿中有关本问题的史料数十件，作有系统的展览。

2.古器物陈列方式的改变。一九五〇年二月，古器物室将以前"分地陈列"改为"按年代陈列"。三月因招待吉谢列夫博士又特将所藏北方系文物理出陈列。

3.古器物室捶拓大小石刻墓专共五十二种，一百零四张。

4.文籍室查点石刻、专、匋瓦、铜器、木刻、竹刻、字画共一〇三四件，均列有目录。

5.明清史料室依职掌重新分类，按问题编辑资料。

6.结合劳动观点搬运明清档案，本年搬运档案凡三次：一九四九年七月初自太庙搬运黄册七千册至本所，七月末自午门搬运档案一千七百麻袋又三百余木箱至端门，一九五〇年二月自太庙搬运档案十余万件至本所，仅费三日。以上三项任务均由全体员工通力合作共同完成。

通过检讨过去一年来的工作，文科研究所提出：

同人们虽然在努力求发展，不过由于各方面反映和同人批评自我批评的结果，也发现了若干缺点和困难。例如：领导者犯了急躁病，工作缺乏计划性等等。但是，同人们有这样的信心：只要认真学习马列主义，有了群众观点，并且能随时运用批评和自我批评的武器，自然都可以逐渐克服的。今后的工作方向更要环绕着《共同纲领》的文教政策努力向前推进。最近中央教育部关于高等学校课程改革的决定，为提高师资的质量和培养新师资，特别提出组织教研组，并加强研究部或研究所的研究工作。文科研究所同人为配合这一政策，在研究、整理各工作中也预备时常和教学联系，经常参加有关的学术讲论会，并且适当地参加有关的教研组或协助实际教学工作。更希望文法学院同人和研究生也充分地利用文科研究所的设备和资料，使这批丰富的遗产能够发挥更大的作用！（《北京大学文科研究所记事》，《国学季刊》，第7卷第1号，1950年7月）

8月13日 船山学社召开第十六次学习小组会议。

周逸、李况松、李洞庭、刘约真、胡湘皋、鄢慕荣等7人出席，"讨论主办社会讲演会，宣传马克思列宁主义学说和平民革命思想"。（施明、刘志盛整理：《赵瀞园集》，第454页）

8月20日 船山学社举行集体会议。

周逸、张平子等12人参加，释戒园记录，"与会者一致议定聘请名人主讲，免费听讲"。（施明、刘志盛整理：《赵㴂园集》，第454页）

9月3日 船山学社举行社务会议。

船山学社"讨论布置研究王船山诞辰纪念"。张平子、周逸、向恺然、赵曰生等8人出席，"议决通过编辑出版印行《王船山先生诞辰纪念特刊》，决定由社长周逸及李洞庭、刘通叔、赵曰生、孙畏三分别担任各个版面的责任编辑，周逸总其成"。（施明、刘志盛整理：《赵㴂园集》，第454—455页）

10月3日 船山学社再次召开学社社务会议。

船山学社研究王船山先生诞辰祭祀一事，周逸、李洞庭、张麓村、刘通叔、赵曰生、萧骧等10人参加，"议决通过敬请湖南省人民政府首长于农历九月初一日莅临主持王船山三百三十二〔一〕周年诞辰祭祀"。（施明、刘志盛整理：《赵㴂园集》，第455页）

10月初 船山学社接到"毛泽东主席亲笔题写的'船山学社'四个大字"。（施明、刘志盛整理：《赵㴂园集》，第455页）

10月11日 船山学社"举行王船山诞辰三百三十一周年纪念大会"。

湖南省人民政府副主席程星龄代表省政府主席王首道主祭，学社社员周逸、赵曰生、陈继训、陈长簇、周道腴、胡子清、冯天柱、邓振声、张有晋、陈浴新、王啸苏、李洞庭、陈介石、刘通叔、萧骧、张麓村、张平子以及湖南省各界人士数百人陪祭。（施明、刘志盛整理：《赵㴂园集》，第455页）

11月14日 船山学社召开社务会议，讨论恢复讲学讲演会。

辜天祐、向恺然、姚大慈、刘通叔、刘圣予、唐才质等12人到会，"议决通过每星期日下午二时在船山学社召开学术座谈会，由主讲人讲演新的学术思想"。（施明、刘志盛整理：《赵瀞园集》，第455页）

11月30日　北大文科研究所同人罗常培、汤用彤、向达、金毓黻、郑天挺、王重民等人在北大孑民纪念堂设宴，邀请叶圣陶、王伯祥、宋云彬、徐调孚、顾均正、郑振铎等人，共商文科研究所研究与出版事务。

宋云彬记载：

先是于国庆纪念日晤罗常培，知北大一部分同人方搜辑近代史料，特为介绍开明出版。现第一册《太平天国史料》已付排校，下月中旬可出版，故宴请余等，表谢意，示联络也。席间郑天挺谓北大一部分同人拟编撰历史丛书三套：一、中国史，二、西洋史，三、近代中国史，分题编写，各成小册，合之则为一整历史，亦拟交开明出版。均正闻言，急谓此后开明拟专出中学生读物，此种丛书恐标准太高。振铎谓不出这一类书将出些什么书，声色俱厉，甚矣均正之陋也。［海宁市档案局（馆）整理：《宋云彬日记》，第293页］

12月24日　船山学社正式恢复讲学制度，长沙社员召开学术座谈会，向恺然讲解老子学说。（施明、刘志盛整理：《赵瀞园集》，第455页）

12月31日　船山学社召开长沙社员第二次学术座谈会，余松筠讲解老子的唯物观。（施明、刘志盛整理：《赵瀞园集》，第455页）

1951年（辛卯）

1月14日　船山学社举行学术研究座谈会，周逸主讲老子学术思想。是年，周逸继任船山学社社长，释龙山任副社长，周道腴任董事长，黄镜人任副董事长。（施明、刘志盛整理：《赵瀞园集》，第455—456页）

4月15日　船山学社召开抗美援朝座谈会。

全体社员参加会议，议决通过下列事项：

一、主办黑板报，开展抗美援朝宣传活动。二、开展世界和平签名运动，制止帝国主义的侵略战争。三、开展增产节约运动，慰劳前线志愿军指战员，支援朝鲜人民的正义斗争。议定每个社员每月捐献人民币一千元（折合现在人民币为一角钱）。（施明、刘志盛整理：《赵瀞园集》，第456页）

2—5月　熊十力撰《论六经》，并致信林伯渠、董必武、郭沫若等人，恳请当局复兴中国文化，设立中国哲学研究所，恢复南京内学院、杭州智林图书馆与勉仁书院等机构。

熊十力指出，"共和已二年，文教方针宜审慎周详，学术空气之提振更不可缓"，"马列主义毕竟宜中国化。毛公思想固深得马列主义之精粹，而于中国固有之学术思想亦不能谓其无关系。以余所知，其遥契于《周官经》者似不少。凡新故替代之际，新者必一面检过去之短而舍弃之，一面又必因过去之长而发挥光大之。新者利用过去之长而凭借自厚，力量益大，过去之长经新生力融化，其质与量皆不同以往"。时下，政府必须设立中国哲学研究所，培养旧学人材，"凡在研究机关工作之学者，只须对于新制度认清楚，不得违反，而不必求其一致唯物，其有能在唯心论中发挥高深理趣，亦可任其流通，但唯物论者可依其本宗之观点而予以批驳"，"民国近四十年，新人物对于固有学术思想太疏隔，此为彰明之事实，无待余言。今日诚欲评判旧学，必先养才。养才必须成立一种研究机关，搜求老辈素为义理之学者，请任指导"。熊十力提出应该恢复南京内学院、杭州智林图书馆、勉仁书院：

一、南京内学院。此为欧阳竟无居士所创办，实继承杨仁山居士金陵刻经处之遗业。杨公道行，犹在众口。欧翁一代大师，不烦称述。谭浏阳在清季为流血之第一人，即与欧翁同受佛法于杨公者也。同盟会中巨子如章太炎等皆与杨公、欧翁有关系。南京佛学研究机关对革命人物不无相当影响。欧翁虽下世，而其弟子吕秋逸居士克宏前业，当请政务院函商南京省市政府觅一房屋为内学院院址，邀秋逸主持，暂聚生徒数名，由公家维持其生活，以后徐图扩充。吾于佛学本不完全赞同，世所共知，然佛法在中国究是一大学派，确有不可颠仆者在。内学院为最有历史性及成绩卓著之佛学机关，如其废坠，未免可惜！其次，杭州马一浮先生主持之智林图书馆。一浮究玄义之殊趣，综禅理之要会，其学行久为世所共仰。抗日时，曾在川主持复性书院，不许某党干涉教学，而院费卒无着，当世知其事者不少，尚可查询。一浮以私人募资，选刻古书，皆有精意卓裁，于学术界大有贡献，后改立智林图书馆，绝无经费。清季以来，各书局翻印古籍，甚多错误，保存木刻，不失古代遗法，似亦切要。拟请政务院函杭州省府、市府，酌予资助其刻书事业，并得聚讲友及生徒数名，存旧学一线之延。一浮之友叶左文先生，博文约礼之醇儒也，同居讲学，实为嘉会。其三，梁漱溟先生主持之勉仁书院。在民国十年左右，彼与北大哲学系诸高材生有私人讲习之所，曰勉仁斋。青年好学者颇受影响。抗日时，始在四川北碚成立勉仁书院。漱溟方奔走民盟，余时栖止勉院，曾以《大易》《春秋》《周官》三经教学者。漱溟本非事功才，以讲学为佳，愚意拟请政府准予资助其恢复勉院。规模不必大，使其培养旧学种子可也。中国文化在大地上自为一种体系，晚周学术复兴运动此时纵不能作，而搜求晚周坠绪，存其种子，则万不可无此一段工夫。中国五千年文化，不可不自爱惜。清季迄民国，凡固有学术废绝已久。毛公主张评判接受，下怀不胜感奋，故敢抒其积怀。年来深感政府以大公之道，行苦干实干之政。余确有中夏兴复之信念，故对文化，欲效献曝之忱。（熊十力：《论六经》，《熊十力全集》第5卷，湖北教育出版社，2001年，第772—775页）

6月15日　船山学社召开捐献飞机、大炮等武器的全体社员大会。"社长周逸等九人当场捐献人民币二万元（即现在的二元）。全社总共捐献人民币一十八万元。"（施明、刘志盛整理：《赵灜园集》，第456页）

6月18日　船山学社召开社员会议，"讨论庆祝中国共产党成立三十周年"。（施明、刘志盛整理：《赵灜园集》，第456页）

6月24日　湖南省人民政府通知湖南船山学社立刻向湖南省人民政府文物保管委员会移交学社社址与所有文物、图书、文档等。（施明、刘志盛整理：《赵灜园集》，第456页）

6月　《燕京学报》停刊。

7月15日　湖南省人民政府文物保管委员会通知船山学社办理移交手续，"船山学社社长周逸当即召集薛吟田、杨健、刘约真、孙畏三等人商讨，一面回函湖南省文物保管委员会；一面推定戴世雄负责办理移交手续"。船山学社社务活动基本停止。（施明、刘志盛整理：《赵灜园集》，第456页）

7月　北京大学《国学季刊》第7卷第2号出版，刊登《北京大学文科研究所工作总结（一九五〇年七月至十二月）》，总结半年工作的经验教训。

文科研究所各室在1950年年底书面总结下半年工作情况，归纳半年来的工作成绩和检讨经验教训，具体如下。

出版方面：

这半年内我们恢复出版《国学季刊》，第七卷第一号已经在十一月中和读者见面。十二月底，科学院补助第六卷第三号纸型费二百万元，第七卷第二号排印费小米六千三百八十七·三斤；有了这些补助，我们才克服了经济上的困难，继续出版。目前第七卷第二号已经全部编定付印；第三号也差不多编好了。

我们出版的书籍，还有民国史料整理室编辑的《太平天国史料》，罗长［常］培著《北京俗曲百种摘韵》，罗长［常］培、邢庆兰合著《莲山摆彝语文初探》，袁家骅著《窝尼族民间故事》（《母子翻身》）四种。正在排印的有《明末农民起义史料》一种，已经交给人民出版社付印的有《唯物论的历史观》一种。其他如斯宾诺沙的《伦理学》、巴克莱的《人类知识原理》、费尔巴哈的《宗教的本质》等都在校阅中，不久也可以付印。

研究与调查方面：

古器物整理室阎文儒、宿白参加文物局雁北文物勘查团，在大同发现云冈西三十里高山镇西塔儿嘴细石器的遗址和焦山寺的石窟，在山阴发现广武镇大批汉墓群。又在大同调查城外的平城遗址和城内的辽代建筑，在云冈调查北魏石窟保护的情形和冈上的北魏遗址，在山阴调查沙家寺遗址和勾注山下的汉墓，在浑源调查李峪村出土战国末期铜器的遗址和金、元、明代的建筑，在阳高调查城内的明代建筑和古城堡的汉墓群。先后采集武州川［山］对岸西梁山的史前遗物、故城驿古城遗址由战国到元的各种遗物、庙坡新石器时代的遗物和广武汉墓群的大批殉葬品，并且发掘古城外的砖墓；写成《广武和古城堡的汉墓群》《浑源永安寺和圆觉寺》两篇文章。前一篇详细说明汉墓群的状况，由采集物中比较其时代先后及研究汉和匈奴文化接触的概况；后一篇从建筑本身上推证二寺为金元时代的遗物，详细分析金元时代建筑的特点。又参加文物局东北考古团，调查义县万佛堂北魏石窟群和辽代奉国寺的建筑；发掘清河门西双山口羊彪沟的辽墓；写成《清河门西双山口羊彪沟发掘辽墓的简报》和《义县万佛堂石窟调查报告》、《锦州义县的古建筑》三篇文章。又文籍整理室梁东汉也写成《殷代奴隶社会研究绪论》一篇。

编译方面：

翻译工作正在进行的有《古希腊哲学著作残篇》《列宁哲学笔记》《黑格尔哲学史札记》《普列汉诺夫唯物论史论丛》和康德的《未来玄学导言》。编辑方面，我们计划编辑《明清史料丛书》十种，《哲学研究丛书》十二种，又和新史学研究会合作，担任编辑《中国近代史资料丛刊》三种。目前正在进行的编辑工作有《太平天国史料丛刊》《太平天国史参考书目》《方腊起义史料》《清代土地问题史料》《龙门造像目录》《近代人物传记资料》《中华人民共和国系日要录》《中国共产党初期史料及中国苏维埃区史料》《明末辽东军事史料》等九种。

整理方面：

十一月中旬起，本所得到科学院的补助，开始整理道光以后近百年的档案，这对于配合新史学的研究，是非常重要的。科学院的补助包括：（一）书架购置费小米一万二千斤，书匣购置费小米五千六百斤（已购置书架三十个，书匣一千个）；（二）整理档案临时增添工作人员六人，工资每月小米一千五百斤。有了这些补助，加上科学院近代史研究所唐彪、荣孟源两同志的合作，我们才可能有计划、有步骤地去整理。从开始整理到现在，已经完成去土、压平、分朝等初步工作的有一万三千六百七十一件。发现重要史料，如僧格林沁的战死、"满清"对太平天国的碉堡战术等件；另外陆续发现有关太平天国史事的也有六十多件。

此外，整理艺风堂拓片已由周秦查对到北宋；《殷虚［墟］文字乙编释文》已经编写完成；整理北海静心斋所藏抗日战争史料已有初步结果，编成《一九三七至四五民国大事日历》；整理明题行稿简字，从四百二十七件题行稿中找出四百二十五个简字，已经登录卡片并分类作表；又清点明清史料，准备编造清册；托裱明题行稿残件一二九件；清理黄册七千八百余件，并分朝、分类、编目、上架。

学术讲论会方面：

在罗常培所长领导下，每两周举行学术讲论会一次，出了"斯大林论言语学问题与中国语言研究的联系"的初次座谈会系罗先生主讲邀请校外人士参加外，这半年来一共举行过六次讲论会。现在依讲演先后，开列主讲人及讲题如下：

　　罗常培　研究工作的性质（九月二十七日）

　　于石生　谈中国的档案馆和外国的档案馆（十月十一日）

　　金毓黻　整理北海所藏抗日战争史料报告（十月二十日）

　　蓝文卿　清代的黄册（十一月三日）

　　袁家骅　中国民族共同语的形成和内容（十一月十一日）

　　阎文儒　雁北考古报告（十二月二十二日）

　　这种讲论会定期举行，对于同人们业务水平的提高，起了一些作用。

展览方面：

　　在十二月十七日本校第五十二周年校庆日，我们举办了三个展览。明清史料整理室展览清代黄册，介绍内容，并制成统计比较表，供研究近代经济史的同志们参考。文籍整理室展览朝鲜石刻拓片，从拓片证明中朝两国历代友好的关系。民国史料整理室与北京图书馆合办太平天国起义史料展览，并出纪念特刊。

工作检讨方面：

　　同人们经过了一年多学习，政治水平和业务水平都已经提高了一步。在抗美援朝保家卫国运动中，同人们除了量力捐献现金及慰劳品外，还出了三期街头大字报，大家热烈的工作，表现了爱国主义和国际主义精神。在业务上，这半年来也有很大的进步，例如计划出版《明清史料丛书》十种、《哲学研究丛书》十二种，编辑《太平天国史料丛刊》三种，比任何一个时期都更有计划性、积极性，又如纠正了过去单纯整理、单纯研究的错误，认识了从整理中研究、在研究中整理的正确方向；一部分同人还参加了史学系近代史教研组，使教学和整理研究结合起来。在和校外联系方面，古器物整理室的工作同志先后参加文物局雁北文物勘查团、东北考古团、明清民国两史料室和新史学研究会合作，担任编辑《中国近代史资料丛刊》《太平天国》《北洋军阀》《五四运动》三种；民国史料整理室和北京图书馆合办太平天国史料展览；哲学编译室为出版总署编译局审查译稿。这些都说明本所和校外的联系，正一天天地紧密起来；也唯有这样，我们才能够贡献出自己的力量，为社会服务，为人民服务。

但是同时我们也发现了很多缺点，例如：不虚心、主观主义、散漫、不会分配时间、集体工作中责任不够分明、合作不够紧密、展览会筹备得不够充分等等。这些缺点，大家在发现以后，一致认为："那是必须克服的，而且一定可以克服的！"

经过这次检讨，大家认为加强计划性是非常重要的。缺乏计划性，就"不会分配时间"，就会"顾此失彼"；在集体工作中就有"责任不分明""自流与凌乱"的现象发生，就会造成"展览筹备的不够""赶任务""会场布置缺乏充分的计划"等缺点。此外，古器物整理室的同志在田野工作中体验了农村的生活和农民们的情绪，由群众生活中提高了自己的政治水平，并且领略到群众的力量：只有依赖群众才能把业务水平提高一步，才能发现更多的遗址。这一点宝贵的经验，大家一致吸取，作为今后开展工作时的南针。(《北京大学文科研究所工作总结（一九五〇年七月至十二月)》,《国学季刊》, 第7卷第2号, 1951年7月)

9月19日 柳诒徵在南京龙蟠里国学图书馆讲演"国学之界说"。

柳诒徵指出：

> 予对国学之界说，必非佛学及洋学，而一般人所讲之小学、音韵、甲骨、性理、辞章等，皆不过国学之一部分。须从古先圣哲，未受佛学、洋学之熏染时讲清，而又包括后来之汉学、宋学，以及今世所讲政治、经济、财政、社会、教育等，始可言国学。(柳诒徵著，杨共乐、张昭军主编:《柳诒徵文集》第12卷，第314页)

1952年（壬辰）

12月1日　北京大学《国学季刊》编辑委员会发布启事，解释《国学季刊》第6卷第4号出版事宜。

这一期的文章都是抗日战争时期写的，油印过单行本。抗日胜利后曾交商务印书馆排印，纸型已打好，但一直耽误没有出版。前年商务印书馆愿将原造纸型售给本校，承中国科学院补助，我们就根据原来纸型加以修订，编为第六卷第四号付印。所收各文只为表示我们在抗日战争期间的一些工作，除观点有大错误的以外，仍旧照登。因为印刷延误时日，这一号到现在才出版，我们谨向读者致歉意。

本期纸型费承中国科学院补助，在此一并致谢。

本期编辑有：向达、袁家骅、唐兰、汤用彤、冯承植、游国恩、贺麟、杨振声、闻家驷、郑天挺、钱学熙、罗庸。（《启事》，《国学季刊》，第6卷第4期，1952年12月）

是年　卢弼为各大学文学院文史系撰《整理国故方案》，旨在

推陈出新，化旧为新。

　　甲　说明本方案之性质

　　1.在推陈出新，非泥古不化。

　　2.非调和新旧，乃化旧为新。

　　3.取旧学之精英，为储能之实用。

　　4.举繁博之典籍，为简要之资粮。

　　乙　说明本方案之用途

　　1.非广义普及性，乃狭义专门性。

　　2.专为各大学文学院文史系而设。

　　丙　本方案之选择

　　1.《古今图书集成》之整理

　　吾国典籍，浩如渊海，冥索孤诣，茫无津涯，最便学人，莫若辞典。辞典取材，权舆类书，自《艺文类聚》《太平御览》《册府元龟》《永乐大典》，以迄今清代《图书集成》，亦云详备，可资博览，尤以《图书集成》为集大观。惜仅至清初而止，又嫌专为君主好大喜功而设（吾辈今日整理专为学人计划）。乾嘉而降，珍籍如林，有待搜求，方成完璧。今姑不论，专论此书整理方法如左。

　　是书分六汇编。曰历象，曰方舆，曰明伦，曰博物（此四汇编，约分天地人物之意），曰理学（包含经籍、文学），曰经济（此编约按吏、户、礼、兵、刑、工六部分类），六汇编又分三十二典，都一万卷，计五千册，今再略析其应汰应留者如下。

　　历象汇编　一二〇部　五四四卷

乾象典　岁功典　历法典　庶征典

四典中可存者少，君主敬天学说，今已无用，历法古疏今密，后胜于前，近日天文学日精，旧说几为刍灵，庶征多采五行志，更不适用。

方舆汇编　一一八七部　二一四四卷

坤舆典　职方典　山川典　边裔典

此四典极佳，最切用。山川典图绘精美，文章雅驯，边裔典多外间未见书，此二千余卷书，可留者十之九。

明伦汇编　二九八七部　二六〇四卷

皇极典　宫闱典　官常典　家范典　交谊典　氏族典　人事典　闺媛典

此八典之中，皇极典、宫闱典、官常典全无用，家范典、交谊典、人事典分别去留，氏族全留，因全录史传。

博物汇编　一一三〇部　一六五六卷

艺术典　神异典　禽虫典　草木典

神异典可全删，艺术典、禽虫典、草木典择留，艺术典中之医书，应由中医精通者择留。

理学汇编　三三五部　一二二卷

经籍典　学行典　文学典　字学典

此四典，应由专门学者分别去留。

经济汇编　四五〇部　一八三二卷

选举典　铨衡典　食货典　礼仪典　乐律典　戎政典　祥刑典　考工典

此八典之中，乐律典、考工典可择留，余皆不适用。

结论

此煌煌巨帙震耀中外之书，细加分析，宜全存者约四分之一，酌存者亦无多，总计至多约三四千卷，约二千册。（与四部丛刊约相等。）

再拟办法如下：

原印大本，全部保存，分置各大图书馆。

用通行活字本，中华书局缩印本，拆散，应汰者汰之，应留者留之，或用翦贴（可省抄写），即成一新式简要之新《图书集成》矣。

若采乾嘉以后资料续编，别为一事，俟诸将来。

2.《四库全书》之整理

经部六百九十七部，一万二百五十五卷，五四八二册，三六三六〇四页。史部五百六十四部，二万一千九百五十卷，九四七六册，六九七二八七页。子部九百二十四部，一万七千八百七十七卷，九〇五五册，五六四一六〇页。集部一千二百七十七部，二万九千五百卷，一二二六二册，六六五八六五页，总计三千四百六十二部，七万九千五百八十二卷，三六二七五册，二二九〇九一六页。

整理方法：

原书全部保存。

今所言者，在原书中择要成一新《四库全书》。当时本有《四库荟要》，仅一万二千册。今略师其意，参酌新时代所需，分别择取，庶几量少于原书五分之四。质则简要而精赅，今再言原书内容之应大加修改者如下：

当日馆臣，纂修提要资料，多采自原书序跋，欲泯剽袭之迹，遂将原书序跋全删，此宜纠正者一。

当日修书时，宋元本存者尚多，馆臣不依据旧本，专采明监本，借口诋讥如正经正史，皆沿监本之陋，此应纠正者二。

吾辈并非佞宋癖元，所取于旧本者在讹误之少（宋元本亦有误者），明人任意割裂古书，荒谬已极，姑举一例。如明清经义试士之朱熹《周易本义》，彖象错杂，相沿通行误本数百年之久，不知更正，岂不骇人听闻，此宜纠正者三。

明代遗老著述，不应强列为清人，此应纠正者四。

当日馆臣忌讳，书中胡夷等字，窜易空格，满目皆是，钞写讹夺，全未校改，此宜纠正者五。

当日汉满畛域极严，本应著录之书，乃列入存目，遗珠极多，见于《四库未收书目提要》可证。乾嘉以后，名著极繁，略见《书目答问补正》（亡友胡绥之有《四库提要补正》，余嘉锡有《四库提要辨正》）。此宜纠正者六。（此条宜列入续纂《四库全书》案内，因论全书，附及之。）

据以上所论，今日应尽量收采宋元明清精校、精刊、精钞本，实为外间所无者，始用库钞本。

经部正经之外，群经经说，各经严择数种，纬书一字不录，如此，则经书约百部，仅原书七分之一。

选择经书之人，今日颇少，参阅"经书整理"条。自不患无此类人才，万不可用盲目及浅陋者。

史部最繁，亦较切用，可删者亦多。如诏令、奏议、职官、谱录、政书、琐记、谥法、礼器各类，除酌留切实有用者外，几可全不录。又连篇累牍，复见叠出，如《通志》录各史列传，一字不易。明人著述，如此甚夥，架屋叠床，徒乱人意，概行汰除。史部约存二三百部，仅原书三分之一。

子部种类虽富，卷帙较少，零缣断简，亦成一书。儒法农三家择留，若语录呻吟、圣谕广训、阴阳术数、推步占星之类，全删。兵家孙吴语简而精，千金一字。医之《素问》，算之《周髀》，为考古资料。书画艺术，可资雅玩。杂家多闻，墨尤可贵。类书、小说、释道，择备一斑。子部约存一二百部，占原书五分之一。

集部《楚辞》及总集外，历代名家，代约数人，择留百部，包罗百家，仅原书十分之一。

总计经史子集约六百部，约一万卷，部数约原书五分之一，卷数约原书八分之一。取精用宏，可谓新时代之新《四库全书》，学者潜心研讨，可跻通儒，决不至博而寡要，为马迁所讥也。

续四库全书当别论。

以上整理旧籍，部居仍旧，以下为创造重编。

3.经学书之整理

说经之书，汉儒嫌琐，宋儒嫌腐，去琐与腐，共贯同流，此沟通汉宋之必要也。《易》与哲学有关；《诗》之草木鸟兽与博物学有关，《豳风》与农事有关；《尚书》与古史有关，《禹贡》与地理水利有关；《考工》与工业有关，《礼运》与今日政治有关，此沟通新旧之必要也。

今拟整理方法如下：

先取《通志堂经解》、《正续经解》、《经苑》、《七经汇纂》、郝敬《九经解》及近儒说经之书，汇集，拆散，用翦贴方式，列成长编。经文、注文、疏文，只存其一。诸家学说同者，只存其一。谬误者、空疏者汰之。如此整理，存者约数百册，已集经学之大观矣。

或谓辛亥以后，已废读经，经生寥寥，遑论群经。愚意在全国大学，十万学生中，选百人（限文学院高才生），不过千分之一，于政府注重工农政策，似无大碍，聘通儒讲授，少则一年，至多三年，群经淹通，为此翦裁之业，分工分业，易如反掌。此事完毕，则选择《四库全书》中之经学书，更迎刃而解。一举二得，计莫善于此矣。

或谓六经皆史，马氏《绎史》，已将群经分别录入书中，《论》《孟》《孝经》，可入子部儒家。《尔雅》应与《说文》《广雅》等书相附丽，本不成其为经，若如所论，经部有《酒诰》俄空之势，存此高调，以备一说。

4. 史学书之整理

论正史之先，先论古史。古史之详备，无过于马氏《绎史》，可谓尽善尽美（原刻极精，闻版已收归内府，王阮亭《笔记》曾言之，故宫执事人可一查，翻刻略有误字，阅序文谭字即知）。古史得此，辅以《尚史》《春秋大事表》等书，无事他求矣。

治正史者，多习《史记》，故迁书注解最多，拙著《三国志集解》卒业，即拟续治此史。遭值世乱，迁徙不恒，藏书卖尽，此愿未偿，若得高才生（即前治经之人）十人，加以指导，成书不难。次则两《汉书》，有王先谦之《注解》，三国志有拙著《集解》，亡友胡绥之评谓与王氏两汉鼎足而三。据此以论，前四史除史记外，不必再整理矣。

《晋书斠注》，瑕瑜互见，姑备一格（周济《晋略》简洁）。晋迄隋可划为一时期，李清《南北史合注》，辅以汪士铎《南北史补志》等书。此一时期之史，可事半功倍。

《汉书·艺文志》《隋书·经籍志》，为学术源流，学者不可不知。姚振宗有《考证》，最详博，略有小误，鄙人已改正。

沈炳震《新旧唐书合钞》，可省阅两史之劳，王先谦有《补注》，未刊。彭元瑞、刘凤诰有《新五代史补注》，可阅。

宋迄元为一时期，此四史繁冗难读，若阅《宋史新编》《契丹国志》《大金国志》《元史新编》（魏源）较易卒业。

明清两史，时代较近，尽人皆知，无俟评论。

若治经诸生，再分治各史，可谓通才。

《资治通鉴》《通鉴纲目》，似嫌偏于君主，不如另编通史，《纪事本末》易阅。

张溥《史论》明通，最便学人。

"三通"可合成一书，删复就简，再选择"后六通"，《清会典》，即可为通史之资粮。若治经治史诸生，分编合作，即可成一完善之通史。

李申耆五种《清一统志沿革表》，杨守敬《历代疆域沿革图》，丁谦《各史地志考证》，皆为治史必备之书。

《水经注》援引详博，文辞精妙，序述名胜古迹，数十卷中，无一复语，难能可贵。惟足迹未履西南，稍嫌隔膜，汉漾江沔，不免错简，然治古水，莫善于此书。鄙人初拟作疏，搜集各本郦注及参考书数十种，尽卖归北大图书馆，今已暮齿无能为矣。

治今水有《水道提纲》《今水经表》。

《海国图志》陈腐不适用，《朔方备乘》可观。

刘知幾《史通》、张天如《史论》、刘彦和《文心》，学者必读之书。

治史地之大略，略尽于是，其详不备述。

5. 子部书之整理

近人有《庄》《荀》集释、《墨子间诂》、《解老》诸书，子部卷帙少，易卒业。鄙意用《群书治要》例，录诸子要语，亦为一法，余见前论"《四库全书》子部"条可参阅。

6. 集部书之整理

前条所言之诸生，如能治经、治史、治子，文不期工而自工，陈腐诗文，将一切俯视之矣。所谓桐城、阳湖之派别，唐诗、宋诗之区分，不值识者一笑，无已，姑言其略。

拟分繁简二法，繁求其备，可便寻捡，简求适用而已。

繁则文如严可均《全上古三代汉魏六朝文》，《文苑英华》《全唐文》，以后续编至《全清文》为止。诗则如冯惟讷《古诗纪》，《全唐诗》《列朝诗集》《清诗汇》，集总集之大观，备文献之采获。

简则任学者性之所近，择所喜者，选诵之，足矣。

7.一统志之整理

往年张君难先（未谋面）与乡人来函，约旋里修志，县长亦具聘书来，鄙人以年老艰于南行，覆书略言今日修志，与前不同。老友谓鄙人应总纂统志、省志，不宜为区区县志。答言县志不佳，统志、省志何所依据？往在故宫，检阅各县志，十之八九，不堪入目；省志可观者，乃根据古地志之资料，不尽录县志也。今日编统志，仍宜从县志入手，政府注重工农，宜先制就各种调查报告表册，令各县依类填写，愈详愈好。如此则一县之山川、土地、河流、水利、物产、工业、矿产、森林、渔业、土宜、气候、风俗、人口、道里，一一了然，中学学生亦能填写。最要者，为每县有详细开方计里平面图（如《南海县志》，不必经纬弧线图），汇集各地之表册，不啻全国各县之统计表。今日修志，不求如吴挚甫《深州风土记》，而在有详密之调查书。各省汇集各县之成迹，而成省志；政府汇省志，而成统志，所谓不出户而周知天下者也。

8.新学书之整理

或谓既云国故，何以涉及新书。答言今日之新，即明日之故，昨日之新闻，即今日之史料。甲午以还，辱国蹙地，六十年矣。列强竞争，烈于战国，军阀残苛，酷于五季。我辈身丁百六，目击心伤，痛定思痛，鉴往知来，采辑见闻，告诸来者，我罪我知，以俟君子。（卢弼：《整理国故方案》，《卢弼著作集》卷九，复旦大学出版社，2019年，第437—452页）

参考文献

第1—2卷

一、史料

《北京大学日刊》

《北京五日报》

《北洋官报》

《船山学报》

《萃报》

《萃新报》

《大公报》

《大共和日报》

《大同报》（上海）

《大中华》

《谠报》

《东方杂志》

《独立周报》

《繁华杂志》

《福建教育官报》

《妇女时报》

《复旦》

《公言》

《古今月刊》

《古学汇刊》

《广东教育官报》

《广益丛报》

《国粹学报》

《国风报》

《国故月刊》

《国民日日报汇编》

《国学》

《国学丛刊》（罗振玉、王国维创办）

《国学丛刊》（清华国学研究会创办）

《国学丛选》

《国学萃编》

《国学荟编》

《国学杂志》

《汉声》

《汉文台湾日日新报》

《湖北官报》

《湖北学生界》

《沪江月》

《寰球中国学生报》

《吉林教育官报》

《甲寅》

《江东杂志》

《江苏》

《江西官报》

《交通部上海工业专门学校学生杂志》

《教育今语杂志》

《教育杂志》

《教育周报》

《解放与改造》

《进社》

《晋乘》

《警钟日报》

《觉民》

《孔教会杂志》

《昆明教育月刊》

《励进杂志》

《每周评论》

《民报》

《民国日报》

《民立报》

《民吁报》

《墨海》

《南汇县教育会月刊》

《南社》集

《南洋官报》

《宁波小说七日报》

《女子国学报》

《女子世界》

《浦东中学校杂志》

《青年进步》

《青年杂志》

《清华周刊》

《壬戌》

《山东官报》

《上海青年》

《申报》

《神州丛报》

《时务报》

《四川》

《四川官报》

《四川国学杂志》

《四川教育官报》

《四川学报》

《太平洋》

《文史杂志》

《文星杂志》

《文艺丛报》

《希社丛编》

《夏星》

《小说新报》

《小说月报》

《协和报》

《新潮》

《新民丛报》

《新青年》

《新社会》

《新世纪》

《新世界学报》

《醒狮》

《学部官报》

《学生》

《学生杂志》

《学生周刊》

《雅言》

《艺文杂志》

《译书汇编》

《益世报》

《庸言》

《永安月刊》

《游学译编》

《云南学术批评处周刊》

《浙江潮》

《浙江省立第一师范学校校友会志》

《政法学报》

《政艺通报》

《政治官报》

《直隶教育官报》

《直隶教育杂志》

《中国白话报》

《中国学报》

《中华报》

《中华编译社社刊》

《中华妇女界》

《中华教育界》

《中华小说界》

《宗圣汇志》

二、论文及论著

包天笑：《钏影楼回忆录》，上海三联出版社，2014年

曹元弼：《复礼堂文集》，1917年刊本

陈三立：《散原精舍诗》，清宣统上海商务印书馆本

陈衍撰，陈步编：《陈石遗集》，福建人民出版社，2001年

崔燕南整理：《曹元弼友朋书札》，上海人民出版社，2018年

丁福保：《畴隐居士自订年谱》，民国十八年铅印本

丁文江、赵丰田编：《梁启超年谱长编》，上海人民出版社，1983年

冯自由：《开国前海内外革命书报一览》，《组织旬刊》第1卷第6期，1943年5月21日

谷钟秀：《中国大事记（中华民国三年）》，《正谊》1914年第1卷第2号

顾潮编著：《顾颉刚年谱》，中华书局，2011年

顾颉刚：《顾颉刚书信集》，中华书局，2011年

关晓红：《晚清学部研究》，广东教育出版社，2000年

郭立志编：《桐城吴先生年谱》，民国雍睦堂丛书本

郭书愚：《官绅合作与学脉传承：民初四川国学研究和教学机构的嬗替进程（1912—1914）》，《四川大学学报（哲学社会科学版）》2011年第5期

郭书愚：《开放而不失其故：张之洞兴办湖北存古学堂的努力》，《社会科学研究》2014年第6期

郭书愚：《清末存古学堂述略》，四川大学博士学位论文，2008年

郭勇、张丽萍：《四川存古学堂及四川国学学校考略》，《蜀学（第三辑）》，巴蜀书社，2008年

胡朴安编：《南社丛选》，上海中国文化服务社民国刊本

胡适著，季羡林主编：《胡适全集》，安徽教育出版社，2003年

胡珠生编：《东瓯三先生集补编》，上海社会科学院出版社，2005年

胡珠生编：《宋恕集》，中华书局，1993年

黄遵宪：《日本国志》，《续修四库全书》第745册，上海古籍出版社，2002年

黄遵宪：《与冈千仞等笔谈》，《黄遵宪全集》，北京：中华书局，2005年

《黄遵宪致梁启超书》，《中国哲学》第八辑，生活·读书·新知三联书店，

1982 年

黄遵宪著，陈铮主编：《黄遵宪集》，中华书局，2019 年

江起鹏：《国学讲义》，新学会社，1905 年

蒋春红：《日本近世国学思想：以本居宣长研究为中心》，学苑出版社，2008 年

金毓黻：《国学会听讲日记》，《东北丛刊》1930 年第 7 号

康有为等著，张荣华编校：《康有为往来书信集》，中国人民大学出版社，2012 年

雷玲：《民国初年的〈四川国学杂志〉》，《文史杂志》2001 年第 5 期

李细珠：《张之洞与清末新政研究》，上海书店出版社，2003 年

梁启超：《节本明儒学案》，广智书局，1905 年

刘师培著，蔡元培、钱玄同编：《刘申叔先生遗书》，宁武南氏刻本，1934 年

刘师培著，万仕国点校：《仪征刘申叔遗书》，广陵书社，2014 年

刘泱泱编：《樊锥集 毕永年集 秦力山集》，湖南人民出版社，2011 年

鲁迅：《鲁迅全集》，人民文学出版社，2005 年

鹿野政直编：《日本の名著 陆羯南 三宅雪嶺》，中央公論社，1971 年

罗灿：《关于存古学堂的回忆》，中国人民政治协商会议湖北省委员会文史资料研究委员会编：《湖北文史资料》第 8 辑，1984 年

罗香林：《先考幼山府君年谱》，民国希山丛著本

罗孝高译：《日本维新三十年史》，广智书局，1902 年

罗志田：《国家与学术：清季民初关于"国学"的思想论争》，生活·读书·新知三联书店，2003 年

马叙伦：《石屋余沈 石屋续沈》，浙江古籍出版社，2018 年

马叙伦：《我在六十岁以前》，生活·读书·新知三联书店，1983 年

马勇编：《章太炎书信集》，河北人民出版社，2003 年

缪荃孙著，张廷银、朱玉麒主编：《缪荃孙全集·日记》，凤凰出版社，2014 年

内野吾郎:《文艺学史的方法——国学史的再检讨》,樱枫社,1974年

聂长顺、金瑶:《明治前期日本教育中儒教主义的展开》,《日本问题研究》2012年第1期

齐藤秀三郎:《正则英文教科书(第一编)》,昌明公司,1907年第9版

桑兵:《庚子勤王与晚清政局》,北京大学出版社,2004年

桑兵:《近代"中国哲学"发源》,《学术研究》2010年第11期

山田孝雄:《国学的本义》,宙傍书房,1942年

盛宣怀:《愚斋存稿》,《清代诗文集汇编》第755册,上海古籍出版社,2010年

松本三之介编:《明治思想集》,筑摩書房,1976年

松本三之介:《明治精神の构造》,岩波书店,1993年

宋教仁:《宋教仁日记》,湖南人民出版社,1980年

宋立:《浙江官书局研究》,河南大学硕士论文,2010年5月

苏曼殊著,张竞无编:《苏曼殊集》,东方出版社,2008年

孙宝瑄:《孙宝瑄日记》,中华书局,2015年

孙雄辑:《道咸同光四朝诗史》,清宣统二年刻本

孙延钊辑,张宪文整理:《孙诒让书札辑录》,《文献》1987年10月

孙怡让著,张宪文辑:《孙诒让遗文辑存》,浙江人民出版社,1990年

汤志钧编:《章太炎年谱长编(增订本)》,中华书局,2013年

田正平、李成军:《近代"国学"概念出处考》,《华南师范大学学报》(社会科学版)2009年第2期

王宝平主编:《晚清中国人日本考察记集成·教育考察记》,杭州大学出版社,1999年

王庆祥、萧文立校注,罗继祖审订,长春市政协文史和学习委员会编:《罗振玉王国维往来书信》,东方出版社,2000年

王逸明主编:《叶德辉集》第二册,学苑出版社,2007年

王永健:《中国文学史的开山之作:黄摩西所著中国首部〈中国文学史〉》,台北《书目季刊》第29卷第2期,1995年6月

闻黎明、侯菊坤编：《闻一多年谱长编》，湖北人民出版社，1994年

吴汝伦：《桐城吴先生日记》，河北教育出版社，1999年

吴汝纶著，施培毅、徐寿凯校点：《吴汝纶全集》，黄山书社，2002年

吴宗慈：《癸丙之间太炎先生言行轶录》，《逸经》第13期，1936年9月5日

狭间直树：《东亚近代文明史上的梁启超》，上海人民出版社，2016年

萧萐父主编：《熊十力全集》，湖北教育出版社，2001年

小原国芳著，吴家镇、戴景曦译：《日本教育史》，商务印书馆，1935年

肖澜：《"函夏考文苑"之议相关政治因素》，《历史教学问题》2009年第5期

谢荫昌：《演苍年史》，民国吉林吉东印刷社印本

徐允修：《东吴六志·志琐言》，利苏印书社，1926年

许超杰、王园园：《孙德谦致曹元弼书札七通考释》，《文献》2017年第2期

许全胜：《沈曾植年谱长编》，中华书局，2007年

许寿裳：《亡友鲁迅印象记》，人民文学出版社，1953年

许同莘编：《张文襄公年谱》，北京图书馆编《北京图书馆藏珍本年谱丛刊》第174册，北京图书馆出版社，1999年

杨守敬著，杨先梅辑，刘信芳校注：《杨守敬题跋书信遗稿》，巴蜀书社，1996年

杨天石主编：《钱玄同日记（整理本）》，北京大学出版社，2014年

姚昆群、昆田、昆遗编：《姚光全集》，社会科学文献出版社，2007年

叶昌炽：《缘督庐日记抄》，民国上海蟫隐庐石印本

虞和平主编：《近代史所藏清代名人稿本抄本》第2辑，大象出版社，2014年

恽代英：《恽代英全集》，人民出版社，2014年

恽毓鼎著，史晓风整理：《恽毓鼎澄斋日记》，浙江古籍出版社，2004年

张謇：《张季子诗录》，民国三年本

章太炎：《章太炎全集·太炎文录续编》，上海人民出版社，2014年

章太炎著、章念驰编订：《章太炎演讲集》，上海人民出版社，2011年

赵德馨主编：《张之洞全集》，武汉出版社，2008年

赵尔巽：《清史稿》，中华书局，1998年

赵殿编：《瀞园年谱》，民国抄本

郑师渠：《晚清国粹派文化思想研究》，北京师范大学出版社，2014年

郑孝胥著，劳祖德整理：《郑孝胥日记》，中华书局，1993年

郑逸梅编著：《南社丛谈》，上海人民出版社，1981年

郑逸梅：《国学商兑会纪略》，《新纪元》1946年第4期

《政艺丛书》壬寅全书，《近代中国史料丛刊续编》第27辑，文海出版社，1976年影印版

中国第一历史档案馆编：《光绪朝硃批奏折》，中华书局，1985年

中国科学院历史研究所第三所主编：《中国近代史资料丛书》之《锡良遗稿·奏稿》，中华书局，1959年

周云编：《朱徽君年谱》，民国十七年刻本

周作人：《周作人回忆录》，湖南人民出版社，1982年

朱寿朋编：《光绪朝东华录》，中华书局，1958年

朱维铮等：《马相伯传略》，复旦大学出版社，2005年

朱维铮：《〈国故论衡〉校本引言》，《复旦学报（社会科学版）》，1997年第1期

朱希祖：《朱希祖日记》，中华书局，2012年

朱贞：《晚清学堂读经与日本》，《学术研究》2015年第5期

第3—7卷

一、史料

1.档案

广东省档案馆藏中山大学档案，20（9）：7之一

2.报纸、期刊

《爱国报》

《安徽教育月刊》

《鳌中》

《北大日刊》

《北京大学研究所国学门月刊》

《北京大学研究所国学门周刊》

《北京图书馆月刊》

《北京晚报》

《辟才杂志》

《宾萌公学校报副刊》

《采社》

《昌明孔教经世报》

《潮阳期刊》

《晨报》

《晨报副刊》

《晨报五周年纪念增刊》

《澄衷》

《澄衷同学会季刊》

《持志》

《持志年刊》

《出版界》（上海）

《创造周报》

《大成会丛录》

《大公报》（天津、长沙）

《大公报·文学副刊》

《大世界》

《大同学报》

《大夏周报》

《东北丛刊》

《东北大学周刊》

《东方文化》（汉口）

《东方杂志》

《读书月刊》（上海）

《奉天公报》

《福尔摩斯》

《甘肃省政府公报》

《歌谣纪念增刊》

《歌谣周刊》

《光华季刊》

《光华周报》

《广州民国日报》

《广州民国日报·现代青年》

《广州市市政公报》

《国际公报》

《国立北京大学廿五周年纪念研究所国学门临时特刊》

《国立北平图书馆月刊》

《国立暨南大学中国语文学系期刊》

《国立清华大学校刊》

《国立中山大学日报》

《国立中山大学语言历史学研究所周刊》

《国立中央大学教育行政周刊》

《国学丛刊》（北京）

《国学丛刊》（南京）

《国学辑林》

《国学季刊》

《国学论丛》

《国学年刊》

《国学》(上海）

《国学月报》(北京）

《国学月报汇刊》

《国学月刊》(北京）

《国学月刊》(成都）

《国学庀林》

《国学专刊》

《国语报》

《国语季刊》

《海潮音》

《合作特刊》

《黑龙江教育行政公报》

《红叶周刊》

《沪潮》

《沪江年刊》

《华北大学旬刊》

《华北日报》

《华国月刊》

《黄报》

《黄山钟》

《徽报》

《集美周刊》

《嘉兴教育杂志》

《甲寅周刊》

《俭德储蓄会月刊》

《江苏大学教育行政周刊》

《江苏教育公报》

《江苏省教育会月报》

《江苏省立第二师范学校校刊》

《江苏省立第四中学校校友会月刊》

《江苏省立国学图书馆第三年刊》

《江苏省政府公报》

《江西公报》

《江西教育公报》

《教育部公报》

《教育公报》

《教育杂志》

《教育周报》（杭州）

《解放与改造》

《金刚钻三日刊》

《金陵光》

《金粟报》

《京报》

《京报副刊》

《京沪沪杭甬铁路周刊》

《昆山县立师范学校季刊》

《来复》

《来复报》

《励志杂志》

《良友》

《陆海军大元帅大本营公报》

《民大周刊》

《民铎杂志》

《民国日报》

《民国日报·觉悟》

《民俗周刊》

《民心周报》

《铭贤校刊》

《南大周刊》

《南京新报》

《南开大学周刊》

《南开思潮》

《南开周刊》

《南洋高级商业学校季刊》

《南中半月刊》

《内政部内政公报》

《培正青年》

《浦东中学月刊》

《齐大月刊》

《前锋周报》

《青年进步》

《青年镜》

《青年友》

《清华十五周年纪念增刊》

《清华周刊》

《清华周刊十周年增刊》

《全国国语运动大会会刊》

《全国专门以上学校投考指南》

《山东教育月刊》

《商声》

《商业杂志》（上海）

《上海报》

《上海通志馆馆刊》

《少年世界》

《绍兴教育公报》

《社会日报》

《申报》

《申报·教育与人生周刊》

《神学志》

《圣教杂志》

《盛京时报》

《时报》

《时报·教育世界》

《时事新报·学灯》

《时兆月报》

《实学》

《史地学报》

《世界佛教居士林林刊》

《顺天时报》

《四川第五次劝业会日刊》

《四川政报》

《四明月刊》

《苏城隐贫会旬刊》

《图书馆学季刊》

《外交部公报》

《唯是》

《文献》

《文学》

《文学丛报》

《文学研究社社刊》

《无锡新报·思潮月刊》

《吴江》

《锡报》

《夏声》

《厦大周刊》

《厦门大学国学研究院周刊》

《现代评论》

《香港工商日报》

《香港华字日报》

《向导周报》

《小日报》

《小说月报》

《小学教育月刊》

《新春秋》

《新教育》

《新教育评论》

《新青年》

《新天津》

《新闻报》

《新莘塔》

《新中华报》

《兴华》

《星火》

《行政院公报》

《学衡》

《学生文艺丛刊》

《学生杂志》

《亚洲学术杂志》

《燕大月刊》

《燕大月刊副镌》

《燕大周刊》

《燕京大学校刊》

《燕京学报》

《义乌教育月刊》

《艺林旬刊》

《艺术界周刊》

《益世报·国学周刊》

《益世报·科学运动》

《益世报》(天津、北京)

《英语周刊》

《虞社》

《语丝》

《玉林五属留穗学会杂志》

《约翰声》

《云南周刊》

《云阳旅省学会会刊》

《哲报》

《浙江教育月刊》

《浙江一中周刊》

《真光》

《真美善》

《政府公报》

《政治家》

《知难周刊》

《中国青年》

《中华公教青年会季刊》

《中华圣教总会乐天报》

《中华图书馆协会会报》

《中华英文周报》

《中央大学国学图书馆第一年刊》

《中央副刊》

《中央日报》（南京）

《中央杂志》

《中正月刊》

《诸暨教育月刊》

二、论文及论著

[奥]雷立柏：《我的灵都：一位奥地利学者的北京随笔》，新星出版社，2017年

北京述学社编辑：《国学月报汇刊》第1集，朴社，1928年

北京图书馆编：《民国时期总书目（1911—1949）》综合性图书，书目文献出版社，1995年

北京图书馆《文献》丛刊编辑部、吉林省图书馆学会会刊编辑部编：《中国当代社会科学家》第7辑，书目文献出版社，1986年

北京图书馆《文献》丛刊编辑部、吉林省图书馆学会会刊编辑部编：《中国当代社会科学家》第3辑，书目文献出版社，1983年

本校编辑部编行：《金陵大学出版物目录》，1936年

本校二十五周年纪念编印：《国立北京大学概览》，1923年

卞僧慧纂：《陈寅恪先生年谱长编（初稿）》，中华书局，2010年

蔡尚思：《蔡元培学术思想传记》，棠棣出版社，1950年

蔡仲德：《冯友兰先生年谱初编》，河南人民出版社，1994年

曹伯言整理：《胡适全集》，安徽教育出版社，2003年

曹伯言整理：《胡适日记全编》3、5，安徽教育出版社，2001年

曹伯言整理：《胡适日记全集》第4、5册，联经出版公司，2004年

曹聚仁：《国故学大纲》，梁溪图书馆，1926年

《曹聚仁杂文集》，生活·读书·新知三联书店，1994年

陈国安、钱万里、王国平编:《无锡国专史料选辑》,苏州大学出版社,2012年

陈嘉庚:《陈嘉庚回忆录》,东方出版社,2010年

陈平原、王风编:《追忆王国维》增订本,生活·读书·新知三联书店,2009年

陈平原:《中国大学十讲》,复旦大学出版社,2002年

陈以爱:《中国现代学术研究机构的兴起——以北大研究所国学门为中心的探讨》,江西教育出版社,2002年

陈源著,吴福辉编:《西滢闲话》,海天出版社,1992年

陈智超编注:《陈垣来往书信集》增订本,生活·读书·新知三联书店,2010年

陈钟凡编述:《古书读校法》,商务印书馆,1923年

《持志学院一览》,1937年

慈忍室主人编辑,太虚法师审定,范古农校订:《国学》(佛学通论五),佛学书局,1930年

单毓元等纂修:《民国泰县志稿》卷一四,《中国地方志集成》江苏府县志辑第68册,江苏古籍出版社、上海书店、巴蜀书社,1991年

丁文江、赵丰田编:《梁启超年谱长编》,上海人民出版社,1983年

杜春和、韩荣芳、耿来金编:《胡适论学往来书信选》上、下册,河北人民出版社,1998年

方豪:《英敛之先生年谱及其思想》,《台湾大学历史学系学报》1979年第1期

冯国祥:《萃升书院始末记》,全国政协文史资料委员会编:《文史资料存稿选编·教育》第24册,中国文史出版社,2002年

福建省政协文史资料委员会编:《文史资料选编》第1卷教育,福建人民出版社,2000年

复旦大学语言研究室编:《陈望道文集》第1卷,上海人民出版社,1979年

傅宏星编:《大家国学·钱基博卷》,天津人民出版社,2008年

傅宏星主编:《国学文选类纂》,华中师范大学出版社,2013年

傅学文编:《邵力子文集》下册,中华书局,1985年

高平叔撰著:《蔡元培年谱长编》第2卷,人民教育出版社,1999年

耿云志：《胡适年谱》修订本，福建教育出版社，2012年

顾潮编著：《顾颉刚年谱》增订本，中华书局，2011年

顾颉刚：《顾颉刚日记》，联经出版事业股份有限公司，2007年

顾颉刚：《顾颉刚书信集》第2卷，中华书局，2011年

郭齐勇、吴龙灿：《立本开用熊十力说儒》，孔学堂书局有限公司，2015年

郭甜甜：《胡怀琛年表》，牛继清主编：《安徽文献研究集刊》第6卷，黄山书社，2014年

国家图书馆古籍馆编：《国家图书馆藏王国维往还书信集》第2册，中华书局，2017年

《国立北平大学一览》，1934年

《国学研究会演讲录》，商务印书馆，1923年

何域凡：《存古学堂嬗变记》，中国人民政治协商会议四川省委员会文史资料研究委员会编：《四川文史资料选辑》第33辑，四川人民出版社，1984年

洪北平编：《国学研究法》，上海民智书局，1930年

洪峻峰：《前言》，叶长青撰：《松柏长青馆诗》，厦门大学出版社，2018年

洪永宏编著：《厦门大学校史（1921—1949）》第1卷，厦门大学出版社，1990年

胡贻穀编纂：《读书指南》，青年协会书报部，1928年

华国大学编：《华国大学章程》，1930年

黄伯易：《忆东南大学讲学时期的梁启超》，《中华文史资料文库》第16卷，中国文史出版社，1996年

《黄节年表简编》，刘斯奋选注：《黄节诗选》，广东人民出版社，1993年

《集美学校编年小史》，集美学校校董会，1948年

江苏大学国学图书馆编印：《江苏大学国学图书馆章程》，1928年

江苏省教育厅编印：《江苏省最近教育概况》，1930年

姜义华、武克全主编：《二十世纪中国社会科学·历史学卷》，上海人民出版社，2005年

蒋天枢撰:《陈寅恪先生编年事辑》增订本,上海古籍出版社,1997年

《交通大学校史》撰写组编:《交通大学校史资料选编（1896—1927）》第1卷,西安交通大学出版社,1986年

金毓黻著,《金毓黻文集》编辑整理组校点:《静晤室日记》,辽沈书社,1993年

晋阳学刊编辑部编:《中国现代社会科学家传略》第1辑,山西人民出版社,1982年

《瞿秋白文集·文学编》第1卷,人民文学出版社,1985年

李济著,张光直主编:《李济文集》第5卷,上海人民出版社,2006年

李笠:《三订国学用书撰要》,朴社,1927年

李维武编:《徐复观与中国文化》,湖北人民出版社,1997年

梁吉生:《允公允能 日新月异——南开大学校长张伯苓》,山东教育出版社,2003年

梁启超:《梁启超全集》第8册,北京出版社,1999年

梁启超:《先秦政治思想史》,东方出版社,1996年

梁启超:《饮冰室合集》,中华书局,1989年

梁启超:《中国历史研究法》,河北教育出版社,2000年

梁启超著,夏晓虹辑:《〈饮冰室合集〉集外文》下册,北京大学出版社,2005年

梁颖整理:《胡朴安友朋手札——中国学会创立始末》,上海图书馆历史文献研究所编:《历史文献》第2辑,上海科学技术文献出版社,1999年

林家溱:《福州坊巷志——林家溱文史丛稿》卷三,福建美术出版社,2013年

刘桂秋:《无锡国专编年事辑》,中国大百科全书出版社,2011年

刘桂生、欧阳军喜:《陈寅恪先生编年事辑补》,王永兴主编:《纪念陈寅恪先生百年诞辰学术论文集》,江西教育出版社,1994年

刘乃和、周少川、王明泽、邓瑞全:《陈垣年谱配图长编》,辽海出版社,2000年

刘绍唐主编：《民国人物小传》，传记文学出版社，1981年

刘小斌、郑洪主编：《岭南医学史》中册，广东科技出版社，2012年

刘小云编著：《陈柱往来书信辑注》，广西师范大学出版社，2015年

刘小云：《陈柱生平及其学术思想研究》，中国社会科学出版社，2015年

卢毅：《"整理国故"运动与中国现代学术转型》，中共中央党校出版社，2008年

鲁迅博物馆、鲁迅研究室编：《鲁迅年谱》第2卷，人民文学出版社，1983年

鲁迅：《鲁迅全集》第1卷，光明日报出版社，2015年

陆阳：《唐文治年谱》，上海三联书店，2013年

吕达主编：《陆费逵教育论著选》，人民教育出版社，2000年

吕思勉：《白话本国史》上册，上海古籍出版社，2005年

罗志田：《国家与学术：清季民初关于"国学"的思想论争》，生活·读书·新知三联书店，2003年

罗志田：《再造文明的尝试：胡适传（1891—1929）》，中华书局，2006年

马崇淦编辑：《学生指南》，勤奋书局，1929年

马衡：《凡将斋金石丛稿》，中华书局，1979年

马亚中编：《学海图南录——文学史家钱仲联》，南京大学出版社，2000年

梅冷生撰，潘国存编：《梅冷生集》，上海社会科学院出版社，2006年

［美］约翰·司徒雷登著，程宗家译：《在华五十年——司徒雷登回忆录》，北京出版社，1982年

南京大学高教研究所校史编写组编：《金陵大学史料集》，南京大学出版社，1989年

牛大勇、欧阳哲生主编：《五四的历史与历史中的五四》，北京大学出版社，2010年

欧阳哲生编：《胡适文集》第12卷，北京大学出版社，1998年

齐家莹编撰：《清华人文学科年谱》，清华大学出版社，1999年

钱基博编：《国学必读》，中华书局，1924年

钱基博：《国学文选类纂总叙》，商务印书馆，1931年

钱剑平：《一代学人王国维》，上海人民出版社，2002年

钱玄同：《钱玄同文集》第2卷，中国人民大学出版社，1999年

钱钟伟：《我所了解的唐文治》，《中华文史资料文库》第17卷，中国文史出版社，1996年

钱仲联著，周秦整理：《钱仲联学述》，浙江人民出版社，1999年

《钱仲联自撰学术年表》，《常熟文史》第29辑，2001年

清华大学国学研究院主编：《戴家祥文存》，江苏人民出版社，2019年

清华大学校史研究室：《清华大学史料选编》第1卷，清华大学出版社，1991年

任建树、张统模、吴信忠编：《陈独秀著作选》第2卷，上海人民出版社，1993年

桑兵：《晚清民国的国学研究》，上海古籍出版社，2001年

山东师范学院聊城分院中文系图书馆编印：《鲁迅在西安》，1978年

商金林撰著：《叶圣陶年谱长编》第1卷，人民教育出版社，2004年

上海国故研究会编纂：《章氏国故概论》，中一书局，1926年

上海交通大学出版委员会编印：《交通大学年报》，1930年

上海理工大学档案馆编：《沪江大学学术讲演录》，上海交通大学出版社，2011年

沈兼士著，葛信益、启功整理：《沈兼士学术论文集》，中华书局，1986年

沈镕纂集：《国语文选》第6集，大东书局，1932年

沈嗣庄、彭长琳、张仕章、张孝侯：《评基督抹杀论》，上海青年协会国学社神学志理事处，1925年

沈卫威：《回眸"学衡派"——文化保守主义的现代命运》，人民文学出版社，1999年

《圣约翰大学自编校史稿》，《档案春秋》1997年第1期

盛仁学编：《张国焘年谱及言论》，解放军出版社，1985年

施宣圆编:《蔡尚思文稿》,中央编译出版社,2012年

苏云峰:《清华国学研究院述略》,葛兆光主编:《清华汉学研究》第2辑,清华大学出版社,1997年

孙敦恒编著:《清华国学研究院史话》,清华大学出版社,2002年

孙敦恒:《清华国学研究院纪事》,葛兆光主编:《清华汉学研究》第1辑,清华大学出版社,1994年

孙敦恒:《王国维年谱新编》,中国文史出版社,1991年

孙玉蓉编纂:《俞平伯年谱》,天津人民出版社,2001年

泰州市海陵区政协提案文史委员会编:《海陵文史》第14辑,2005年

汤国梨:《太炎先生轶事简述》,陈平原、杜玲玲编:《追忆章太炎》,中国广播电视出版社,1997年

汤济沧编辑:《治国学门径》,上海寻源中学,1925年

汤志钧编:《章太炎年谱长编(增订本)》,中华书局,2013年

唐盛昌主编:《史品上中:菁英教育的缩影》,上海教育出版社,2009年

唐文治:《茹经堂文集》,沈云龙主编:《近代中国史料丛刊续编》第4辑,文海出版社,1974年

唐文治著,唐庆诒补:《茹经先生自订年谱》,沈云龙主编:《近代中国史料丛刊三编》第9辑,文海出版社,1986年

唐钺(擘黄):《国故新探》,商务印书馆,1926年

韬奋基金会、上海韬奋纪念馆编:《韬奋全集》增补本第7册,上海人民出版社,2015年

陶飞亚、刘家峰:《哈佛燕京学社与齐鲁大学的国学研究》,《文史哲》1999年第1期

陶飞亚、吴梓明:《基督教大学与国学研究》,福建教育出版社,1998年

涂寿眉:《我所知道的徐复观先生》,余纪忠等:《追怀》,九州出版社,2014年

王汎森、潘光哲、吴政上主编:《傅斯年遗札》,社会科学文献出版社,2015年

王绿萍编著:《四川报刊五十年集成(1897—1949)》,四川大学出版社,2011年

王锐：《章太炎晚年学术思想研究》，商务印书馆，2014年

王世家、止庵编：《鲁迅著译编年全集》第4卷，人民出版社，2009年

王文俊、梁吉生、杨珣、张书俭、夏家善选编：《南开大学校史资料选（1919—1949）》，南开大学出版社，1989年

王先强编辑：《国学入门书目汇编》，1925年

王学珍、张万仓编：《北京高等教育文献资料选编：1861~1948》，首都师范大学出版社，2004年

王延杰：《王葆心先生家传》，《湖北文史资料》编辑部编辑：《湖北文史资料》第3辑，中国人民政治协商会议湖北省委员会文史资料委员会，1992年

王元化主编：《学术集林》第3卷，上海远东出版社，1995年

王云五：《岫庐八十自述》上册，江西教育出版社，2011年

王运天编著：《王蘧常教授学谱》，2000年

王治心编辑：《中国学术源流》，1924年

王治心：《孔子哲学》，上海国学社，1925年

王治心：《三民主义在中国文化上的根据》，国学社，1927年

文明国编：《陆费逵自述》，安徽文艺出版社，2013年

无锡国学专修馆师范班第一届毕业生：《无锡国学专修馆讲演集初编》，无锡国学专修馆，1923年

《无锡国学专修馆文集二编》，无锡国学专修馆，1926年

《无锡国学专修学校概况》，1933年

《无锡国学专修学校十五周纪念册》，无锡国学专修学校，1936年

吴承仕同志诞生百周年纪念筹委会编：《吴承仕同志诞生百周年纪念文集》，北京师范大学出版社，1984年

吴宓著，吴学昭整理：《吴宓自编年谱》，生活·读书·新知三联书店，1995年

吴宓著，吴学昭整理：《吴宓日记》第2—4册，生活·读书·新知三联书店，1998年

吴学昭编：《吴宓书信集》，生活·读书·新知三联书店，2011年

吴学昭:《吴宓与陈寅恪》增补本,生活·读书·新知三联书店,2014年

吴泽主编:《王国维全集·书信》,中华书局,1984年

吴稚晖著,梁冰弦编:《吴稚晖学术论著》第3集,上海书店出版社,1991年

西北大学校史编写组:《西北大学校史稿》解放前部分,西北大学出版社,1987年

夏晓虹:《追忆梁启超》增订本,生活·读书·新知三联书店,2009年

厦门大学校史编委会:《厦门大学校史资料》第一辑1921—1937,厦门大学出版社,1987年

谢桃坊:《四川国学小史》,巴蜀书社,2009年

新晨报丛书处编辑:《北平各大学的状况》,新晨报出版部,1929年

徐葆耕编选:《会通派如是说——吴宓集》,上海文艺出版社,1998年

杨佩祯、王国钧、张五昌主编:《东北大学八十年(1923—2002)》,东北大学出版社,2003年

《杨贤江全集》第1、2、4卷,河南教育出版社,1995年

张杰、杨燕丽选编:《追忆陈寅恪》,社会科学文献出版社,1999年

赵元任:《赵元任早年自传》,传记文学出版社,1984年

《正风文学院一览》,正风文学院,1934年

郑师渠:《在欧化与国粹之间——学衡派文化思想研究》,北京师范大学出版社,2001年

中国蔡元培研究会编:《蔡元培全集》第3、4卷,浙江教育出版社,1997年

中国第二历史档案馆编:《中华民国史档案资料汇编》第五辑第一编文化(一、二),江苏古籍出版社,1994年

中国科学院近代史研究所中华民国史组编:《中华民国史资料丛稿特刊》第1辑,中华书局,1974年

中国人民政治协商会议大悟县委员会文史资料委员会编:《大悟县文史资料》第3辑,1987年

中国学术讨论社编著:《中国学术讨论集》第1集,群众图书公司,1927年

《中华图书馆协会第一次年会报告》，1929年

《周作人日记》影印本中册，大象出版社，1996年

朱洪斌：《清华国学研究院的存废之争及其现代启示》，《天津社会科学》2014年第4期

第8—12卷

一、史料

1.档案

北京市档案馆藏北平国学院档案

广东省档案馆藏中山大学档案

上海市档案馆藏惠灵国学会立案档案

浙江大学档案馆藏"国立浙江大学"档案

浙江档案馆藏"之江大学"档案

中国第二历史档案馆藏教育部档案

中国第二历史档案馆藏社会部档案

"中研院"近史所档案馆藏朱家骅档案

"中研院"史语所图书馆藏"傅斯年档案"

2.报纸、期刊

《北辰杂志》

《北大日刊》

《北平晨报》

《（北平）市政公报》

《笔谈》

《笔阵》

《晨报》

《持志半月刊》

《崇实季刊》

《出版消息》

《川南时报》

《船山学报》

《春柳周刊》

《大成会丛录》

《大公报》

《大晚报》

《大夏》

《大夏年刊》

《大夏学生》

《大夏周报》

《大中时报》

《滇声》

《电声》

《东南日报》

《东亚晨报》

《独立评论》

《读书顾问》

《读书青年》

《读书通讯》

《读书月刊》

《读书周刊》

《兑泽校刊》

《佛教公论》

《涪陵县政周刊》

《高等教育季刊》

《革命日报》

《公教周刊》

《古学丛刊》

《光华大学半月刊》

《光华附中半月刊》

《光华年刊》

《光华学报》

《光芒》

《广播周报》

《广大学报》

《广智馆星期报》

《贵州商报》

《国粹邮刊》

《国粹与国学》

《国风》

《国风日报》

《国光杂志》

《国衡》

《国立北平图书馆读书月刊》

《国立清华大学校刊》

《国立四川大学校刊》

《国立台湾大学校刊》

《国立浙江大学日刊》

《国立中山大学日报》

《国立中央大学日刊》

《国立中正大学校刊》

《国民公报》

《国民公论》

《国命旬刊》

《国术声》

《国学丛刊》

《国学丛谈》

《国学会刊》

《国学界》

《国学论衡》

《国学商兑》

《国学商榷》

《国学》（天津）

《国学通讯》

《国学杂志》

《国讯旬刊》

《国医公报》（南京）

《国医旬刊》

《国艺》

《国专校友会集刊》

《国专月刊》

《海潮音》

《海潮音》

《河南博物馆馆刊》

《河南民国日报副刊》

《河南儒效月刊》

《河南省政府公报》

《红叶》

《湖南国学报》

《沪民月刊》

《华北评论》

《华北日报》

《华北日报》

《华年》

《华声》

《华童公学校刊》

《华西协合大学校刊》

《黄埔》（南京）

《集成》

《暨南校刊》

《建国学术》

《江苏教育》

《江苏民报》

《江苏省公报》

《江苏文献》

《江苏学生》

《江西民国日报》

《江西图书馆馆刊》

《江浙同乡会纪念刊》

《讲坛月刊》

《交大周刊》

《教育通讯》（汉口）

《教育学术》

《教育杂志》

《今文月刊》

《金陵文摘》

《金声》

《进德月刊》

《京报》

《经世日报》

《景星季刊》

《孔道期刊》

《孔学》

《黎明之前》

《礼拜六》

《立报》

《丽泽艺刊》

《两仪》

《辽东诗坛》

《铃铛》

《龙凤》

《陇铎》

《论学》

《论语》

《蒙疆新报》

《勉仁文学院院刊》

《民国日报》

《民间周报》

《民鸣周刊》

《南方大学复校国学专修科首届毕业纪念刊》

《南国少年》

《南宁民国日报》

《南社湘集》

《南曦》

《宁夏民国日报》

《平西报》

《齐大国学季刊》

《齐鲁大学校刊》

《齐鲁学报》

《青鹤》

《青年界》

《青年月刊》（南京）

《清华周刊》

《清明》

《三六九画报》

《三民主义半月刊》

《扫荡报》

《陕北日报》

《陕西省孔教会汇志》

《上海震旦大学附属苏州有原中学校年刊》

《社报》

《社会与教育》

《社讯》

《申报》

《胜利》

《省衡女中》

《师大国学丛刊》

《十日谈》

《时代精神》

《史学集刊》

《说文月刊》

《斯文》

《苏讯》

《苏中校刊》

《苏州明报》

《苏州新报》

《台湾民声报》

《涛声》

《天地人》

《天津特别市公署公报》

《天籁》

《同声月刊》

《同行月刊》

《图书集刊》

《图书季刊》

《图书评论》

《图书展望》

《皖风》

《卫星》

《文报》

《文化建设》

《文化年刊》

《文化与教育》

《文化与社会》

《文教丛刊》

《文声学刊》

《文医半月刊》

《文艺春秋》

《文艺战线》

《无锡国专季刊》

《无锡国专年刊》

《无锡旅刊》

《吴县日报·吴语》

《武汉国学季刊》

《武汉日报》

《西安晚报》

《西北文化日报》

《西京日报》

《希望月刊》

《厦大周刊》

《现代》（上海1932）

《线路》

《香港青年》

《小说月报》（上海1940）

《协大半月刊》

《协大消息》

《协大学生》

《新华日报》

《新疆日报》

《新经济》

《新天津》

《新闻报》

《新闻报·读书界》

《新无锡》

《新学生》

《新语林》

《新中国日报》

《兴华》

《兴建》

《星光》

《杏林医学月报》

《学风》（安庆）

《学习》

《学校生活》

《亚美期刊》

《燕京报》

《燕京大学图书馆报》

《燕京大学校刊》

《燕京新闻》

《燕京学报》

《伊斯兰学生杂志》

《医学杂志》

《艺文》

《艺文杂志》

《益世报》

《玉屏学报》

《越风》

《越华》

《云南半月刊》

《责善半月刊》

《战地增刊》

《战时中学生》

《浙大学生》

《浙江大学师范学院院刊》

《阵中日报》

《正风半月刊》

《正中半月刊》

《政府公报》

《之江年刊》

《之江校刊》

《志学月刊》

《制言》

《中大周刊》

《中国文学》（重庆）

《中国学报》

《中华》

《中华图书馆协会会报》

《中华周刊》

《中山县县政季刊》

《中学生》

《中央日报》

《中央周刊》

《重光》

《子曰丛刊》

《自强医刊》

《自修》

二、论文及论著

蔡尚思编著：《中国学术大纲》，启智书局，1931年

曹功济编：《国学用书举要》，浙江省立图书馆，1931年

曹朴：《国学常识》，文光书店，1948年

陈国安、钱万里、王国平编：《无锡国专史料选辑》，苏州大学出版社，2012年

陈君葆著，谢荣滚主编：《陈君葆日记全集》，商务印书馆（香港）有限公司，2004年

陈天倪：《尊闻室剩稿》，中华书局，1997年

[美]陈毓贤：《洪业传》，商务印书馆，2013年

陈柱：《待焚诗稿》，中国学术讨论社，1929年

陈遵统：《国学常识问答》，商务印书馆，1946年

《大学国文·文言之部》，新华书店，1950年

杜春和、韩荣芳、耿来金编：《胡适论学往来书信选》，河北人民出版社，
1998年

方明编述：《国学要题简答》，元新书局，1936年

傅熊湘著，颜建华编校：《傅熊湘集》，湖南人民出版社，2010年

高增德、丁东编：《世纪学人自述（第二卷）》，北京十月文艺出版社，
2000年

巩本栋、徐雁平、陈晓宁主编：《中国学术与中国思想史》，江苏教育出版
社，2002年

顾潮编著：《顾颉刚年谱》，中华书局，2011年

顾颉刚：《宝树园文存》，中华书局，2011年

顾颉刚：《顾颉刚全集》，中华书局，2010年

桂林市文化研究中心、桂林图书馆编：《桂林文化大事记（1937—1949）》，
漓江出版社，1987年

海宁市档案局（馆）整理：《宋云彬日记》，中华书局，2016年

胡怀琛：《国学概论》，乐华图书公司，1935年

胡泉山编：《国学常识简要问答》，中华文化服务社，1946年

胡适著，曹伯言整理：《胡适日记全编》，安徽教育出版社，2001年

黄拜言编著：《国学常识问答》，香港时代印刷公司，1938年

黄侃著，黄延祖重辑：《黄侃日记》，中华书局，2007年

黄筱兰、张景博编：《国学问答》，汉文正楷印书局，1932年

黄延复、王小宁整理：《梅贻琦日记（1941—1946）》，清华大学出版社，
2001年

黄毅民编著：《国学丛论》，燕友学社，1935年

蹇萧然编：《国学常识二百问答》，华新印书馆，1932年

蹇萧然编：《国学常识三百问答》，华北科学社，1935年

江苏省立国学图书馆编：《江苏省立国学图书馆概况》，江苏省立国学图书

馆，1935年

蒋梅笙：《国学入门》，正中书局，1934年

蒋逸雪：《国学概论》，道南学社，1935年

《交通大学校史》撰写组编：《交通大学校史资料选编（第二卷） 1927—1949》，西安交通大学出版社，1986年

金受申编辑：《国故概要》，北大易社，1931年

金天羽：《天放楼诗文集》，上海古籍出版社，2007年

金毓黻：《静晤室日记》，辽沈书社，1993年

李广田：《李广田全集》，云南人民出版社，2010年

李冷衷编述：《国学常识述要》，众教学会，1934年

李时编著：《国学问题五百》，君中书社，1935年

李时：《国学功用及读法》，君中书社，1936年

李孝迁编校：《中国现代史学评论》，上海古籍出版社，2018年

李永圻、张耕华编撰：《吕思勉先生年谱长编》，上海古籍出版社，2012年

李渊庭、阎秉华编写：《梁漱溟先生年谱》，广西师范大学出版社，1991年

刘桂秋编著：《唐文治年谱长编》，上海交通大学出版社，2020年

刘桂秋：《无锡国专编年事辑》，中国大百科全书出版社，2011年

刘露茜、王桐荪编注：《唐文治教育文选》，西安交通大学出版社，1995年

刘明水：《国学纲要》，商务印书馆，1945年

刘师培：《刘师培全集》，中共中央党校出版社，1997年

刘小云：《学术风气与现代转型：中山大学人文学科述论（1926—1949）》，生活·读书·新知三联书店，2013年

刘修业编辑：《国学论文索引四编》，中华图书馆协会，1936年

柳诒徵著，杨共乐、张昭军主编：《柳诒徵文集》，商务印书馆，2018年

卢弼：《卢弼著作集》，复旦大学出版社，2019年

鲁迅：《鲁迅全集 编年版》，人民文学出版社，2014年

吕思勉述，黄永年记：《吕思勉文史四讲》，中华书局，2008年

罗常培：《苍洱之间》，辽宁教育出版社，1996年

《罗常培文集》编委会编：《罗常培文集》，山东教育出版社，2008年

马镜泉编校：《马一浮卷》，河北教育出版社，1996年

马琴：《顾颉刚与齐鲁大学（1939—1945）》，四川师范大学硕士学位论文，2016年

马一浮：《马一浮集》，浙江古籍出版社，浙江教育出版社，1996年

马瀛编：《国学概论》，大华书局，1934年

马勇编：《章太炎书信集》，河北人民出版社，2003年

梅光迪著，陈静、张凯编：《梅光迪学案》，浙江大学出版社，2019年

缪元朗撰：《缪钺先生编年事辑》，中华书局，2014年

《南大百年实录》编辑组编：《南大百年实录》，南京大学出版社，2002年

浦江清：《清华园日记 西行日记》，生活·读书·新知三联书店，1987年

钱基博：《国学文选类纂》，商务印书馆，1931年

钱穆：《八十忆双亲 师友杂忆》，生活·读书·新知三联书店，1998年

桑兵：《晚清民国的学人与学术》，中华书局，2008年

邵祖平：《国学导读》，商务印书馆，1947年

施明、刘志盛整理：《赵㴑园集》，湖南出版社，1992年

施章著，艺林社编：《国学论丛》，艺林社，1931年

四川大学历史文化学院编：《蒙文通先生诞辰110周年纪念文集》，线装书局，2005年

四川省政协文史资料研究委员会编：《四川文史资料选辑》第40辑，四川人民出版社，1992年

谭天编：《现代书报批判集》第1辑，书报合作社，1933年

谭正璧编：《国学常识》，世界书局，1942年

谭正璧编：《国学概论讲话》，光明书局，1933年

谭正璧编：《国学概论新编》，北新书局，1936年

汤志钧：《章太炎年谱长编（增订本）》，中华书局，2013年

唐津梁编：《国学问答汇编》，文光书局，1945年

唐文治著，邓国光辑释：《唐文治文集》，上海古籍出版社，2018年

陶飞亚、吴梓明：《基督教大学与国学研究》，福建教育出版社，1998年

涂文学主编：《沦陷时期武汉的社会与文化》，武汉出版社，2005年

《王恩洋先生论著集》，四川人民出版社，2001年

王蕾：《图书馆、出版与教育：哈佛燕京学社在华中国研究史（1928—1951）》，广西师范大学出版社，2018年

王敏时编：《国学概论》，新亚书店，1933年

王正廷：《私立中国学院概览》，中国学院，1934年

王缁尘编著：《国学讲话》，世界书局，1935年

威信县教育委员会编：《威信县教育志》，云南民族出版社，2000年

闻一多著，凡尼、郁苇编：《闻一多作品集》，现代出版社，2016年

吴承仕：《吴承仕文录》，北京师范大学出版社，1984年

吴光主编：《马一浮全集》，浙江古籍出版社，2013年

吴梅著，王卫民校注：《吴梅全集》，河北教育出版社，2002年

吴宓著，吴学昭整理：《吴宓日记 第9册：1943—1945》，生活·读书·新知三联书店，1999年

夏承焘：《夏承焘集·天风阁学词日记（二）》，浙江古籍出版社，浙江教育出版社，1997年

厦门市档案馆、厦门总商会编：《厦门商会档案史料选编》，鹭江出版社，1993年

萧萐父主编：《熊十力全集》，湖北教育出版社，2001年

熊十力：《十力语要》，岳麓书社，2011年

徐昂撰：《国学商榷记》，翰墨林书局，1949年

徐畏潜编：《国学纂要》，南京书店，1931年

薛思明编：《国学指导》，世界书局，1936年

闫月珍编：《哈佛大学燕京图书馆藏民国时期国学教材 李兆民卷》，上海古籍出版社，2016年

杨天石、王学庄编著：《南社史长编》，中国人民大学出版社，1995年

杨天石主编：《钱玄同日记（整理本）》，北京大学出版社，2014年

姚蕴、储祎等编:《国学试题总解》,东方书店,1936年

叶北岩编:《学生国学问答》,商务印书馆,1935年

叶至善、叶至美、叶至诚编:《叶圣陶集》,江苏教育出版社,1994年

张晖:《龙榆生先生年谱》,学林出版社,2001年

张君劢著,程文熙编:《中西印哲学文集》,台湾学生书局,1981年

张丽萍:《中西合冶:华西协合大学》,巴蜀书社,2013年

张少孙编:《国学研究法》,大华书局,1937年

张舜徽著,周国林点校:《壮议轩日记》,华中师范大学出版社,2018年

张廷银、刘应梅整理:《王伯祥日记》,中华书局,2020年

章念驰编订:《章太炎演讲集》,上海人民出版社,2011年

郑天挺著,俞国林点校:《郑天挺西南联大日记》,中华书局,2018年

之江文理学院编:《私立之江文理学院一览》,之江文理学院,1930年

中国第二历史档案馆编:《中华民国史档案资料汇编 第五辑 第一编 文化》,江苏古籍出版社,1994年

中国文化书院学术委员会编:《梁漱溟全集》,山东人民出版社,2005年

中华梅氏文化研究会编:《梅光迪文存》,华中师范大学出版社,2011年

钟叔河编订:《周作人散文全集》,广西师范大学出版社,2009年

朱迪光等:《船山学社史实述论》,湘潭大学出版社,2022年

朱希祖:《朱希祖日记》,中华书局,2012年

朱自清:《经典常谈》,文光书店,1946年

庄华峰编纂:《吴承仕研究资料集》,黄山书社,1990年

邹蕴真:《国学概论》,湖南省立第二中学,1931年

图书在版编目（CIP）数据

近代中国国学编年史. 第十二卷，1944—1952/桑兵，
关晓红主编；张凯著. --北京：北京师范大学出版社，
2025.4. -- ISBN 978-7-303-30564-3

Ⅰ. Z126.275

中国国家版本馆 CIP 数据核字第 2025X318D8 号

JINDAI ZHONGGUO GUOXUE BIANNIANSHI. DISHIERJUAN

出版发行：北京师范大学出版社 https://www.bnupg.com
　　　　　北京市西城区新街口外大街 12-3 号
　　　　　邮政编码：100088
印　　刷：北京盛通印刷股份有限公司
经　　销：全国新华书店
开　　本：145 mm×210 mm　1/32
印　　张：14.625
字　　数：328 千字
版　　次：2025 年 4 月第 1 版
印　　次：2025 年 4 月第 1 次印刷
定　　价：168.00 元

策划编辑：宋旭景　　　　　责任编辑：姚安峰
美术编辑：华辰天地　　　　　装帧设计：王齐云
责任校对：段立超　　　　　责任印制：赵　龙